Arbeit auf Abruf im Leiharbeitsverhältnis

Europäische Hochschulschriften

European University Studies

Publications Universitaires Européennes

Reihe II **Rechtswissenschaft**

Series II Law

Série II Droit

Band/Volume **5828**

Vera Luickhardt

Arbeit auf Abruf im Leiharbeitsverhältnis

Arbeitsvertragliche Gestaltungsmöglichkeiten

PL ACADEMIC RESEARCH

Bibliografische Information der Deutschen Nationalbibliothek
Die Deutsche Nationalbibliothek verzeichnet diese Publikation in der Deutschen Nationalbibliografie; detaillierte bibliografische Daten sind im Internet über http://dnb.d-nb.de abrufbar.

Zugl.: Düsseldorf, Univ., Diss., 2015

D 61
ISSN 0531-7312
ISBN 978-3-631-67148-1 (Print)
E-ISBN 978-3-653-06507-7 (E-Book)
DOI 10.3726/978-3-653-06507-7

PL Academic Research ist ein Imprint der Peter Lang GmbH.
Peter Lang – Frankfurt am Main · Bern · Bruxelles · New York · Oxford · Warszawa · Wien

Diese Publikation wurde begutachtet.

www.peterlang.com

Vorwort

Die Idee zu dieser Arbeit entstand aus meiner anwaltlichen Tätigkeit für Personaldienstleister im Bereich der Arbeitnehmerüberlassung.

Ich danke an dieser Stelle allen, die aus der Praxis immer wieder neue Ideen zur rechtlichen Umsetzung gegeben und die Arbeit mit ihren Erfahrungen und Kenntnissen vorangetrieben haben. Meinen Kollegen und Mitarbeitern danke ich für den entsprechenden Freiraum, die fachliche Diskussion und ihre Bestärkung.

Mein Dank gilt auch meinem Doktorvater, Herrn Prof. Dr. Andreas Feuerborn, der mir sehr viel Freiheit bei der Verfassung dieser Arbeit gelassen hat, und Herrn Prof. Dr. Ulrich Noack für die äußerst zügige Erstellung des Zweitgutachtens.

Meiner Familie und meinen Freunden ist diese Arbeit gewidmet. Sie haben mir von Anfang an, auch in schwierigen Zeiten, stets zur Seite gestanden. Ohne sie wäre diese Arbeit nicht möglich gewesen.

Gesetzgebung, Literatur und Rechtsprechung sind bis Januar 2014 berücksichtigt.

Düsseldorf, Januar 2016

Vera Luickhardt

Gliederung

Literatur

Andritzky, E. Michael: Nochmals: Abrufarbeit mit variabler Arbeitszeit, NZA 1997, 643 f.

Annuß, Georg; Thüsing, Gregor (Hrsg.): Teilzeit- und Befristungsgesetz, 2. Aufl., Frankfurt am Main 2006 (zit.: Annuß/Thüsing-Bearbeiter, TzBfG (2. Aufl.))

Kommentar zum Teilzeit- und Befristungsgesetz, 3. Aufl., Frankfurt am Main 2012 (zit.: Annuß/Thüsing-Bearbeiter, TzBfG)

AOK-Bundesverband, Bundesverband der Betriebskrankenkassen, IKK-Bundesverband, See-Krankenkasse, Bundesverband der Landwirtschaftlichen Krankenkassen, Knappschaft, AEV-Arbeiter-Ersatzkassen-Verband e. V., Verband der Angestellten-Krankenkassen e. V., Deutsche Rentenversicherung Bund, Bundesagentur für Arbeit: Richtlinien für die versicherungsrechtliche Beurteilung von geringfügigen Beschäftigungen (Geringfügig keits-Richtlinien) v. 24.8.2006, http://www.deutsche-rentenversicherung.de/cae/servlet/contentblob/204954/publicationFile/1737/rs_spitz_verbaende_geringfue gig_pdf.pdf;jsessionid=7481616D2BA73D7BCCAF68B7A0221A58.cae04 (letzter Abruf am 7.1.2014) (zit.: Geringfügigkeitsrichtlinien2006)

Arnold, Manfred: Änderungsvorbehalte zur Arbeitszeitdauer, in: Festschrift für Manfred Löwisch zum 70. Geburtstag, S. 1 ff., hrsg. v. Rieble, Volker, München 2007 (zit.: Arnold, FS Löwisch)

Arnold, Manfred; Gräfl, Edith (Hrsg.): Teilzeit- und Befristungsgesetz, Praxiskommentar zum TzBfG und zu angrenzenden Vorschriften mit Gestaltungshinweisen und Beispielen, 3. Aufl., Freiburg 2012 (zit.: Arnold/Gräfl-Bearbeiter, TzBfG)

Astheimer, Sven: Fusionsfieber – Die Geschäfte der Personaldienstleister florieren und treiben den Aufschwung am Arbeitsmarkt voran, FAZ Nr. 6 v. 8.1.2007, S. 21

Zeitarbeit treibt die Beschäftigung, FAZ Nr. 118 v. 23.5.2007, S. 13

Domino in der Zeitarbeit, FAZ Nr. 221 v. 22.9.2007, S. 12

Das nächste Ziel heißt Zeitarbeit, FAZ Nr. 255 v. 2.11.2007, S. 13

Zeitarbeitsbranche sieht sich als Sprungbrett, v. 18.3.2012, http://www.faz.net/aktuell/wirtschaft/iw-studie-zeitarbeitsbranche-sieht-sich-als-sprungbrett-11688824.html (letzter Abruf am 8.1.2014)

Baeck, Ulrich; Deutsch, Markus: Arbeitszeitgesetz, Kommentar, 3. Aufl., München 2014 (zit.: Baeck/Deutsch, ArbZG)

Bauer, Jobst-Hubertus; Günther, Jens Heute lang, morgen kurz – Arbeitszeit nach Maß!, DB 2006, 950 ff.

Bauer, Jobst-Hubertus; Krets, Jérôme: Gesetze für moderne Dienstleistungen am Arbeitsmarkt, NJW 2003, 537 ff.

Becker, Friedrich; Danne, Harald; Lang, Walter; Lipke, Gert-Albert; Mikosch, Ernst; Steinwedel, Ulrich: Gemeinschaftskommentar zum Teilzeitarbeitsrecht (GK-TZA), Neuwied, Darmstadt 1987 (zit.: GK-TZA-Bearbeiter)

Becker, Friedrich; Wulfgramm, Jörg: Kommentar zum Arbeitnehmerüberlassungsgesetz, 3. Aufl., Neuwied, Darmstadt 1985 (zit.: Becker/Wulfgramm, AÜG)

Benecke, Martina: Flexibilisierungsklauseln im Arbeitsrecht und AGB-Kontrolle, AuR 2006, 337 ff.

Boecken, Winfried; Joussen, Jacob: Teilzeit- und Befristungsgesetz, Handkommentar, 3. Aufl., Baden-Baden 2012 (zit.: HK-Bearbeiter, TzBfG)

Böhm, Wolfgang : "Billig-Tarifverträge" in der Zeitarbeit – Risiken für die Kunden, DB 2003, 2598 f.

Demontage der "Billig-Tarifverträge" in der Zeitarbeit: Wachsende Risiken für die Kunden, DB 2005, 2023 ff.

Arbeitnehmerüberlassung: Ausweg aus der equal pay-Falle ein Holzweg? – Erwiderung auf Röder/Krieger, DB 2006, 2122 ff., DB 2007, 168 ff.

Rechte des Kundenbetriebsrats bei Bildung eines Zeitarbeitspools und Abruf einzelner Arbeitnehmer, DB 2008, 2026 ff.

Böhm, Wolfgang; Hennig, Jörg; Popp, Cornelius: Zeitarbeit, Leitfaden für die Praxis, 3. Aufl., Köln 2013 (zit.: Zeitarbeit-Bearbeiter)

Boemke, Burkhard: Rechtsgutachten zur Zulässigkeit von Arbeitszeitkonten und Fälligkeit von Sozialversicherungsbeiträgen bei geringfügigen Beschäftigungen, Stand 2006, kostenpflichtiger Abruf möglich unter http://www.personalorder.de/index.php?load=2,2&art_id=10795&don (letzter Abruf Verweis auf Gutachten am 10.1.2014) (zit.: Boemke, Rechtsgutachten)

Sozialversicherungsrechtliche Behandlung von Arbeitszeitkonten bei geringfügig Beschäftigten, BB 2008, 722 ff.

Zulässigkeit von Arbeitszeitkonten im Leiharbeitsverhältnis, jurisPR-ArbR 30/2009 Anm. 2 (zu LAG Baden-Württemberg v. 29.4.2009 – 17 Sa 4/09)

(Un-)Verbindlichkeit unbilliger Arbeitgeberweisungen, NZA 2013, 6 ff.

Boemke, Burkhard; Lembke, Mark (Hrsg.) Arbeitnehmerüberlassungsgesetz, Kommentar, 3. Aufl., Frankfurt am Main 2013 (zit.: Boemke/Lembke, AÜG)

Boewer, Dietrich: Teilzeit- und Befristungsgesetz, Frechen 2002 (zit.: Boewer, TzBfG)

Brötzmann, Ulrich; Musial, Tanja: Annahmeverzug und Meldepflicht im Arbeitnehmerüberlassungsgewerbe, NZA 1997, 17 ff.

Brose, Wiebke: Sachgrundlose Befristung und betriebsbedingte Kündigung von Leiharbeitnehmern – Ein unausgewogenes Rechtsprechungskonzept, DB 2008, 1378 ff.

Buchner, Herbert: Leiharbeit: Ablösung der Verpflichtung zur Gewährung der im Entleiherbetrieb geltenden Arbeitsbedingungen (§ 10 Abs. 4 AÜG) durch Tarifregelungen, DB 2004, 1042 ff.

Bundesagentur für Arbeit: E-Mail (SP III 11 – Recht Aktive Arbeitsförderung im Geschäftsbereich Spezifische Produkte und Programme SGB III) v. 17.8.2009, zitiert nach und abgedruckt bei Klapproth, Christina, Die Verlagerung des Risikos von Nichteinsatzzeiten auf den Leiharbeitnehmer durch Arbeitszeitflexibilisierung, Frankfurt am Main 2010, Anhang

Statistik aus der Reihe „Arbeitsmarkt in Zahlen – Arbeitnehmerüberlassung" mit dem Titel „Leiharbeitnehmer und Verleihbetriebe", 2. Halbjahr 2012 v. 22.7.2013, http://statistik.arbeitsagentur.de/nn_31950/SiteGlobals/Forms/Rubrikensuche/Rubrikensuche_Form.html?view=processForm&resourceId=210368&input_=&pageLocale=de&topicId=17398&year_month=201212&year_month.GROUP=1&search=Suchen (letzter Abruf am 9.1.2014) (zit.: Bundesagentur für Arbeit, Arbeitsmarkt in Zahlen, Arbeitnehmerüberlassung, 2. Halbjahr 2012)

Geschäftsanweisung zum Arbeitnehmerüberlassungsgesetz (AÜG), Stand April 2013, http://www.arbeitsagentur.de/zentraler-Content/A08-Ordnung-Recht/A083-AUEG/Publikation/pdf/GA-AUEG.pdf (letzter Abruf am 9.1.2014) (zit.: GA AÜG)

Bundesanstalt für Arbeit: Schreiben des Präsidenten v. 25.7.1991 an den Präsidenten des Landesarbeitsamtes Nord – Ia4–5161.51 (nicht veröffentlicht)

Runderlass des Präsidenten v. 1.6.1995 an die Landesarbeitsämter – Ia4–5160.11 (1)/5160.4 (1)/7402.2 (nicht veröffentlicht)

Arbeitshilfe „Arbeitszeitregelung, Einrichtung eines Arbeitszeitkontos", Stand 8/1998, abgedruckt bei Witten, Tina, Vertragsgestaltung und Gesetzesbindung im Recht der Zeitarbeit, Frankfurt am Main 2002, Anhang I

Runderlass der Hauptstelle an die Landesarbeitsämter v. 28.2.2001 – Ia3–5160.11(14) (nicht veröffentlicht)

Bundesarbeitgeberverband der Personaldienstleister e.V. (BAP); Mitgliedsgewerkschaften des Deutschen Gewerkschaftsbundes (DGB): Manteltarifvertrag Zeitarbeit v. 22.7.2003, zuletzt geändert durch Änderungstarifvertrag v. 17.9.2013 gemäß Tarifbroschüre November 2013, http://www.personaldienstleister.de/fileadmin/user_upload/04_Themen/Tarifvertraege/BAP_Tarifbroschuere_Nov2013.pdf (letzter Abruf am 10.1.2014) (zit.: MTV BAP/DGB)

Busch, Mathias: Aus für die Arbeit auf Abruf?, NZA 2001, 593 f.

Buschmann, Rudolf; Dieball, Heike; Stevens-Bartol, Eckart: TZA – Das Recht der Teilzeitarbeit, Kommentar für die Praxis, 2. Aufl., Frankfurt am Main 2001 (zit.: Buschmann/Dieball/Stevens-Bartol/Bearbeiter, TZA, Gesetz)

Coester, Michael: Das AGB-Recht in den Händen des BAG, in: Festschrift für Manfred Löwisch zum 70. Geburtstag, S. 57 ff., hrsg. v. Rieble, Volker, München 2007 (zit.: Coester, FS Löwisch)

Däubler, Wolfgang: Das Arbeitsrecht 2, Leitfaden für Arbeitnehmer, 10. Aufl. (Voraufl. zu § 4 BeschFG), Reinbek bei Hamburg 1995 (zit.: Däubler, Arbeitsrecht 2 (10. Aufl.))

Das geplante Teilzeit- und Befristungsgesetz, ZIP 2000, 1961 ff.

Das neue Teilzeit- und Befristungsgesetz, ZIP 2001, 217 ff.

Totale Verdrängung von Equal Pay durch Leiharbeitstarife?, DB 2008, 1914 ff.

Däubler; Wolfgang; Hjort, Jens Peter; Schubert, Michael; Wolmerath, Martin (Hrsg.): Arbeitsrecht, Individualarbeitsrecht mit kollektivrechtlichen Bezügen, Handkommentar, 3. Aufl., Baden-Baden 2013 (zit.: Däubler/Hjort/Schubert/Wolmerath-Bearbeiter, Gesetz)

Dahl, Holger: Das Beschäftigungsrisiko in der Zeitarbeit, DB 2006, 2519 ff.

Decruppe, Hans; Utess, Mario: Arbeitszeitpolitik durch die Judikatur ? – Eine kritische Betrachtung der Entscheidung des BAG v. 7.12.2005, AuR 2006, 347 ff.

Dieterich, Thomas: Unternehmerfreiheit und Arbeitsrecht im Sozialstaat, AuR 2007, 65 ff.

Düwell, Franz Josef; Dahl, Holger: Aktuelle Gesetzes- und Tariflage in der Arbeitnehmerüberlassung, DB 2009, 1070 ff.

Verhinderung des missbräuchlichen Einsatzes von Arbeitnehmerüberlassung und Umsetzung der Leiharbeitsrichtlinie, DB 2010, 1759 ff.

Feuerborn, Andreas: Gestaltungsmöglichkeiten des Einsatzes von Fremdfirmenarbeitnehmern, WiB 1996, 198 ff.

Arbeitnehmerüberlassung im Konzern, WiVerw 2001, 190 ff.

Sachliche Gründe im Arbeitsrecht – Konkretisierung eines normativen Rechtsbegriffs zwischen Vertragsfreiheit und Arbeitnehmerschutz, München 2003 (zit.: Feuerborn, Sachliche Gründe)

Die Flexibilisierung der Arbeit auf Abruf – Zur Neuinterpretation des § 12 Abs. 1 Satz 2 TzBfG durch das BAG, SAE 2007, 59 ff.

Feuerborn, Andreas; Hamann, Wolfgang: Neuregelungen im Arbeitnehmerüberlassungsgesetz, BB 1994, 1346 ff.

Liberalisierung der Arbeitnehmerüberlassung durch das Arbeitsförderungs-Reformgesetz, BB 1997, 2530 ff.

Fuchs, Maximilian; Preis, Ulrich: Sozialversicherungsrecht, Lehrbuch für Studium und Praxis, 2. Aufl., Köln 2009

GKV-Spitzenverband, Deutsche Rentenversicherung Bund, Deutsche Rentenversicherung Knappschaft-Bahn-See, Bundesagentur für Arbeit: Richtlinien für die versicherungsrechtliche Beurteilung von geringfügigen Beschäftigungen (Geringfügigkeits-Richtlinien) v. 20.12.2012, http://www.deutsche-rentenversicherung.de/cae/servlet/contentblob/276642/publicationFile/52491/dezember_geringfuegigkeit_richtlinie_pdf.pdf (letzter Abruf am 7.1.2014) (zit.: Geringfügigkeitsrichtlinien)

GKV-Spitzenverband, Spitzenverband der landwirtschaftlichen Sozialversicherung, Deutsche Rentenversicherung Knappschaft-Bahn-See, Deutsche

Rentenversicherung Bund, Bundesagentur für Arbeit: Rundschreiben „Sozialrechtliche Absicherung flexibler Arbeitszeitregelungen; Auswirkungen des Gesetzes zur Verbesserung der Rahmenbedingungen für die Absicherung flexibler Arbeitszeitregelungen und zur Änderung anderer Gesetze auf das Versicherungs-, Beitrags- und Melderecht" v. 31.3.2009, http://www.deutsche-rentenversicherung.de/cae/servlet/contentblob/204996/publicationFile/2374/rs_flexi_gesetz_pdf.pdf (letzter Abruf am 10.1.2014) (zit.: Rundschreiben flexible Arbeitszeitregelungen)

Grobys, Marcel; Schmidt, Charlotte; Brocker, Till: Verfassungsmäßigkeit von „Equal Pay"?, NZA 2003, 777ff.

Grobys, Marcel; Steinau-Steinrück, Robert v.: AGB-Kontrolle bei Arbeit auf Abruf – Anmerkung zu BAG v. 7.12.2005 – 5 AZR 535/04, NJW-Spezial 2006, 226f.

Hahn, Claudia M.: Flexible Arbeitszeit, Der rechtliche Entscheidungsrahmen zur Variabilisierung von Dauer, Lage und Verteilung der betrieblichen Arbeitszeit, Saarbrücken 2009

Hamann, Wolfgang: Betriebsverfassungsrechtliche Auswirkungen der Reform der Arbeitnehmerüberlassung, NZA 2003, 526ff.

Arbeitszeit flexibel gestalten, Vollzeit – Teilzeit – Befristung, Renningen 2005

Gleichbehandlungsgrundsatz im AÜG – Vermeidungsstrategien bei Altverträgen und bei Einstellungen im Nachwirkungszeitraum eines auslaufenden Leiharbeitstarifvertrages, BB 2005, 2185ff.

Leiharbeitnehmer-Pools, NZA 2008, 1042ff.

Kurswechsel bei der Arbeitnehmerüberlassung?, NZA 2011, 70ff.

Die Reform des AÜG im Jahr 2011, RdA 2011, 321ff.

Hanau, Peter: Befristung und Abrufarbeit nach dem Beschäftigungsförderungsgesetz 1985, RdA 1987, 25ff.

Offene Fragen zum Teilzeitgesetz, NZA 2001, 1168ff.

Poolsystem und Abrufarbeit als flexible Arbeitszeitmodelle, in: Gedächtnisschrift für Meinhard Heinze, S. 321ff., hrsg. v. Söllner, Alfred; Gitter, Wolfgang; Waltermann, Raimund; Giesen, Richard; Ricken, Oliver, München 2005 (zit.: Hanau, GS Heinze)

Möglichkeiten und Grenzen der Vereinbarungen zur Dauer der Arbeitszeit, NZA-Beilage 2006, 34ff.

Hanau, Peter; Hromadka, Wolfgang: Richterliche Kontrolle flexibler Entgeltregelungen in Allgemeinen Arbeitsbedingungen, NZA 2005, 73ff.

Hanau, Peter; Veit, Annekatrin: Neues Gesetz zur Verbesserung der Rahmenbedingungen für die Absicherung flexibler Arbeitszeitregelungen und zur Änderung anderer Gesetze, NJW 2009, 182ff.

Das neue Recht der Arbeitszeitkonten, 1. Aufl., München 2012

Henssler, Martin; Willemsen, Heinz Josef; Kalb, Heinz-Jürgen (Hrsg.): Arbeitsrecht Kommentar, 5. Aufl., Köln 2012 (zit.: HWK-Bearbeiter)

Hermann, Roger: Rechtliche Begutachtung von KAPOVAZ-Verträgen, AnwBl. 1990, 537 ff.

Hohenstatt, Klaus-Stefan; Schramm, Nils: Neue Gestaltungsmöglichkeiten zur Flexibilisierung der Arbeitszeit, NZA 2007, 238 ff.

Holwe, Joachim; Kossens, Michael; Pielenz, Cornelia; Räder, Evelyn: Teilzeit- und Befristungsgesetz, Basiskommentar, 1. Aufl., Frankfurt am Main 2004 (zit.: Holwe/Kossens/Pielenz/Räder, TzBfG (1. Aufl.))

Teilzeit- und Befristungsgesetz, Basiskommentar, 3. Aufl., Frankfurt am Main 2011 (zit.: Holwe/Kossens/Pielenz/Räder, TzBfG)

Hromadka, Wolfgang: Inhaltskontrolle von Arbeitsverträgen, in: Richterliches Arbeitsrecht, Festschrift für Thomas Dieterich zum 65. Geburtstag, S. 251 ff., hrsg. v. Hanau, Peter; Heither, Friedrich; Kühling, Jürgen, München 1999 (zit.: Hromadka, FS Dieterich)

Huke, Rainer; Neufeld, Tobias; Luickhardt, Vera: Das neue AÜG: Erste Praxiserfahrungen und Hinweise zum Umgang mit den neuen Regelungen, BB 2012, 961 ff.

Hümmerich, Klaus; Boecken, Winfried; Düwell, Franz Josef (Hrsg.): AnwaltKommentar Arbeitsrecht, Band 2, 2. Aufl., Bonn 2010 (zit.: AnwK-ArbR-Bearbeiter)

Hümmerich, Klaus; Holthausen, Joachim; Welslau, Dietmar: Arbeitsrechtliches im Ersten Gesetz für moderne Dienstleistungen am Arbeitsmarkt, NZA 2003, 7 ff.

Hunold, Wolf: Beschäftigung in zahlreichen kurzzeitig befristeten oder Dauerteilzeitarbeitsverhältnissen, NZA 1996, 113 ff.

Aktuelle Fragen des Befristungsrechts unter Berücksichtigung von §§ 14, 16 TzBfG, NZA 2002, 255 ff.

Bedarfsgerechter Personaleinsatz: Aktuelle Probleme bei sog. Pool-Lösungen und Arbeit auf Abruf, NZA 2003, 896 ff.

Interessenverband Deutscher Zeitarbeitsunternehmen e. V. (iGZ); Mitgliedsgewerkschaften des Deutschen Gewerkschaftsbundes (DGB): Manteltarifvertrag mit Protokollnotizen v. 17.9.2013 gemäß Tarifbroschüre 2013–2016, http://www.ig-zeitarbeit.de/system/files/igz-dgb-tarifvertrag2013–2016.pdf (letzter Abruf am 10.1.2014) (zit.: MTV iGZ/DGB)

Kämmerer, Jörn Axel; Thüsing, Gregor: Leiharbeit und Verfassungsrecht, Berlin 2005

Klapproth, Christina: Die Verlagerung des Risikos von Nichteinsatzzeiten auf den Leiharbeitnehmer durch Arbeitszeitflexibilisierung, Frankfurt am Main 2010

Klevemann, Joachim: Zum Leistungsbestimmungsrecht des Arbeitgebers nach Art. 1 § 4 BeschFG 1985, ArbuR 1987, 292 ff.

Der Schutz der Zeitsouveränität von Arbeitnehmern mit variablen, am betrieblichen Arbeitsanfall ausgerichteten Arbeitszeiten durch die Ankündigungsfrist des Art. 1 § 4 Abs. 2 BeschFG 1985, DB 1987, 2096 ff.

Kiene, Wiebke: Arbeit auf Abruf i. S. d. 3 12 Absatz 1 Satz 1 TzBfG, Eine Betrachtung der kapazitätsorientierten variablen Arbeitszeit unter besonderer Berücksichtigung der Entscheidung des Bundesarbeitsgerichts vom 7. Dezember 2005 – 5 AZR 535/04, Baden-Baden, 2010

Kittner, Michael; Däubler, Wolfgang; Zwanziger, Bertram (Hrsg.): Kündigungsschutzrecht, KSchR, Kommentar für die Praxis zu Kündigungen und anderen Formen der Beendigung des Arbeitsverhältnisses, 6. Aufl. (Voraufl. zu älterer Rechtsprechung), Frankfurt am Main 2004 (zit.: KSchR-Bearbeiter (6. Aufl.))

KSchR, Kündigungsschutzrecht, Kündigungen und andere Formen der Beendigung des Arbeitsverhältnisses, 7. Aufl. (Voraufl. zu § 12 TzBfG, der in 8. Aufl. nicht mehr kommentiert), Frankfurt am Main 2008 (zit.: KSchR-Bearbeiter (7. Aufl.))

Kokemoor, Axel: Neuregelung der Arbeitnehmerüberlassung durch die Hartz-Umsetzungsgesetze, NZA 2003, 238 ff.

Lakies, Thomas: Das Weisungsrecht des Arbeitgebers (§ 106 GewO) – Inhalt und Grenzen, BB 2003, 364 ff.

Landesarbeitsamt Nordrhein-Westfalen: Arbeitshilfe „Gewerbsmäßige Arbeitnehmerüberlassung, Kurzdarstellung der zulässigen Arbeitszeitregelungen, Einrichtung eines Arbeitszeitkontos“, Stand 12/99, abgedruckt bei Witten, Tina, Vertragsgestaltung und Gesetzesbindung im Recht der Zeitarbeit, Frankfurt am Main 2002, Anhang II

Langmaack, Sabine: Teilzeitarbeit und Arbeitszeitflexibilisierung, Ein arbeitsrechtlicher Leitfaden für die betriebliche Praxis, 2. Aufl., Berlin 2001

Langohr-Plato, Uwe; Sopora, Yvonne: Neue gesetzliche Rahmenbedingungen für Zeitwertkonten, NZA 2008, 1377 ff.

Laux, Helga; Schlachter, Monika: eilzeit- und Befristungsgesetz, Kommentar, 2. Aufl., München 2011 (zit.: Laux/Schlachter)

Leinemann, Wolfgang (Hrsg.): Kasseler Handbuch zum Arbeitsrecht, Band 2, 2. Aufl., Neuwied, Kriftel 2000 (zit.: KassHdb-Bearbeiter)

Leitherer, Stephan (Hrsg.): Kasseler Kommentar zum Sozialversicherungsrecht, München, Stand: 79. Ergänzungslieferung, 1.9.2013 (zit.: KassKomm-Bearbeiter)

Lembke, Mark: Die „Hartz-Reform“ des Arbeitnehmerüberlassungsgesetzes, BB 2003, 98 ff.

Befristung von Arbeitsverträgen mit Leiharbeitnehmern nach „Hartz I“, DB 2003, 2702 ff.

Die geplanten Änderungen im Recht der Arbeitnehmerüberlassung, DB 2011, 414 ff.

Der CGZP-Beschluss des BAG vom 14.12.2010 und seine Folgen, NZA-Beilage 2012, 66 ff.

Lindemann, Viola: Flexible Gestaltung von Arbeitsbedingungen nach der Schuldrechtsreform, Köln 2003

Anmerkung zu BAG v. 7.12.2005 – 5 535/04, AP TzBfG § 12 Nr. 4

Lorenz; Martin; Schwedes, Rolf: Das Beschäftigungsförderungsgesetz, DB 1985, 1077 ff.

Malzahn, Marion: Das Beschäftigungsförderungsgesetz und kapazitätsorientierte variable Arbeitszeiten, AuR 1985, 386 ff.

Marx, Stefan: Das Entstehungsprinzip in der Sozialversicherung – eine Rechtfertigung des Abweichens von steuerrechtlichen Regelungen, NZS 2002, 126 ff.

Meinel, Gernod; Heyn, Judith; Herms, Sascha: Teilzeit- und Befristungsgesetz, Kommentar, 2. Aufl., München 2004 (zit.: Meinel/Heyn/Herms, TzBfG (2. Aufl.))

Teilzeit- und Befristungsgesetz, Kommentar, 4. Aufl., München 2012 (zit.: Meinel/Heyn/Herms, TzBfG)

Melms, Christopher; Lipinski, Wolfgang: Absenkung des Tarifniveaus durch die Gründung von AÜG-Gesellschaften als alternative oder flankierende Maßnahme zum Personalabbau, BB 2004, 2409 ff.

Meyer, Hans-Jürgen: Kapazitätsorientierte Variable Arbeitszeit (KAPOVAZ), Neuwied und Frankfurt am Main 1989

Moll, Vera Ricarda: Die Änderung der Arbeitsbedingungen durch den Arbeitgeber – insbesondere in der Unternehmenskrise, Reichweite und Grenzen von Direktionsrecht und erweiterten Leistungsbestimmungsrechten, Frankfurt am Main 2009

Moritz, Hans-Jürgen: Kolbenfresser im Jobmotor, FOCUS 2/2008 v. 7.1.2008, S. 30 ff.

Mühlmann, Manuela: Flexible Arbeitsvertragsgestaltung – Die Arbeit auf Abruf, RdA 2006, 356 ff.

Müller-Glöge, Rudi; Preis, Ulrich; Schmidt, Ingrid (Hrsg.): Erfurter Kommentar zum Arbeitsrecht, 6. Aufl., München 2006 (zit.: ErfKomm-Bearbeiter (6. Aufl.))

Erfurter Kommentar zum Arbeitsrecht, 14. Aufl., München 2014 (zit.: ErfKomm-Bearbeiter)

Ostmeier, Peter: Die Lohnvereinbarung in Abrufarbeitsverhältnissen mit unterschiedlichen Stundenlöhnen, RdA 2008, 86 ff.

Palandt, Otto (Begr.): Bürgerliches Gesetzbuch, 73. Aufl., München 2014 (zit.: Palandt-Bearbeiter)

Pleßner, André: Anmerkung zu BAG v. 7.12.2005 – 5 535/04, RdA 2007, 249 ff.

Preis, Ulrich: Grundfragen der Vertragsgestaltung im Arbeitsrecht, Neuwied, Kriftel, Berlin 1993 (zit.: Preis, Grundfragen)

Preis, Ulrich (Hrsg.): Innovative Arbeitsformen, Flexibilisierung von Arbeitszeit, Arbeitsentgelt, Arbeitsorganisation, Köln 2005 (zit.: Preis-Bearbeiter, Arbeitsformen)

Der Arbeitsvertrag, Handbuch der Vertragsgestaltung, 4. Aufl., Köln 2011 (zit.: Preis-Bearbeiter, Arbeitsvertrag)

Preis, Ulrich; Genenger, Angie: Die unechte Direktionsrechtserweiterung, NZA 2008, 969 ff.

Preis, Ulrich; Lindemann, Viola: Änderungsvorbehalte – Das BAG durchschlägt den gordischen Knoten, NZA 2006, 632 ff.

Preis, Ulrich; Roloff, Sebastian: Die neueste Entwicklung der Vertragsinhaltskontrolle im Arbeitsrecht – Zwischenbilanz und Ausblick, ZfA 2007, 43 ff.

Pulte, Peter; Westphal, Regine: Teilzeitarbeit und betriebliche Mitbestimmung, Neuwied, Kriftel, Berlin 1997

Raab, Thomas: Europäische und nationale Entwicklungen im Recht der Arbeitnehmerüberlassung, ZfA 2003, 389 ff.

Reim, Uwe: Neue Flexibilität bei der Leiharbeit, ZTR 2003, 106 ff.

Reinecke, Gerhard: Flexible Beschäftigung aufgrund von Rahmenvereinbarungen in der Rechtsprechung des Bundesarbeitsgerichts, in: Recht und soziale Arbeitswelt, Festschrift für Wolfgang Däubler zum 60. Geburtstag, S. 117 ff., hrsg. v. Klebe, Thomas; Wedde, Peter; Wolmerath, Martin, Frankfurt am Main 1999 (zit.: Reinecke, FS Däubler)

Flexibilisierung der Arbeitszeit im Arbeitgeber- und Arbeitnehmerinteresse – ein Rechtsprechungsbericht, BB 2008, 21 ff.

Reinecke, Thomas: Arbeitnehmerüberlassungsgesetz – Reformbedarf nach den Hartz-Reformen? in: Festschrift für Manfred Löwisch zum 70. Geburtstag, S. 211 ff., hrsg. v. Rieble, Volker, München 2007 (zit.: Reinecke, FS Löwisch)

Reinsch, Julia: Das Rechtsverhältnis zwischen Entleiher und Leiharbeitnehmer, Baden-Baden 2008

Reipen, Markus: Dubiose Gewerkschaften – Sozialversicherungsrechtliche Risiken für Zeitarbeitsunternehmen und ihre Kunden, NZS 2005, 407 ff.

Reiserer, Kerstin: Atmendes Entgelt, atmende Arbeitszeit, NZA-Beil. 2010, 39 ff.

Richardi, Reinhard: Arbeitsvertrag und Tarifgeltung, ZfA 2003, 655 ff.

Richardi, Reinhard; Wlotzke, Otfried (Hrsg.): Münchener Handbuch zum Arbeitsrecht, Ergänzungsband Individualarbeitsrecht, 2. Aufl., München 2001 (zit.: MünchArb-Bearbeiter (2. Aufl.))

Richardi, Reinhard; Wlotzke, Otfried; Wißmann, Hellmut; Oetker, Hartmut (Hrsg.): Münchener Handbuch zum Arbeitsrecht, Band 1 Individualarbeitsrecht, 3. Aufl., München 2009 (zit.: MünchArb-Bearbeiter)

Rieble, Volker: Flexible Gestaltung von Entgelt und Arbeitszeit im Arbeitsvertrag, NZA-Beilage 2000, 34 ff.

Relativität der Tariffähigkeit, in: Festschrift für Herbert Wiedemann zum 70. Geburtstag, S. 519 ff., hrsg. v. Wank, Rolf; Hirte, Heribert; Frey, Kaspar; Fleischer, Holger; Thüsing, Gregor, München 2002 (zit.: Rieble, FS Wiedemann)

Rieble, Volker; Klebeck, Ulf: Lohngleichheit für Leiharbeit, NZA 2003, 23 ff.

Tariflose Zeitarbeit?, BB 2012, 2177 ff.

Röder, Gerhard; Krieger, Steffen: Arbeitnehmerüberlassung: Kein Ausweg aus der equal pay-Falle?, DB 2006, 2122 ff.

Rolfs, Christian: Teilzeit- und Befristungsgesetz, München 2002 (zit.: Rolfs, TzBfG)

Rolfs, Christian; Giesen, Richard; Kreikebohm, Ralf; Udsching, Peter (Hrsg.): Arbeitsrecht, Schwerpunktkommentar, München 2008 (zit.: RGKU/Arbeitsrecht-Bearbeiter)

Rolfs, Christian; Witschen, Stefan: Beschäftigung und Freistellung bei flexibler Arbeitszeit – der neue § 7 Abs. 1a Satz 2 SGB IV, NZS 2012, 241 ff.

Rosenau, Marc: Die Anordnung von Überstunden, NJW-Spezial 2010, 754 ff.

Rudolf, Eva: Bandbreitenregelungen, NZA 2002, 1012 ff.

Säcker; Franz Jürgen; Rixecker, Roland (Hrsg.): Münchener Kommentar zum Bürgerlichen Gesetzbuch, Band 2, Schuldrecht Allgemeiner Teil, §§ 241–432, 6. Aufl., München 2012 (zit.: MünchKomm-BGB-Bearbeiter)

Münchener Kommentar zum Bürgerlichen Gesetzbuch, Band 4 Schuldrecht Besonderer Teil II, §§ 611–704, EFZG, TzBfG, KSchG, 6. Aufl., München 2012 (zit.: MünchKomm-BGB-Bearbeiter)

Sandmann, Georg; Marschall, Dieter: Arbeitnehmerüberlassungsgesetz (AÜG), Stand: 63. Ergänzungslieferung, 11/2013, Neuwied (zit.: Sandmann/Marschall, AÜG)

Schäder, Gerhard: Anmerkung zu BVerfG v. 23.11.2006 – 1 BvR 1909/06, ArbRB 2007, 67

Schaub, Günter: Teilzeitbeschäftigung und befristete Arbeitsverhältnisse als Formen einer Personalentscheidung, BB 1988, 2253 ff.

Flexibilisierung im Arbeits- und Mitbestimmungsrecht, in: Festschrift für Reinhard Richardi zum 70. Geburtstag, S. 735 ff., hrsg. v. Annuß, Georg; Picker, Eduard; Wissmann, Hellmut, München 2007 (zit.: Schaub, FS Richardi)

Schaub, Günter (Begr.): Arbeitsrechts-Handbuch, Systematische Darstellung und Nachschlagewerk für die Praxis, 15. Aufl., München 2013 (zit.: Schaub-Bearbeiter)

Schlegel, Rainer: Arbeits- und sozialversicherungsrechtliche Konsequenzen des CGZP-Beschlusses, NZA 2011, 380 ff.

Schneider, Tobias: Handbuch Zeitarbeit, Stand: 63. Ergänzungslieferung, 11/2013, Neuwied (zit.: Schneider, Zeitarbeit)

Schöne, Steffen: "Billig-Tarifverträge" in der Zeitarbeit – Wo genau liegt das Risiko?, Erwiderung auf Böhm, DB 2003, 2598 f., DB 2004, 136 f.

Schubel, Hans-Dietrich: Beschäftigungsförderungsgesetz und Arbeitnehmerüberlassung, BB 1985, 1606 ff.

Schüren, Peter: Anmerkung zu BAG v. 20.6.1995 – 3 AZR 539/93, AP TVG § 1 Tarifverträge: Nährmittelindustrie Nr. 1

Abrufarbeit mit variabler Arbeitszeit oder: Was steht eigentlich in § 4 I BeschFG?, NZA 1996, 1306 f.

Die Regelung der Vergütung der Leiharbeitnehmer oder „Der Besuch des Elefanten im Porzellanladen des kollektiven Arbeitsrechts", in: Festschrift für Manfred Löwisch zum 70. Geburtstag, S. 367 ff., hrsg. v. Rieble, Volker, München 2007 (zit.: Schüren, FS Löwisch)

Leiharbeit in Deutschland, RdA 2007, 231 ff.

Tarifwidrige Personalkostensenkung für Leiharbeitnehmer durch unbezahlte Nichteinsatzzeiten, BB 2012, 1411 ff.

Schüren, Peter (Hrsg.): Arbeitnehmerüberlassungsgesetz, Kommentar, 4. Aufl., München 2010 (zit.: Schüren-Bearbeiter, AÜG)

Schüren, Peter; Behrend, Britta: Arbeitnehmerüberlassung nach der Reform – Risiken der neuen Freiheit, NZA 2003, 521 ff.

Schüren, Peter; Feuerborn, Andreas: Anmerkung zu BAG v. 10.5.1989 – 7 AZR 450/88, AuR 1990, 235 ff.

Schüren, Peter; Riederer Freifrau von Paar, Britta: Risiken nichtiger Tarifverträge in der Leiharbeit, AuR 2004, 241 ff.

Sievers, Jochen: TzBfG, Kommentar zum Teilzeit- und Befristungsgesetz, 1. Aufl., Köln 2003 (zit.: Sievers, TzBfG (1. Aufl.))

TzBfG, Kommentar zum Teilzeit- und Befristungsgesetz, 4. Aufl., Köln 2012 (zit.: Sievers, TzBfG)

Singer, Reinhard: Flexible Gestaltung von Arbeitsverträgen, RdA 2006, 362 ff.

Stamm, Jürgen: Arbeitszeitregelungen in Allgemeinen Geschäftsbedingungen: Reglementierung oder Flexibilisierung im Gefolge der Schuldrechtsreform?, RdA 2006, 288 ff.

Steinheimer, Jörg; Haeder, Stefan: Erdbeben in der Zeitarbeitsbranche, NZA Online Aufsatz 4/2012, 1 ff., http://rsw.beck.de/rsw/upload/NZA/NZAOnlineAufsatz_2012_04.pdf (letzter Abruf 10.1.2014)

Stevens-Bartol, Eckart: Probleme der „Kapovaz“ – Anmerkungen zu Art. 1 § 4 des Beschäftigungsförderungsgesetzes, AiB 1985, 122 ff.

Stoffels, Markus; Bieder, Marcus: AGB-rechtliche Probleme der arbeitsvertraglichen Bezugnahme auf mehrgliedrige Zeitarbeitstarifverträge, RdA 2012, 27 ff.

Strasser, Karsten; Melf, Andreas: Studierende als Tagelöhner? – Flexibler Einsatz studentischer Arbeitskräfte im sog. Poolsystem, AuR 2006, 342 ff.

Thüsing, Gregor: Equal pay bei Leiharbeit – Zur Reichweite der Gleichbehandlungspflicht nach dem AÜG, DB 2003, 446 ff.

Thüsing, Gregor (Hrsg.): Arbeitnehmerüberlassungsgesetz, 3. Aufl., München 2012 (zit.: Thüsing-Bearbeiter, AÜG)

Thüsing, Gregor; Pötters, Stephan: Flexibilisierung der Arbeitszeit durch Zeitkonten im Rahmen der Arbeitnehmerüberlassung, BB 2012, 317 ff.

Thüsing, Gregor: Dauerhafte Arbeitnehmerüberlassung: Neues vom BAG, vom EuGH und auch vom Gesetzgeber, NZA 2014, 10 f.

Uckermann, Sebastian: Änderung der gesetzlichen Rahmenbedingungen von Zeitwertkonten, BB 2008, 1281 ff.

Update zu den Änderungen der gesetzlichen Rahmenbedingungen von Zeitwertkonten, BB 2008, 1566 ff.

Update II zu den Änderungen der gesetzlichen Rahmenbedingungen von Zeitwertkonten, BB 2008, 1898 ff.

Update III zu den Änderungen der gesetzlichen Rahmenbedingungen von Zeitwertkonten, BB 2008, 2351 ff.

Ulber, Jürgen: Personal-Service-Agenturen und Neuregelung der Arbeitnehmerüberlassung – Änderungen des AÜG durch das Erste Gesetz für moderne Dienstleistungen am Arbeitsmarkt, AuR 2003, 7 ff.

Tariffähigkeit und Tarifzuständigkeit der CGZP, AuR 2008, 297 ff.

Wirksamkeit tariflicher Regelungen zur Ungleichbehandlung von Leiharbeitnehmer, NZA 2009, 232 ff.

Ulber, Jürgen (Hrsg.): AÜG, Arbeitnehmerüberlassungsgesetz, 4. Aufl., Frankfurt am Main 2011 (zit.: Ulber-Bearbeiter, AÜG)

Umnuss, Karsten: Arbeitszeit flexibel gestalten – Bundesrichter erweitern Arbeit auf Abruf, FAZ Nr. 120 v. 24.5.2006, S. 23

Urban-Crell, Sandra; Germakowski, Gudrun; Bissels, Alexander; Hurst, Adrian: AÜG, Kommentar zum Arbeitnehmerüberlassungsgesetz, 2. Aufl., Köln 2013 (zit.: Urban-Crell/Germakowski/Bissels/Hurst-Bearbeiter, AÜG)

Urban-Crell, Sandra; Schulz, Christian: Arbeitnehmerüberlassung und Arbeitsvermittlung, München 2003

Waas, Bernd: Das Spannungsverhältnis von Tarifvertrag und Gesetz beim Grundsatz der Entgeltgleichheit im neuen AÜG, BB 2003, 2175 ff.

Walk, Werner; Burger, Stefan: Wichtige Hinweise des BAG für eine rechtssichere Vertragsgestaltung, BB 2008, 54 ff.

Wellisch, Dietmar; Lenz, Sven-Oliver: Wertkonten und andere Arbeitszeitkonten, DB 2008, 2762 ff.

Wisskirchen; Gerlind; Bissels, Alexander: Arbeiten, wenn Arbeit da ist – Möglichkeit und Grenzen der Vereinbarungsbefugnis zur Lage der Arbeitszeit, NZA-Beilage 2006, 24 ff.

Witten, Tina: Vertragsgestaltung und Gesetzesbindung im Recht der Zeitarbeit, Frankfurt am Main 2002

Wlotzke, Otfried: Zum arbeitsrechtlichen Teil des Regierungsentwurfs eines Beschäftigungsförderungsgesetzes 1985 – Ein Bericht, NZA 1984, 217 ff.

Zundel, Frank: Die neue Flexibilität im Arbeitsrecht durch das BAG, NJW 2006, 2304 ff.

Abkürzungen

a. A.	andere Ansicht
abl.	ablehnend
Abs.	Absatz
a. F.	alte Fassung
AFG	Arbeitsförderungsgesetz
AFRG	Arbeitsförderungs-Reformgesetz
AGBG	Gesetz über Allgemeine Geschäftsbedingungen
AiB	Arbeitsrecht im Betrieb
AMP	Arbeitgeberverband Mittelständischer Personaldienstleister
Anm.	Anmerkung
AnwBl.	Anwaltsblatt
AP	Arbeitsrechtliche Praxis
AQTIV	Aktivieren, Qualifizieren, Trainieren, Investieren, Vermitteln
ArbG	Arbeitsgericht
ArbRB	Arbeitsrechtsberater
ArbuR	Arbeit und Recht
ArbZG	Arbeitszeitgesetz
Art.	Artikel
ATG	Altersteilzeitgesetz
AÜG	Arbeitnehmerüberlassungsgesetz
Aufl.	Auflage
AuR	Arbeit und Recht
BAG	Bundesarbeitsgericht
BAP	Bundesarbeitgeberverband der Personaldienstleister e.V.
BB	Betriebs-Berater
BeckRS	Beck-Rechtsprechung
Begr.	Begründer
Beil.	Beilage
BeschFG	Beschäftigungsförderungsgesetz
BetrVG	Betriebsverfassungsgesetz
BGB	Bürgerliches Gesetzbuch
BGBl.	Bundesgesetzblatt
BGH	Bundesgerichtshof
BGHZ	Entscheidungen des Bundesgerichtshof in Zivilsachen
BSG	Bundessozialgericht
BSGE	Entscheidungen des Bundessozialgerichts
BR-Drucks.	Bundesratsdrucksache
BT-Drucks.	Bundestagsdrucksache
BUrlG	Bundesurlaubsgesetz
BVerfG	Bundesverfassungsgericht

BVerwG	Bundesverwaltungsgericht
BZA	Bundesverband Zeitarbeit Personal-Dienstleistungen e. V.
bzw.	beziehungsweise
CGB	Christlicher Gewerkschaftsbund Deutschlands
CGM	Christliche Gewerkschaft Metall
CGZP	Tarifgemeinschaft Christliche Gewerkschaften Zeitarbeit und PSA
DB	Der Betrieb
ders.	derselbe
DGB	Deutscher Gewerkschaftsbund
d. h.	das heißt
EAWP	Europäische Akademie für Wirtschaft und Personaldienstleistungen
EFZG	Entgeltfortzahlungsgesetz
Einf.	Einführung
Einl.	Einleitung
EStG	Einkommensteuergesetz
etc.	et cetera
EuGH	Europäischer Gerichtshof
e. V.	eingetragener Verein
EzA	Entscheidungssammlung zum Arbeitsrecht
f.	folgende
FAZ	Frankfurter Allgemeine Zeitung
ff.	fortfolgende
Fn.	Fußnote
FS	Festschrift
GA AÜG	Geschäftsanweisung zum Arbeitnehmerüberlassungsgesetz
GewO	Gewerbeordnung
GG	Grundgesetz
ggf.	gegebenenfalls
GmbH	Gesellschaft mit beschränkter Haftung
GS	Großer Senat des Bundesarbeitsgerichts, Gedächtnisschrift
GVBl.	Gesetz- und Verordnungsblatt
Halbs.	Halbsatz
HGB	Handelsgesetzbuch
Hrsg.	Herausgeber
hrsg.	herausgegeben
i. d. F.	in der Fassung
i. d. R.	in der Regel
i. E.	im Ergebnis
iGZ	Interessenverband Deutscher Zeitarbeitsunternehmen e. V.
i. S. d.	im Sinne des
i. S. v.	im Sinne von
i. V. m.	in Verbindung mit

i. Ü.	im Übrigen
Kap.	Kapitel
Kapovaz / KAPOVAZ	kapazitätsorientierte variable Arbeitszeit
KSchG	Kündigungsschutzgesetz
LAG	Landesarbeitsgericht
LAGE	Entscheidungen der Landesarbeitsgerichte
LS	Leitsatz
LSG	Landessozialgericht
MDR	Monatsschrift für Deutsches Recht
MTV	Manteltarifvertrag
m. w. N.	mit weiteren Nachweisen
NachwG	Nachweisgesetz
NJW	Neue Juristische Wochenschrift
Nr.	Nummer
n. v.	nicht veröffentlicht
NZA	Neue Zeitschrift für Arbeitsrecht
NZA-RR	NZA Rechtsprechungs-Report Arbeitsrecht
NZS	Neue Zeitschrift für Sozialrecht
PSA	Personal-Service-Agentur
RdA	Recht der Arbeit
RG	Reichsgericht
RGZ	Entscheidungen des Reichsgerichts in Zivilsachen
Rn.	Randnummer
RTV	Rahmentarifvertrag
RVO	Reichsversicherungsordnung
S.	Seite
SAE	Sammlung Arbeitsrechtlicher Entscheidungen
SG	Sozialgericht
SGB	Sozialgesetzbuch
SKWPG	Gesetz zur Umsetzung des Spar-, Konsolidierungs- und Wachstumsprogramms
sog.	so genannte
SozR	Sozialrecht, Entscheidungssammlung
TVG	Tarifvertragsgesetz
TzBfG	Teilzeit- und Befristungsgesetz
u. a.	und andere
Überbl.	Überblick
v.	vom, von, vor
Vorb.	Vorbemerkung
WiB	Wirtschaftsrechtliche Beratung
WiVerw	Wirtschaft und Verwaltung
z. B.	zum Beispiel
ZfA	Zeitschrift für Arbeitsrecht

Ziff.	Ziffer
ZIP	Zeitschrift für Wirtschaftsrecht
zit.	zitiert
ZTR	Zeitschrift für Tarif-, Arbeits- und Sozialrecht des öffentlichen Dienstes

§ 1. Einleitung

Der Markt für Zeitarbeitsunternehmen[1] ist in den letzten Jahren stark gewachsen. In der Zeit von Dezember 2006 bis Dezember 2012 stieg die Zahl der Arbeitnehmer und Arbeitnehmerinnen[2], die in Deutschland durch Zeitarbeitsunternehmen an deren Kunden überlassen werden, von gut 600.000 auf 822.654 sowie die Zahl der Betriebe der Zeitarbeitsunternehmen von knapp 13.000 auf ca. 18.000.[3] Die Arbeitnehmerüberlassung wurde vielfach als „Jobmotor" und „Sprungbrett" in die Beschäftigung bezeichnet.[4] Im zweiten Halbjahr 2012 waren z. B. 63 % der von Zeitarbeitsunternehmen neu eingestellten Arbeitnehmer unmittelbar zuvor nicht beschäftigt.[5] Ende 2007 entfiel jeder vierte neue Arbeitsplatz auf die Zeitarbeit.[6] Die Unternehmen suchen hierbei längst nicht mehr nur Arbeitnehmer für einfache industrielle Tätigkeiten, z. B. im sog. Helfergeschäft. Auch die Nachfrage nach höher qualifizierten Tätigkeiten ist aufgrund des anhaltenden Fachkräftemangels gestiegen.[7] So hat sich z. B. in der Zeit von Dezember 2011 bis Dezember 2012 die Anzahl der überlassenen Arbeitnehmer von 871.656 auf 822.654 verringert. Demgegenüber hat sich die Anzahl der

1 Umgangssprachlich für (Personaldienstleistungs-) Unternehmen, die im Rahmen der Arbeitnehmerüberlassung tätig sind.

2 Ausschließlich aus Gründen der besseren Lesbarkeit werden nachfolgend sowohl für weibliche, als auch für männliche Personen nur die männlichen Bezeichnungen verwandt.

3 Bundesagentur für Arbeit, Arbeitsmarkt in Zahlen, Arbeitnehmerüberlassung, 2. Halbjahr 2012, Ziff. I 1.

4 Astheimer, FAZ Nr. 6 v. 8.1.2007, S. 21 und Nr. 255 v. 2.11.2007, S. 13 und v. 18.3.2012, http://www.faz.net/aktuell/wirtschaft/iw-studie-zeitarbeitsbranche-sieht-sich-als-sprungbrett-11688824.html (letzter Abruf am 8.1.2014); Moritz, FOCUS 2/2008 v. 7.1.2008, S. 30, 33.

5 Bundesagentur für Arbeit, Arbeitsmarkt in Zahlen, Arbeitnehmerüberlassung, 2. Halbjahr 2012, Ziff. I 4, II 2.1.1.

6 Astheimer, FAZ Nr. 255 v. 2.11.2007, S. 13; Moritz, FOCUS 2/2008 v. 7.1.2008, S. 30.

7 Astheimer, FAZ Nr. 6 v. 8.1.2007, S. 21 und Nr. 118 v. 23.5.2007, S. 13; Moritz, FOCUS 2/2008 v. 7.1.2008, S. 30, 33; beispielsweise auch Möglichkeit des Einsatzes von Lehrern über Personaldienstleister gemäß § 15b Hessisches Schulgesetz (Schulgesetz – HSchG) in der Fassung vom 14.6.2005, GVBl. für das Land Hessen Teil I 2005, 441, zuletzt geändert durch Art. 1 des Gesetzes zur Änderung des Schulgesetzes v. 18.12.2012, GVBl. für das Land Hessen Teil I 2012, 621, 645; auf die Bedeutung qualitativ höherwertiger und spezialisierter Tätigkeiten weist auch hin: Elfter Bericht der Bundesregierung über Erfahrungen bei der Anwendung des Arbeitnehmerüberlassungsgesetzes v. 18.1.2010, BT-Drucks. 17/464, S. 34.

im Bereich Gesundheit, Soziales, Lehre und Erziehung überlassenen Arbeitnehmer um ca. 24,6 % von 40.754 auf 50.775 erhöht.[8]

Die Wandlung des Anforderungsprofils und der starke Wettbewerb in der Branche, tragen dazu bei, dass Zeitarbeitsunternehmen regelmäßig versuchen, die Tätigkeit ihrer Arbeitnehmer möglichst flexibel und damit Kosten sparend auszugestalten.[9] Da die Befristung von Arbeitsverhältnissen nur in den Grenzen von § 14 TzBfG[10] möglich ist und das Entgelt in der Zeitarbeitsbranche ganz überwiegend tarifvertraglich vorgegeben ist, erfolgt eine solche Flexibilisierung im Dauerarbeitsverhältnis vielfach über die Arbeitszeit. Die gesetzlichen Bestimmungen des AÜG[11], die für die Überlassung von Arbeitnehmern an Kunden der Zeitarbeitsunternehmen gelten, enthalten keine Regelungen zu flexiblen Arbeitszeiten. Demgegenüber sehen die tarifvertraglichen Regelungen in der Zeitarbeitsbranche bereits flexible Möglichkeiten vor, wie z. B. eine Monatsarbeitszeit und das Führen eines Arbeitszeitkontos.[12]

Solche tarifvertraglichen Flexibilisierungsmöglichkeiten werden allerdings von den Zeitarbeitsunternehmen zum Teil nicht als ausreichend erachtet. So besteht etwa im Gastronomie- und Eventbereich ein erhöhtes Bedürfnis, auf kurzfristige unregelmäßige Aufträge kostengünstig reagieren zu können. Dies gilt z. B., wenn zwar die Erwartung besteht, auf jährlich insgesamt fünf Messen mit der Gestellung von zusätzlichem Cateringpersonal beauftragt zu werden, sich jedoch die einzelnen Termine und deren Dauer erst kurzfristig ergeben und möglichst dieselben angelernten Arbeitnehmer gestellt werden sollen.[13]

In dieser Arbeit wird daher untersucht, ob solche unregelmäßigen Einsätze kostengünstig durch eine besondere Art der flexiblen Arbeitszeitgestaltung, durch die sog. Arbeit auf Abruf, für Zeitarbeitsunternehmen ermöglicht werden können. Bevor diese Kombination von Arbeit auf Abruf und Zeit- bzw. Leiharbeit, d. h. von zwei besonderen Vertragsformen, untersucht werden kann, müssen zunächst die

---

8 Bundesagentur für Arbeit, Arbeitsmarkt in Zahlen, Arbeitnehmerüberlassung, 2. Halbjahr 2012, Ziff. II 1.7.1.

9 Auf die notwendige Verbesserung des Dienstleistungsangebots weist auch Hamann hin in NZA 2008, 1042.

10 Gesetz über Teilzeitarbeit und befristete Arbeitsverträge v. 21.12.2000, BGBl. I 2000, 1966, zuletzt geändert durch Art. 23 Gesetz zur Verbesserung der Eingliederungschancen am Arbeitsmarkt v. 20.12.2011, BGBl. I 2011, 2854, 2923.

11 Gesetz zur Regelung der Arbeitnehmerüberlassung (Arbeitnehmerüberlassungsgesetz – AÜG), verkündet als Art. 1 Gesetz zur Regelung der gewerbsmäßigen Arbeitnehmerüberlassung v. 7.8.1972, BGBl. I 1972, 1393, i. d. F. der Bekanntmachung v. 3.2.1995, BGBl. I 1995, 158, zuletzt geändert durch Art. 2 Abs. 61 und Art. 4 Abs. 46 des Gesetzes zur Strukturreform des Gebührenrechts des Bundes v. 7.8.2013, BGBl. I 2013, 3154, 3173, 3204.

12 Siehe § 2G.

13 Auch Kiene, S. 138 f. weist darauf hin, dass sich Arbeitgeber zunehmend mit vorübergehendem oder in ihrer Dauer unkalkulierbaren, kurzfristigen Veränderungen des Arbeitskräftebedarfs konfrontiert sehen; ähnlich Klapproth, S. 65 f.

Gestaltungsmöglichkeiten und -grenzen erörtert werden, die mit diesen beiden Vertragsformen verbunden sind. Daher werden nach dieser Einleitung im zweiten Teil der Arbeit zunächst einige grundlegende Besonderheiten des Arbeitsverhältnisses mit einem Zeitarbeitsunternehmen im Überblick dargestellt. Im dritten Teil erfolgt eine Auseinandersetzung mit den Grundlagen der Arbeit auf Abruf für Teilzeit- und Vollzeitarbeitnehmer. Ein Schwerpunkt dieser Auseinandersetzung liegt auf der Rechtsprechung des BAG zum Erfordernis einer bestimmten Arbeitszeitdauer sowie auf den im Einzelnen stark umstrittenen individualvertraglichen Gestaltungsmöglichkeiten. Im vierten Teil wird untersucht, inwieweit die Arbeit auf Abruf mit den gesetzlichen Vorschriften für die Überlassung von Arbeitnehmern sowie den einschlägigen tarifvertraglichen Regelungen – am Beispiel eines bekannten Flächenmanteltarifvertrages – vereinbar ist. Im fünften Teil der Arbeit erfolgt eine Zusammenfassung der im Rahmen der Untersuchung gewonnenen Ergebnisse gefolgt von einer Umsetzung der Erkenntnisse im sechsten und letzten Teil anhand von eigenen Musterklauseln für die Arbeitszeitregelungen in einem Arbeitsvertrag mit Arbeit auf Abruf.

Nicht Gegenstand dieser Arbeit sind demgegenüber die Rechtsfolgen unzulässiger Vertragsgestaltungen sowie einige von der Vertragsgestaltung unabhängige Umsetzungsfragen des laufenden Arbeitsverhältnisses, wie die Entgeltfortzahlung bei Krankheit, Urlaub und Feiertagen.[14] Auch betriebsverfassungsrechtliche Fragen und Gestaltungsmöglichkeiten sind ausgeklammert, zumal bei Zeitarbeitsunternehmen betriebsverfassungsrechtliche Strukturen weniger häufig anzutreffen sind.[15] Tarifvertragliche Gestaltungsmöglichkeiten in Bezug auf eine Arbeit auf Abruf werden in der Zeitarbeitsbranche bisher – soweit ersichtlich – nicht genutzt und sollen daher ebenfalls nicht Gegenstand dieser Arbeit sein.[16] Auf ein zusammenfassendes Kapitel zur Historie der einschlägigen gesetzlichen Bestimmungen und der Rechtsprechung wurde zu Gunsten einer Konzentration auf den Untersuchungsgegenstand verzichtet. Hinweise zur Historie finden sich jedoch in den einzelnen Kapiteln, soweit sie dort von Bedeutung sind.

---

14 Siehe hierzu Kiene, S. 230 ff.; insbesondere zur Höhe der für den Fall des Annahmeverzugs zu zahlenden Vergütung: Ostmeier, RdA 2008, 86 ff.

15 Vgl. Schüren, RdA 2007, 231, 233; Böhm, DB 2005, 2023, 2024; zum Betriebsverfassungsrecht sehr ausführlich, jedoch noch aus der Zeit vor der Reform des Betriebsverfassungsgesetzes: Meyer, S. 152 ff.; aus neuerer Zeit neben der einschlägigen Kommentarliteratur insbesondere Hamann, NZA 2008, 1042 ff. und Kiene, S. 194 ff.

16 Siehe zu tarifvertraglichen Gestaltungsmöglichkeiten insbesondere aus neuerer Zeit: Kiene, S. 176 ff.

§ 2. Das Leiharbeitsverhältnis

Die Zulässigkeit und Ausgestaltung eines Arbeitsverhältnisses im Rahmen der Arbeitnehmerüberlassung richten sich nach dem AÜG. Die Bundesagentur für Arbeit führt das AÜG nach Maßgabe von § 17 Abs. 1 Satz 1 AÜG durch und hat daher zum AÜG eine eigene Geschäftsanweisung (GA AÜG) erlassen, in der sie ihre Auffassung und Handhabung zu den einzelnen Vorschriften des AÜG wiedergibt.[17] Die Möglichkeit der Arbeitnehmerüberlassung wurde erst im Jahre 1967 eröffnet mit einem Urteil des BVerfG, das die Erweiterung des damals geltenden allgemeinen Vermittlungsmonopols der heutigen Bundesagentur für Arbeit auf Arbeitnehmerüberlassungsverträge als verfassungswidrig angesehen hatte.[18] Das AÜG enthält für Arbeitsverhältnisse von überlassenen Arbeitnehmern einige Besonderheiten gegenüber Arbeitsverhältnissen anderer Arbeitnehmer, die bei der Vereinbarung von flexiblen Arbeitszeiten zu beachten sind. Daher werden zunächst diese Besonderheiten kurz im Überblick dargestellt.

A. Begrifflichkeiten

Ein Zeitarbeitsunternehmen bzw. ein Arbeitgeber, der einen Arbeitnehmer zur Arbeitsleistung an einen Dritten überlässt, wird als Verleiher, der Arbeitnehmer als Leiharbeitnehmer und der Dritte als Entleiher bezeichnet (vgl. § 1 Abs. 1 Satz 1 AÜG). Der umgangssprachliche Begriff des „Einsatzes" wird im AÜG durch die Begriffe der „Überlassung" (§ 9 Nr. 2 Halbs. 1 AÜG) oder der „Tätigkeit" (§ 11 Abs. 6 Satz 1 AÜG) umschrieben.

B. Erlaubnispflicht

Der Verleiher benötigt für die Überlassung eines Leiharbeitnehmers im Rahmen seiner wirtschaftlichen Tätigkeit grundsätzlich eine gesonderte Erlaubnis gemäß § 1 Abs. 1 Satz 1 AÜG.[19] Zuständig für deren Erteilung ist die Bundesagentur für Arbeit (§ 17 Abs. 1 Satz 1 AÜG). Ein Verleiher erhält die Erlaubnis unmittelbar von der für seinen Sitz zuständigen Regionaldirektion der Bundesagentur für Arbeit.[20]

Gemäß § 2 Abs. 4 Satz 1 AÜG erteilt die zuständige Regionaldirektion die Erlaubnis zunächst befristet auf ein Jahr, sodass der Verleiher für die Zeit danach jeweils ihre

---

17 Geschäftsanweisung zum Arbeitnehmerüberlassungsgesetz (AÜG) der Bundesagentur für Arbeit (GA AÜG), Stand April 2013, http://www.arbeitsagentur.de/zentraler-Content/A08-Ordnung-Recht/A083-AUEG/Publikation/pdf/GA-AUEG.pdf (letzter Abruf am 9.1.2014).

18 BVerfG v. 4.4.1967 – 1 BvR 84/65, NJW 1967, 974, 975 f.

19 Ausnahmen von der Erlaubnispflicht enthalten § 1 Abs. 3, § 1a AÜG.

20 Schüren-Schüren, AÜG § 2 Rn. 17.

Verlängerung beantragen muss. Die Erteilung einer unbefristeten Erlaubnis gemäß § 2 Abs. 5 Satz 1 AÜG kommt erst in Betracht, wenn der Verleiher drei aufeinanderfolgende Jahre eine Verleihtätigkeit ausgeübt hat, hierbei erlaubt tätig gewesen ist und das Gesamtbild der bisherigen Geschäftstätigkeit des Verleihers die Gewähr dafür bietet, dass er sich künftig als Gewerbetreibender gesetzestreu verhält und seine Arbeitgeberpflichten zuverlässig erfüllt. Hierzu soll die Regionaldirektion regelmäßig vor der ersten Verlängerung, vor der Erteilung einer unbefristeten Erlaubnis sowie bei Verleihern mit unbefristeter Erlaubnis im 5-Jahres-Rhytmus eine Prüfung der Geschäftstätigkeit des Verleihers durchführen. Gemäß § 7 Abs. 2 bis 4 AÜG kann sie sich hierbei auf ein umfassendes Auskunfts- und Prüfungsrecht berufen.[21]

§§ 3, 4 und 5 AÜG enthalten Gründe, bei deren Vorliegen eine Erlaubnis von der Regionaldirektion versagt, zurückgenommen oder widerrufen werden kann. So kann die Erlaubnis z. B. gemäß § 5 Abs. 1 Nr. 3, § 3 Abs. 1 Nr. 1 AÜG widerrufen werden, wenn der Verleiher sich als unzuverlässig erweist, er insbesondere die Vorschriften des Arbeitsschutzrechts nicht einhält oder seine arbeitsrechtlichen Pflichten verletzt.[22]

Überlässt der Verleiher den Leiharbeitnehmer an einen Entleiher ohne die hierzu erforderliche Arbeitnehmerüberlassungserlaubnis, sind die mit dem Leiharbeitnehmer und dem Entleiher getroffenen Vereinbarungen gemäß § 9 Nr. 1 AÜG unwirksam. Zudem bestimmt § 10 Abs. 1 Satz 1 AÜG für diesen Fall, dass ein Arbeitsverhältnis zwischen dem Leiharbeitnehmer und dem Entleiher als zustande gekommen gilt (Fiktion eines Arbeitsverhältnisses).

C. Allgemeine Rechte und Pflichten im Dreiecksverhältnis

Die Rechte und Pflichten im Leiharbeitsverhältnis sind aufgrund der Drei-Personen-Beziehung zwischen Verleiher, Leiharbeitnehmer und Entleiher anders verteilt als in einem zweiseitigen Arbeitsverhältnis zwischen Arbeitgeber und Arbeitnehmer.

I. Vertragsbeziehungen und arbeitgeberseitiges Direktionsrecht

Zwischen dem Verleiher und dem Leiharbeitnehmer besteht ein Arbeitsvertrag.

Auf der Grundlage des Arbeitsvertrages wird der Leiharbeitnehmer im Betrieb des Entleihers tätig. Es ist stark umstritten, inwieweit auch eine vertragliche Beziehung zwischen Entleiher und Leiharbeitnehmer besteht. Nach überwiegender

21 Im Einzelnen: Ziff. 2.5 GA AÜG zu § 2 AÜG, Ziff. 7.3 ff. GA AÜG zu § 7 AÜG, wobei Ziff. 7.6 GA AÜG zu § 7 AÜG Hinweise zu Prüfungsschwerpunkten enthält.

22 Im Einzelnen: Ziff. 3.1.1 ff. GA AÜG zu § 3 AÜG.

Auffassung besteht jedenfalls kein Arbeitsvertrag zwischen Entleiher und Leiharbeitnehmer.[23]

Damit der Entleiher den Leiharbeitnehmer in seinem Betrieb wie einen eigenen Arbeitnehmer beschäftigen und zur Arbeit anweisen kann, schließen der Verleiher und der Entleiher einen Arbeitnehmerüberlassungsvertrag (Unterfall eines Dienstverschaffungsvertrages). Auf der Grundlage des Arbeitnehmerüberlassungsvertrages schulden der Verleiher die Überlassung eines geeigneten Leiharbeitnehmers und der Entleiher das Überlassungshonorar. Allerdings ist der Verleiher nicht gegenüber dem Entleiher zur Erbringung der eigentlichen Arbeitsleistung verpflichtet, sondern schuldet nur die Auswahl und Bereitstellung des geeigneten Leiharbeitnehmers. Der Verleiher „überlässt" den Leiharbeitnehmer, indem er sein arbeitgeberseitiges Direktionsrecht auf den Entleiher überträgt.

Die Übertragung des Direktionsrechts vom Verleiher auf den Entleiher führt zu einer Spaltung der Arbeitgeberstellung.[24] Der Verleiher bleibt vertraglicher Arbeitgeber des Leiharbeitnehmers. Er muss dem Leiharbeitnehmer das Arbeitsentgelt, Urlaub, Entgeltfortzahlung im Krankheitsfalle und Feiertagsvergütung gewähren. Er trägt Sorge für die Einhaltung der arbeitsschutzrechtlichen, insbesondere der arbeitszeitrechtlichen Vorschriften und hat für den Arbeitnehmer Steuern sowie Beiträge zur Sozialversicherung, einschließlich der Unfallversicherung, abzuführen. Auch die arbeitgeberseitigen Schutz- und Fürsorgepflichten bleiben bestehen.

Obwohl nach überwiegender Auffassung kein Arbeitsvertrag zwischen Entleiher und Leiharbeitnehmer besteht, treffen aufgrund der Eingliederung des Leiharbeitnehmers in den Betrieb des Entleihers auch den Entleiher Arbeitgeberpflichten – insbesondere Schutz- und Fürsorgepflichten – soweit diese untrennbar mit der Entgegennahme der Arbeitsleistung zusammenhängen und daher nur von dem Entleiher erfüllt werden können.[25] Insbesondere ist der Entleiher gemäß § 11 Abs. 6 AÜG ebenso wie der Verleiher für die Einhaltung der arbeitsschutzrechtlichen Vorschriften verantwortlich.

---

23 Thüsing/Pötters, BB 2012, 317 mit Verweisen auf die Rechtsprechung des BAG; Darstellung des Streitstandes bei ErfKomm-Wank, AÜG Einl. Rn. 32. m. w. N. sowie bei Schüren-Schüren, AÜG Einl. Rn. 109 ff.; für ein Schuldverhältnis ohne primäre Leistungspflichten i. S. v. § 311 Abs. 2 Nr. 3, § 241 Abs. 2 BGB siehe nur Raab, ZfA 2003, 389, 393; a. A.: Doppelarbeitsverhältnis des Leiharbeitnehmers oder echter Vertrag zugunsten des Entleihers als Dritter; im Sinne echter Vertrag zugunsten des Entleihers als Dritter: Schüren-Schüren, AÜG Einl. Rn. 168 ff.; Feuerborn, WiB 1996, 198, 199; ErfKomm-Wank, AÜG Einl. Rn 33; KassHdb-Düwell, Kap. 4.5 Rn. 442; ausführlich hierzu: Reinsch, S. 85 ff., 244, 251.

24 Kokemoor, NZA 2003, 238.

25 Sandmann/Marschall, AÜG Art. 1 § 9 Rn. 6; Thüsing-Thüsing, AÜG Einf. 39.

Gemäß § 28e Abs. 2 Satz 1 SGB IV[26], § 150 Abs. 3 Satz 1 SGB VII[27] haftet der Entleiher subsidiär als Bürge für die Abführung des Gesamtsozialversicherungsbeitrages und des Beitrages für die Unfallversicherung durch den Verleiher. Für die vom Verleiher abzuführende Lohnsteuer kann der Entleiher gemäß § 42d Abs. 6 EStG[28] nur in bestimmten Fällen subsidiär haftbar gemacht werden, z. B. wenn der Verleih ohne die gemäß § 1 Abs. 1 Satz 1 AÜG erforderliche Arbeitnehmerüberlassungserlaubnis erfolgt ist. Demgegenüber haftet der Entleiher nicht – auch nicht bei Zahlungsunfähigkeit des Verleihers – für das an den Leiharbeitnehmer zu zahlende Arbeitsentgelt.[29]

Es besteht mithin ein Dreiecksverhältnis zwischen dem Verleiher, dem Entleiher und dem Leiharbeitnehmer.[30]

II. Inhalt der Arbeitsleistung, Umfang und Lage der Arbeitszeit

Der Inhalt der von dem Leiharbeitnehmer beim Entleiher zu erbringenden Arbeitsleistung bestimmt sich nach den arbeitsvertraglichen Vereinbarungen mit dem Verleiher. Der Entleiher darf diese lediglich im Rahmen des ihm durch den Arbeitnehmerüberlassungsvertrag übertragenen Direktionsrechts konkretisieren. Insbesondere richten sich auch Umfang und Lage der Arbeitszeit nach dem Leiharbeitsvertrag. Eine Verlängerung oder Verkürzung der vertraglich festgelegten Arbeitszeitdauer kann nicht durch den Entleiher, sondern nur durch den Verleiher und dies auch nur bei entsprechender Vereinbarung erfolgen. Soweit gemäß dem Leiharbeitsvertrag Überstunden angeordnet werden können, wird der Verleiher das Recht zur Anordnung von Überstunden im Arbeitnehmerüberlassungsvertrag regelmäßig auf den Entleiher übertragen. Hinsichtlich der Lage der Arbeitszeit

---

26 Viertes Buch Sozialgesetzbuch – Gemeinsame Vorschriften für die Sozialversicherung – v. 12.11.2009, BGBl. I 2009, 3709, 3710 (Berichtigung v. 3.3.2011, BGBl. I 2011, 337, 363), zuletzt geändert durch Art. 4 des Gesetzes zur Neuorganisation der bundesunmittelbaren Unfallkassen, zur Änderung des Sozialgerichtsgesetzes und zur Änderung anderer Gesetze (BUK-Neuorganisationsgesetz – BUK-NOG) v. 19.10.2013, BGBl. I 2013, 3829, 3836, 3843.

27 Siebtes Buch Sozialgesetzbuch – Gesetzliche Unfallversicherung v. 7.8.1996, BGBl. 1996 I, 1245, 1254, zuletzt geändert durch Art. 6 des Gesetzes zur Neuorganisation der bundesunmittelbaren Unfallkassen, zur Änderung des Sozialgerichtsgesetzes und zur Änderung anderer Gesetze (BUK-Neuorganisationsgesetz – BUK-NOG) v. 19.10.2013, BGBl. I 2013, 3829, 3836, 3845.

28 Einkommensteuergesetz v. 8.10.2009 (BGBl. I 2009, 3365, 3366 (Berichtigung v. 8.12.2009, BGBl. I 2009, 3853, 3862), zuletzt geändert durch Art. 11 des Gesetzes zur Anpassung des Investmentsteuergesetzes und anderer Gesetze an das AIFM-Umsetzungsgesetz (AIFM-Steuer-Anpassungsgesetz – AIFM-StAnpG) v. 18.12.2013, BGBl. 2013 I, 4318, 4331.

29 Boemke/Lembke, AÜG § 11 Rn. 30.

30 ErfKomm-Wank, AÜG, Einl. Rn. 12a, 14ff.; Raab, ZfA 2003, 389, 392f.; Kämmerer/Thüsing, S. 14.

werden im Leiharbeitsvertrag regelmäßig keine konkreten Vereinbarungen getroffen. Regelmäßig wird der Verleiher auch das Recht zur Bestimmung der Lage der Arbeitszeit mit dem Arbeitnehmerüberlassungsvertrag dem Entleiher übertragen.[31]

Verleiher und Entleiher, soweit ihm das Direktionsrecht übertragen ist, haben jeweils ihr Direktionsrecht nach billigem Ermessen auszuüben, seit dem 1.1.2003 gemäß § 106 Satz 1 GewO[32] und vor Einführung dieser Norm[33] gemäß § 315 Abs. 1 BGB[34], wobei das BAG in Bezug auf das billige Ermessen nach § 106 Satz 1 GewO weiterhin § 315 Abs. 3 BGB ergänzend heranzieht.[35]

III. Kündigung und Befristung

Das Leiharbeitsverhältnis kann arbeitgeberseitig ausschließlich der Verleiher, nicht der Entleiher, kündigen.[36] Allerdings muss eine Kündigung des Verleihers im Anwendungsbereich von §§ 1 Abs. 1, 23 Abs. 1 KSchG[37] gemäß § 1 Abs. 2 KSchG sozial gerechtfertigt sein. Für die soziale Rechtfertigung einer betriebsbedingten Kündigung reicht es insbesondere nicht aus, dass der Auftrag bei einem Entleiher ausläuft und kein Anschlussauftrag für den Leiharbeitnehmer vorliegt. Der Verleiher muss vielmehr konkret darstellen, dass es sich nicht nur um eine kurzfristige, zu seinem typischen Wirtschaftsrisiko gehörende, Auftragslücke handelt, denn es entspricht dem Wesen der Arbeitnehmerüberlassung und dem Geschäft eines Verleihers, Leiharbeitnehmer – oft kurzfristig – bei verschiedenen Entleihern einzusetzen und zu beschäftigen.[38] Eine Eigenkündigung kann der Leiharbeitnehmer wirksam nur gegenüber dem Verleiher aussprechen.

Befristete Arbeitsverträge darf der Verleiher – wie andere Arbeitgeber auch – grundsätzlich nur gemäß den Vorgaben des TzBfG abschließen.[39] Hierbei ergibt

---

31 Raab, ZfA 2003, 389, 393; Boemke/Lembke, AÜG § 14 Rn. 33.

32 Gewerbeordnung in der Fassung der Bekanntmachung v. 22.2.1999, BGBl. I 1999, 202, zuletzt geändert durch Art. 1 des Gesetzes zur Änderung der Gewerbeordnung und anderer Gesetze v. 5.12.2012, BGBl. I 2012, 2415.

33 Drittes Gesetz zur Änderung der Gewerbeordnung und sonstiger gewerberechtlicher Vorschriften v. 24.8.2002, BGBl. I 2002, 3412, 3414; siehe hierzu auch Lakies, BB 2003, 364 ff.

34 BAG v. 7.12.2000 – 6 AZR 444/99, NZA 2001, 780.

35 Vgl. nur BAG v. 22.2.2012 – 5 AZR 249/11, NZA 2012, 858, 860; BAG v. 14. 8. 2007 – 9 AZR 58/07, NZA-RR 2008, 129, 133; BAG v. 26.09.2012 – 10 AZR 415/11, BeckRS 2012, 75947 unter A II der Gründe; ebenso Verweis auf § 315 Abs. 3 BGB: MünchKomm-BGB-Würdinger § 315 Rn. 67 f.

36 Sandmann/Marschall, AÜG Art. 1 § 9 Rn. 4.

37 Kündigungsschutzgesetz v. 25.8.1969, BGBl. I 1969, 1317, zuletzt geändert durch Art. 3 Abs. 2 des Gesetzes zur Umsetzung des Seearbeitsübereinkommens 2006 der Internationalen Arbeitsorganisation v. 20.4.2013, BGBl. I 2013, 825, 868.

38 BAG v. 18.5.2006 – 2 AZR 412/05, AP AÜG § 9 Nr. 7 unter B II 1 der Gründe; zustimmend: Brose, DB 2008, 1378, 1379.

39 Sandmann/Marschall, AÜG Art. 1 § 9 Rn. 3a.

sich ein Befristungsgrund allerdings nicht bereits aus dem besonderen Charakter des Leiharbeitsverhältnisses, d. h. der Überlassung des Leiharbeitnehmers durch den Verleiher an den Entleiher gemäß der von dem Entleiher gewünschten Dauer.

Für den Befristungsgrund des vorübergehenden Bedarfs nach § 14 Abs. 1 Nr. 1 TzBfG ist eine Prognose erforderlich, wonach im Zeitpunkt des Abschlusses des befristeten Arbeitsvertrages aufgrund greifbarer Anhaltspunkte mit hinreichender Sicherheit angenommen werden kann, dass für die Beschäftigung des Arbeitnehmers über das vereinbarte Vertragsende hinaus kein Bedarf mehr bestehen wird. Die bloße, jeder wirtschaftlichen Tätigkeit innewohnende Unsicherheit über die künftige Entwicklung und der dadurch hervorgerufene wechselnde Bedarf an Arbeitskräften reicht hierfür nicht aus.[40]

Für den vorübergehenden Bedarf kommt es hierbei nicht auf die Verhältnisse beim Entleiher, sondern auf die des vertraglichen Arbeitgebers, des Verleihers an.[41] Könnte der Verleiher die Befristung nach dem vorübergehenden Bedarf des Entleihers und damit nach den jeweils vorhandenen Überlassungsmöglichkeiten ausrichten, würde er das ihm als Arbeitgeber obliegende Beschäftigungsrisiko in unzulässiger Weise auf den Leiharbeitnehmer abwälzen.[42] Aus diesem Grund kann ein Leiharbeitsvertrag auch nicht mit der Begründung befristet werden, der Überlassungsvertrag mit dem Entleiher sei befristet und daher nur für eine vorübergehende Zeit abgeschlossen.[43] Ein vorübergehender Bedarf kann jedoch bei dem Verleiher z. B. in dem seltenen Ausnahmefall vorliegen, dass Saisonarbeitskräfte, wie bei der Ernte, als Leiharbeitnehmer eingesetzt werden.[44]

Nach vorstehenden Grundsätzen ist es dem Verleiher somit – wie jedem anderen Arbeitgeber auch – verwehrt, den vorübergehenden Bedarf mit einer bei ihm bestehenden allgemeinen Unsicherheit zu rechtfertigen, ob es nach einer Überlassung zu Anschlussaufträgen kommen wird. Insoweit ist es der wesentliche Zweck eines

---

40 BAG v. 25.8.2004 – 7 AZR 7/04, NZA 2005, 357, 358; BAG v. 11.2.2004 – 7 AZR 362/03, NZA 2004, 978, 979; BAG v. 22.3.2000 – 7 AZR 758/98, NZA 2000, 881, 882; BAG v. 14.1.1982 – 2 AZR 245/80, AP BGB § 620 Befristeter Arbeitsvertrag Nr. 64 unter B II 2 b) der Gründe; siehe auch Hunold, NZA 2002, 255, 259 f. m. w. N. zum Schrifttum; für Leiharbeitsverträge: Reineke, FS Löwisch, S. 211, 220; ausführlich Feuerborn, Sachliche Gründe, S. 620 ff.

41 Reineke, FS Löwisch, S. 211, 219 f.; so auch Ziff. 3.1.1 (7) GA AÜG zu § 3; siehe zu der Befristung eines Arbeitsverhältnisses zunächst bei einem Entleiher und anschließend bei einem konzernangehörigen Verleiher: BAG v. 18.10.2006 – 7 AZR 145/06, NZA 2007, 443 ff., abgelehnt von Brose, DB 2008, 1378, 1380 ff.; siehe im Übrigen zu Arbeitnehmerüberlassung im Konzern: Feuerborn, WiVerw 2001, 190 ff.

42 Reineke, FS Löwisch, S. 211, 220.

43 A. A.: Lembke, DB 2003, 2702, 2704; Bauer/Krets, NJW 2003, 537, 540; Kokemoor, NZA 2003, 238, 240.

44 Schüren/Behrend, NZA 2003, 521, 522.

Verleihunternehmens, fortlaufend neue Aufträge zu akquirieren. Der Arbeitskräftebedarf lässt sich daher nur schwer auf längere Sicht prognostizieren.[45]

Auch für die Befristung wegen der Eigenart der Arbeitsleistung gemäß § 14 Abs. 1 Satz 2 Nr. 4 TzBfG kommt es nicht auf die vorübergehende Tätigkeit im Entleiherbetrieb an.[46] Die zeitliche Begrenzung muss sich vielmehr aus der Arbeitsleistung selbst ergeben, wie aufgrund typischer, mit der Arbeitsleistung verbundener Verschleißerscheinungen (z. B. bei Sportlern) oder aufgrund der Abwechslungsbedürftigkeit eines Publikums (z. B. bei Künstlern).[47]

Hinsichtlich eines Leiharbeitsverhältnisses bestehen somit für den Verleiher keine erleichterten, an der vorübergehenden Überlassung orientierten Beendigungsmöglichkeiten.

D. Prinzip der Garantievergütung – Unabdingbarkeit der Annahmeverzugsregeln

Ebenfalls keine Erleichterungen, sondern eine Einschränkung gilt im Leiharbeitsverhältnis bei verleihfreien Zeiten. Der Verleiher schuldet dem Leiharbeitnehmer das vertraglich vereinbarte Entgelt auch für Zeiten, in denen dieser – z. B. aufgrund einer schlechten Auftragslage – nicht verliehen werden kann und daher keine Arbeitsleistung erbringt (sog. Verleiherrisiko).[48] Dem Leiharbeitnehmer wird somit die vertragliche Vergütung nach Maßgabe der vertraglich vereinbarten Arbeitszeit garantiert (sog. Garantievergütung).[49] Ist für das Arbeitsverhältnis z. B. eine Wochenarbeitszeit von 35 Stunden vereinbart und kann der Leiharbeitnehmer in einer Woche aufgrund weniger Aufträge lediglich für 2 Tage zu je 7 Stunden, insgesamt für 14 Stunden eingesetzt werden, muss der Verleiher dennoch 35 Wochenstunden vergüten. Insoweit wird nachfolgend vom Prinzip der Garantievergütung gesprochen.

Das Prinzip der Garantievergütung folgt aus § 11 Abs. 4 Satz 2 AÜG. Hiernach kann das Recht auf Vergütung bei Annahmeverzug gemäß § 615 Satz 1 BGB[50] – anders als bei anderen Arbeitsverhältnissen[51] – nicht durch Vertrag aufgehoben oder beschränkt werden. Entgegenstehende Vereinbarungen zum Ausschluss oder zur Beschränkung der Voraussetzungen oder der Rechtsfolgen des § 615 Satz 1 BGB

---

45 Dahl, DB 2006, 2519, 2520f.; Reim, ZTR 2003, 106, 112; Raab, ZfA 2003, 389, 426.

46 Raab, ZfA 2003, 389, 427; Schüren/Behrend, NZA 2003, 521, 522; Lembke, DB 2003, 2702, 2705; Ulber, AuR 2003, 7, 9.

47 ErfKomm-Müller-Glöge, TzBfG § 14 Rn. 44.

48 Boemke/Lembke, AÜG § 11 Rn. 116; KassHdb-Düwell, Kap. 4.5 Rn. 366; Klapproth, S. 6.

49 Schneider, Zeitarbeit, Rn. 294; Witten, S. 163.

50 Bürgerliches Gesetzbuch v. 2.1.2002, BGBl. I 2002, 41, 42 (Berichtigung v. 27.5.2003, BGBl. I 2003, 717, 738), zuletzt geändert durch Art. 4 Abs. 5 des Gesetzes zur Einführung eines Datenbankgrundbuchs (DaBaGG) v. 1.10.2013, BGBl. I 2013, 3713, 3719, 3726.

51 Thüsing-Mengel, AÜG § 11 Rn. 43; ErfKomm-Wank, AÜG § 11 Rn. 16; Schüren-Schüren, AÜG § 11 Rn. 100; Boemke/Lembke, AÜG § 11 Rn. 111; Klapproth, S. 6.

sind vielmehr gemäß § 134 BGB nichtig.[52] Im vorstehenden Beispiel wäre somit eine Vereinbarung im Arbeitsvertrag unwirksam, wonach eine Vergütung für 35 Wochenstunden nur erfolgt, soweit jeweils eine entsprechend lange Einsatzmöglichkeit bei einem Entleiher oder mehreren Entleihern gegeben ist.[53]

Das Prinzip der Garantievergütung findet Niederschlag auch in § 11 Abs. 1 Satz 2 Nr. 2 AÜG. Hiernach müssen in einem Leiharbeitsvertrag – zusätzlich zu den nach § 2 NachwG[54] üblichen Angaben z. B. zu Tätigkeit, Arbeitsort und Entgelt – auch Art und Höhe der Leistungen für verleihfreie Zeiten schriftlich niedergelegt sein.

E. Gleichbehandlungsgebot

Weiterhin folgt aus §§ 3 Abs. 1 Nr. 3 Satz 1, 9 Nr. 2 Halbs. 1, 10 Abs. 4 Satz 1 AÜG zugunsten des Leiharbeitnehmers, dass für ihn während einer Überlassung an einen Entleiher grundsätzlich die wesentlichen Arbeitsbedingungen angewendet werden müssen, die im Entleiherbetrieb für einen dort beschäftigten, mit dem Leiharbeitnehmer vergleichbaren Arbeitnehmer des Entleihers gelten.[55] So dürfte ein Leiharbeitnehmer beispielsweise beim Verleiher kein geringeres Entgelt erhalten als ein vergleichbarer (Stamm-) Arbeitnehmer im Entleiherbetrieb. Es besteht somit eine Pflicht des Verleihers zur Gleichbehandlung der Leiharbeitnehmer mit vergleichbaren Arbeitnehmern des Entleihers ab dem ersten Tag der Überlassung, auch Gleichbehandlungsgrundsatz, equal treatment oder equal pay genannt.[56]

Entgegenstehende Vereinbarungen sind nach § 9 Nr. 2 Halbs. 1 AÜG unwirksam. Sie können gemäß § 3 Abs. 1 Nr. 3 Satz 1, § 5 Abs. 1 Nr. 3 AÜG dazu führen, dass dem Verleiher die für den Verleih von Arbeitnehmern erforderliche Erlaubnis gemäß § 1 Abs. 1 Satz 1 AÜG versagt oder eine bereits erteilte Erlaubnis widerrufen wird.

Zudem kann der einzelne Leiharbeitnehmer gemäß § 10 Abs. 4 Satz 1 AÜG die Gewährung der vorenthaltenen Bedingungen verlangen, sodass erhebliche Nachzahlungspflichten für den Verleiher entstehen können.

---

52 BSG v. 21.7.2009 – B 7 AL 3/08, NZA-RR 2010, 216 ff.; Schüren-Schüren, AÜG § 11 Rn. 102; aus neuerer Zeit zu § 11 Abs. 4 Satz 2: Thüsing/Pötters, BB 2012, 317 ff.; Schüren, BB 2012, 1411 ff.

53 Inwieweit die Vereinbarung eines Arbeitszeitkontos mit § 11 Abs. 4 Satz 2 AÜG vereinbar ist, siehe § 2 G.

54 Nachweisgesetz v. 20.7.1995, BGBl. I 1995, 945, 946, zuletzt geändert durch Art. 6 des Gesetzes zu Änderungen im Bereich der geringfügigen Beschäftigung v. 5.12.2012, BGBl. I 2012, 2465, 2474, 2478.

55 Eingeführt wurde das Gleichbehandlungsgebot durch das Erste Gesetz für moderne Dienstleistungen am Arbeitsmarkt v. 23. 12. 2002, BGBl. I 2002, 4607, 4618; ein eingeschränktes Gleichbehandlungsgebot galt bereits mit Wirkung zum 1.1.2002 gemäß § 10 Abs. 5 AÜG a. F. aufgrund des Gesetzes zur Reform der arbeitsmarktpolitischen Instrumente (Job-AQTIV-Gesetz) v. 10.12.2001, BGBl. I 2001, 3443, 3462 f.

56 Zeitarbeit-Hennig, Rn. 638; Bauer/Krets, NJW 2003, 537, 538; Raab, ZfA 2003, 389, 399; Hamann, NZA 2003, 526; Ziff. 3.1.5 GA AÜG zu § 3 AÜG.

Schließlich liegt gemäß § 16 Abs. 1 Nr. 7a AÜG eine Ordnungswidrigkeit vor, wenn eine Arbeitsbedingung entgegen § 10 Abs. 4 AÜG nicht gewährt wurde. Diese Ordnungswidrigkeit kann mit einer Geldbuße bis zu 500.000,00 € geahndet werden (§ 16 Abs. 2 AÜG).

Von dem Gleichbehandlungsgebot kann bei anders lautenden tarifvertraglichen Regelungen abgewichen werden (§ 3 Abs. 1 Nr. 3 Satz 2 und 3, § 9 Nr. 2 Halbs. 2 und 3, § 10 Abs. 4 Satz 2 AÜG). Eine Rückausnahme gilt für Leiharbeitnehmer, die in den letzten sechs Monaten vor der Überlassung an den Entleiher aus einem Arbeitsverhältnis bei diesem oder einem Arbeitgeber, der mit dem Entleiher einen Konzern im Sinne des § 18 Aktiengesetz bildet, ausgeschieden ist (§ 3 Abs. 1 Nr. 3 Satz 4, § 9 Nr. 2 Halbs. 4 AÜG). Für solche Leiharbeitnehmer kann daher nicht vom Gleichbehandlungsgebot abgewichen werden (sog. Drehtürklausel).[57]

Das Gleichbehandlungsgebot mit Abweichungsmöglichkeit nur in Tarifverträgen wird von einem großen Teil des Schrifttums[58] als verfassungswidrig bewertet. Sechs Verleihunternehmen und zwei Arbeitgeberverbände der Leiharbeitsbranche erhoben eine Verfassungsbeschwerde, in welcher sie die Verletzung der grundgesetzlich geschützten positiven und negativen Koalitionsfreiheit, der Berufsfreiheit und des Gleichbehandlungsgrundsatzes geltend machten. Das BVerfG nahm diese Verfassungsbeschwerde jedoch mit Beschluss vom 29.12.2004[59] nicht zur Entscheidung an. Nach Auffassung des BVerfG fehlte es den Beschwerdeführern, soweit sie eine Verletzung von Grundrechten der Leiharbeitnehmer und Entleiher rügten, an der erforderlichen eigenen Betroffenheit. Soweit die Beschwerdeführer hingegen selbst betroffen waren, verneinte das BVerfG eine Verletzung der geltend gemachten Grundrechte.[60]

---

57 Die Drehtürklausel und andere umfangreiche Änderungen des AÜG wurden – insbesondere zur Umsetzung der Richtlinie 2008/104/EG des europäischen Parlaments und des Rates vom 19.11.2008 über Leiharbeit, Amtsblatt der Europäischen Union v. 5.12.2008, L 327/9 (sog. Leiharbeitsrichtlinie) – eingeführt mit dem Ersten Gesetz zur Änderung des Arbeitnehmerüberlassungsgesetzes – Verhinderung von Missbrauch der Arbeitnehmerüberlassung v. 28.4.2011, BGBl. I 2011, 642 sowie mit dem Gesetz zur Änderung des Arbeitnehmerüberlassungsgesetzes und des Schwarzarbeitsbekämpfungsgesetzes v. 20.7.2011, BGBl. I 2011, 1506. Siehe zur Drehtürklausel und zur Änderung des AÜG im Einzelnen nur Düwell/Dahl, DB 2010, 1759 ff.; Lembke, DB 2011, 414 ff.; Hamann, RdA 2011, 321 ff.; ders., NZA 2011, 70 ff.; Huke/Neufeld/Luickhardt, BB 2012, 961 ff.

58 Schüren-Schüren, AÜG § 9 Rn. 103; Rieble/Klebeck, NZA 2003, 23, 27 ff.; Thüsing, DB 2003, 446, 449 f.; Bauer/Krets, NJW 2003, 537, 539; Hamann, NZA 2003, 526, 527; Hümmerich/Holthausen/Welslau, NZA 2003, 7, 10; Richardi, ZfA 2003, 655, 678, 680 f.; Waas, BB 2003, 2175; Raab, ZfA 2003, 389, 414 ff., 418; a. A.: Grobys/Schmidt/Brocker, NZA 2003, 777 ff.: Kein Verstoß gegen Art. 12 Abs. 1, 9 Abs. 3, 20 Abs. 1, 20 Abs. 3, 3 Abs. 1 GG.

59 BVerfG v. 29.12.2004 – 1 BvR 2582/03, 2283/03, 2504/03, NZA 2005, 153.

60 Die Frage der Verfassungsmäßigkeit des Gleichbehandlungsgrundsatzes soll im Rahmen dieser Arbeit nicht vertieft, sondern im Folgenden nur die Auffassung des BVerfG dargestellt werden; eine ausführliche Darstellung der Streitfrage findet sich z. B. bei Kämmerer/Thüsing, S. 20 ff.

Das BVerfG führt in seinem Beschluss vom 29.12.2004 insbesondere aus, dass Art. 9 Abs. 3 GG[61] das positive Recht der Koalitionen und damit auch der Arbeitgeberverbände schützt, im Rahmen von Tarifverträgen Arbeits- und Wirtschaftsbedingungen autonom auszuhandeln (Tarifautonomie). Den Koalitionen obliegt hierbei jedoch nur ein Normsetzungsrecht, kein Normsetzungsmonopol.[62] Der Gesetzgeber kann durch eigene Regelungen in die Tarifautonomie eingreifen, um Grundrechte Dritter oder andere mit Verfassungsrang ausgestattete Belange im Rahmen der Verhältnismäßigkeit zu schützen.[63]

Die Einführung des Gleichbehandlungsgebots soll die gesellschaftliche Akzeptanz und Qualität der Leiharbeit steigern, ein angemessenes Schutzniveau gewährleisten und damit die Stellung von Leiharbeitnehmern auf dem Arbeitsmarkt stärken. §§ 3 Abs. 1 Nr. 3, 9 Nr. 2 AÜG schützen insoweit die Berufsfreiheit der Leiharbeitnehmer gemäß Art. 12 Abs. 1 GG und dienen durch die Erschließung neuer Beschäftigungsmöglichkeiten dem Gemeinwohl. Die Stärkung der Leiharbeitnehmerposition dient gleichzeitig der Verbesserung von Wettbewerbsbedingungen der einzelnen Verleihunternehmen gegenüber anderen Branchen. Vermittlungsorientierte Leiharbeit soll nach dem Willen des Gesetzgebers als Brücke aus der Arbeitslosigkeit in Beschäftigung genutzt werden.[64] Das Ziel, Massenarbeitslosigkeit zu bekämpfen, hat auf Grund des Sozialstaatsprinzips Verfassungsrang. Zudem bleibt durch die jeweils in § 3 Abs. 1 Nr. 3 Satz 2 und 3, § 9 Nr. 2 Halbs. 2 und 3 AÜG enthaltene Tariföffnungsklausel eine flexible Gestaltung von Arbeitsbedingungen durch die Tarifvertragsparteien möglich.[65]

Die Verleihunternehmen werden durch die gesetzlichen Regelungen insbesondere nicht zum Eintritt in tarifvertragsschließende Verbände gezwungen oder an anderweitigen Zusammenschlüssen oder Beteiligungen i. S. v. Art. 9 Abs. 3 GG gehindert. Der von den Verleihunternehmen beklagte mittelbare Druck, sie müssten um der größeren Einflussmöglichkeiten willen Mitglied eines Arbeitgeberverbandes werden, ist nicht so erheblich, dass die negative Koalitionsfreiheit verletzt wird.[66]

Soweit die gesetzlichen Regelungen demgegenüber in die gemäß Art. 12 GG geschützte Berufsfreiheit der Verleihunternehmen eingreifen, ist ein solcher Eingriff

61 Grundgesetz für die Bundesrepublik Deutschland in der im BGBl. III, Gliederungsnummer 100–1 veröffentlichten bereinigten Fassung, zuletzt geändert durch Art. 1 des Gesetzes zur Änderung des Grundgesetzes v. 11.7.2012 (BGBl. I 2012, 1477, 1478).

62 Siehe auch Raab, ZfA 389, 415 f. m. w. N. zur Rechtsprechung des BVerfG.

63 BVerfG v. 29.12.2004 – 1 BvR 2582/03, 2283/03, 2504/03, NZA 2005, 153, 153 f. unter C II 3 a), b) aa) der Gründe.

64 Begründung zum Gesetzentwurf v. 5.11.2002, BT-Drucks. 15/25, S. 23 f.

65 BVerfG v. 29.12.2004 – 1 BvR 2582/03, 2283/03, 2504/03, NZA 2005, 153, 153 f. unter C II 3 b) bb) der Gründe; gegen einen Eingriff in die Tarifautonomie auch Raab, ZfA 2003, 389, 416, 399, allerdings mit Zweifeln an der Geeignetheit des Gleichbehandlungsgrundsatzes, die Attraktivität von Leiharbeit zu stärken.

66 BVerfG v. 29.12.2004 – 1 BvR 2582/03, 2283/03, 2504/03, NZA 2005, 153, 155 unter C II 4 der Gründe.

zum Schutz der Berufsfreiheit der Leiharbeitnehmer und ihrem Interesse an zumutbaren Arbeitsbedingungen gerechtfertigt.[67] Auch ein Verstoß gegen den Gleichbehandlungsgrundsatz gemäß Art. 3 Abs. 1 GG liegt nicht vor. Zwar gilt in anderen Branchen kein § 3 Abs. 1 Nr. 3, § 9 Nr. 2 AÜG vergleichbares Gleichbehandlungsgebot. Durch § 3 Abs. 1 Nr. 3, § 9 Nr. 2 AÜG werden indes die Verleihunternehmen nur dazu angehalten, Arbeitsbedingungen anzuwenden, die in den Branchen, in welche verliehen wird, ohnehin bereits gelten. Zudem bleibt die Möglichkeit einer tarifvertraglichen Gestaltung offen.[68]

Das von dem BVerfG somit als verfassungsgemäß beurteilte Gleichbehandlungsgebot bedeutet allerdings für den Verleiher einen erheblichen Zeit- und Kostenaufwand. Er muss für jeden, mitunter nur kurz andauernden Auftrag die wesentlichen und individuell für den jeweils zu überlassenden Leiharbeitnehmer geltenden Arbeitsbedingungen des Entleihers feststellen. Die hiermit verbundenen Kosten führen regelmäßig zu einem höheren Überlassungshonorar und können gerade bei kurzfristig zu besetzenden Aufträgen zu Verzögerungen und schlimmstenfalls zum Auftragsverlust führen. Zudem eröffnet sich die Problematik der Verteilungsgerechtigkeit. Der Verleiher müsste stets prüfen, wen von mehreren geeigneten Leiharbeitnehmern er an einen Entleiher überlassen darf, der überdurchschnittliche Arbeitsbedingungen gewährt, um nicht gegen den allgemeinen arbeitsrechtlichen Gleichbehandlungsgrundsatz zu verstoßen.[69] Unter Umständen müsste er aus Gerechtigkeitsgründen mehrere Leiharbeitnehmer abwechselnd bei einem solchen Entleiher einsetzen. Hieran wird indes ein Entleiher regelmäßig kein Interesse haben, da mit einer entsprechenden Rotation insbesondere eine mehrfache Einarbeitung und Belehrung über die im Betrieb geltenden Sicherheitsvorschriften verbunden wären.

F. Ausnahme vom Gleichbehandlungsgebot – Bezugnahme auf einen Tarifvertrag

Zur Vermeidung der vorstehend beschriebenen Schwierigkeiten bei der Anwendung des Gleichbehandlungsgebots werden zumeist die Ausnahmevorschriften § 3 Abs. 1 Nr. 3 Satz 2 und 3, § 9 Nr. 2 Halbs. 2 und 3 AÜG angewandt.[70] Hiernach kann durch

---

67 BVerfG v. 29.12.2004 – 1 BvR 2582/03, 2283/03, 2504/03, NZA 2005, 153, 155 unter C II 5 der Gründe.

68 BVerfG v. 29.12.2004 – 1 BvR 2582/03, 2283/03, 2504/03, NZA 2005, 153, 155.

69 Raab, ZfA 2003, 389, 399.

70 Gemäß dem Elften Bericht AÜG, S. 12, wurde von der Tariföffnungsklausel wurde „nahezu flächendeckend Gebrauch" gemacht; gemäß Stoffels/Bieder, RdA 2012, 27 „verweisen...in der Praxis nahezu alle Leiharbeitsverträge auf die...Tarifverträge"; nach Dahl, DB 2006, 2519, 2520, wenden die Verleiher überwiegend die Tarifverträge der Arbeitnehmerüberlassungsbranche im Leiharbeitsverhältnis an; ähnlich Röder/Krieger, DB 2006, 2122, 2125: „Die Zeitarbeitsbranche hat die „Umstellung" auf abweichende Tarifverträge...überwiegend bereits hinter sich"; weitergehend: Böhm,

tarifvertragliche Arbeitsbedingungen vom Gleichbehandlungsgebot abgewichen werden, wenn beide Arbeitsvertragsparteien tarifgebunden sind. Im räumlichen, fachlichen und persönlichen[71] Geltungsbereich eines solchen Tarifvertrages können nicht tarifgebundene Verleiher und Leiharbeitnehmer die Anwendung der tariflichen Regelungen auch vereinbaren. Diese Abweichung vom Gleichbehandlungsgrundsatz gilt gemäß § 3 Abs. 1 Nr. 3 Satz 2, § 9 Nr. 2 Halbs. 2 AÜG allerdings nur, soweit der betreffende Tarifvertrag die in einer Rechtsverordnung nach § 3a Abs. 2 AÜG[72] festgesetzten Mindeststundenentgelte nicht unterschreitet.

Im Bereich der Arbeitnehmerüberlassung bestehen verschiedene bundesweit geltende Flächentarifverträge. Hiervon sind insbesondere die beiden (Flächen-) Manteltarifverträge hervorzuheben, welche die Mitgliedsgewerkschaften des Deutschen Gewerkschaftsbundes (DGB) mit den folgenden Arbeitgeberverbänden geschlossen haben: Interessenverband Deutscher Zeitarbeitsunternehmen e. V. (iGZ) sowie Bundesverband Zeitarbeit Personal-Dienstleistungen e. V. (BZA, nunmehr Bundesarbeitgeberverband der Personaldienstleister e.V. (BAP), siehe hierzu sogleich in diesem Abschnitt)).[73]

Die seit dem Jahre 2003 ebenfalls praktisch sehr bedeutsamen Tarifverträge, die zunächst die Tarifgemeinschaft Christlicher Gewerkschaften für Zeitarbeit und Personalserviceagenturen (CGZP)[74] und später einige der Mitgliedsgewerkschaften

DB 2007, 168, 170: „Die „Umstellung" der Arbeitsverträge auf das neue Tarifrecht ist in der Zeitarbeitsbranche abgeschlossen"; Astheimer, FAZ Nr. 221 v. 22.9.2007, S. 12: „equal pay...Faktisch spielt das Prinzip kaum eine Rolle, da auch abweichende Regelungen durch Tarifverträge erlaubt sind"; ebenso: Schüren, FS Löwisch, S. 367, 368 f.; Däubler, DB 2008, 1914, 1916; Hamann, BB 2005, 2185; nach Lembke, BB 2003, 98, 99 m. w. N., sei bereits das eingeschränkte Gleichbehandlungsgebot gemäß § 10 Abs. 5 AÜG a. F. (BGBl. I 2001, 3443, 3462 f.) in der Praxis nahezu ohne Anwendungsbereich geblieben.

71 Raab, ZfA 2003, 389, 411.

72 Dies war mit Wirkung vom 1.1.2012 bis zum 31.10.2013 zunächst die Erste Verordnung über eine Lohnuntergrenze in der Arbeitnehmerüberlassung v. 21.12.2011 (LohnUGAÜV 1), BAnz 2011 Nr. 195, 4608.

73 MTV iGZ/DGB und MTV BZA/DGB bzw. nun MTV BAP/DGB; weitere Tarifverträge sind aufgeführt in: Elfter Bericht der Bundesregierung über Erfahrungen bei der Anwendung des Arbeitnehmerüberlassungsgesetzes v. 18.1.2010, BT-Drucks. 17/464, S. 12.

74 Die Kurzbezeichnung PSA stand für den Begriff „Personal-Service-Agentur". Mit der Einführung der PSA (mit dem Ersten Gesetz für moderne Dienstleistungen am Arbeitsmarkt v. 23.12.2002, BGBl. I 2002, 4607, 4609, Rechtsgrundlage war § 37c SGB III a. F.) hatte der Gesetzgeber das Ziel verfolgt, Arbeitslose im Rahmen vermittlungsorientierter Arbeitnehmerüberlassung in einer Personal-Service-Agentur einzustellen und in verleihfreien Zeiten zu qualifizieren und weiterzubilden. Dieses Ziel wurde über die PSA jedoch nicht erreicht. Daher wurden die PSA durch das Gesetz zur Neuausrichtung der arbeitsmarktpolitischen Instrumente vom 21.12.2008 (BGBl. I 2008, 2917) mit Wirkung zum 1.1.2009 wieder abgeschafft. Einzelheiten hierzu finden sich in: Elfter Bericht der Bundesregierung über Erfahrungen bei der Anwendung des

des Christlichen Gewerkschaftsbunds Deutschlands (CGB) geschlossen hatten, u.a. mit dem Arbeitgeberverband Mittelständischer Personaldienstleister e. V. (AMP), sind praktisch inzwischen nicht mehr relevant. Insoweit wurde die Tariffähigkeit der CGZP bereits von vielen Stimmen im Schrifttum in Frage gestellt[75] bevor sodann das Landesarbeitsgericht Berlin-Brandenburg mit Beschluss vom 7.12.2009 und hiernach, auf Rechtsbeschwerde u.a. von AMP und CGZP, das BAG mit Beschluss vom 14.12.2010 entschied, dass die CGZP nicht tariffähig war mit der Folge, dass durch die Anwendung der von der CGZP geschlossenen Tarifverträge nicht wirksam vom Gleichbehandlungsgebot abgewichen werden konnte.[76] Diese Entscheidungen haben sich ganz erheblich auf Verleiher ausgewirkt, die Tarifverträge der CGZP angewandt hatten, und daher insbesondere rückwirkend bis zur Grenze der Verjährung zur Nachzahlung von Sozialversicherungsbeiträgen auf das nach dem Gleichbehandlungsgebot geschuldete Arbeitsentgelt verpflichtet waren. Entsprechend wurden diese Entscheidungen vielfach vom Schrifttum kommentiert.[77] Die Versagung der Tariffähigkeit für die CGZP führte dazu, dass viele Verleiher noch auf die Anwendung von mehrgliedrigen Tarifverträgen umstellten, die der AMP im März 2010 mit der CGZP und weiteren Einzelgewerkschaften des CGB geschlossen hatte.[78] Schließlich erfolgte jedoch im Einvernehmen der Tarifvertragsparteien mit

Arbeitnehmerüberlassungsgesetzes v. 18.1.2010, BT-Drucks. 17/464, S. 10 f. Siehe i. Ü. auch zu PSA: Ulber, AuR 2003, 7, 13 f.; Kokemoor, NZA 2003, 238, 239.

75 Böhm, DB 2003, 2598 f.; ders., DB 2004, 137; Buchner, DB 2004, 1042 ff.; Rieble, FS Wiedemann, S. 519 ff.; Ulber, AuR 2008, 297, 299; Schöne, DB 2004, 136, 136 f.; Schüren/Behrend, NZA 2003, 521, 524 f.; das BAG hatte in seiner Entscheidung v. 28.3.2006 – 1 ABR 58/04, BB 2006, 2304 ff., die Tariffähigkeit der Christlichen Gewerkschaft Metall (CGM) als Mitglied der CGZP noch bejaht.

76 LAG Berlin-Brandenburg v. 7.12.2009 – 23 TaBv 1016/09, BeckRS 2009, 74516 unter II. 4.2 der Gründe; BAG v. 14.12.2010 – 1 ABR 19/10, NZA 2011, 289, 295 ff. und BAG v. 22.5.2012 – 1 ABN 27/12, BeckRS 2012, 70480 unter C. II. 4c) der Gründe (für die Satzung der CGZP ab dem 8.10.2009) sowie nachfolgend noch BAG v. 23.5.2012 – 1 AZB 58/11, NZA 2012, 623, 625 (für die Satzungen der CGZP ab dem 11.12.2002 und 5.12.2005).

77 Vgl. statt vieler und aus neuerer Zeit nur Steinheimer/Haeder, NZA Online Aufsatz 4/2012, 1 ff., die von einem „Erdbeben in der Zeitarbeitsbranche" sprechen; Schlegel, NZA 2011, 380 ff.; Lembke, NZA-Beilage 2012, 66 ff.; Rieble, BB 2012, 2177, 2178 ff., der auch die Tariffähigkeit der DGB Mitgliedsgewerkschaften für Tarifverträge im Bereich der Arbeitnehmerüberlassung in Frage stellt; zum Streit um die Tariffähigkeit sowie Tarifzuständigkeit von CGZP (und DGB) sowie den Folgewirkungen der fehlenden Tariffähigkeit siehe ausführlich Boemke/Lembke, AÜG § 9 Rn. 263 ff.

78 Vgl. Darstellung bei Boemke/Lembke, AÜG § 9 Rn. 309; nachfolgend auch Versagung der Tariffähigkeit für die CGB-Einzelgewerkschaften medsonet. Die Gesundheitsgewerkschaft e.V. durch BAG v. 11.6.2013 – 1 ABR 33/12, NZA-RR 2013, 641 (zuvor LAG Hamburg v. 21.3.2013 – 3 TaBV 7/11, n. v.).

Wirkung zum 31.3.2013 die Beendigung dieser Flächentarifverträge[79], sodass derzeit relevante Flächentarifverträge nur mit Mitgliedsgewerkschaften des DGB bestehen.

Zuvor waren die Flächentarifverträge mit dem BZA sowie des AMP noch aufgrund der Verschmelzung von BZA und AMP (bekanntgemacht am 1.7.2011) auf deren Rechtsnachfolger, den BAP, übergegangen.[80]

Eine unmittelbare Tarifbindung der Arbeitsvertragsparteien an einen der vorstehenden Flächentarifverträge besteht gemäß § 3 Abs. 1 TVG nur, wenn der Verleiher Mitglied eines Arbeitgeberverbandes und der Leiharbeitnehmer Mitglied der mit diesem Arbeitgeberverband abschließenden Gewerkschaft ist. Die unmittelbare Tarifbindung scheitert in der Leiharbeitsbranche jedoch zumeist daran, dass nur wenige Leiharbeitnehmer gewerkschaftlich organisiert sind.[81]

Bei Fehlen einer unmittelbaren Tarifbindung kann somit das Gleichbehandlungsgebot nur gemäß §§ 3 Abs. 1 Nr. 3 Satz 3, 9 Nr. 2 Halbs. 4 AÜG vermieden werden. Hiernach müssen Verleiher und Leiharbeitnehmer die Geltung eines Tarifvertrages im Arbeitsvertrag vereinbaren, der nach seinem räumlichen, fachlichen und persönlichen Geltungsbereich einschlägig wäre.[82] Bei dieser Vereinbarung „nehmen" sie das Tarifwerk „in Bezug".[83] Die Anwendung des Gleichbehandlungsgebots wird durch eine vollständige Inbezugnahme des Tarifvertrages vermieden. Nicht zulässig ist es daher, nur einzelne Regelungen oder Regelungskomplexe des Tarifvertrages in Bezug zu nehmen.[84]

---

79 Pressemitteilung des Bundesarbeitgeberverbands der Personaldienstleister e.V. (BAP) vom 5.2.2013, http://www.personaldienstleister.de/presse-service/pressemitteilungen/detail/article/beendigung-der-tarifvertraege-mit-christlichen-gewerkschaften.html (letzter Abruf 7.1.2014).

80 Die Verschmelzung von AMP und BZA mit dem BAP wurde am 27.6.2011 in das Vereinsregister beim Amtsgericht Nürnberg – VR 201049 – eingetragen und wirksam, bekannt gemacht durch das Amtsgericht Nürnberg am 1.7.2011, sodass die Vereine AMP und BZA erloschen sind (Amtsgericht Charlottenburg (Berlin) – VR 25814 B (für AMP) und VR 26818 B (für BZA)), http://www.handelsregisterbekanntmachungen.de/skripte/hrb.php?rb_id=515927&land_abk=by (letzter Abruf am 7.1.2014).

81 Boemke/Lembke, AÜG § 9 Rn. 184; Däubler, DB 2008, 1914, 1916; Schüren/Riederer von Paar, AuR 2004, 241, 242; Astheimer, FAZ Nr. 255 v. 2.11.2007, S. 13; Röder/Krieger, DB 2006, 2122, 2123; Böhm, DB 2007, 168; zum geringen Organisationsgrad insbesondere in der Christlichen Gewerkschaft Metall (CGM) als Mitglied der CGZP siehe BAG v. 28.3.2006 – 1 ABR 58/04, BB 2006, 2304, 2311 unter B III 4b) aa) der Gründe.

82 Möglich ist es auch, im Arbeitsvertrag nicht die Geltung eines Branchentarifvertrages, sondern eines Haus- oder Firmentarifvertrages zu vereinbaren, den ein Arbeitgeber unmittelbar mit einer Gewerkschaft geschlossen hat, welcher der Leiharbeitnehmer jedoch nicht als Mitglied angehört.

83 ErfKomm-Franzen, TVG § 3 Rn. 29.

84 Melms/Lipinski, BB 2004, 2409, 2412; Schneider, Zeitarbeit, Rn. 213c; Ziff. 3.1.6 (3) GA AÜG zu § 3 AÜG; großzügiger: Boemke/Lembke, AÜG § 9 Rn. 333 f. (m. w. N.) und Hamann, BB 2005, 2185: Bezugnahme auf einzelne Regelungskomplexe kann ausreichen.

G. Monats- oder Jahresarbeitszeit und Arbeitszeitkonto

Der in Bezug genommene Tarifvertrag enthält regelmäßig auch Bestimmungen zur Arbeitszeit. So kann je nach Manteltarifvertrag der Arbeitnehmerüberlassungsbranche[85] ggf. auch eine Monatsarbeitszeit[86] oder eine Jahresarbeitszeit[87] vereinbart werden. Aufgrund dieser Regelungen kann der vertraglich festgelegte Arbeitszeitumfang in dem Monat oder in dem Jahr der Lage nach flexibel verteilt werden. Wie frühzeitig dem Leiharbeitnehmer mitgeteilt werden muss, wann er jeweils seine Arbeitsleistung zu erbringen hat, ist in den tarifvertraglichen Regelungen allerdings zumeist nicht bestimmt.[88]

Etwaige Schwankungen der tatsächlich in einem Monat oder Jahr erbrachten Arbeitszeit gegenüber der vertraglich vereinbarten regelmäßigen Arbeitszeit werden regelmäßig als sog. Plus- und Minusstunden erfasst, zu einem Arbeitszeitkonto[89] notiert und nachfolgend miteinander verrechnet.[90] Hierbei sehen die tarifvertraglichen Regelungen in der Regel Höchstgrenzen für Plus- und Minusstunden vor.[91]

Plusstunden können sich etwa dadurch ergeben, dass im jeweiligen Entleiherbetrieb eine höhere betriebsübliche Arbeitszeit gilt als im Leiharbeitsvertrag vereinbart (z. B. eine betriebsübliche Wochenarbeitszeit beim Entleiher von 40 Stunden gegenüber einer z.B. im Leiharbeitsvertrag vereinbarten Wochenarbeitszeit von 35 Stunden im Durchschnitt eines Monats). Minusstunden können sich dadurch ergeben, dass der Leiharbeitnehmer z. B. aufgrund persönlicher Umstände weniger Stunden als

---

85 Siehe § 2 F für die Flächenmanteltarifverträge.

86 Monatsarbeitszeit z. B. in § 3 Ziff. 3.1.1 f. MTV iGZ/DGB und § 2 Abs. 1 MTV BAP/DGB; (nicht mehr gültiger (siehe hierzu § 2 F) Manteltarifvertrag (MTV) AMP/CGB:) Ziff. 3.6 MTV AMP/CGB.

87 Eine Jahresarbeitszeit sah nur Ziff. 3.1 des nicht mehr gültigen (siehe hierzu § 2 F) MTV AMP/CGB vor, während die Flächenmanteltarifverträge iGZ/DGB und BAP/DGB jeweils nur Monatsarbeitszeiten vorsehen; ggf. bestehen für einige Verleihunternehmen anwendbare Haustarifverträge mit der Möglichkeit einer Jahresarbeitszeit.

88 Insbesondere keine Regelung hierzu in den Flächenmanteltarifverträgen von iGZ/DGB (§ 3) und BAP/DGB (§§ 2–6).

89 § 3 Ziff. 3.2 MTV iGZ/DGB; § 4.2 ff. MTV BAP/DGB.

90 Von der Zulässigkeit eines Arbeitszeitkontos geht auch die Rechtsprechung aus; siehe hierzu nur: BAG v. 28.1.2004 – 5 AZR 58/03, AP EFZG § 3 Nr. 21; LAG Brandenburg v. 7.6.2006 – 6 Sa 360/05, BeckRS 2006 43242; LAG Hamm v. 29.9.2006 – 10 TaBV 5/06, www.justiz.nrw.de; das Notieren von Minusstunden zum Arbeitszeitkonto ist allerdings nur bei entsprechender Vereinbarung (Arbeitsvertrag, Betriebsvereinbarung, Tarifvertrag) möglich: BAG v. 21.3.2012 – 5 AZR 676/11, NZA 2012, 870, 872; einen guten Überblick zur (Un-) Zulässigkeit von Arbeitszeitkonten bei Arbeitnehmerüberlassung mit eigener Stellungnahme geben Thüsing/Pötters, BB 2012, 317 ff. m. w. N.

91 § 3 Ziff. 3.2.2 MTV iGZ/DGB (150 Plus- und 21 Minusstunden); § 4.3 Abs. 2 MTV BAP/DGB (regelmäßig nur bis zu 200 Plusstunden); bis zum 31.10.2013 sah zudem § 2 Abs. 4 Satz 3 ff. LohnUGAÜV 1 zwingende Plusstundengrenzen vor (regelmäßig nur bis zu 200 Plusstunden).

vereinbart erbringt. Nach überwiegender Auffassung können Minusstunden auch infolge von verleihfreien Zeiten entstehen, deren Risiko nach dem Prinzip der Garantievergütung aus § 11 Abs. 4 Satz 2 AÜG grundsätzlich der Verleiher trägt, sowie Plusstunden in verleihfreien Zeiten einseitig durch den Verleiher abgebaut werden.[92]

Die Vergütung kann durch die Führung eines Arbeitszeitkontos monatlich verstetigt gemäß der vertraglich vereinbarten Arbeitszeit an den Leiharbeitnehmer ausgezahlt werden. Auch etwaige verleihfreie Zeiten, die nach § 11 Abs. 4 Satz 2 AÜG zu vergüten sind, werden hierdurch monatlich berücksichtigt. Soweit die Vereinbarung einer Jahresarbeitszeit zulässig ist, wird in dem betreffenden Tarifvertrag zumeist bestimmt, dass eine monatliche Auszahlung des Entgelts zu erfolgen hat.[93]

So kann beispielsweise gemäß § 2 Abs. 1, § 4.2 MTV BAP/DGB mit einem Vollzeitbeschäftigten eine individuelle regelmäßige Monatsarbeitszeit von 151,67 Stunden i. V. m. einem Arbeitszeitkonto vereinbart werden. Tatsächlich kann sich die Arbeitszeit bei einem Einsatz in verschiedenen Entleiherbetrieben in einem Monat z. B. wie folgt verteilen[94]:

Kalendermonat mit 22 Arbeitstagen	Einsatz in Entleiherbetrieb	Betriebsübliche Arbeitszeit im Entleiherbetrieb bei einer 5-Tage-Woche (tatsächlich erbrachte Stunden)
1. Woche = 5 Arbeitstage	A	35 (35)
2. Woche = 5 Arbeitstage	B	40 (40)
3. Woche = 5 Arbeitstage	C	40 (40)
4. Woche = 5 Arbeitstage	Keine Einsatzmöglichkeit	– (–)
5. Woche = 2 Arbeitstage	D	35 (14)
Tatsächlich in dem Monat erbrachte Stunden		129

Obwohl der Leiharbeitnehmer tatsächlich nur 129 Stunden erbracht hat, erhält er dennoch am Monatsende die vereinbarte Vergütung, die einer Arbeitsleistung für 151,67 Stunden entspricht. Für die mangels Einsatzmöglichkeit nicht erbrachten

92 Siehe zur Berücksichtigung von verleihfreien Zeiten für das Arbeitszeitkonto nachstehendes Beispiel und die Nachweise in § 4 B I 2.

93 Dies war z. B. in Ziff. 3.7.13 i. V. m. Ziff. 3.6.1 oder 3.6.2 des inzwischen nicht mehr geltenden MTV AMP/CGB der Fall.

94 Eigenes Beispiel.

22,67 Stunden erhält der Leiharbeitnehmer die Garantievergütung gemäß § 11 Abs. 4 Satz 2 AÜG[95]. Die nicht geleisteten 22,67 Stunden können gemäß § 4.2, § 4.3 Abs. 1 Satz 2 MTV BAP/DGB als Minusstunden zum Arbeitszeitkonto notiert oder mit bereits in einem Vormonat oder in einem Folgemonat erbrachten Plusstunden verrechnet werden.[96] Erbringt der Leiharbeitnehmer also im Folgemonat eine über 151,67 Stunden hinausgehende Stundenanzahl von z. B. 162 Stunden können die entsprechend entstehenden 10,33 Plusstunden gemäß § 4.2, § 4.3 Abs. 1 Satz 1 MTV BAP/DGB mit den Minusstunden aus dem Vormonat verrechnet werden. Der Minusstand würde sich in diesem Falle auf 12,34 Stunden verringern und könnte in weiteren Monaten wiederum erhöht oder gesenkt werden. Gemäß § 4.4 Abs. 1 MTV BAP/DGB muss das Arbeitszeitkonto allerdings spätestens nach zwölf Monaten ausgeglichen werden.

Zudem muss für jeden Monat gewährleistet sein, dass der Leiharbeitnehmer trotz etwaig schwankender Arbeitszeiten monatlich das (Mindeststunden-) Entgelt für die vertraglich vereinbarte regelmäßige Arbeitszeit erhält.[97]

Bei Beachtung vorstehender Grenzen ermöglicht die Vereinbarung einer Jahres- oder Monatsarbeitszeit mit Arbeitszeitkonto somit eine an die Auftragslage angepasste flexible Handhabung von Arbeitsstunden.

H. Ergebnisse

Das Leiharbeitsverhältnis als Dreiecksverhältnis zwischen Verleiher, Entleiher und Leiharbeitnehmer wird maßgebend durch das Prinzip der Garantievergütung (§ 11 Abs. 4 Satz 2 AÜG) und – zur Vermeidung des Gleichbehandlungsgebots gemäß §§ 3 Abs. 1 Nr. 3, 9 Nr. 2 Halbs. 1 AÜG – von Tarifverträgen bestimmt. Diese Tarifverträge gelten aufgrund des geringen Organisationsgrades der Leiharbeitnehmer zumeist nicht unmittelbar, sondern ihre Geltung muss arbeitsvertraglich vereinbart werden. Sie sehen regelmäßig eine Monatsarbeitszeit i. V. m. einem Arbeitszeitkonto vor, sodass eine flexible Verteilung der Arbeitszeit in gewissen Grenzen bereits möglich ist. Es soll nachfolgend untersucht werden, ob diese bereits bestehende Flexibilität zusätzlich dadurch erhöht werden kann, dass der Verleiher und der Leiharbeitnehmer im Arbeitsvertrag eine sog. Arbeit auf Abruf vereinbaren.

95 Siehe § 2 D.

96 Siehe zur Berücksichtigung von verleihfreien Zeiten für das Arbeitszeitkonto näher auch § 4 B I 2.

97 Siehe zum monatlichen Entgelt § 11 Satz 1 MTV iGZ/DGB und § 13.1 Abs. 1 MTV BAP/DGB; bis zum 31.10.2013 war zudem ein Verstoß gegen die *rechtzeitige* Auszahlung eines Mindeststundenentgelts aufgrund von § 2 Abs. 2, 4 LohnUGAÜV 1 i. V. m. § 10 Abs. 5 AÜG mit einer Geldbuße bis zu 500.000,00 € bewehrt (§ 16 Abs. 1 Nr. 7b, Abs. 2).

§ 3. Arbeit auf Abruf

Die Vereinbarung der Arbeit auf Abruf, auch „Abrufarbeit", „kapazitätsorientierte variable Arbeitszeit", „Kapovaz" oder „KAPOVAZ" genannt,[98] ist für einen Arbeitgeber insoweit vorteilhaft, als er die Arbeitsleistung des Arbeitnehmers nicht kontinuierlich oder zu einem von vornherein bereits bestimmten Zeitpunkt abnehmen muss, sondern die Lage der Arbeitszeit an seinem wechselnden Bedarf orientieren kann. Auch für den Arbeitnehmer kann sie von Vorteil sein, wenn er eine Tätigkeit z. B. aufgrund anderweitiger Verpflichtungen nicht während üblicher Betriebsarbeitszeiten, sondern z. B. nur abends oder am Wochenende erbringen könnte, dort jedoch eine kontinuierlich Beschäftigung aufgrund eines nur begrenzten Bedarfs nicht möglich wäre (z. B. neben einem Studium).

Der Bedarf an der Arbeitsleistung kann bei der Arbeitnehmerüberlassung aufgrund der Auftragslage erheblichen Schwankungen ausgesetzt und daher unregelmäßig sein. So hat z. B. die Bundesregierung festgestellt, dass ab dem Jahre 2004 die Anzahl der überlassenen Leiharbeitnehmer nach leicht negativen Entwicklungen im Dezember und Januar eines Jahres im Verlauf der ersten Jahreshälfte von Monat zu Monat anstieg, bis sie in den Sommermonaten die höchsten Zuwachsraten erreichte. In der zweiten Jahreshälfte wuchs die Zahl der Leiharbeitnehmer zwar weiterhin, jedoch weniger stark. In den Jahren 2005 und 2006 kam es zum Jahresende wieder zu einem Rückgang.[99]

Ist jedoch der Bedarf nicht kontinuierlich, sondern unregelmäßig, kann dies vermehrt zu Garantievergütungspflichten des Verleihers führen, wenn dieser den Leiharbeitnehmer über längere Zeit nicht einsetzen kann und für diese verleihfreien Zeiten dennoch die vertraglich vereinbarte Vergütung zahlen muss.[100] Die Abrufarbeit hingegen ist dadurch gekennzeichnet, dass ein Arbeitgeber solche Nichteinsatzzeiten, in denen ein Arbeitnehmer lediglich den Abruf zu einem neuen Einsatz erwartet, nicht vergüten muss. Die Vereinbarung von Abrufarbeit im Leiharbeitsverhältnis könnte somit für den Verleiher zu einer nicht unerheblichen Kostenersparnis führen.

Die Arbeit auf Abruf ist für Teilzeitarbeitnehmer mit § 12 TzBfG in einer Spezialvorschrift geregelt. Ungeklärt ist, ob diese Vorschrift auch auf Vollzeitarbeitnehmer Anwendung findet.

---

98 Meyer, S. 32; Holwe/Kossens/Pielenz/Räder, TzBfG § 12 Rn. 2.

99 Elfter Bericht der Bundesregierung über Erfahrungen bei der Anwendung des Arbeitnehmerüberlassungsgesetzes v. 18.1.2010, BT-Drucks. 17/464, S. 21.

100 Siehe hierzu § 2D.

A. Abrufarbeit bei Teilzeitarbeitsverhältnissen

§ 12 TzBfG definiert in seinem Abs. 1 Satz 1 den Begriff der Abrufarbeit und in seinem Abs. 1 Satz 2 und Abs. 2 die bei der vertraglichen Gestaltung zu beachtenden Schranken. Hiernach müssen die Arbeitsvertragsparteien eine bestimmte Dauer der wöchentlichen und täglichen Arbeitszeit im Arbeitsvertrag vereinbaren. Diese Arbeitszeit kann der Arbeitgeber jeweils nur unter Einhaltung einer grundsätzlich viertägigen Ankündigungsfrist abrufen. Schließlich muss der Arbeitgeber bei dem jeweiligen Abruf der Arbeitszeit die Grundsätze billigen Ermessens wahren. § 12 Abs. 3 TzBfG verhält sich zu tarifvertraglichen Gestaltungsmöglichkeiten.[101]

I. Begriff

Bei der Abrufarbeit gemäß § 12 TzBfG vereinbaren die Arbeitsvertragsparteien im Arbeitsvertrag, dass der Arbeitgeber die Arbeitsleistung „entsprechend dem Arbeitsanfall", d. h. je nach Bedarf auch unregelmäßig abrufen darf. Zum Zeitpunkt der Vereinbarung ist somit noch nicht bekannt, wann ein konkreter Arbeitsanfall gegeben sein wird. Dementsprechend ist die Lage der Arbeitszeit im Arbeitsvertrag nicht bestimmt. Der Arbeitgeber legt diese im Rahmen seines arbeitgeberseitigen Direktionsrechts (§ 106 Satz 1 GewO) – zum Schutz des Abrufarbeitnehmers unter Beachtung einer Ankündigungsfrist – einseitig fest.[102] Eine Vergütung für die Zeiten, in denen der Arbeitnehmer nicht tätig ist, sondern einen ggf. unregelmäßig erfolgenden Abruf erwartet, sieht § 12 TzBfG nicht vor.

Beispielsweise kann vereinbart werden, dass ein Arbeitnehmer mit einer vertraglichen Wochenarbeitszeit von 20 Stunden nicht regelmäßig an fünf Tagen halbtags oder an festen Tagen ganztags, sondern je nach Arbeitsanfall mindestens vier Stunden an einem Arbeitstag tätig wird. Die Arbeitszeit kann sich in diesem Fall z. B. in einer Woche auf Montag und Dienstag für jeweils acht Stunden und auf Freitag für vier Stunden verteilen, während in einer anderen Woche die Arbeitszeit am Dienstag für acht Stunden und Mittwoch bis Freitag für jeweils vier Stunden abgerufen wird.

Abrufarbeit kann auch mit einer regelmäßig zu erbringenden Arbeitszeit kombiniert werden. So können die Arbeitsvertragsparteien die Lage der Arbeitszeit zu einem Teil vorab im Arbeitsvertrag festlegen und vereinbaren, dass ein weiterer Teil variabel je nach Arbeitsanfall abgerufen werden soll.[103] So könnte z. B. bei einer vertraglichen Wochenarbeitszeit von 20 Stunden vereinbart werden, dass an fünf Arbeitstagen in der Woche regelmäßig halbtags für drei Stunden gearbeitet wird und die restlichen fünf Stunden je nach Arbeitsanfall abgerufen werden. Diese fünf Stunden können sich dann z. B. in einer Woche auf Montag bis Freitag mit jeweils einer Stunde oder in einer anderen Woche sämtlich nur auf den Montag verteilen.

---

101 Diese sollen nachfolgend nicht dargestellt werden, siehe 0.

102 GK-TZA-Mikosch, BeschFG § 4 Rn. 64; ErfKomm-Preis, BGB § 611 Rn. 656.

103 Arnold/Gräfl-Arnold, TzBfG § 12 Rn. 21.

In der einen Woche wäre somit der Arbeitnehmer täglich für sechs, in der anderen Woche montags acht Stunden und an den Tagen Dienstag bis Freitag für jeweils drei Stunden tätig.

II. Abgrenzungen

Der Abruf dieser vertraglich vereinbarten, lediglich der Lage nach noch nicht festgelegten Arbeitszeit im Wege der Abrufarbeit ist von der Anordnung abzugrenzen, Überstunden, Bereitschaftsdienst oder Rufbereitschaft zu leisten. Diese Erscheinungsformen stellen keine Abrufarbeit dar, sodass nicht die Anforderungen des § 12 TzBfG, sondern ggf. andere Einschränkungen beachtet werden müssen. Gleiches gilt für die Erbringung der Arbeitsleistung im Rahmen eines Poolsystems.

1. Überstunden

Die Arbeitszeit, welche die vertraglich vereinbarte Arbeitszeit überschreitet, wird als Überarbeit oder die betreffenden Stunden als Überstunden bezeichnet.[104] Die Vereinbarung von Abrufarbeit gemäß § 12 TzBfG schließt die Anordnung von Überstunden auch in einem Abrufarbeitsverhältnis nicht grundsätzlich aus.[105] Überstunden können etwa dadurch entstehen, dass sich ein abgerufener Einsatz während seiner Dauer unvorhergesehen verlängert. Ohne ausdrückliche Regelung, z. B. im Arbeitsvertrag, ist der Arbeitnehmer aber grundsätzlich nicht verpflichtet, Überstunden zu leisten (ausnahmsweise jedoch bei Not- und Katastrophenfällen).[106] Bei der konkreten Anordnung von Überstunden muss der Arbeitgeber dann gemäß § 106 GewO die Grundsätze billigen Ermessens wahren.[107] Billig im Sinne von § 106 Satz 1 GewO ist die Bestimmung des Arbeitgebers, wenn er die wesentlichen Umstände des Einzelfalls abwägt und die beiderseitigen Interessen (bei Teilzeittätigkeit z. B. typischerweise familiäre oder weitere berufliche Verpflichtungen des Arbeitnehmers) angemessen berücksichtigt.[108]

Überstunden dürfen nur aufgrund eines unvorhergesehenen zusätzlichen Arbeitsbedarfs[109] bzw. wegen bestimmter besonderer Umstände vorübergehend

---

104 Dagegen ist Mehrarbeit die Arbeitszeit, die über die gesetzlich normalerweise zulässige Arbeitszeit von acht Stunden werktäglich (§ 3 ArbZG) hinausgeht, vgl. Schaub-Linck § 69 Rn. 5–7.

105 BAG v. 7.12.2005 – 5 AZR 535/04, BB 2006, 829, 834.

106 ErfKomm-Preis, BGB § 611 Rn. 663.

107 ErfKomm-Preis, BGB § 611 Rn. 663; Rosenau, NJW-Spezial 2010, 754.

108 BAG v. 7.12.2000 – 6 AZR 444/99, NZA 2001, 780, 781; BAG v. 23.6.1993 – 5 AZR 337/92, BB 1993, 2019, 2019 f.; BAG v. 18.10.2012 – 6 AZR 86/11, BeckRS 2012, 75282 unter B I 2 c) der Gründe.

109 Meinel/Heyn/Herms, TzBfG § 12 Rn. 47; Annuß/Thüsing-Jacobs, TzBfG § 12 Rn. 11; Schüren, NZA 1996, 1306, 1307.

zusätzlich[110] zu der vertraglich vereinbarten Arbeitszeit angeordnet werden. Ist demgegenüber seit einiger Zeit bereits bekannt, dass zusätzlicher Arbeitsbedarf besteht, ist fraglich, ob der Arbeitgeber diesen einseitig über eine Überstundenanordnung oder nur mittels eine Abrufabrede abdecken kann. Wenn nach dem Arbeitsvertrag die selbstständige, nicht auf die Kriterien der Unregelmäßigkeit oder Dringlichkeit beschränkte Verpflichtung besteht, zusätzliche Arbeit über die vertraglich vereinbarte Arbeitszeit hinaus zu leisten, kann hierin eine Abrede über Abrufarbeit und keine bloße Verpflichtung zur Ableistung von Überstunden liegen. Dies gilt insbesondere, wenn ein plan- und vorhersehbarer, jedoch unter Umständen schwankender Personalbedarf des Arbeitgebers gedeckt werden soll.[111]

Beispielsweise liegt kein Fall von Überstunden vor, wenn erfahrungsgemäß in einer bestimmten Zeit des Jahres, z. B. im Frühjahr, mehr Aufträge anfallen als im restlichen Jahr. Der insoweit vorhersehbare, erhöhte Bedarf kann nicht einseitig über die Anordnung von Überstunden abgedeckt werden. Dass dies in der Praxis dennoch unter dem „Deckmantel" angeblicher Überstunden geschieht, ändert nichts an der begrifflichen Abgrenzung.[112] Der Arbeitnehmer müsste jedenfalls einer einseitigen Anweisung dieser vorhersehbaren zusätzlichen Arbeitszeit nicht nachkommen, wenn nicht zugleich eine Abrufabrede gemäß § 12 TzBfG getroffen wurde. Häufig wird der betreffende Arbeitnehmer eine entsprechende Anordnung allerdings stillschweigend akzeptieren, da mit der Ableistung der zusätzlichen Arbeitszeit regelmäßig auch erhöhte Verdienstmöglichkeiten verbunden sind.

Alternativ könnte der Arbeitgeber den zusätzlichen Bedarf im vorstehenden Beispiel dadurch abdecken, dass er mit dem Arbeitnehmer von vornherein eine höhere Arbeitszeit für diese Jahreszeit vereinbart. So könnte z. B. vereinbart werden, dass in den Monaten März bis Mai nicht die ansonsten übliche Fünf-Tage-Woche gilt, sondern zusätzlich noch am Samstag gearbeitet wird. Ist hingegen die Lage der Arbeitszeit für diese Zeit nicht derart genau vorhersehbar, kann für die Monate März bis Mai zusätzliche Arbeit auf Abruf vereinbart werden, deren Lage sich nach dem Arbeitsanfall richten würde. Hier müssten sodann jedoch die Vorgaben von § 12 TzBfG beachtet werden.

Nach ganz überwiegender Auffassung sind die Regeln des § 12 TzBfG, insbesondere die Ankündigungsfrist, auf Überstunden nicht anwendbar.[113] Demgegenüber hat das

110 BAG v. 14.8.2007 – 9 AZR 18/07, AP ATG § 6 Nr. 2 unter A III 2 b) bb) (3) der Gründe; BAG v. 25.4.2007 – 5 AZR 504/06, NZA 2007, 801, 802; BAG v. 7.12.2005 – 5 AZR 535/04, BB 2006, 829, 831; BAG v. 21.11.2001 – 5 AZR 296/00, EzA § 4 EFZG Nr. 4 unter II 3b) cc) der Gründe.

111 BAG v. 7.12.2005 – 5 AZR 535/04, BB 2006, 829, 831; KSchR-Zwanziger (7. Aufl.), TzBfG § 12 Rn. 5; RGKU/Arbeitsrecht-Bayreuther, TzBfG § 12 Rn. 6.

112 Ebenso: Feuerborn, SAE 2007, 59, 61.

113 Arnold/Gräfl-Arnold, TzBfG § 12 Rn. 27; Hanau, RdA 1987, 25, 28; HWK-Schmalenberg, TzBfG § 12 Rn. 1; RGKU/Arbeitsrecht-Bayreuther, TzBfG § 12 Rn. 6; Wisskirchen/Bissels, NZA-Beilage 2006, 24, 32; ausführlich und m. w. N.: Preis-Necati, Arbeitsformen, S. 143 f.; Moll, S. 146 f.; Hahn, S. 160; Kiene, S. 149.

ArbG Frankfurt die Auffassung vertreten, der Rechtsgedanke einer Ankündigungsfrist bei der Abrufarbeit müsse auch auf die Anordnung von Überstunden angewandt werden. Die Anordnung von Überstunden entspreche daher nur billigem Ermessen, wenn eine angemessene Ankündigungsfrist eingehalten werde. Eine Ankündigungsfrist von wenigen Stunden sei nur bei deutlich überwiegenden betrieblichen Interessen als billig anzusehen.[114] Diese Auffassung ist indes abzulehnen. Nach der vorstehenden Definition von Überstunden dürfen diese nur bei unvorhergesehenen bzw. besonderen Umständen angeordnet werden. Ist die zusätzlich erforderliche Arbeitszeit jedoch nicht vorhersehbar, kann sie auch erst bei entsprechendem Bekanntwerden und nicht innerhalb einer fest vereinbarten Frist angekündigt werden. Die Billigkeit verlangt insoweit nur, Überstunden so rechtzeitig wie möglich anzuordnen.

2. Bereitschaftsdienst und Rufbereitschaft

Die Verpflichtung, Bereitschaftsdienst oder Rufbereitschaft zu leisten, unterliegt nicht den Vorgaben von § 12 TzBfG.[115] Bereitschaftsdienst und Rufbereitschaft können jeweils nicht alleiniger Inhalt eines Arbeitsvertrages sein. Sie werden als Annex zu einer im Übrigen nach Lage und Dauer bestimmten Arbeitsverpflichtung vereinbart und bei entsprechendem Bedarf zusätzlich erbracht.[116]

Beim Bereitschaftsdienst muss sich der Arbeitnehmer an einem vom Arbeitgeber bestimmten Ort aufhalten, um erforderlichenfalls sofort seine volle Arbeitstätigkeit aufnehmen zu können.[117] Demgegenüber kann sich der Arbeitnehmer bei der Rufbereitschaft an einem Ort seiner Wahl aufhalten, muss jedoch jederzeit (z. B. telefonisch) erreichbar sein, um die Arbeit bei unvorhergesehenen Stör- und Notfällen alsbald aufnehmen zu können.[118]

Auch wenn die Aufnahme der vollen Arbeitsleistung nicht erforderlich wird, sind die Zeiten des Bereitschaftsdienstes[119] und der Rufbereitschaft[120] zu vergüten. Bei

---

114 ArbG Frankfurt v. 26.11.1998 – 2 Ca 4267/98, NZA-RR 1999, 357, 358; ebenso: KSchR-Zwanziger (7. Aufl.), TzBfG § 12 Rn. 8; Meyer, S. 95; Holwe/Kossens/Pielenz/Räder, TzBfG § 12 Rn. 10; Stevens-Bartol, AiB 1985, 122, 123.

115 Ausführlich zur Abgrenzung: Kiene, S. 40, 42.

116 ErfKomm-Preis, TzBfG § 12 Rn. 10 m. w. N.; Meyer, S. 36; A. A. für die Rufbereitschaft: Buschmann/Dieball/Stevens-Bartol/Buschmann, TZA, TzBfG § 12 Rn. 24 ff., 26, der selbst bei Stör- und Notfällen, die einen sofortigen Arbeitseinsatz erfordern, die Einhaltung der grundsätzlich viertägigen Ankündigungsfrist des § 12 Abs. 2 TzBfG zum Schutz des betroffenen Arbeitnehmers verlangt.

117 Baeck/Deutsch, ArbZG § 2 Rn. 41 m. w. N.

118 Baeck/Deutsch, ArbZG § 2 Rn. 48 m. w. N.; Meyer, S. 36; zur Abgrenzung von Rufbereitschaft und Bereitschaftsdienst auch: BAG v. 25.4.2007 – 6 AZR 799/06, NZA 2007, 1108, 1110.

119 EuGH v. 9.9.2003 – C-151/02, BB 2003, 2063 „Jaeger“; EuGH v. 1.12.2005 – C-14/04, NZA 2006, 89 „Dellas“; EuGH v. 25.11.2010 – C-429/09, NZA 2011, 53 „Günter Fuß“; Baeck/Deutsch, ArbZG § 2 Rn. 41, 46 m. w. N.

120 Annuß/Thüsing-Jacobs, TzBfG § 12 TzBfG Rn. 10.

der Abrufarbeit hingegen erfolgt der Abruf zur Arbeitsleistung aus der unbezahlten Freizeit.[121] Aufgrund dieser Unterscheidung muss weder beim Bereitschaftsdienst noch bei der Rufbereitschaft eine Ankündigungsfrist für die Leistung eingehalten werden.

Anderes kann gelten, wenn z. B. mit einer Aushilfskraft eine (isolierte) Rufbereitschaft vereinbart würde, ohne dass ergänzend eine im Übrigen bestimmte Arbeitszeit abzuleisten wäre. Bei einer solchen Gestaltung kann tatsächlich anstelle einer als solche bezeichneten Rufbereitschaft eine Abrufabrede vorliegen, sodass auch die Einschränkungen gemäß § 12 TzBfG zu beachten wären.[122]

3. *Schichtarbeit*

Für das Vorliegen von Schichtarbeit ist wesentlich, dass eine bestimmte Arbeitsaufgabe über einen erheblich längeren Zeitraum als die tatsächliche Arbeitszeit eines Arbeitnehmers hinaus anfällt und daher von mehreren Arbeitnehmern oder Arbeitnehmergruppen in einer geregelten zeitlichen Reihenfolge teilweise auch außerhalb der allgemein üblichen Arbeitszeit erbracht wird.[123] Abrufarbeit erfolgt daher nicht notwendig in Schichtarbeit, schließt jedoch nicht aus, dass der Arbeitnehmer hiermit zugleich Schichtarbeit leistet.[124]

4. *Poolsystem*

Ein Poolsystem zeichnet sich dadurch aus, dass der Arbeitgeber mit einer Vielzahl von Arbeitnehmern (sog. Pool) jeweils eine Rahmenvereinbarung trifft, die eine bestimmte Tätigkeit zu einer bestimmten Vergütung zum Inhalt hat. Offen bleiben jedoch das Ob und das Wann der Tätigkeit. Der jeweilige Arbeitnehmer verpflichtet sich in dieser Rahmenvereinbarung noch nicht zur Arbeitsleistung, der Arbeitgeber noch nicht zur Beschäftigung des Arbeitnehmers. Vielmehr schließen die Parteien erst im Falle eines konkret auftretenden Arbeitsanfalls einen auf dessen Dauer befristeten Arbeitsvertrag. Insbesondere kann der Arbeitgeber den Arbeitnehmer ohne Abschluss des Einzelvertrages nicht – auch nicht bei Einhaltung einer Ankündigungsfrist – einseitig anweisen, die Arbeit bei Bedarf aufzunehmen. Der Arbeitgeber ist aufgrund der Rahmenvereinbarung allerdings nicht verpflichtet, dem Arbeitnehmer den Abschluss eines befristeten Einzelarbeitsvertrags anzubieten, und der Arbeitnehmer ist frei, ein etwaiges Angebot anzunehmen oder abzulehnen. Lehnt der Arbeitnehmer den Abschluss einer Einzelvereinbarung ab, wendet sich der Arbeitgeber an einen anderen Arbeitnehmer aus dem Pool, der das Angebot ggf. annimmt und die Arbeitsleistung erbringt. Um die Übernahme einer Tätigkeit sicherzustellen, wird der Arbeitgeber daher stets mehr Arbeitskräfte im Pool vorhalten, als er tatsächlich benötigt, und

---

121 Arnold/Gräfl-Arnold, TzBfG § 12 Rn. 26; Meinel/Heyn/Herms, TzBfG § 12 Rn. 15; Schubel, BB 1985, 1200, 1204.

122 HK-Boecken, TzBfG § 12 Rn. 18.

123 BAG v. 24.9.2008 – 10 AZR 106/08, NZA 2008, 1424, 1425.

124 BAG v. 24.9.2008 – 10 AZR 106/08, NZA 2008, 1424, 1426.

darauf vertrauen, dass sich bereits aus wirtschaftlichen Gründen eine genügend große Anzahl der Arbeitnehmer zur Arbeitsleistung bereit erklärt.[125]

Nach der Rechtsprechung des BAG[126] stellt die Rahmenvereinbarung beim Poolsystem grundsätzlich[127] keinen Arbeitsvertrag dar. Sie gibt lediglich die Bedingungen der erst noch abzuschließenden, auf den jeweiligen Einsatz befristeten Arbeitsverträge wieder, ohne selbst eine Verpflichtung des Arbeitnehmers zur Arbeitsleistung zu begründen. Allerdings unterliegen die jeweils befristeten Einzelvereinbarungen der Befristungskontrolle. Demgegenüber verpflichtet sich der Arbeitnehmer bei der Abrufarbeit bereits im Arbeitsvertrag, die Arbeitsleistung auf einseitigen Abruf des Arbeitgebers – d. h. nach Bestimmung der konkreten Lage der Arbeitszeit unter Einhaltung einer Ankündigungsfrist – zu erbringen.[128]

III. Dauer der Arbeitszeit

Liegt begrifflich Abrufarbeit vor, muss gemäß § 12 Abs. 1 Satz 2 TzBfG eine „bestimmte Dauer der wöchentlichen und täglichen Arbeitszeit" vertraglich festgelegt sein. Ohne eine vertragliche Festlegung würde gemäß § 12 Abs. 1 Satz 3 TzBfG eine wöchentliche Arbeitszeit von zehn Stunden als vereinbart gelten (Fiktion). Hierbei müsste die Arbeitsleistung an einem einzelnen Tag gemäß § 12 Abs. 1 Satz 4 TzBfG für mindestens drei aufeinander folgende Stunden in Anspruch genommen werden. Um eine längere oder kürzere Arbeitszeitdauer abrufen zu

---

125 Siehe zum Poolsystem: Reinecke, FS Däubler, S. 117, 118 ff.; Hanau, GS Heinze, S. 321 ff.; Hunold, NZA 1996, 113 ff.; ders., NZA 2003, 896 ff.; Strasser/Melf, AuR 2006, 342 ff.

126 BAG v. 16.4.2003 – 7 AZR 187/02, NZA 2004, 40, 41 f.; BAG v. 31.7.2002 – 7 AZR 181/01, BB 2003, 525, 526; siehe auch LAG Berlin v. 6.10.1995 – 6 Sa 71/95, NZA-RR 1996, 201, 202.

127 Ausnahmsweise kann gemäß BAG v. 22.4.1998 – 5 AZR 92/97, AP BGB § 611 Rundfunk Nr. 25 unter B I 3a) der Gründe, ein unbefristetes Dauerarbeitsverhältnis vorliegen, wenn die einzelnen Einsätze jeweils vorher verabredet werden, der Arbeitnehmer häufig und über einen längeren Zeitraum zur Abdeckung eines dauernden Arbeitskräftebedarfs herangezogen wird, er von seinem Ablehnungsrecht regelmäßig keinen Gebrauch macht und er darauf vertrauen kann, auch in Zukunft herangezogen zu werden; ähnlich LAG Düsseldorf (Kammer Köln) v. 19.3.1980 – 2 Sa 685/79, DB 1980, 1222, wonach trotz schriftlicher Vereinbarung einzelner Befristungen eine auf Dauer angelegte Zusammenarbeit und damit ein Dauerarbeitsverhältnis verabredet war.

128 Kein Poolsystem, sondern ein Abrufarbeitsverhältnis lag daher dem Urteil des BAG v. 12.6.1996 – 5 AZR 960/94, NZA 1997, 191, 192, zugrunde, denn die Arbeitnehmer konnten zwar ihre Schichtzeiten durch Eintragung in eine Liste vorrangig selbst bestimmen, konnten jedoch von der Arbeitgeberin letztlich einseitig zur Arbeitsleistung angewiesen werden, wenn durch die Selbsteintragung nicht sämtliche Schichtzeiten abgedeckt waren; zum Rangverhältnis von Abrufarbeit und Poolsystem siehe auch § 3 A IX.

können, bedarf es somit einer entsprechenden vertraglichen Festlegung gemäß § 12 Abs. 1 Satz 2 TzBfG.

Wäre § 12 Abs. 1 Satz 2 TzBfG dahingehend zu verstehen, dass eine bestimmte Anzahl von Arbeitsstunden stets genau auf jede einzelne Woche und jeden einzelnen Tag verbindlich verteilt werden muss, wäre die Vereinbarung von Abrufarbeit für einen Arbeitgeber uninteressant. Da insbesondere ein Verleiher das Auftragsvolumen für jede Woche und jeden einzelnen Tag regelmäßig nicht sicher vorhersehen kann, wäre ihm eine derart genaue Festlegung nicht möglich. Die einschlägigen tariflichen Vorschriften, wonach über das Arbeitszeitkonto eines Leiharbeitnehmers innerhalb eines Bezugszeitraums Arbeitszeitguthaben und -defizite entstehen dürfen[129], brächten demgegenüber eine weit größere Flexibilität mit sich. Es wäre daher für einen Arbeitgeber, insbesondere einen Verleiher von entscheidender Bedeutung, wie streng der Begriff der „bestimmten Dauer der wöchentlichen und täglichen Arbeitszeit“ gemäß § 12 Abs. 1 Satz 2 TzBfG auszulegen ist.

1. Bestimmte Dauer der Arbeitszeit

Bis vor wenigen Jahre galt, dass die Arbeitsvertragsparteien zwar die Verteilung der Arbeitsstunden auf einzelne Arbeitstage (Arbeitszeitlage), nicht jedoch die Dauer der insgesamt von dem Arbeitnehmer zu leistenden Arbeitszeit (Arbeitszeitdauer) an den Arbeitsanfall anpassen durften. Eine „bestimmte“ Arbeitszeitdauer i. S. v. § 12 Abs. 1 Satz 2 TzBfG setzte daher stets die Vereinbarung einer festen Stundenanzahl voraus. Auch sog. Bandbreitenregelungen, wonach der Arbeitgeber den Umfang der Arbeitszeit innerhalb eines vereinbarten Stundenrahmens einseitig bestimmen durfte, waren unzulässig. Dies galt auch für den Fall, dass diese Bandbreite aus nur wenigen Stunden bestand. Gegen die Unzulässigkeit solcher Bandbreitenregelungen hat sich im Jahre 2005 das BAG gewandt, das diese Auffassung selbst seit mehr als 20 Jahren vertreten hatte, und ist hiermit nicht nur auf Zustimmung im Schrifttum gestoßen.

a) Bisher kein flexibler Arbeitszeitumfang (BAG vom 12.12.1984)

In Literatur[130] und Rechtsprechung[131] wurde es bisher ganz überwiegend[132] für unzulässig befunden, den Arbeitszeitumfang insgesamt vom Arbeitsanfall abhängig zu

---

129 Siehe hierzu § 2 G.

130 Annuß/Thüsing-Jacobs, TzBfG (2. Aufl.) § 12 Rn. 24; Boewer, TzBfG § 12 Rn. 22; Meinel/Heyn/Herms, TzBfG (2. Aufl.) § 12 Rn. 29; Holwe/Kossens/Pielenz/Räder, TzBfG (1. Aufl.) § 12 Rn. 15; MünchArbR-Schüren (2. Aufl.), § 166 Rn. 23 ff.; Sievers, TzBfG (1. Aufl.) § 12 Rn. 15; Langmaack, Rn. 528; Hamann, S. 84; Rudolf, NZA 2002, 1012, 1013; i. E. auch KSchR-Zwanziger (6. Aufl.), TzBfG § 12 Rn. 14, 17.

131 LAG Düsseldorf v. 30.8.2002 – 9 Sa 709/02, NZA-RR 2003, 407, 408 (Mindestgrenze); LAG Köln v. 7.12.2001 – 11 (6) Sa 827/01, NZA-RR 2002, 415 (Höchstgrenze); LAG Bremen v. 20.5.1999 – 4 Sa 2/99, NZA-RR 2000, 14, 16 (Mindestgrenze).

132 Preis äußerte jedoch in ErfKomm-Preis (6. Aufl. 2006), BGB §§ 305–310 Rn. 55, bereits Zweifel, inwieweit der gänzliche Ausschluss von Flexibilisierungen hinsicht-

machen. Dies galt nicht nur für die Vereinbarung einer Mindest- oder Höchstgrenze der Arbeitszeit, sondern auch bei einer Kombination hieraus in Gestalt einer Bandbreite (z. B. 35 bis 40 Wochenstunden). Die Unzulässigkeit wurde daraus abgeleitet, dass der Arbeitgeber anderenfalls die Arbeitszeit nach Bedarf jederzeit einseitig verlängern oder verkürzen und damit mittelbar auch die Höhe einer vom Arbeitszeitumfang abhängigen Vergütung, die ihm obliegende Hauptleistungspflicht, bestimmen könnte. Eine wirksame Arbeitszeitbestimmung war in diesen Fällen durch Auslegung des Parteiwillens ermittelt worden, soweit er aus der (unwirksamen) Vereinbarung oder der tatsächlichen Durchführung des Arbeitsvertrages ersichtlich war. Nur wenn hierdurch kein eindeutiges Ergebnis erzielt werden konnte, sollte auf die Auffangregelung des § 12 Abs. 1 Satz 3 TzBfG – mit der Fiktion einer wöchentlichen Arbeitszeit von zehn Stunden – zurück gegriffen werden.[133]

Der Auffassung, der Arbeitszeitumfang könne nicht vom Arbeitsanfall abhängig gemacht werden, lag ein Urteil des BAG vom 12.12.1984[134] zugrunde. Das BAG hatte hierin über die Arbeitsverträge mehrerer klagender Musiklehrer zu befinden. Diese Arbeitsverträge sahen zum Teil eine Höchstarbeitszeit von sechs Wochenstunden, zum Teil eine Bandbreite von mindestens sechs bis höchstens 13,5 Wochenstunden und jeweils das Recht der Arbeitgeberin vor, die Zahl der Unterrichtsstunden im Einvernehmen mit dem Schulleiter festzulegen. Als die Arbeitgeberin die Arbeitszeit der Musiklehrer wegen der Haushaltslage reduzierte, machten diese gerichtlich ihre bisherige Arbeitszeit geltend.

Das BAG hatte entschieden, dass die Arbeitgeberin durch ein solches einseitiges Leistungsbestimmungsrecht in den Umfang der Arbeitszeit und damit in den kündigungsschutzrechtlich geschützten Kernbereich des Arbeitsverhältnisses eingreife, ohne die Anforderungen an eine wirksame Änderungskündigung zu beachten. Die Vereinbarung eines solchen Rechts sei daher wegen Umgehung zwingender Kündigungsschutzbestimmungen gemäß § 134 BGB nichtig – sog.

---

lich der Arbeitszeitdauer aufrecht erhalten werden kann; ebenso: Lindemann § 4 V 1; Hromadka, FS Dieterich, S. 251, 270 f., nach dem eine Schwankungsbreite um wenige Stunden angemessen sein kann; Wlotzke, NZA 1984, 217, 219 Fn. 11, hatte bereits vor Inkrafttreten des BeschFG vorgeschlagen, die Vereinbarung einer festen Arbeitszeitdauer zuzulassen, von welcher nur in bestimmtem Umfang nach oben oder nach unten abgewichen werden dürfe; weitere Nachweise bei Kiene, S. 81 f.

133 Abweichend: MünchArbR-Schüren (2. Aufl.), § 166 Rn. 27: Soweit die Ermittlung der Arbeitszeit durch eine Rückschau nicht möglich ist (z. B. aufgrund kurzer Dauer des Arbeitsverhältnisses) und der Parteiwille auf eine höhere Arbeitszeit als zehn Wochenstunden hindeutet, ist ein Mittelwert heranzuziehen; bei niedrigerer Stundenzahl gilt demgegenüber die Fiktion; abweichend: Rolfs, TzBfG § 12 Rn. 5 (Fiktion greift sogleich ein); GK-TZA-Mikosch, BeschFG § 4 Rn. 59, 61: Soweit eine ergänzende Vertragsauslegung nicht weiterführt, ist nach den Grundsätzen über die Teilnichtigkeit von Arbeitsverträgen nur der Teil der Vereinbarung unwirksam, der die Unbestimmtheit einer ansonsten zulässigen Festlegung der Arbeitszeitdauer bewirkt; Langmaack, Rn. 539 f.

134 BAG v. 12.12.1984 – 7 AZR 509/83, BB 1985, 731 ff.

Umgehungsrechtsprechung[135] des BAG. Hierbei sei ohne Belang, ob durch die Herabsetzung der Arbeitszeitdauer das arbeitsvertragliche Synallagma berührt werde; maßgebend sei allein, dass durch die einseitige Herabsetzung der Bestand des Arbeitsverhältnisses als Ganzes geändert und praktisch ein neues Arbeitsverhältnis begründet werde.[136]

Insbesondere liege keine wirksame Vereinbarung von Abrufarbeit vor, da kein „bestimmtes“, sondern ein durch den Arbeitgeber einseitig von Fall zu Fall festzulegendes Arbeitszeitdeputat gegeben sei.[137]

Die Vereinbarung sei auch nicht als Widerrufsvorbehalt hinsichtlich der Arbeitszeitdauer zu werten. Ein Widerrufsvorbehalt ermächtige die Arbeitgeberin, eine von ihr gewährte Leistung – z. B. eine Gratifikation – zu ändern. Der durch das Leistungsbestimmungsrecht änderbare Arbeitszeitumfang stelle demgegenüber keine von der Arbeitgeberin gewährte Leistung, sondern einen quantitativen Bemessungsfaktor für die beiderseitigen Hauptleistungspflichten dar.[138]

Literatur und Instanzrechtsprechung waren dieser Rechtsprechung des BAG gefolgt und hatten sämtliche Vereinbarungen über eine variable Arbeitszeitdauer für unwirksam befunden.[139]

b) Nun begrenzt flexibler Arbeitszeitumfang (BAG vom 7.12.2005)

Das BAG hat sich von dieser strengen Auffassung mit seinem Urteil vom 7.12.2005[140] abgewendet und hält die Vereinbarung eines variablen Arbeitszeitumfangs in

---

135 BAG v. 12.10.1960 – GS 1/59 (3 AZR 65/69), NJW 1961, 798, 798f. (Befristung Arbeitsvertrag); BAG v. 10.5.1962 – 5 AZR 452/61, NJW 1962, 1537, 1539 (Rückzahlungsklausel); BAG v. 27.7.1972 – 5 AZR 141/72, AP BGB §611 Gratifikation Nr. 75 unter I 2 der Gründe (Widerruf Stammarbeitereigenschaft); BAG v. 19.5.1982 – 5 AZR 466/80, AP BGB § 611 Anwesenheitsprämie Nr. 12 unter II 2 der Gründe; BAG v. 7.10.1982 – 2 AZR 455/80, AP BGB §620 Teilkündigung Nr. 5 unter III 1b) der Gründe (Verkleinerung Verkaufsbezirk); BAG v. 13.12.1984 – 2 AZR 294/83, AP BGB § 620 Bedingung Nr. 8 unter IV, V 3b) der Gründe (Auflösung und Wiedereinstellung bei Urlaub); BAG v. 13.5.1987 – 5 AZR 125/86, AP BGB § 305 Billigkeitskontrolle Nr. 4 unter II 2 der Gründe (Widerruf Leistungszulage); BAG v. 21.4.1993 – 7 AZR 297/92, AP KSchG 1969 § 2 Nr. 34 unter II 1a) der Gründe (Befristung Provisionsvereinbarung); BAG v. 15.11.1995 – 2 AZR 521/95, AP TVG § 1 Tarifverträge: Lufthansa Nr. 20 unter II 1, 5 der Gründe (Entzug Zusatzaufgabe); BAG v. 28.5.1997 – 5 AZR 125/96, AP BGB §611 Arzt-Krankenhaus-Vertrag Nr. 36 unter A I 2a) der Gründe (Beschränkung Aufgabenbereich); siehe hierzu auch Feuerborn, Sachliche Gründe, S. 51ff., 353ff. sowie Preis, Grundfragen, S. 149ff.; zur Kritik an der Umgehungsrechtsprechung u.a. Kiene, S. 92ff. und Klapproth, S. 21 ff.

136 BAG v. 12.12.1984 – 7 AZR 509/83, BB 1985, 731, 733.

137 BAG v. 12.12.1984 – 7 AZR 509/83, BB 1985, 731, 732f.

138 BAG v. 12.12.1984 – 7 AZR 509/83, BB 1985, 731, 732.

139 Siehe Nachweise in Fn. 130 und 131.

140 BAG v. 7.12.2005 – 5 AZR 535/04, BB 2006, 829ff.; nachfolgend hierzu auch: BAG v. 9.7.2008 – 5 AZR 810/07, NZA 2008, 1407, 1409 mit zustimmender Anm. von

gewissen Grenzen nunmehr für zulässig. Bereits in einem Urteil vom 20.6.1995[141] hatte das BAG die Vereinbarung einer Mindestarbeitszeit nicht beanstandet, sie allerdings auch nicht ausdrücklich für zulässig befunden. In dem betreffenden Fall hatte das BAG lediglich über die Frage zu entscheiden, ob für die von der Arbeitnehmerin zusätzlich geleisteten Arbeitsstunden Zuschläge zu zahlen waren.

In dem Fall, der dem Urteil vom 7.12.2005 zugrunde lag, hatten die Arbeitsvertragsparteien eine regelmäßige Wochenarbeitszeit von dreißig Stunden und die Verpflichtung der Arbeitnehmerin vereinbart, nach einer Aufforderung der Arbeitgeberin auch über dreißig Stunden hinaus zu arbeiten (im Sinne einer Bandbreite). Die zusätzliche Arbeit sollte je nach Arbeitsanfall jeweils eine Woche vorher angekündigt und wie die Arbeitsstunden in der Regelarbeitszeit vergütet werden. Eine Arbeit von mehr als 40 Stunden in der Woche (im Sinne von Überstunden) sollte nur unter besonderen Voraussetzungen möglich sein und konnte durch Freizeit ausgeglichen werden. Tatsächlich wurde die Arbeitnehmerin regelmäßig für etwa 35 Stunden in der Woche eingesetzt und vergütet. Als die Arbeitgeberin dazu überging, nur noch dreißig Wochenstunden abzurufen, machte die Arbeitnehmerin gerichtlich – auch unter Berufung auf die Arbeitszeit anderer Arbeitnehmer – eine Wochenstundenzahl von 40 Stunden geltend.

Das zunächst mit dem Fall befasste LAG Düsseldorf[142] hatte – noch in Anlehnung an das Urteil des BAG vom 12.12.1984 – angenommen, dass die Vereinbarung von 30 Stunden mit der Verpflichtung, auf Anforderung der Arbeitgeberin bis zu 40 Stunden zu arbeiten, eine wegen Umgehung zwingender Kündigungsschutzvorschriften gemäß § 134 BGB nichtige Bandbreitenvereinbarung darstelle. Insbesondere liege wegen der unbestimmten Arbeitszeitdauer keine wirksame Abrufabrede vor. Für die Ermittlung einer wirksamen Arbeitszeitvereinbarung dürfe nicht auf die Schichtzeiten oder auf die Arbeitszeiten anderer Arbeitnehmer im Betrieb abgestellt werden, welche eine wöchentliche Arbeitszeit von 40 Stunden nahe legten. Maßgebend müsse vielmehr die in der Vergangenheit tatsächlich von der Arbeitnehmerin durchschnittlich geleistete, ausweislich der Gehaltsabrechnungen vergütete Wochenarbeitszeit von 35 Stunden sein.

Das von beiden Parteien angerufene BAG führte zunächst aus, dass in dem betreffenden Fall eine regelmäßige Mindestarbeitszeit von 30 Wochenstunden mit dem einseitigen Recht der Arbeitgeberin vereinbart war, bis zu zehn weitere Stunden entsprechend dem Arbeitsanfall, d. h. insgesamt bis zu 40 Wochenstunden, abrufen zu können. Tatsächlich sei die Arbeitnehmerin in der Woche zumeist 35 Stunden tätig gewesen. Hierbei hat das BAG das streitgegenständliche Arbeitsverhältnis in seinem

---

Walk/Burger, BB 2008, 54, 55; LAG München v. 2.4.2008 – 11 Sa 917/07, unter 2 der Gründe, n. v.

141 BAG v. 20.06.1995 – 3 AZR 539/93, AP TVG § 1 Tarifverträge: Nährmittelindustrie Nr. 1 mit abl. Anm. von Schüren; auch abl.: Schüren, NZA 1996, 1306; gegen Schüren: Andritzky, NZA 1997, 643 f.

142 LAG Düsseldorf v. 17.9.2004 – 18 Sa 224/04, www.lag-duesseldorf.nrw.de = AuR 2005, 275 (LS).

Urteil nicht ausdrücklich als Teilzeit- oder Vollzeitarbeitsverhältnis eingeordnet. Dem Urteilstatbestand des LAG Düsseldorf lässt sich jedoch entnehmen, dass die Schichtzeiten im Betrieb auf eine betriebliche Wochenarbeitszeit von 40 Stunden hindeuteten. Auch war zwischen den Parteien unstreitig, dass es Arbeitnehmer im Betrieb gab, mit denen vertraglich die Ableistung von 40 Wochenstunden vereinbart war.[143]

Anders als das LAG Düsseldorf kam das BAG zum Ergebnis, dass hinsichtlich der ggf. zusätzlich zu leistenden (null bis) zehn Stunden eine Abrufabrede vorlag. Die mit der Arbeit auf Abruf bezweckte Flexibilisierung könne nur erreicht werden, wenn hinsichtlich der Dauer der wöchentlichen und täglichen Arbeitszeit keine starren gesetzlichen Vorgaben bestünden. § 12 Abs. 1 Satz 2 TzBfG dürfe daher nicht zu eng verstanden werden. Aus § 12 Abs. 1 Sätze 3 und 4 TzBfG, die im Falle fehlender Vereinbarungen einen Mindestschutz gewähren, folge, dass auch nach § 12 Abs. 1 Satz 2 TzBfG nur die Bestimmung einer „Mindestarbeitszeit" verlangt werden könne. Auch eine Abrufabrede mit einer Mindestarbeitszeitdauer könne somit bestimmt und damit wirksam sein.[144]

Das mit der Vereinbarung einer solchen Mindestarbeitszeit einhergehende einseitige Leistungsbestimmungsrecht sei mit Inkrafttreten des Schuldrechtsmodernisierungsgesetzes[145] zum 1.1.2002 einer Inhaltskontrolle nicht mehr nach § 134 BGB i. V. m. § 2 KSchG, § 622 BGB, sondern nach §§ 307ff. BGB zu unterziehen. Aus § 307 Abs. 2 Nr. 1, Abs. 1 Satz 1 BGB ergebe sich hierbei die Unwirksamkeit einer Vereinbarung, nach welcher der Arbeitgeber eine vereinbarte Mindestarbeitszeit beliebig erhöhen könne, denn hierdurch werde ein Teil des den Arbeitgeber nach § 615 BGB treffenden Wirtschafts- bzw. Beschäftigungsrisikos in unangemessener Weise auf den Arbeitnehmer verlagert.[146]

Als Grenzwert für eine demgegenüber angemessene Erhöhung einer Mindestarbeitszeit zog das BAG die Grundsätze für den Widerruf von Entgeltbestandteilen heran, während es in seinem Urteil vom 12.12.1984 noch davon ausgegangen war, dass beide Änderungsvorbehalte nicht vergleichbar seien.[147] Die Grundsätze zum Widerruf von Entgeltbestandteilen hatte es zunächst nach Maßgabe des

---

143 LAG Düsseldorf v. 17.9.2004 – 18 Sa 224/04, www.lag-duesseldorf.nrw.de = AuR 2005, 275 (LS).

144 BAG v. 7.12.2005 – 5 AZR 535/04, BB 2006, 829, 831f. unter B III 3c) aa), bb) der Gründe.

145 Gesetz zur Modernisierung des Schuldrechts v. 26.11.2001, BGBl. I 2001, 3138.

146 BAG v. 7.12.2005 – 5 AZR 535/04, BB 2006, 829, 832f. unter B III 4ff. der Gründe.

147 Von einer fehlenden Vergleichbarkeit geht weiterhin Pleßner, Anm. zu BAG v. 7.12.2005 – 5 AZR 535/04, RdA 2007, 249, 250, aus, dem zur Folge der Kontrollmaßstab davon abhängen soll, inwieweit durch die Ausübung des Leistungsbestimmungsrechts eine Verschlechterung der wirtschaftlichen Lage für den Arbeitnehmer eintritt bzw. das Synallagma der Hauptleistungspflichten und damit der Besitzstand des Arbeitnehmers berührt ist.

Vertragsinhaltsschutzes im Rahmen seiner früheren Umgehungsrechtsprechung[148] und sodann unter Anwendung der §§ 307ff. BGB, insbesondere in seinem Grundsatzurteil zu Widerrufsvorbehalten vom 12.1.2005[149], aufgestellt. Hiernach darf der widerrufliche Anteil am Gesamtverdienst 25–30 % nicht überschreiten und ein etwaiger Tariflohn muss erhalten bleiben.[150] Bei Leistungen, die im Gegenseitigkeitsverhältnis stehen, darf der widerrufliche Anteil nicht über 25 % hinaus gehen.[151]

Ebenso wie das Arbeitsentgelt stehe auch der Umfang der Arbeitspflicht im Gegenseitigkeitsverhältnis. Er könne daher durch das vereinbarte Leistungsbestimmungsrecht eines Arbeitgebers nur um bis zu 25 % – zzgl. möglicher Überstunden – erhöht werden.[152] Diese Grenze müsse spiegelbildlich auch bei einer Verringerung der vertraglich festgelegten Arbeitszeit beachtet werden. Ein Arbeitgeber dürfe daher die vereinbarte (Höchst-) Arbeitszeit bei Einräumung eines einseitigen Leistungsbestimmungsrechts nicht um mehr als 20 % unterschreiten.[153] Die Vereinbarung, mit welcher sich die Arbeitgeberin im betreffenden Fall den Abruf von bis zu zehn zusätzlich zu den 30 Wochenstunden abzuleistenden Stunden, d. h. zusätzlichen 33,33 %, vorbehalten hatte, erachtete das BAG daher als unwirksam.[154]

Die Unwirksamkeit dieser Abrufvereinbarung führe zur Unwirksamkeit der Arbeitszeitvereinbarung insgesamt, denn die Arbeitgeberin habe nicht allein eine feste Arbeitszeit von 30 Wochenstunden, sondern 30 Stunden als festen Sockel mit der Möglichkeit weiterer Arbeit auf Abruf vereinbaren wollen. Beide Vertragskomponenten stünden daher in einem untrennbaren Zusammenhang. Aufgrund der unwirksamen Vereinbarung fehle es an einer Bestimmung des Arbeitszeitumfangs. Eine gesetzliche Regelung des Arbeitszeitumfangs existiere nicht. Insbesondere sei es nicht interessengerecht, die Zehn-Wochenstunden-Fiktion des § 12 Abs. 1 Satz 3 TzBfG heranzuziehen, da beide Parteien offenkundig eine höhere Wochenarbeitszeit als zehn Stunden vereinbaren wollten.[155]

---

148 BAG v. 7.10.1982 – 2 AZR 455/80, AP BGB § 620 Teilkündigung Nr. 5 unter IV 2a) der Gründe; BAG v. 13.5.1987 – 5 AZR 125/86, AP BGB § 305 Billigkeitskontrolle Nr. 4 unter II 3 der Gründe; BAG v. 21.4.1993 – 7 AZR 297/92, AP KSchG 1969 § 2 Nr. 34 unter II 1b) der Gründe; BAG v. 15.11.1995 – 2 AZR 521/95, AP TVG § 1 Tarifverträge: Lufthansa Nr. 20 unter II 5 der Gründe; BAG v. 7.8.2002 – 10 AZR 282/01, AP BGB § 315 Nr. 81 unter B II 3 der Gründe.

149 BAG v. 12.1.2005 – 5 AZR 364/04, BB 2005, 833, 834.

150 Zustimmend zur Übertragung der Grenzwerte auch auf Regelungen zur Arbeitszeit: Hanau, NZA-Beilage 2006, 34, 36.

151 BAG v. 7.12.2005 – 5 AZR 535/04, BB 2006, 829, 831f. unter B III 7d) der Gründe; BAG v. 12.1.2005 – 5 AZR 364/04, BB 2005, 833, 834 unter B I 4d) der Gründe.

152 Dieser Grenze zustimmend: LAG Mecklenburg-Vorpommern v. 6.4.2006 – 1 Sa 37/06, n. v.

153 Die vereinbarte (Höchst-) Arbeitszeit muss mithin 125 % einer zulässigen Mindestarbeitszeit entsprechen.

154 BAG v. 7.12.2005 – 5 AZR 535/04, BB 2006, 829, 832f. unter B III 4 und 7d-e) der Gründe.

155 BAG v. 7.12.2005 – 5 AZR 535/04, BB 2006, 829, 834 unter B IV 1, 2 der Gründe.

Die Vertragslücke sei daher durch eine ergänzende Vertragsauslegung anhand des mutmaßlichen Parteiwillens zu schießen. Dieser ergebe sich vorliegend aus der tatsächlichen Vertragsdurchführung in Gestalt von durchschnittlich 35 Wochenstunden. Diese seien als Mindestarbeitszeit mit der Möglichkeit zu werten, insgesamt 40 Stunden, d. h. fünf weitere Stunden und damit bis zu 14,3 % mehr Arbeitsleistung abzurufen. Die Mindest- bzw. ggf. erhöhte Arbeitszeit könne zudem – im Falle eines vorübergehenden zusätzlichen Arbeitsbedarfs aufgrund bestimmter besonderer Umstände – durch Überstunden aufgestockt werden.[156]

c) *Bewertung der Rechtsprechungsänderung durch BVerfG und Literatur sowie eigene Stellungnahme*

Das Urteil des BAG vom 7.12.2005 ist im Schrifttum sehr unterschiedlich aufgenommen worden. Die Reaktionen bewegen sich zwischen überwiegender Zustimmung[157] und dem Vorwurf, das BAG habe nicht nur gegen materielles Recht verstoßen, sondern auch grundrechtlich geschützte Wertungen missachtet[158]. Andere Stimmen begrüßen zwar grundsätzlich die Entscheidung des BAG, bezweifeln jedoch, ob die vom BAG angeführte Begründung das gefundene Ergebnis trägt.[159]

(1) Auslegung des § 12 Abs. 1 Satz 2 TzBfG

Decruppe und Utess werfen dem BAG vor, es urteile gegen den eindeutigen Wortlaut von § 12 Abs. 1 Satz 2 TzBfG. Eine Arbeitszeit, die bestimmt festzulegen sei, könne

---

156 BAG v. 7.12.2005 – 5 AZR 535/04, BB 2006, 829, 834 unter B IV 3 der Gründe; zustimmend zur ergänzenden Vertragsauslegung: LAG Mecklenburg-Vorpommern v. 6.4.2006 – 1 Sa 37/06, n. v.; LAG München v. 2.4.2008 – 11 Sa 917/07, unter 2 b) bb) der Gründe, n. v.; auch das LAG Rheinland-Pfalz v. 10.5.2007 – 11 Sa 167/07, unter II 1 der Gründe, n. v., nimmt, jedoch ohne nähere Begründung oder Bezug zum Urteil des BAG, eine ergänzende Vertragsauslegung vor; ebenfalls für eine ergänzende Vertragsauslegung bei Fehlen einer (wirksamen) bestimmten Arbeitszeitdauer (die Arbeitszeit sollte sich „nach dem jeweiligen Arbeitsanfall richten“): LAG Düsseldorf v. 17.4.2012 – 8 Sa 1334/11, NZA-RR 2012, 563, 565 f.

157 Bauer/Günther, DB 2006, 950, 952; Preis/Lindemann, NZA 2006, 632, 638; Singer, RdA 2006, 362, 371; Zundel, NJW 2006, 2304, 2306; ErfKomm-Preis, TzBfG § 12 Rn. 19; Holwe/Kossens/Pielenz/Räder, TzBfG § 12 Rn. 14 f.; Sievers, TzBfG § 12 Rn. 13 ff.; HWK-Schmalenberg, TzBfG § 12 Rn. 7, 10, 14; Moll, S. 134; Klapproth, S. 74 f.

158 Decruppe/Utess, AuR 2006, 347; ablehnend auch: Pleßner, Anm. zu BAG v. 7.12.2005 – 5 AZR 535/04, RdA 2007, 249, 250 ff.; Benecke, AuR 2006, 337, 339 f.; Laux/Schlachter § 12 Rn. 44; wohl auch kritisch, jedoch ohne weitere Begründung: Schaub, FS Richardi, S. 735 („Es ist in der Tat ein perfektes Modell der Überlagerung des Wirtschaftsrisikos auf den Arbeitnehmer“).

159 Feuerborn, SAE 2007, 59, 60, 65; Grobys/v. Steinau-Steinrück, Anm. zu BAG v. 7.12.2005 – 5 AZR 535/04, NJW-Spezial 2006, 226, 227; Stamm, RdA 2006, 288, 302; Arnold, FS Löwisch, S. 1, 5, 8; Reinecke, BB 2008, 21, 22 f.; Kiene, S. 101.

nicht nachträglich einseitig bestimmbar sein.[160] Die Gesetzesbegründung[161] zu § 4 BeschFG a. F.,[162] d. h. zu der Vorgängervorschrift von § 12 TzBfG, nehme hinsichtlich der bestimmten Arbeitszeitdauer ausdrücklich Bezug auf das insoweit restriktive Urteil des BAG vom 12.12.1984.[163]

Dieser Kritik ist zunächst zuzugeben, dass das Urteil des BAG vom 12.12.1984 eindeutig jedwede Bandbreite – unabhängig von der konkreten Stundenanzahl – für unzulässig befunden hatte. Es kam dort nicht auf eine „angemessene" Erhöhung oder Absenkung der Arbeitszeit an. Jede einseitig mögliche Veränderung führte nach Auffassung des BAG unabhängig von ihrem Umfang zur Unbestimmtheit des Arbeitszeitdeputats und zur Umgehung des Änderungskündigungsschutzes.[164]

Fraglich ist jedoch, ob sich diese eindeutige Auffassung des BAG nach dem Willen des Gesetzgebers in § 4 BeschFG a. F. und später in § 12 Abs. 1 Satz 2 TzBfG vollständig widerspiegelte und somit auch der Wortlaut „bestimmte Dauer" derart eindeutig gemeint sein sollte.[165] Der Gesetzgeber wollte gemäß der Gesetzesbegründung „zugleich" das Urteil des BAG vom 12.12.1984 berücksichtigt wissen.[166] Das Erfordernis der bestimmten Arbeitszeitdauer begründete er jedoch in erster Linie mit einem Mindestschutz des Abrufarbeitnehmers. Der Abrufarbeitnehmer sollte durch die Festlegung einer bestimmten Dauer der Arbeitszeit davor geschützt werden, überhaupt nicht zur Arbeitsleistung herangezogen und vergütet zu werden.[167] Auf diesen aus der Gesetzesbegründung folgenden Mindestschutz des Abrufarbeitnehmers stellt, wie bisher ein Großteil in der Literatur[168], nunmehr auch das BAG in seinem Urteil vom 7.12.2005 ab.

---

160 Ebenso: Laux/Schlachter § 12 Rn. 44; Arnold, FS Löwisch, S. 1, 6; Klevemann, ArbuR 1987, 292, 298 bereits zum Wortlaut von § 4 Abs. 1 BeschFG a. F.; ebenfalls kritisch zur Auslegung des Wortlauts, jedoch i. E. zustimmend: Meinel/Heyn/Herms, TzBfG § 12 Rn. 29a.

161 Begründung v. Ausschuss für Arbeit und Sozialordnung v. 17.4.1985, BT-Drucks. 10/3206, S. 30 zu § 4 BeschFG 1985.

162 § 4 des Beschäftigungsförderungsgesetzes 1985 vom 26.4.1985 (BeschFG), BGBl. I 1985, 710, zuletzt geändert durch Gesetz v. 25.9.1996, BGBl. I 1996, 1476, 1478; Darstellung der Meinungen zur Abrufarbeit im Schrifttum vor Inkrafttreten des BeschFG bei Meyer, S. 55 ff.

163 Decruppe/Utess, AuR 2006, 347, 349 unter 4c).

164 BAG v. 12.12.1984 – 7 AZR 509/83, BB 1985, 731, 733.

165 Nach Kiene, S. 86, urteilt das BAG bereits nicht gegen den Wortlaut von § 12 Abs. 1 Satz 2 TzBfG: „...Erfordernis, die Dauer der Arbeitszeit überhaupt vertraglich zu regeln...Bestimmt ist die Arbeitszeitdauer ferner nur dann, wenn sie für den Arbeitnehmer messbar und klar berechenbar ist...".

166 Begründung v. Ausschuss für Arbeit und Sozialordnung v. 17.4.1985, BT-Drucks. 10/3206, S. 30 zu § 4 BeschFG 1985.

167 Begründung v. Ausschuss für Arbeit und Sozialordnung v. 17.4.1985, BT-Drucks. 10/3206, S. 30 zu § 4 BeschFG 1985.

168 ErfKomm-Preis, TzBfG (6. Aufl. 2006) § 12 Rn. 3–5 („durch § 12 I und II...Mindestschutz für Abrufarbeitsverhältnisse"); Annuß/Thüsing-Jacobs, TzBfG § 12 Rn. 1

Der vom Gesetzgeber und vom BAG gewollte Mindestschutz kann jedoch durch die Einräumung einer zusätzlichen Arbeits- und damit Verdienstmöglichkeit noch erhöht werden. Durch eine über die Mindestarbeitszeit hinausgehende abrufbare und zu vergütende Arbeitszeit kann der Arbeitnehmer ggf. auch zusätzlichen Sozialversicherungsschutz erhalten. In den Urteilen des BAG vom 12.12.1984 und 7.12.2005 wird deutlich, dass es den klagenden Arbeitnehmern gerade auf diese zusätzliche Verdienstmöglichkeit ankam, denn sie haben jeweils nicht die Erhöhung, sondern die Reduzierung ihrer Arbeitszeit vor Gericht angegriffen.

Eine restriktive Auslegung von § 12 Abs. 1 Satz 2 TzBfG brächte den Abrufarbeitnehmer um eine solche zusätzliche, bereits im Arbeitsvertrag angelegte Verdienstmöglichkeit. Ein weites Verständnis der Vorschrift und eine sich anschließende Inhaltskontrolle gemäß §§ 307 ff. BGB trägt dagegen auch dem Interesse eines Abrufarbeitnehmers Rechnung, der eine möglichst hohe Stundenzahl erbringen und damit eine hohe Vergütung erzielen möchte. Das LAG hatte in dem betreffenden Fall nach Maßgabe der früheren Rechtsprechung nur eine regelmäßige Wochenarbeitszeit von 35 Stunden, das BAG nunmehr von bis zu 40 Stunden angenommen. Die Gesetzesbegründung sowie Sinn und Zweck des § 12 Abs. 2 Satz 1 TzBfG sprechen daher für eine weite Auslegung, die auch eine Mindestarbeitszeit als bestimmte Arbeitszeitdauer zulässt.

Die Systematik des § 12 Abs. 1 TzBfG spricht ebenfalls nicht zwingend gegen eine solche weite Auslegung. Das BAG weist darauf hin, dass § 12 Abs. 1 Sätze 3, 4 TzBfG im Falle einer fehlenden Arbeitszeitvereinbarung Mindestzeiten vorgeben. Es müsse daher auch möglich sein, solche Mindestzeiten als „bestimmte" Arbeitszeit i. S. v. § 12 Abs. 1 Satz 2 TzBfG zu vereinbaren.[169] Dieser Argumentation ist jedenfalls für § 12 Abs. 1 Satz 4 TzBfG beizupflichten, denn dessen Wortlaut enthält – anders als § 12 Abs. 1 Satz 3 TzBfG – einen ausdrücklichen Hinweis auf eine (tägliche) Mindestarbeitszeit.[170]

Dass schließlich auch der Wortlaut der „bestimmten" (wöchentlichen) Arbeitszeitdauer in § 12 Abs. 1 Satz 2 TzBfG einer Mindestarbeitszeit nicht zwingend entgegensteht, zeigt z. B. ein Vergleich mit der Norm des § 284 Abs. 2 Satz 1 BGB. Hiernach ist eine Mahnung für den Verzugseintritt entbehrlich, wenn für eine Leistung eine Zeit nach dem Kalender „bestimmt" ist. Insoweit hat bereits das RG entschieden, dass für die Leistung eine Zeit nach dem Kalender bestimmt ist, wenn als Leistungszeitpunkt der Kalendermonat, dort der Monat April, vereinbart ist.[171] In

("§ 12...sichert einen bestimmten Mindesteinsatz"); Meinel/Heyn/Herms, TzBfG (2. Aufl. 2004) § 12 Rn. 3 („Mindestanforderungen [damit] Schutz des Arbeitnehmers und die Sicherung sozialverträglicher Arbeitsbedingungen"); Rolfs, TzBfG § 12 Rn. 1 („das Arbeitsverhältnis...austrocknen zu lassen").

169 BAG v. 7.12.2005 – 5 AZR 535/04, BB 2006, 829, 831 unter B III 3c) aa) der Gründe.

170 Demgegenüber weist Arnold, FS Löwisch, S. 1, 6, zu Recht darauf hin, dass § 12 Abs. 1 Satz 3 TzBfG hinsichtlich der Wochenarbeitszeit gerade keine Mindestdauer nennt.

171 RG v. 19.12.1922 – II 185/22, RGZ 106, 89: „lieferbar April".

diesem Fall konnte somit der Schuldner an jedem Tag des Aprils leisten. Jedenfalls nach Ablauf des 30.04. wäre Verzug eingetreten. Ähnlich stellt es sich mit der bestimmten Arbeitszeitdauer dar. Nach der neuen Rechtsprechung des BAG hat der Arbeitgeber jedenfalls die Mindestarbeitszeit entgegenzunehmen und zu vergüten sowie die Begrenzung zusätzlicher Arbeitszeit auf 25 % der Mindestarbeitszeit zu beachten. Inwieweit er diese 25 % ausschöpft, steht ihm nach der Vereinbarung frei, wie es dem Schuldner in der Entscheidung des RG frei stand, die Leistung in der Zeit vom 1. bis zum 30.4. eines Jahres zu erbringen. In beiden Fällen ist die Leistungszeit bzw. die Arbeitszeitdauer jeweils durch bestimmte Eckdaten bestimmt. Der Vorwurf, das BAG urteile gegen den eindeutigen Wortlaut von § 12 Abs. 1 Satz 2 TzBfG und auch gegen den Willen des Gesetzgebers ist daher nicht zutreffend.[172]

(2) Rechtskontrolle gemäß § 134 BGB

Decruppe und Utess bemängeln zudem, dass sich das BAG nunmehr auf eine reine Inhaltskontrolle der arbeitsvertraglichen Vereinbarungen gemäß §§ 307ff. BGB beschränke. Auch nach Inkrafttreten der Schuldrechtsreform seien arbeitsvertragliche Vereinbarungen jedoch weiterhin einer Rechtskontrolle gemäß § 134 BGB zu unterziehen.[173] Auch der BGH[174] überprüfe vorformulierte Vereinbarungen nicht nur anhand einer Inhalts-, sondern auch einer Rechtskontrolle. Im Rahmen der Rechtskontrolle gelte weiterhin, dass Vereinbarungen nicht gegen die Verbotsgesetze der §§ 1, 2 KSchG verstoßen dürften.[175]

Hiergegen ist einzuwenden, dass sich das BAG in seinem Urteil nicht von der Rechtskontrolle und daher auch nicht von der Rechtsprechung des BGH, sondern nur von der Inhaltskontrolle gemäß § 134 BGB abwendet.[176] Vor Inkrafttreten der Schuldrechtsreform wurden vorformulierte Arbeitsbedingungen nicht nach §§ 7ff. AGBG a. F. inhaltlich kontrolliert, denn für das Arbeitsrecht galten diese Vorschriften gemäß § 23 Abs. 1 AGBG a. F. nicht. Um dennoch den Inhalt arbeitsvertraglicher Vereinbarungen kontrollieren zu können, wendete das BAG als Instrument der Inhaltskontrolle das sog. Institut der Gesetzesumgehung (Umgehungsrechtsprechung) abgeleitet aus § 134 BGB i. V. m. § 2 KSchG an, auf welches jedoch mit Anwendbarkeit der §§ 307ff. BGB nicht mehr zurückgegriffen werden muss.[177] Darüber hinaus bestand für das BAG kein Grund, in seinem Urteil vom 7.12.2005 Näheres zu einer (weiterhin vorzunehmenden) Rechtskontrolle gemäß § 134 BGB auszuführen. Mit

---

172 Ebenso: Kiene, S. 86.
173 Ebenso: Strasser/Melf, AuR 2006, 342, 343.
174 BGH v. 25.9.2002 – VIII ZR 253/99, NJW 2003, 290, 293.
175 Decruppe/Utess, AuR 2006, 347, 348f. unter 4a-b).
176 Siehe zur Unterscheidung von Rechts- und Inhaltskontrolle vor der Anwendbarkeit §§ 307ff. BGB im Arbeitsrecht: Feuerborn, Sachliche Gründe, S. 51ff., 60ff.; Preis, Grundfragen, S. 163ff.
177 Nachweise zur Umgehungsrechtsprechung in § 3 A III 1 a); ErfKomm-Preis, BGB § 310 Rn. 4, 51; Lindemann § 7 I; Preis/Roloff, ZfA 2007, 43, 81ff.

der Vereinbarung einer Mindestarbeitszeit bzw. einer Flexibilisierung der Arbeitszeit gehen nach der nunmehr vertretenen Auffassung des BAG kein Verstoß gegen § 12 Abs. 1 Satz 2 TzBfG und kein Eingriff in den Kernbereich des Arbeitsverhältnisses gemäß § 2 KSchG mehr einher. Solche Vereinbarungen sind nunmehr – wie Flexibilisierungen im Entgeltbereich – nicht grundsätzlich unzulässig. Folgerichtig enthält daher das Urteil des BAG Ausführungen (nur) zur Inhaltskontrolle gemäß §§ 307 ff. BGB und nicht (darüber hinaus) zur Rechtskontrolle gemäß § 134 BGB.

(3) Grundrechte und Entscheidung des BVerfG

Auch der weitere Vorwurf von Decruppe und Utess trifft nicht zu, die Einräumung eines einseitigen Leistungsbestimmungsrechts über den Umfang der Arbeitszeit stelle eine Verletzung der grundrechtlich geschützten allgemeinen Handlungsfreiheit des Arbeitnehmers dar. Sie machen geltend, Art. 2 Abs. 1 GG, der das Recht auf die entgeltliche Verwertung der eigenen Arbeitskraft schützt[178], erstrecke sich auch auf den zeitlichen Umfang dieser Verwertung, denn Arbeitszeit sei individuelle Lebenszeit. Diese grundrechtliche Wertentscheidung habe das BAG bei seiner Inhaltskontrolle gemäß § 307 Abs. 1 Satz 1 BGB nicht berücksichtigt.[179]

Verfassungsrechtliche Bedenken hatte auch die Arbeitgeberin des Ausgangsverfahrens. Sie machte die Verletzung ihrer durch Art. 12 Abs. 1 GG geschützten Berufsfreiheit geltend und erhob gegen das Urteil des BAG vom 7.12.2005 eine Verfassungsbeschwerde. Das BVerfG nahm diese jedoch mit Beschluss vom 23.11.2006[180] nicht zur Entscheidung an. Es konnte nicht erkennen, dass das BAG mit der Begrenzung des flexiblen Arbeitszeitanteils auf 25 % einer Mindestarbeitszeit die Tragweite der Berufsfreiheit der Arbeitgeberin verkannt habe.[181] Zwar schütze Art. 12 Abs. 1 GG im Bereich der Gestaltung von Arbeitsverträgen auch die Vertragsfreiheit. Dies gelte indes für beide Arbeitsvertragsparteien. Die beim Abschluss eines Arbeitsvertrages und auch im laufenden Arbeitsverhältnis bestehende strukturelle Unterlegenheit des Arbeitnehmers rechtfertige die vom BAG vorgenommene Inhaltskontrolle und stelle daher keinen Verstoß gegen Art. 12 Abs. 1 GG zulasten der Arbeitgeberin dar.[182]

Decruppe und Utess räumen selbst ein, dass dem Arbeitnehmer die – wenn auch ihres Erachtens aufgrund der Arbeitsmarktlage unfreie – Entscheidung obliege, ob er einen Arbeitsvertrag mit einem einseitigen Leistungsbestimmungsrecht für den Arbeitgeber eingeht.[183] Dem Arbeitnehmer ist daher von Beginn an bewusst,

---

178 BVerwG v. 21.5.1970 – II C 12.66, AP GG Art. 2 Nr. 18.

179 Decruppe/Utess, AuR 2006, 347, 349 f. unter 4d); die Verfassungsmäßigkeit der Abrufarbeit untersuchte und bejahte bereits Meyer, S. 69 ff.

180 BVerfG v. 23.11.2006 – 1 BvR 1909/06, NZA 2007, 85.

181 Zustimmend Schäder, Anm. zu BVerfG v. 23.11.2006 – 1 BvR 1909/06, ArbRB 2007, 67.

182 BVerfG v. 23.11.2006 – 1 BvR 1909/06, NZA 2007, 85, 87.

183 Decruppe/Utess, AuR 2006, 347, 351 unter 4d) dd).

dass er ggf. eine erhöhte Arbeitszeit in der Woche ableisten muss, sodass er sich entsprechend hierauf einstellen kann – zumal der Umfang einer zusätzlichen Arbeitsleistung auf 25 % der Mindestarbeitszeit begrenzt ist. Durch diese Begrenzung werden Vereinbarungen mit einer geringen Mindestarbeitszeit und einem hohen variablen Arbeitszeitanteil auch zukünftig[184] unwirksam sein.[185] Das Interesse des Arbeitnehmers an einer sinnvollen Planung seiner Freizeit wird zudem dadurch gewahrt, dass der Abruf der Arbeitszeit gemäß § 12 Abs. 2 TzBfG unter Einhaltung einer viertägigen Ankündigungsfrist erfolgen muss.[186] Soweit zusätzlich zu einer ggf. erhöhten Arbeitszeit auch noch Überstunden[187] eingefordert werden können, wird der Abrufarbeitnehmer lediglich genauso behandelt wie ein Arbeitnehmer mit regelmäßiger Arbeitszeit.[188]

Soweit der Arbeitnehmer nicht aus freien Stücken, sondern aufgrund struktureller Unterlegenheit gegenüber dem Arbeitgeber zum Abschluss einer entsprechenden Vereinbarung bewogen wird, greift allerdings zu seinem Schutz in der Tat Art. 2 Abs. 1 GG, der auch von der Rechtsprechung beachtet werden muss.[189] Hierbei besteht dieser Schutz jedoch nicht schrankenlos. Der Schutz des Art. 2 Abs. 1 GG wird von der verfassungsmäßigen Ordnung eingeschränkt, zu welcher auch die gemäß Art. 12 Abs. 1 GG geschützte Vertragsfreiheit des Arbeitgebers gehört.[190]

Das BAG hat bei seiner Auslegung von § 12 Abs. 1 Satz 2 TzBfG und seiner Inhaltskontrolle gemäß § 307 BGB beide Grundrechte dadurch zum Ausgleich gebracht, dass es zugunsten des Arbeitgebers zwar nunmehr einen flexiblen Arbeitszeitanteil grundsätzlich gestattet, diesen jedoch zugunsten des Arbeitnehmers der Höhe nach begrenzt.

---

184 Bisher z. B.: LAG Düsseldorf v. 30.8.2002 – 9 Sa 709/02, NZA-RR 2003, 407 (Monatsstunden vertraglich: 80, tatsächlich: zwischen 136,5 und 199,5); LAG Bremen v. 20.5.1999 – 4 Sa 2/99, NZA-RR 2000, 14, 15 (Wochenstunden vertraglich: 10, tatsächlich: 22,33).

185 BAG v. 7.12.2005 – 5 AZR 535/04, BB 2006, 829, 833; LAG Düsseldorf v. 16.1.2008 – 12 Sa 1524/07, LAGE TzBfG § 14 Nr. 41, unter I 1 der Gründe, n. v., erwägt die Unwirksamkeit einer solchen Vereinbarung als Scheingeschäft gemäß § 117 BGB, da die vertraglich vereinbarte sehr geringe Monatsarbeitszeit im betreffenden Fall von Beginn an weder den Interessen der Arbeitnehmerin, noch denen der Arbeitgeberin an einer tatsächlich bis zu 25-fach höheren Arbeitszeit entsprach.

186 Siehe zur Ankündigungsfrist § 3 A IV.

187 Überstunden dürfen nur unter der Voraussetzung eines vorübergehenden zusätzlichen Arbeitsbedarfs aufgrund bestimmter besonderer Umstände angeordnet werden, siehe § 3A II 1.

188 Kritisch zur (doppelten) Flexibilisierung bei Abrufarbeitnehmern durch eine Erhöhung der Mindestarbeitszeit einerseits und Überstunden andererseits: Feuerborn, SAE 2007, 59, 61.

189 ErfKomm-Schmidt, GG Art. 2 Rn. 14.

190 Dieterich, AuR 2007, 65, 66.

(4) Kumulative Anwendung von § 12 TzBfG und §§ 307 ff. BGB

Weitere Kritik erfährt das Urteil des BAG von Grobys und v. Steinau-Steinrück. Es sei inkonsequent, wenn das BAG[191] die Dauer eines befristeten Arbeitsvertrages nicht anhand der §§ 307 ff. BGB, sondern nur anhand von § 14 TzBfG überprüfe, während es ein Abrufarbeitsverhältnis beiden Kontrollmaßstäben – § 12 TzBfG und §§ 307 ff. BGB – unterziehe.[192]

Dieser Unterschied rechtfertigt sich jedoch daraus, dass sich die Befristung auf den Bestand des Arbeitsverhältnisses insgesamt bezieht. Hierfür muss ein Sachgrund gemäß § 14 Abs. 1 TzBfG vorliegen. Anderenfalls darf die Befristung nur für die gemäß § 14 Abs. 2 TzBfG begrenzte Zeitdauer vereinbart werden. § 14 TzBfG gewährleistet somit einen umfassenden Schutz. Insbesondere setzt die Gesetzesbegründung zu § 14 TzBfG[193] – anders als bei § 12 TzBfG – nicht nur einen Mindestschutz voraus. § 14 TzBfG und die Rechtsprechung des BAG schließen jedoch nicht aus, dass die einzelnen Arbeitsbedingungen eines befristeten Arbeitsvertrages – wie auch die eines unbefristeten Arbeitsvertrages – anhand einer Inhaltskontrolle gemäß §§ 307 ff. BGB überprüft werden. So könnte z. B. auch ein befristeter Arbeitsvertrag eine Abrufabrede enthalten und diese der Kontrolle durch § 12 TzBfG und §§ 307 ff. BGB unterliegen.[194]

Feuerborn[195] stellt zudem heraus, dass das BAG einen Wechsel im Schutzsystem begründet hat, indem es zunächst den (starren) Schutz des § 12 Abs. 1 Satz 2 TzBfG lockert, um das Schutzniveau sodann über den (flexiblen) Schutz der Inhaltskontrolle gemäß §§ 307 ff. BGB wieder anzuheben. Feuerborn begrüßt zwar i. E. das Abrücken von der Umgehungsrechtsprechung und die Anwendbarkeit der §§ 307 ff. BGB. Er weist jedoch zu Recht darauf hin, dass das BAG eine Begründung für die „Entschärfung" des § 12 Abs. 1 Satz 2 TzBfG schuldig geblieben ist.[196]

Feuerborn folgend lässt sich eine Begründung aus der Entstehungsgeschichte des § 12 Abs. 1 Satz 2 TzBfG ableiten.[197] In dessen Vorgängervorschrift des § 4 Abs. 1 BeschFG a. F. wurde das Erfordernis einer „bestimmten" Dauer der Arbeitszeit nicht nur aufgenommen, um für den Arbeitnehmer einen Mindestschutz zu

---

191 BAG v. 27.7.2005 – 7 AZR 443/04, BB 2006, 222, 224.

192 Grobys/v. Steinau-Steinrück, Anm. zu BAG v. 7.12.2005 – 5 AZR 535/04, NJW-Spezial 2006, 226, 227.

193 Begründung zum Regierungsentwurf v. 24.10.2000, BT-Drucks. 14/4374, S. 18 ff.

194 Nach Preis/Roloff, ZfA 2007, 43, 85 kann auch die Laufzeit einer Befristung einer Inhaltskontrolle gemäß § 307 ff. BGB unterliegen.

195 Feuerborn, SAE 2007, 59, 63; im Ansatz ebenso: Grobys/v. Steinau-Steinrück, Anm. zu BAG v. 7.12.2005 – 5 AZR 535/04, NJW-Spezial 2006, 226, 227; ähnlich auch Laux/Schlachter § 12 Rn. 44, mit der Kritik, das BAG instrumentalisiere die Inhaltskontrolle zur Aushebelung des Kündigungsschutzes.

196 Auch Stamm, RdA 2006, 288, 294, weist darauf hin, dass allein die Einführung der Inhaltskontrolle gemäß §§ 307 ff. BGB im Arbeitsrecht die Absenkung des Schutzniveaus nicht rechtfertigt.

197 Feuerborn, SAE 2007, 59, 63.

gewährleisten. Die Aufnahme erfolgte ausdrücklich auch, um die Vorgaben des BAG-Urteils vom 12.12.1984[198] umzusetzen.[199] Demgegenüber hatte ein früherer Entwurf für § 4 Abs. 1 BeschFG a. F. noch keine Einschränkung auf eine „bestimmte" Arbeitszeit enthalten, sondern hiernach sollte eine Anpassung von „Dauer oder Lage der Arbeitszeit des Arbeitnehmers an den Arbeitsanfall"[200] möglich sein. Ausweislich der Begründung dieses früheren Gesetzesentwurfs sollte die Regelung dem Bedürfnis Rechnung tragen, „bei langfristig nicht vorhersehbaren Schwankungen des Arbeitsanfalls Dauer oder Lage...der Arbeitszeit nicht im Arbeitsvertrag von vornherein festzulegen".[201] Diese weite Fassung wurde aufgrund des zeitlich nachfolgenden Urteils des BAG vom 12.12.1984 eingeschränkt.

Für die Beibehaltung dieser damaligen Einschränkung besteht nach der Rechtsprechungsänderung jedoch keine Notwenigkeit mehr. Dies gilt umso mehr, als sich die strenge Auslegung nicht zwingend im Wortlaut widerspiegelt und der Mindestschutz auch bei einer weiten Auslegung des § 12 Abs. 1 Satz 2 TzBfG gewährleistet ist.[202] Allerdings ist mit Feuerborn[203] anzunehmen, dass der Gesetzgeber die Lockerung des § 12 Abs. 1 Satz 2 TzBfG bei der Einführung der Inhaltskontrolle gemäß §§ 307ff. BGB auch für Arbeitsverträge noch nicht bedacht haben dürfte.

Auch weist Feuerborn darauf hin, dass für Arbeitnehmer, deren Arbeitsverträge individuell ausgehandelt sind, eine Schutzlücke entstehen kann, wenn ein absoluter Schutz nicht mehr über § 12 Abs. 1 Satz 2 TzBfG erfolgt und eine Inhaltskontrolle gemäß §§ 307ff. BGB aufgrund der Individualvereinbarung ausfällt.[204]

An das Vorliegen solcher individuell ausgehandelten Arbeitsverträge stellt die Rechtsprechung jedoch sehr strenge Anforderungen. Erforderlich ist ein wirkliches Aushandeln, bei welchem der Arbeitgeber den gesetzesfremden Kern der fraglichen Vertragsklausel ernsthaft zur Disposition des Arbeitnehmers gestellt und diesem die Möglichkeit eingeräumt hat, den Inhalt der Klausel beeinflussen zu können.[205]

Sind die vorstehenden Voraussetzungen – wie nur selten[206] – erfüllt, spricht dies für eine hinreichende Verhandlungsmacht des Arbeitnehmers, die einen absoluten Schutz über § 12 Abs. 1 Satz 2 TzBfG und eine Inhaltskontrolle gemäß §§ 307ff. BGB

198 BAG v. 12.12.1984 – 7 AZR 509/83, BB 1985, 731ff.

199 § 4 BeschFG 1985 v. 26.4.1985, BGBl. I 1985, 710; Begründung v. Ausschuss für Arbeit und Sozialordnung v. 17.4.1985, BT-Drucks. 10/3206, S. 30 zu § 4 BeschFG 1985.

200 § 4 Abs. 1 BeschFG 1985 gemäß Regierungsentwurf v. 11.10.1984, BT-Drucks. 10/2102, S. 5; zum Regierungsentwurf und zur Kritik hieran siehe Meyer, S. 61ff.

201 Begründung zum Regierungsentwurf v. 11.10.1984, BT-Drucks. 10/2102, S. 25 zu § 4 BeschFG 1985.

202 Siehe § 3 A III 1 c) (1).

203 Feuerborn, SAE 2007, 59, 63.

204 Feuerborn, SAE 2007, 59, 63f.

205 BAG v. 1.3.2006 – 5 AZR 363/05, AP BGB § 308 Nr. 3 unter II 2 b) der Gründe; BGH v. 3.11.1999 – VIII ZR 269/98, NJW 2000, 1110, 1111f.

206 Ebenso: Stamm, RdA 2006, 288, 289.

entbehrlich erscheinen lassen.[207] Die Möglichkeit einer Kontrolle wegen Verstoßes gegen ein Verbotsgesetz oder wegen sittenwidriger Vereinbarungen gemäß §§ 134, 138 BGB[208] bleibt zudem auch bei individuell ausgehandelten Bestimmungen ebenso unberührt wie die Kontrollmöglichkeit in Bezug auf die Ausübung des Direktionsrechts gemäß § 106 Satz 1 GewO (früher gemäß § 315 Abs. 1 BGB)[209] nach billigem Ermessen.[210]

(5) Inhaltskontrolle bei Hauptleistungspflichten

Ein weiterer Kritikpunkt von Grobys und v. Steinau-Steinrück liegt darin, dass die Festlegung einer bestimmten Arbeitszeit als Hauptleistungspflicht der Inhaltskontrolle gemäß §§ 307 ff. BGB schlechthin entzogen sei.[211]

Hierzu bestimmt § 307 Abs. 3 Satz 1 BGB, dass die Inhaltskontrolle nur für vorformulierte Arbeitsbedingungen gilt, durch die von Rechtsvorschriften abweichende oder diese ergänzende Regelungen vereinbart werden, mithin nicht für die vertraglichen Hauptleistungspflichten.[212] Allerdings ist der Inhaltskontrolle nach der Rechtsprechung lediglich der enge Bereich der Leistungsbezeichnungen entzogen, ohne deren Vorliegen mangels Bestimmtheit oder Bestimmbarkeit des wesentlichen Vertragsinhalts ein wirksamer Vertrag nicht angenommen werden kann.[213] Nebenabreden, welche die Hauptleistung ausgestalten, modifizieren oder einschränken (§ 307 Abs. 3 Satz 1 BGB), unterliegen jedoch – auch nach der Rechtsprechung des BGH – der Inhaltskontrolle.[214]

---

207 So auch Moll, S. 138.

208 Preis/Roloff, ZfA 2007, 43, 81 f.: Individualvereinbarungen unterliegen insoweit einer stets durch ein besonderes Verhandlungsungleichgewicht oder eine Sittenwidrigkeit zu rechtfertigenden erheblich abgeschwächten Inhaltskontrolle zweiter Klasse; Arnold, FS Löwisch, S. 1, 14, will weiterhin die frühere Umgehungsrechtsprechung des BAG anwenden, allerdings mit anderem, nicht näher erläutertem Inhalt.

209 Siehe § 2 C II.

210 BAG v. 13.6.2012 – 10 AZR 296/11, NZA 2012, 1154 1156 f.; ErfKomm-Preis, GewO § 106 Rn. 6.

211 Grobys/v. Steinau-Steinrück, Anm. zu BAG v. 7.12.2005 – 5 AZR 535/04, NJW-Spezial 2006, 226, 227; 241; ebenso Hahn, S. 133, die jedoch die Entscheidung des BAG i. E. begrüßt.

212 Siehe nur BAG v. 16.5.2012 – 5 AZR 331/11, ZIP 2012, 1679, 1680; ErfKomm-Preis, BGB § 310 Rn. 36.

213 BGH v. 12.6.2001 – XI ZR 274/00, BB 2001, 1543; BAG v. 27.7.2005 – 7 AZR 486/04, NZA 2006, 40, 45.

214 Für Preisnebenabreden: BGH v. 30.11.1993 – XI ZR 80/93, BGHZ 124, 254, 256; BGH v. 6.2.1985 – VIII ZR 61/84, BB 1985, 1153, 1154; Lindemann § 7 I Fn. 129 m. w. N.; für Befristung einzelner Arbeitsbedingungen: BAG v. 27.7.2005 – 7 AZR 486/04, NZA 2006, 40, 45; für eine Kontrollfähigkeit daher auch RGKU/Arbeitsrecht-Bayreuther, TzBfG § 12 Rn. 8; zur Abgrenzung von kontrollfreier Hauptleistungs- und der Kontrolle unterliegender Nebenabrede auch ErfKomm-Preis, BGB § 310 Rn. 38.

Gegenstand der von Grobys und v. Steinau-Steinrück beanstandeten Inhaltskontrolle durch das BAG ist indes nicht die Festlegung der Arbeitszeit bzw. des Arbeitszeitumfangs, sondern die Vereinbarung eines einseitigen Leistungsbestimmungsrechts für den Arbeitgeber. Den von den Parteien vereinbarten, (mindestens) abzuleistenden Arbeitszeitumfang hat das BAG keiner Inhaltskontrolle, sondern lediglich der Prüfung unterzogen, ob er mit § 12 Abs. 1 Satz 2 TzBfG vereinbar ist. Ohne diesen Mindestarbeitszeitumfang wäre der wesentliche Vertragsinhalt nicht bestimmt oder bestimmbar. Ohne das einseitige Leistungsbestimmungsrecht des Arbeitgebers, diese Mindestarbeitszeit zu erhöhen, bliebe es bei der (Mindest-) Arbeitszeit und somit bei einem wesentlichen Vertragsinhalt. Das BAG kontrolliert daher nicht die Arbeitszeitvereinbarung als Hauptleistungsabrede, sondern mit dem einseitigen Leistungsbestimmungsrecht eine Nebenabrede hierzu.

(6) Abgrenzung der Abrufarbeit gegenüber Überstunden

Grobys und v. Steinau-Steinrück bemängeln weiterhin, dass die Abgrenzung zwischen einem zusätzlich abrufbaren Anteil von 25 % der Mindestarbeitszeit und zusätzlich abrufbaren Überstunden kaum möglich sei. Insbesondere sei der konkrete Vorteil einer zusätzlichen Arbeit auf Abruf für den Arbeitgeber gegenüber der Anordnung von Überstunden nicht ersichtlich.[215]

Abgrenzung und konkreter Vorteil einer zusätzlichen Arbeit auf Abruf ergeben sich jedoch wie folgt: Überstunden müssen von dem Arbeitnehmer nur erbracht werden, wenn sie durch einen vorübergehenden zusätzlichen Arbeitsbedarf aufgrund bestimmter besonderer Umstände bedingt sind.[216] Dagegen ist zusätzliche Abrufarbeit bereits zu erbringen, wenn sie gemäß § 12 Abs. 1 Satz 1 TzBfG vereinbart ist und die viertägige Ankündigungsfrist gemäß § 12 Abs. 2 TzBfG[217] eingehalten wurde. Liegen die Voraussetzungen für Überstunden nicht vor, kann der Arbeitgeber, der keine zusätzliche Abrufarbeit vereinbart hat, somit weitere Arbeitsleistungen von dem Arbeitnehmer nur mit dessen Einverständnis erhalten. Der Kritik ist zwar zuzugeben, dass in der Praxis häufig nicht sorgfältig differenziert, sondern zusätzliche Arbeit als „Überstunde" einseitig angeordnet wird. Der tatsächliche Missbrauch ändert indes nichts an den Begrifflichkeiten und der rechtlichen Unzulässigkeit eines unbegrenzten Abrufs von Überstunden.[218] Für den Arbeitgeber kann

---

215 Grobys/v. Steinau-Steinrück, Anm. zu BAG v. 7.12.2005 – 5 AZR 535/04, NJW-Spezial 2006, 226, 227.

216 BAG v. 7.12.2005 – 5 AZR 535/04, BB 2006, 829, 831 unter B III 2b) der Gründe.

217 Siehe zur Ankündigungsfrist § 3 A IV.

218 Hohenstatt/Schramm, NZA 2007, 238, 242 f., übertragen das Urteil des BAG v. 7.12.2005 zur Abrufarbeit zu Unrecht insoweit auf Überstunden, als es möglich sein soll, Überstunden in Höhe von 25 % der vereinbarten Arbeitszeit mit der vertraglichen Vergütung abzugelten; erst solche über den Anteil von 25 % hinaus gehenden Überstunden seien durch gesondertes Entgelt oder Freizeitausgleich zu vergüten.

die Vereinbarung einer zusätzlichen Abrufarbeit zudem wirtschaftlich vorteilhaft sein, wenn er für Überstunden Zuschläge zu leisten hätte.[219]

Die Rechtsprechung des BAG eröffnet demgegenüber einerseits die Möglichkeit eines zusätzlichen – rechtlich zulässigen und bereits im Arbeitsvertrag angelegten – Arbeitsabrufs und schützt andererseits durch die Begrenzung des zusätzlichen Anteils und durch die Ankündigungsfrist gemäß § 12 Abs. 2 TzBfG die Interessen des Arbeitnehmers.

(7) Verbot der geltungserhaltenden Reduktion

Schließlich werfen Grobys und v. Steinau-Steinrück dem BAG noch vor, es sei durch seine ergänzende Vertragsauslegung von dem – nunmehr auch bei vorformulierten Arbeitsbedingungen einschlägigen[220] – „Verbot der geltungserhaltenden Reduktion" (§ 306 Abs. 2 BGB) abgewichen.[221] Dieses Verbot, eine unwirksame Klausel durch Reduktion auf das gerade noch zulässige oder angemessene Maß teilweise aufrecht zu erhalten[222], gilt jedoch auch nach der Rechtsprechung des BGH nicht ausnahmslos. Entsteht aufgrund einer infolge Inhaltskontrolle unwirksamen Klausel eine Vertragslücke, fehlt für die Schließung dieser Lücke geeignetes dispositives Recht (§ 306 Abs. 2 BGB) und ist der ersatzlose Wegfall der unwirksamen Klausel keine interessengerechte Lösung, ist die Lücke durch ergänzende Vertragsauslegung gemäß §§ 133, 157 BGB zu schließen. An die Stelle der unwirksamen Klausel tritt in diesem Fall die Regelung, welche die Parteien bei sachgerechter Abwägung der beiderseitigen Interessen gewählt hätten, wenn ihnen die Unwirksamkeit der allgemeinen Geschäftsbedingung bekannt gewesen wäre. [223]

Eine in vorstehender Weise zu füllende Lücke hatte sich jedoch auch in dem Urteil des BAG vom 7.12.2005 ergeben. Es war der Arbeitnehmerin mit ihrer Klage gerade darauf angekommen, für mehr als 30 Wochenstunden eingesetzt zu werden. Die Arbeitgeberin hatte sie über die meiste Zeit des Arbeitsverhältnisses auch tatsächlich mit 35 Wochenstunden und erst viel später mit einer geringeren Arbeitszeit beschäftigt. Hätte das BAG allein die Vereinbarung des Leistungsbestimmungsrechts wegen unangemessener Benachteiligung für unwirksam befunden, wäre eine – zur

---

219 Kritisch zur (doppelten) Flexibilisierung bei Abrufarbeitnehmern durch eine Erhöhung der Mindestarbeitszeit einerseits und Überstunden andererseits: Feuerborn, SAE 2007, 59, 61; demgegenüber für die Kombinationsmöglichkeit: Moll, S. 148.

220 BAG v. 4.3.2004 – 8 AZR 196/03, AP BGB § 309 Nr. 3 unter B III 2c) der Gründe; BAG v. 25.5.2005 – 5 AZR 572/04, AP BGB § 310 Nr. 1 unter IV 8a) der Gründe.

221 Grobys/v. Steinau-Steinrück, Anm. zu BAG v. 7.12.2005 – 5 AZR 535/04, NJW-Spezial 2006, 226, 227; Zweifel äußern auch Hohenstatt/Schramm, NZA 2007, 238, 241 und Hahn, S. 133, die jedoch jeweils die Entscheidung des BAG i. E. begrüßen; ebenso: RGKU/Arbeitsrecht-Bayreuther, TzBfG § 12 Rn. 11.

222 Palandt-Grüneberg, BGB § 306 Rn. 6.

223 BGH v. 13.11.1997 – IX ZR 289/96, NJW 1998, 450, 451; BGH v. 1.2.1984 – VIII ZR 54/83, BGHZ 90, 69, 75; BGH v. 22.1.1992 – IV ZR 59/91, BGHZ 117, 92, 98; BGH v. 4.11.1992 – VIII ZR 235/91, BGHZ 120, 108, 122; Palandt-Grüneberg, BGB § 306 Rn. 13.

Zeit des Abschlusses des Arbeitsvertrages – nicht interessengerechte Wochenarbeitszeit von 30 Stunden ohne Erhöhungsmöglichkeit übrig geblieben, die allerdings dem später geänderten Interesse der Arbeitgeberin entsprochen hätte. Das Risiko eines unwirksam vereinbarten Leistungsbestimmungsrechts hätte somit nicht die Arbeitgeberin als Klauselverwenderin, sondern die Arbeitnehmerin getragen. Damit jedoch richtigerweise die Klauselverwenderin das Risiko einer unwirksamen Gestaltung trägt, hat das BAG die Arbeitszeitvereinbarungen als Gesamtregelung betrachtet und sie insgesamt, d. h. einschließlich der Bestimmung des Mindestarbeitszeitumfangs für unwirksam befunden.[224] Bei Wegfall der Arbeitszeitvereinbarung insgesamt fehlte es jedoch an einer die Lücke ausfüllenden gesetzlichen Regelung, sodass es der ergänzenden, nunmehr am Interesse beider Vertragsparteien ausgerichteten, Vertragsauslegung bedurfte. Das BAG folgt hiermit zu Recht der Rechtsprechung des BGH.[225]

(8) Angabe eines Änderungsgrundes gemäß §§ 1, 2 KSchG

Positiv bewerten Preis und Lindemann das Urteil des BAG. Sie sprechen von einer mutigen Entscheidung, einem längst überfälligen Schritt zur Verabschiedung der bisherigen Umgehungsrechtsprechung und zur Harmonisierung der Kontrollmaßstäbe für Änderungsvorbehalte, deren Wirksamkeit nunmehr allein anhand §§ 307 ff. BGB zu messen sei.[226] Es sei bisher widersprüchlich gewesen, dass aufgrund eines einseitigen Änderungsvorbehalts bis zu 30 % der Vergütung widerrufen werden konnten, während ein solcher Änderungsvorbehalt bei der Arbeitszeitdauer – selbst bei gleich bleibendem Verhältnis von Leistung und Gegenleistung – gänzlich unzulässig war.[227]

Weitergehend als das BAG verlangen Preis und Lindemann jedoch für jeden wirksamen Änderungsvorbehalt – auch hinsichtlich der Arbeitszeit – die Angabe eines Änderungsgrundes.[228] Wie beim Widerruf von Entgeltbestandteilen müsse der Arbeitnehmer wissen, unter welchen Voraussetzungen eine Änderung auf ihn

---

224 A. A.: Pleßner, Anm. zu BAG v. 7.12.2005 – 5 AZR 535/04, RdA 2007, 249, 251, der sich bereits gegen die Unwirksamkeit der Klausel insgesamt wendet, für den Fall einer Auslegung jedenfalls aber dazu gelangt, dass eine Mindestarbeitszeit von 30 Wochenstunden beiderseitig gewollt gewesen sein soll.

225 Preis/Lindemann, NZA 2006, 632, 638; Feuerborn, SAE 2007, 59, 64.

226 Preis/Lindemann, NZA 2006, 632, 633, dort auch: „Das BAG durchschlägt den gordischen Knoten…Dieser geniale juristische Coup".

227 Preis/Lindemann, NZA 2006, 632, 633; für einheitliche Prüfungsmaßstäbe bereits Lindemann §§ 10 – 15, die insbesondere in § 13 IV 2d) aa) die Möglichkeit einer Arbeitszeitverringerung um 20 % auf 80 % der tariflichen Arbeitszeit anspricht.

228 Ebenso: Stamm, RdA 2006, 288, 295; a. A. in Übereinstimmung mit dem BAG wohl Hohenstatt/Schramm, NZA 2007, 238, 239 f., nach denen jedoch das Transparenzgebot zumindest einen Hinweis in der Vergütungsregelung des Arbeitsvertrages verlange, dass eine Verringerung der Arbeitszeit zu einer entsprechenden Reduzierung der Vergütung führt.

zukommen könne. Der Änderungsgrund müsse bei synallagmatischen Leistungen, auf deren Änderung der Arbeitnehmer keinen Einfluss habe, den strengen Anforderungen der §§ 1, 2 KSchG genügen. Hierbei dürften allerdings keine unzumutbaren Anforderungen an die Konkretisierung des Klauseltextes gestellt werden.[229]

Der Änderungsgrund ließe sich für den Abruf zusätzlicher Abrufarbeit schnell benennen. Der Arbeitgeber wird die Dauer der Arbeitszeit nur bei vermehrtem Arbeitsanfall erhöhen wollen. Ob bei jeder Art von vermehrtem Arbeitsanfall allerdings zugleich eine Arbeitszeiterhöhung der bereits beschäftigten Arbeitnehmer gerechtfertigt ist, welche den Anforderungen an eine Änderungskündigung nach §§ 1, 2 KSchG genügt, erscheint fraglich. So könnte der Arbeitgeber z. B. auf den Mehrbedarf mit der Einstellung zusätzlicher Arbeitskräfte oder – soweit möglich – mit einer vorübergehenden Umverteilung von Aufgaben etc. reagieren. Er wird es jedoch zumeist aus Kostengründen vorziehen, den vermehrten Arbeitsanfall mit den bereits bei ihm beschäftigen, jeweils eingearbeiteten Arbeitnehmern aufzufangen. Nach Preis und Lindemann müssten somit diese Kostengründe den Anforderungen der §§ 1, 2 KSchG genügen.

Das BAG hingegen stellt in seinen Urteilen vom 12.1.2005 und 11.10.2006 zum Widerruf von Entgeltbestandteilen keine derart strengen Anforderungen, obwohl in beiden Entscheidungen sogar das Austauschverhältnis von Leistung und Gegenleistung berührt war. Zwar müssten mögliche Widerrufsgründe in der entsprechenden Klausel benannt werden. Es reiche hierbei jedoch aus, wenn die Richtung der Gründe angegeben werde. Den Grad der Störung müsse der Arbeitgeber nur konkretisieren, wenn nicht bereits allgemeine Gründe ausreichen sollen.[230] Konsequent hat das BAG in seinem Urteil vom 7.12.2005 ebenfalls nicht auf Änderungsgründe i. S. v. §§ 1, 2 KSchG abgestellt.[231] Auch in neueren Entscheidungen zu Versetzungsvorbehalten stellt das BAG auf solche Änderungsgründe nicht ab.[232]

Dem BAG folgt auch Singer.[233] Gemäß Singer liegt ein Widerspruch darin, das Institut der Umgehung zwingender Kündigungsschutzbestimmungen abschaffen zu

---

229 Preis/Lindemann, NZA 2006, 632, 635 f.; ErfKomm-Preis, BGB § 310 Rn. 52, 54; ausführlich zum Änderungsgrund: Lindemann § 13 IV 2e), h) aa) (1); ebenfalls für die Angabe eines Änderungsgrundes, der allerdings nicht besonders konkretisiert sein müsse: MünchKomm-BGB-Müller-Glöge, TzBfG § 12 Rn. 9.

230 BAG v. 12.1.2005 – 5 AZR 364/04, BB 2005, 833, 835 unter B I 5b) der Gründe; BAG v. 11.10.2006 – 5 AZR 721/05, BB 2007, 109, 112 unter I 1e) bb) der Gründe.

231 Auch nach RGKU/Arbeitsrecht-Bayreuther, TzBfG § 12 Rn. 8, bedarf es keiner vorher im Vertrag festzulegender Gründe; missverständlich: Moll, S. 140, die keine Gründe bei einer Abrufabrede mit Mindestarbeitszeit, jedoch triftige, schwerwiegende Gründe bei einer Flexibilisierung der Arbeitszeitdauer verlangt, S. 141 f.

232 BAG v. 13.3.2007 – 9 AZR 433/06, AP BGB § 307 Nr. 26 unter II 1 b) cc) der Gründe; BAG v. 11.4.2006 – 9 AZR 557/05, NZA 2006, 1149, 1152; zustimmend, soweit ein Versetzungsvorbehalt im Sinne einer unechten – im Gegensatz zu einer echten – Direktionsrechtserweiterung betroffen ist: Preis/Genenger, NZA 2008, 969, 973, 975.

233 Singer, RdA 2006, 362 ff.

wollen, beim Änderungsgrund jedoch wiederum die Einhaltung der §§ 1, 2 KSchG zu fordern. Die Argumente, die gegen die Umgehungsrechtsprechung sprechen, können seines Erachtens in gleicher Weise gegen die Heranziehung der §§ 1, 2 KSchG als Maßstab der „Angemessenheit" i. S. v. § 307 Abs. 1 BGB vorgebracht werden. Hierzu führt er an, Preis[234] selbst habe herausgearbeitet, dass das Kündigungsschutzrecht den Arbeitnehmer zwar vor einer einseitigen Vertragsbeendigung und Vertragsänderung, nicht aber vor unangemessener Vertragsgestaltung schützen solle. Die Vertragsfreiheit beinhalte daher größere Spielräume als der einseitige Gebrauch von Gestaltungsmacht.[235]

Den Unterschied zwischen einer Änderungskündigung und einem vertraglichen Änderungsvorbehalt haben vor Erlass des Urteils vom 7.12.2005 auch Hanau und Hromadka herausgestellt. Während die Änderungskündigung den Grundsatz des „pacta sunt servanda" durchbricht, hält sich die Ausübung eines vertraglich bereits vereinbarten Leistungsbestimmungsrechts gerade in den Grenzen des Vertrages und darf daher weniger strengen Anforderungen unterliegen. Die Ausübung eines Änderungsvorbehalts kommt daher nicht nur bei Gründen i. S. v. §§ 1, 2 KSchG, sondern bereits bei sachlichen Gründen in Betracht.[236]

Singer verdeutlicht die größere Gestaltungsfreiheit bei vertraglichen Vereinbarungen gegenüber der eingeschränkten einseitigen Gestaltungsmacht zudem am Beispiel des TzBfG. Danach kann ein Arbeitsverhältnis auch dann beendet werden, wenn zwar nicht die Voraussetzungen für eine einseitige Kündigung, jedoch eine vertragliche Befristungsvereinbarung und ein sachlicher Grund hierfür gegeben sind. Wenn aber der Gesetzgeber das praktische Bedürfnis nach einer flexiblen Gestaltung eines Arbeitsverhältnisses bei dessen Beendigung respektiert und lediglich dafür Sorge trägt, dass der Arbeitgeber nicht ohne sachlichen Grund von der in Anspruch genommenen Gestaltungsfreiheit Gebrauch macht, dann sollte diese Flexibilität auch und erst recht für die vereinbarte Anpassung des Vertrages an veränderte Umstände gelten. Die Vertragsänderung ist typischerweise der mildere Eingriff in die Rechtsstellung des Arbeitnehmers, weil diese den Bestand des Arbeitsverhältnisses nicht antastet.[237]

Letztlich spricht gegen die Beachtung der §§ 1, 2 KSchG bei Änderungsvorbehalten auch, dass selbst bei struktureller Unterlegenheit des Arbeitnehmers dieser am Zustandekommen des Vertrages mitwirkt, mithin – anders als bei einseitigen Änderungen – ein Rest Selbstbestimmung verbleibt, der es rechtfertigt, den Gestaltungsrahmen weiter zu spannen. Das Vertrauen des Arbeitnehmers auf den Fortbestand von Vereinbarungen ist bei einem ausdrücklichen Vorbehalt weniger

234 Preis, Grundfragen, S. 168 f.

235 Singer, RdA 2006, 362, 365.

236 Hanau/Hromadka, NZA 2005, 73, 74; vgl. zur Abstufung von triftigen Gründen gemäß § 1 Abs. 2 KSchG und (einfachen) sachlichen Gründen auch Feuerborn, Sachliche Gründe, S. 31, 573, 574 f., 576.

237 Singer, RdA 2006, 362, 365.

schutzwürdig als bei einem unwiderruflich ausgestalteten Vertrag, der keine entsprechende „Warnung" enthält.[238] Mit Singer ist daher dem BAG zuzustimmen, dass die Wirksamkeit eines Änderungsvorbehalts – auch bei der Arbeitszeit – nicht von der Einhaltung der §§ 1, 2 KSchG[239] abhängig ist.

(9) Arbeitszeitkorridor

Einige Vertreter im Schrifttum haben die neuen Grundsätze des BAG bereits fortentwickelt. Sie folgern aus dem Urteil, dass nicht nur eine Mindest- oder Höchstarbeitszeit, sondern auch ein Arbeitszeitkorridor vereinbart werden kann. Der Umfang des flexiblen Arbeitszeitanteils wird hierbei allerdings unterschiedlich bewertet. Während der Arbeitgeber nach Umnuss die Arbeitszeit um 25 % erhöhen und um 20 % verkürzen können soll, ihm mithin ein Flexibilisierungspotential von insgesamt 50 % zur Verfügung stehe,[240] vertritt die Mehrheit im Schrifttum[241] einen Flexibilisierungsrahmen von insgesamt 25 % zwischen der mindestens und der höchstens abzuleistenden Arbeitszeit.

Der letztgenannten Auffassung ist zuzustimmen. Das BAG hat die Erhöhung der Arbeitszeit um 25 % bzw. die Verringerung um 20 % aus den Grundsätzen zum Widerruf von Entgeltbestandteilen hergeleitet. Dort durften insgesamt lediglich 25 % der im Gegenseitigkeitsverhältnis stehenden Vergütung widerruflich ausgestaltet werden.[242] Es ist keine Rechtfertigung ersichtlich, den Flexibilisierungsrahmen bei der Arbeitszeit größer zu wählen und damit wieder unterschiedliche Maßstäbe bei Änderungsvorbehalten hinsichtlich des Entgelts und der Arbeitszeit einzuführen.

Gegen die Vereinbarung eines Korridors an sich ist hingegen, solange der Rahmen von 25 % insgesamt beachtet wird, nichts einzuwenden.[243] Für den Arbeitnehmer ist

---

238 Singer, RdA 2006, 362, 365.

239 Für weniger strenge Anforderungen selbst bei der Änderungskündigung spricht sich Rieble, NZA-Beilage 2000, 34, 36 f., aus: „Ziel des Änderungskündigungsschutzes darf es mithin nur sein, dem Arbeitnehmer in seiner Vertragsschwäche beizustehen, nicht aber, Vertragspositionen in systemfremder Weise eigentumsähnlich unantastbar auszugestalten"; gegen die Angabe eines Änderungsgrundes auch Kiene, S. 154 f.

240 Nach Umnuss, FAZ Nr. 120 v. 24.5.2006, S. 23, könne bei einer regelmäßigen Wochenarbeitszeit von 30 Stunden die Arbeitszeit auf bis zu 24 Stunden verkürzt und 37,5 Stunden verlängert werden; ähnlich bereits vor Inkrafttreten des TzBfG: Rieble, NZA-Beilage 2000, 34, 41: 15–20 % Öffnungsbreite „nach oben und unten".

241 Feuerborn, SAE 2007, 59, 65; Arnold/Gräfl-Arnold, TzBfG § 12 Rn. 18; RGKU/Arbeitsrecht-Bayreuther, TzBfG § 12 Rn. 8; Zundel, NJW 2006, 2304, 2306: „Unzulässig... die Arbeitszeit kumulativ um bis zu 25 % erhöhen und um bis zu 20 % verringern..."; Bauer/Günther, DB 2006, 950, 951; Holwe/Kossens/Pielenz/Räder, TzBfG § 12 Rn. 16; Preis/Lindemann, NZA 2006, 632, 638; Klapproth, S. 77.

242 BAG v. 12.1.2005 – 5 AZR 364/04, BB 2005, 833.

243 A. A. ohne weitergehende Begründung: HWK-Schmalenberg, TzBfG § 12 Rn. 7, 10, 14, der einzelvertragliche Bandbreitenregelungen für unzulässig halten will;

weiterhin erkennbar, wie viele Arbeitsstunden er mindestens und höchstens (zzgl. etwaiger Überstunden) erbringen muss. Er wird auch insoweit besser gestellt, als der Arbeitgeber bei der Vereinbarung eines Korridors mit einer die Mindestarbeitszeit regelmäßig überschreitenden Arbeitszeit rechnet. Der Arbeitnehmer wird daher auch regelmäßig ein die Mindestarbeitszeit überschreitendes Einkommen und ggf. einen damit verbundenen höheren Sozialversicherungsschutz erhalten.

d) Ergebnis

Dem Urteil des BAG vom 7.12.2005[244] ist somit insgesamt zuzustimmen. Es schließt sich an die Urteile vom 12.1.2005[245] und 27.7.2005[246] an, in denen es bereits die Wirksamkeit eines Widerrufsvorbehalts und die Befristung einzelner Arbeitsbedingungen anhand der Inhaltskontrolle gemäß §§ 307 ff. BGB überprüft hatte. Das BAG hat sich damit auf den Weg begeben, einheitliche Kontrollmaßstäbe zu entwickeln und damit die Rechtsfindung zu erleichtern.[247]

Nicht nur die Lage, sondern auch die Dauer der Arbeitszeit ist somit nach der neueren Rechtsprechung des BAG nunmehr einer Flexibilisierung zugänglich. Eine bestimmte Dauer der Arbeitszeit i. S. v. § 12 Abs. 1 Satz 2 TzBfG liegt nicht nur bei einer fest vereinbarten Stundenanzahl vor, sondern auch, wenn eine Mindestarbeitszeit vereinbart wird, die um bis zu 25 % zzgl. etwaiger Überstunden überschritten werden kann. Gleichfalls ist es möglich, eine Arbeitszeitdauer zu vereinbaren,

---

ebenso: Sievers, TzBfG § 12 Rn. 18, nach dem das Urteil des BAG auch nicht für eine Höchstarbeitszeit herangezogen werden kann; gegen Mindest-, Höchstarbeitszeiten und Bandbreiten auch Laux/Schlachter § 12 Rn. 59, mit der Begründung, dass hierdurch ungeachtet des Urteils des BAG v. 7.12.2005 weiterhin zwingende Kündigungsschutzbestimmungen umgangen werden; zu einer unwirksamen Bandbreitenregelung aufgrund Verordnung: BAG v. 8.11.2006 – 5 AZR 5/06, MDR 2007, 665 f.

244 BAG v. 7.12.2005 – 5 AZR 535/04, BB 2006, 829.

245 BAG v. 12.1.2005 – 5 AZR 364/04, BB 2005, 833, 834, wobei der Vorbehalt selbst jedoch nicht anhand § 307 Abs. 1 Satz 1 BGB, sondern anhand § 308 Nr. 4 BGB überprüft wurde.

246 BAG v. 27.7.2005 – 7 AZR 486/04, NZA 2006, 40, 44.

247 Dass auf diesem Weg – unabhängig von dem speziellen Fall einer Abrufarbeit – weiterer Klärungs- und Harmonisierungsbedarf besteht, zeigen vertiefend insbesondere auf: Lindemann, Anm. zu BAG v. 7.12.2005 – 5 AZR 535/04, AP TzBfG § 12 Nr. 4 unter IV 2 sowie Lindemann § 10, wonach die Anwendung von § 307 Abs. 1 Satz 1 BGB auf die Arbeitszeiterhöhung (Umstände des Vertragsschlusses würden bei der Abwägung berücksichtigt) und die Anwendung von 308 Nr. 4 BGB (generelle Betrachtungsweise) auf Widerrufsvorbehalte zu unterschiedlichen Prüfungsmaßstäben führen würden, eine Inhaltskontrolle von Änderungsvorbehalten daher einheitlich über § 307 BGB erfolgen sollte; Benecke, AuR 2006, 337, 340, die untersucht, inwieweit Aspekte der früheren Umgehungsrechtsprechung zum sachlichen Grund weiterhin bei der Interessenabwägung gemäß §§ 307 ff. BGB Berücksichtigung finden.

welche um bis zu 20 % unterschritten werden kann. Damit ist nunmehr auch eine Bandbreite bzw. ein Arbeitszeitkorridor im Rahmen des § 12 Abs. 1 Satz 2 TzBfG zulässig, solange der zwischen einer mindestens und höchstens zu erbringenden Arbeitszeit flexibel abrufbare Arbeitszeitanteil die Grenzen von 25 % bzw. 20 %[248] nicht übersteigt.[249]

2. *Wöchentliche Dauer der Arbeitszeit*

Das BAG hat in dem Urteil vom 7.12.2005 nicht ausdrücklich auch die umstrittene Frage beantwortet, ob die Festlegung einer Wochenarbeitszeit i. S. v. § 12 Abs. 1 Satz 2 TzBfG zugleich beinhaltet, dass in jeder Woche die gleiche, festgelegte Stundenanzahl abgerufen werden muss.

a) Starre oder durchschnittliche Wochenarbeitszeit

Eine Ansicht[250] bejaht die vorstehende Frage. Hiernach kann der Arbeitgeber solche Stunden, deren Abruf für eine Woche vereinbart, jedoch tatsächlich in der betreffenden Woche nicht erfolgt ist, nicht einseitig in einer anderen Woche nachträglich abrufen. Solche Stunden seien daher mit Ablauf der Woche auch ohne Arbeitsleistung zu vergüten. Diese Ansicht stützt sich auf den Wortlaut des § 12 Abs. 1 Satz 2 TzBfG, der gegenüber der Vorgängernorm des § 4 Abs. 1 BeschFG a. F.[251] insoweit verschärft worden sei, als damals lediglich Angaben zur „Dauer", nicht zur „täglichen" oder „wöchentlichen" Dauer der Arbeitszeit zu machen waren. Aufgrund dieser Verschärfung seien individualvertragliche Monats- und Jahresarbeitszeitvereinbarungen mit einer durchschnittlichen Wochenarbeitszeit nach § 12 Abs. 1 Satz 2 TzBfG nicht mehr möglich. Zulässig bliebe nur eine entsprechende tarifvertragliche Regelung, da § 12 Abs. 3 Satz 1 TzBfG eine Abweichung von § 12 Abs. 1 Satz 2 TzBfG auch zu Ungunsten des Arbeitnehmers erlaubt. Demgegenüber hätten individualvertragliche

---

248 BAG v. 14.8.2007 – 9 AZR 18/07, AP ATG § 6 Nr. 2 unter A III 3 b) bb) (2) und 4 b) ee) (2) der Gründe, lässt Abweichungen von mehr als 20 bzw. 25 % für den Sonderfall eines Lehrerpersonalkonzepts zur Beschäftigungssicherung mit schuljahresbezogener Arbeitszeitaufstockung zu.

249 Formulierungsbeispiele für eine Arbeitszeiterhöhung und -verringerung bei Hohenstatt/Schramm, NZA 2007, 238, 240.

250 LAG Düsseldorf v. 30.8.2002 – 9 Sa 709/02, NZA-RR 2003, 407, 408; KSchR-Zwanziger (7. Aufl.), TzBfG § 12 Rn. 13, 19; Däubler, ZIP 2001, 217, 222; Buschmann/Dieball/Stevens-Bartol, TZA, TzBfG § 12 Rn. 66; Boewer, TzBfG § 12 Rn. 13, 23 f.; Sievers, TzBfG § 12 Rn. 12; HK-Boecken, TzBfG § 12 Rn. 24.

251 § 4 Abs. 1 BeschFG 1985 v. 26.4.1985, BGBl. I 1985, 710: „Vereinbaren Arbeitgeber und Arbeitnehmer, daß der Arbeitnehmer seine Arbeitsleistung entsprechend dem Arbeitsanfall zu erbringen hat, so muß zugleich eine bestimmte Dauer der Arbeitszeit festgelegt werden; ist eine bestimmte Dauer der Arbeitszeit nicht festgelegt worden, so gilt eine wöchentliche Arbeitszeit von zehn Stunden als vereinbart."

Vereinbarungen zur Folge, dass die wöchentliche Arbeitszeit gemäß § 12 Abs. 1 Satz 3 TzBfG fingiert werde.

Eine andere Ansicht[252] zieht die nach § 12 Abs. 1 Satz 2 TzBfG festzulegende Wochenarbeitszeit lediglich als Berechnungsgrundlage für die von dem Arbeitgeber zu zahlende Vergütung heran. Hiernach müsse innerhalb eines festzulegenden Bezugszeitraums – ähnlich wie bei einem Arbeitszeitkonto – die wöchentliche Arbeitszeitdauer nur durchschnittlich erreicht werden, sodass Arbeitszeitguthaben und -defizite entstehen können. Aufgrund dieser durchschnittlich in einem Bezugszeitraum von bis zu einem Jahr zu erbringenden Arbeitsleistung berechne sich die von dem Arbeitgeber wöchentlich oder monatlich verstetigt zu leistende Vergütung. Erst wenn bei Ablauf des Bezugszeitraums feststehe, dass der Arbeitgeber nicht alle Stunden abgerufen hat, müsse er diese ohne Arbeitsleistung vergüten bzw. könne er die bereits verstetigt gezahlte Vergütung für die nicht geleisteten Stunden nicht zurückfordern. Entscheidend sei insoweit nicht der Wortlaut von § 12 Abs. 1 Satz 2 TzBfG, dessen scheinbare Verschärfung auf einem Redaktionsversehen beruhe, sondern der Sinn und Zweck der Regelung. Der Wochenzeitraum sei lediglich der im Wirtschaftsleben üblichen Bezugsgröße einer Wochenarbeitszeit geschuldet, ohne dass damit eine zwingende Festlegung des Bezugszeitraums auf eine Woche verbunden wäre. Ein Ansatzpunkt für die Durchschnittsbetrachtung finde sich zudem im Wortlaut des § 2 Abs. 1 Satz 2 TzBfG. Hiernach liegt eine Teilzeitbeschäftigung vor, wenn die Arbeitszeit „im Durchschnitt eines bis zu einem Jahr reichenden Beschäftigungszeitraums“ unter der eines vergleichbaren Vollzeitbeschäftigten liegt.

b) Stellungnahme

Sievers bekräftigt seine Ablehnung der Durchschnittsbetrachtung u. a. mit dem Hinweis, dass sich der – von der Gegenauffassung angeführte – § 2 Abs. 1 Satz 2 TzBfG lediglich zu dem Begriff eines Teilzeitbeschäftigten verhalte. Ein Teilzeitbeschäftigter müsse jedoch nicht zwingend auch in einem Abrufarbeitsverhältnis stehen,

---

252 LAG Köln v. 25.8.2005 – 10 Sa 797/04, n. v.; Bundesanstalt für Arbeit (nunmehr Bundesagentur für Arbeit), Runderlass an die Landesarbeitsämter (nunmehr Regionaldirektionen) v. 28.2.2001 – Ia3–5160.11(14), auszugsweise abgedruckt bei Schneider, Zeitarbeit, Rn. 227 ff.; Annuß/Thüsing-Jacobs, TzBfG § 12 Rn. 22; Busch, NZA 2001, 593, 594; Hanau, NZA 2001, 1168, 1175; Rolfs, TzBfG § 12 Rn. 4; Meinel/Heyn/Herms, TzBfG § 12 Rn. 22 ff.; ErfKomm-Preis, TzBfG § 12 Rn. 17; Laux/Schlachter § 12 Rn. 57; Lindemann § 16 I 1 a) aa); HWK-Schmalenberg, TzBfG § 12 Rn. 3, 10 f.; MünchKomm-BGB-Müller-Glöge, TzBfG § 12 Rn. 10 f.; Arnold/Gräfl-Arnold, TzBfG § 12 Rn. 39 ff., 41; AnwK-ArbR-Worzalla, TzBfG § 12 Rn. 4; RGKU/Arbeitsrecht-Bayreuther, TzBfG § 12 Rn. 9; Hunold, NZA 2003, 896, 899; Mühlmann, RdA 2006, 356, 361; Stamm, RdA 2006, 288, 296 f., 302; MünchArbR-Schüren, § 41 Rn. 18 ff.; Hamann, S. 84; Zeitarbeit-Hennig, Rn. 740; Kiene, S. 112 ff., 158 f.; Moll, S. 131; Hahn, S. 73 f.; Reiserer, NZA-Beil. 2010, 39, 43; zur Intransparenz einer Klausel, die eine Durchschnittsarbeitszeit ohne Bezugszeitraum vorsieht siehe BAG v. 21.6.2011 – 9 AZR 238/10, NJOZ 2012, 499, 501 f.

sodass der Wortlaut dieser Vorschrift für eine Durchschnittsbetrachtung bei der Abrufarbeit nichts hergebe.[253] In diesem Punkt muss Sievers zugestimmt werden.[254]

Soweit jedoch der Wortlaut von § 12 Abs. 1 Satz 2 TzBfG gegen die Durchschnittsbetrachtung angeführt wird, überzeugt dies nicht, denn ausweislich der Gesetzesbegründung[255] wollte der Gesetzgeber die Regelung des § 4 BeschFG a. F. „im Wesentlichen" in § 12 TzBfG übernehmen.

Wenn aus § 12 Abs. 1 Satz 2 TzBfG zwingend zu folgern wäre, in jeder Woche müsse die gleiche Stundenzahl abgerufen werden, müsste dies auch auf die „tägliche" Arbeitszeit übertragen werden, denn auch diese ist wie die Wochenarbeitszeit vorab zu vereinbaren.[256] Müsste jedoch nicht nur in jeder Woche, sondern auch an jedem Tag die gleiche Stundenanzahl erbracht werden, wäre eine flexible Festlegung der Lage der Arbeitszeit entsprechend dem Arbeitsanfall kaum mehr möglich, sondern es läge eine nahezu regelmäßige Arbeitszeit vor.[257] Die Regelung des § 12 TzBfG wäre somit weitestgehend sinnlos und überflüssig. Andererseits ist nicht ersichtlich, aus welchem Grund die wöchentliche und die tägliche Arbeitszeit in § 12 Abs. 1 Satz 2 TzBfG unterschiedlich behandelt werden sollten.[258] § 12 TzBfG hat daher nur einen Sinn, wenn sowohl in der Woche als auch an einem einzelnen Tag eine unterschiedliche Stundenanzahl abgerufen werden kann.

Selbst wenn lediglich gefordert würde, in jeder Woche, nicht jedoch an jedem Tag müsse die gleiche Stundenzahl erbracht werden, wäre eine Flexibilisierung der Arbeitszeit entgegen der Zielsetzung des § 12 TzBfG nur sehr eingeschränkt möglich. Die Arbeitszeit könnte lediglich auf die Tage und Stunden der Woche unterschiedlich verteilt werden, wobei zusätzlich die viertägige Ankündigungsfrist gemäß § 12 Abs. 2 TzBfG beachtet werden müsste.[259] Die Arbeitsleistung z. B. für einen Montag müsste bereits am Mittwoch der Vorwoche, die für einen Freitag bereits am Freitag der Vorwoche angekündigt werden.[260]

Der Sinn und Zweck des § 12 Abs. 1 Satz 2 TzBfG besteht darin, für den Teilzeitbeschäftigten eine verlässliche Berechnungsgrundlage für ein regelmäßiges Einkommen und damit auch für einen sozialversicherungsrechtlichen Schutz zu

---

253 Sievers, TzBfG § 12 Rn. 12.

254 Laux/Schlachter § 12 Rn. 58.

255 Begründung zum Regierungsentwurf v. 24.10.2000, BT-Drucks. 14/4374 S. 18 zu § 12 TzBfG.

256 Arnold/Gräfl-Arnold, TzBfG § 12 Rn. 41.

257 Ebenso, aber im anderen Zusammenhang: Klapproth, S. 68.

258 So aber insbesondere KSchR-Zwanziger (7. Aufl.), TzBfG § 12 Rn. 9 f.: Die Arbeitsvertragsparteien „haben zunächst zu bestimmen, mit wie vielen Stunden der Arbeitnehmer in einer Woche in Anspruch zu nehmen ist...Zum anderen ist festzulegen, wie viele Stunden der Arbeitnehmer täglich eingesetzt wird. Damit ist gemeint, für wie lange der Arbeitgeber ihn an Tagen einsetzen muss, an denen er ihn überhaupt in Anspruch nimmt."

259 Meinel/Heyn/Herms, TzBfG § 12 Rn. 23; Kiene, S. 112 ff.

260 Siehe § 3 A IV 1 zur Fristberechnung.

schaffen.[261] Hierfür ist indes nicht erforderlich, dass der Arbeitnehmer in jeder Woche die gleiche Stundenzahl leistet, sondern dass er eine verstetigte Vergütung erhält, für welche die Sozialversicherungsbeiträge abgeführt werden.[262] Lediglich für die Berechnung dieser verstetigten Vergütung ist daher die Festlegung einer bestimmten Dauer der wöchentlichen Arbeitszeit notwendig. Bei Zahlung einer verstetigten Vergütung kann daher auch weiterhin nach § 12 Abs. 1 Satz 2 TzBfG eine nur im Durchschnitt zu erreichende Wochenarbeitszeit vereinbart werden.

Die Zulässigkeit einer Durchschnittsbetrachtung wird nunmehr durch das Urteil des BAG vom 7.12.2005 zumindest indirekt gestützt. Zwar wird zum Teil vertreten, § 12 Abs. 1 Satz 2 TzBfG könne unterschiedlich ausgelegt werden und das BAG habe sich in seinem Urteil vom 7.12.2005[263] nicht für die Durchschnittsbetrachtung, sondern für die Mindestarbeitszeit entschieden.[264] Eine solche Aussage findet sich hingegen in den Entscheidungsgründen des Urteils ausdrücklich nicht.[265] Dessen bedurfte es auch nicht, denn die Parteien hatten in dem zugrunde liegenden Fall keine durchschnittlich in einem Bezugszeitraum abzurufende Arbeitszeit, sondern eine Arbeitszeit vereinbart, die in jeder Woche abzurufen war. Auf die (Un-) Zulässigkeit der Durchschnittsbetrachtung kam es dort somit nicht entscheidend an.

Jedoch hat das BAG in seinem Urteil vom 7.12.2005 zweierlei klar gestellt: Zum einen könne die mit der Abrufarbeit gemäß § 12 TzBfG bezweckte Flexibilisierung nur erreicht werden, wenn hinsichtlich der „Dauer der wöchentlichen und täglichen Arbeitszeit keine starren gesetzlichen Vorgaben“ bestünden.[266] Zum anderen sei die Annahme nicht mehr gerechtfertigt, Arbeit auf Abruf sei gemäß § 12 Abs. 1 Satz 2 TzBfG nur im Rahmen einer vertraglich vereinbarten „festen Dauer der wöchentlichen und täglichen Arbeitszeit“ zulässig.[267]

Es kann daher im Arbeitsvertrag vereinbart werden, dass – bei Zahlung einer verstetigten Vergütung[268] – die wöchentliche Arbeitszeit nur im Durchschnitt abgerufen werden muss.

---

261 ErfKomm-Preis, TzBfG § 12 Rn. 17.

262 LAG Köln v. 25.8.2005 – 10 Sa 797/04, n. v.; Annuß/Thüsing-Jacobs, TzBfG § 12 Rn. 22; MünchArbR-Schüren, § 141 Rn. 20; inwieweit eine demgegenüber schwankende Entgeltzahlung dem Arbeitnehmer die Existenzgrundlage entziehen und ihn daher unangemessen benachteiligen würde, untersucht Stamm, RdA 2006, 288, 297 f.

263 BAG v. 7.12.2005 – 5 AZR 535/04, BB 2006, 829.

264 Lindemann, Anm. zu BAG v. 7.12.2005 – 5 AZR 535/04, AP TzBfG § 12 Nr. 4 unter III; Holwe/Kossens/Pielenz/Räder, TzBfG § 12 Rn. 14.

265 Ebenso: Arnold, FS Löwisch, S. 1, 9; ErfKomm-Preis, TzBfG § 12 Rn. 17.

266 BAG v. 7.12.2005 – 5 AZR 535/04, BB 2006, 829, 832 unter B III 3c) bb) der Gründe.

267 BAG v. 7.12.2005 – 5 AZR 535/04, BB 2006, 829, 832 unter B III 3c) cc) der Gründe.

268 Ostmeier, RdA 2008, 86, 88, verlangt darüber hinaus, dass die Vergütungsvereinbarung auch eine für den Fall des Annahmeverzugs abweichende Vergütungshöhe im Arbeitsvertrag aufschlüsselt, da die Vereinbarung anderenfalls wegen Intransparenz gemäß § 307 Abs. 1 Satz 2 BGB unwirksam sei. Dem kann nicht gefolgt werden, da auf diese Weise die Parteien bei Abschluss des Arbeitsvertrages

c) *Länge des Bezugszeitraums*

Fraglich ist indes, wie lang der Bemessungszeitraum für eine durchschnittlich wöchentlich zu leistende Arbeitszeit gewählt werden darf.

(1) (Un-) Zulässigkeit einer Jahresarbeitszeit

Die Vertreter der Durchschnittsbetrachtung gehen ganz überwiegend davon aus, dass nicht nur ein wöchentlicher oder monatlicher Bezugszeitraum, sondern auch ein Bezugszeitraum von bis zu einem Jahr gewählt werden kann, auf den § 2 Abs. 1 Satz 2 TzBfG Bezug nimmt.[269]

Auch Schüren[270] geht zwar grundsätzlich von der Zulässigkeit eines einjährigen Bezugszeitraums aus. Je geringer jedoch das Arbeitszeitdeputat sei, umso mehr belaste ein langer Verteilungszeitraum den Arbeitnehmer. Könnte daher in einem solchen einjährigen Bezugszeitraum nur eine sehr geringe Stundenzahl abgerufen werden, müsse der Jahreszeitraum durch eine Langzeitplanung zumindest partiell konkretisiert sein. Pulte und Westphal[271] hatten unter der Geltung von § 4 BeschFG a. F. vorgeschlagen, eine gewisse Planbarkeit durch eine Verlängerung der Ankündigungsfrist und durch die Beschränkung des Abrufrechts auf bestimmte Zeiten zu gewährleisten. Nach Hamann[272] kann dem Arbeitnehmerschutz dadurch Rechnung getragen werden, dass unabhängig von der konkret vereinbarten Arbeitszeit in jeder Woche mindestens zehn Stunden wöchentlich und drei Stunden täglich gemäß § 12 Abs. 1 Sätze 3 und 4 TzBfG abgerufen werden müssen.

Für einen höchstens einmonatigen Bezugszeitraum hatten sich noch unter der Geltung von § 4 BeschFG a. F. Stevens-Bartol, Mikosch, Klevemann und Däubler ausgesprochen. Die Wahl eines einjährigen Bezugszeitraums und die Möglichkeit, die Arbeitsleistung hierin flexibel abzurufen, widerspricht nach Stevens-Bartol dem üblichen Abrechnungszeitraum von einem Kalendermonat. Sie führt nach Klevemann zu sozialversicherungsrechtlich unerwünschten Entgeltschwankungen und kommt auf die Woche gesehen der Vereinbarung einer unzulässigen Bandbreite gleich. Die Arbeitszeit sei zwar für das Jahr, nicht hingegen für die einzelnen Wochen oder Monate in diesem Jahr bestimmt festgelegt.[273]

---

gezwungen wären, einen noch nicht vorhersehbaren, auch nicht im Interesse der Parteien liegenden Vertragsbruch, zu regeln.

269 Siehe Nachweise in § 3 A III 2 a); für den Jahreszeitraum bereits unter Geltung von § 4 BeschFG a. F. auch z. B. Schaub, BB 1988, 2253, 2256; für die Zulässigkeit eines jährlichen Bezugszeitraums bei verstetigter Vergütung auch Klapproth, S. 66 ff.

270 MünchArbR-Schüren, § 41 Rn. 20; ihm folgend: Arnold/Gräfl-Arnold, TzBfG § 12 Rn. 43 ff., 45.

271 Pulte/Westphal, Rn. 114.

272 Hamann, S. 84.

273 Stevens-Bartol, AiB 1985, 122, 122 f.; GK-TZA-Mikosch, BeschFG § 4 Rn. 50 f.; Klevemann, ArbuR 1987, 292, 295 f., 299 ff.; ders., DB 1987, 2096, 297; Däubler, Arbeitsrecht 2 (10. Aufl.), S. 938, 940.

(2) Stellungnahme

Gegen die gänzlich ablehnende Haltung zu einem jährlichen Bezugszeitraum ist einzuwenden, dass bereits der Wortlaut von § 4 BeschFG a. F. keine Einschränkung im Sinne kürzerer Bezugszeiträume vorsah. Da der Gesetzgeber die Regelung in § 4 BeschFG a. F. im Wesentlichen in § 12 TzBfG übernehmen wollte,[274] ist auch § 12 Abs. 1 Satz 2 TzBfG keine entsprechende Grenze zu entnehmen. Die befürchteten Entgeltschwankungen werden dadurch vermieden, dass gemäß den Vertretern der heutigen Durchschnittsbetrachtung ein bis zu einjähriger Bezugszeitraum nur bei Auszahlung einer verstetigten, üblicherweise monatlich zu leistenden, Vergütung vereinbart werden darf.[275]

Der Einwand, die Vereinbarung käme auf die Woche und den Monat gesehen einer unzulässigen Bandbreitenregelung gleich, verfängt ebenfalls nicht. Diese Sichtweise hätte zur Folge, dass eine Bandbreite konsequenterweise auch bei einem einmonatigen oder einwöchigen Bezugszeitraum bezogen auf die einzelne Woche bzw. den einzelnen Tag vorläge. Dennoch lassen die Vertreter der Gegenauffassung solche kürzeren Bezugszeiträume zu. Abgesehen hiervon bleibt es dabei, dass durch die Vereinbarung einer Jahresarbeitszeit nicht der Umfang, sondern nur die Lage der Arbeitszeitdauer betroffen ist, die der Arbeitgeber im Rahmen seines Direktionsrechts bestimmen darf.

Zuzugeben ist zwar, dass Schwankungen der Arbeitszeit mit der Länge des Bezugszeitraums zunehmen können. Unabhängig von der Länge des Bezugszeitraums bleibt der Arbeitnehmer jedoch dadurch geschützt, dass der Arbeitgeber bei jedem Abruf die viertägige Ankündigungsfrist gemäß § 12 Abs. 2 TzBfG sowie nach § 106 Satz 1 GewO die Grundsätze billigen Ermessens[276] einhalten muss. Letztere werden einem Abruf entgegen stehen, wenn dieser z. B. mit einem bereits seit langer Zeit geplanten Termin des Arbeitnehmers kollidiert, der nicht ohne Weiteres kostenneutral auf einen Zeitpunkt in nächster Zukunft verschoben werden kann. Dem Abruf eines sehr geringen Arbeitszeitdeputats in einem Jahr möglicherweise zur Umgehung einer Sozialversicherungspflicht stehen ferner die Einschränkungen für geringfügige Beschäftigungen gemäß § 8 Abs. 1 SGB IV entgegen.[277]

Weder § 4 BeschFG a. F. noch § 12 TzBfG sehen darüber hinaus weitere Einschränkungen vor. Benötigt der Arbeitgeber eine Arbeitsleistung entsprechend dem Arbeitsanfall, wird es ihm regelmäßig auch nicht möglich sein, die von Pulte und Westphal vorgeschlagene verlängerte Ankündigungsfrist einzuhalten oder die Arbeitszeit außerhalb vertraglich ausgeschlossener Zeiträume abzurufen. Gleiches gilt für den Ansatz Hamanns, der Arbeitgeber müsse gemäß § 12 Abs. 1 Sätze 3 und

---

274 Begründung zum Regierungsentwurf v. 24.10.2000, BT-Drucks. 14/4374 S. 18 zu § 12 TzBfG.

275 Siehe § 3 A III 2 a); für die Auszahlung eines verstetigten Entgelts auch Klapproth, S. 69 f.

276 Siehe § 3 A IV und § 3 A V.

277 Siehe § 3 A VIII.

4 TzBfG zumindest zehn Stunden wöchentlich und drei Stunden täglich abrufen, zumal diese Arbeitszeiten nach der gesetzlichen Vorschrift nur für den Fall eingreifen sollen, dass die Parteien keine anderweitigen Vereinbarungen getroffen haben.[278]

Es ist daher mit den Vertretern der Durchschnittsbetrachtung davon auszugehen, dass für die wöchentlich im Durchschnitt zu erbringende Arbeitszeit auch das Jahr als Bezugszeitraum gewählt werden darf, wenn eine verstetigte Vergütung gezahlt und die Ankündigungsfrist sowie die Grundsätze billigen Ermessens beachtet werden.

Allerdings kann es bei einer Jahresbetrachtung dazu kommen, dass über z. B. eine verstetigte Monatsvergütung mehr oder weniger Arbeitsstunden als tatsächlich in einem Monat geleistet vergütet werden. Werden mehr Stunden vergütet, leistet der Arbeitgeber insoweit einen Vorschuss auf zukünftige Zahlungen. Werden weniger Stunden vergütet, handelt es sich insoweit um eine Stundung des Arbeitsentgelts durch den Arbeitnehmer. Bei vorformulierten Arbeitsverträgen muss dies für den Arbeitnehmer gemäß dem Transparenzgebot aus § 307 Abs. 1 Satz 2 BGB jeweils anhand der monatlichen Gehaltsabrechnung oder eines vergleichbaren Dokuments erkennbar sein. Zur Erhöhung der Transparenz bietet es sich zudem an anzugeben, wie viele der im Bezugszeitraum abrufbaren Arbeitsstunden bereits abgeleistet wurden, sodass die Arbeitsvertragsparteien stets über die noch abzuleistenden Stunden informiert sind. Anders als z. B. bei einer monatlichen Arbeitszeit kombiniert mit einem Arbeitszeitkonto steht bei der Jahresbetrachtung und Zahlung einer verstetigten Monatsvergütung unabhängig von der tatsächlich in einem Monat erbrachten Arbeitsleistung zur Zeit der Zahlung noch nicht fest, ob in einem Monat Plus- oder Minusstunden angefallen sind. Dies ergibt sich erst bei der Betrachtung der geleisteten Arbeitsstunden am Ende des jährlichen Bezugszeitraums.

d) Ergebnis

Es kann eine wöchentlich im Durchschnitt eines bis zu einjährigen Bezugszeitraums zu erbringende Arbeitszeit vereinbart werden, wenn der Arbeitnehmer eine verstetigte Vergütung und einen Nachweis über die monatlich erbrachten Stunden bzw. das ggf. gestundete oder zu viel ausgezahlte Entgelt erhält.

3. Kombination von Mindest- und Höchstarbeitszeit mit Durchschnittsarbeitszeit

Nach der Auffassung des BAG und der hier vertretenen Auffassung erlaubt § 12 Abs. 1 Satz 2 TzBfG die Vereinbarung einer wöchentlichen Mindest- und Höchstarbeitszeit.[279] Zudem gestattet § 12 Abs. 1 Satz 2 TzBfG nach der überwiegenden Auffassung im Schrifttum, der hier gefolgt wird, den Abruf einer wöchentlichen in einem Bezugszeitraum von bis zu einem Jahr im Durchschnitt abzurufenden

278 Ebenfalls gegen Beschränkungen Kiene, S. 160f. unter Verweis auch auf die Gesetzgebungsgeschichte.

279 Siehe § 3 A III 1 b).

Arbeitszeit bei Zahlung einer verstetigten Vergütung.[280] Fraglich ist, inwieweit im Sinne einer zusätzlichen Flexibilisierung eine Mindest- oder Höchstarbeitszeit mit einer Durchschnittsarbeitszeit kombiniert werden kann.

Es könnte beispielsweise vereinbart werden, dass in einem Bezugszeitraum von einem Kalenderjahr durchschnittlich je Woche mindestens 24 Stunden abgerufen werden müssen, die bei entsprechendem Arbeitsanfall auf bis zu durchschnittlich 30 Stunden erhöht werden können. Es würde sich mithin bei einer durchschnittlichen Wochenarbeitszeit von mindestens 24 Stunden eine Jahresmindestarbeitszeit von 1.248 Stunden ergeben, die bei Bedarf um bis zu 25 %, mithin 312 Stunden, auf 1.560 Stunden aufgestockt werden könnte. Ebenso käme eine Vereinbarung in Betracht, wonach eine durchschnittliche Höchstarbeitszeit von 30 Wochenstunden, d. h. eine Jahreshöchstarbeitszeit von 1.560 Stunden, um 20 % auf durchschnittlich 24 Wochenstunden, mithin um 312 Stunden auf eine Jahreshöchstarbeitszeit von 1.248 Stunden reduziert werden könnte.

a) Kombination von Mindestarbeitszeit mit Durchschnittsarbeitszeit

Zunächst muss bezweifelt werden, dass das BAG in seinem Urteil vom 7.12.2005[281] ein zusätzlich abrufbares Arbeitszeitkontingent von bis zu 25 % zugelassen hätte, wenn zu der dadurch entstehenden Flexibilität auch noch die Verteilungsflexibilität einer Durchschnittsbetrachtung hinzugekommen wäre. Hierdurch würde dem Flexibilitätsinteresse des Arbeitgebers zusätzlich Rechnung getragen, während die Planungssicherheit des Arbeitnehmers weiter eingeschränkt würde. Zu der Grenze von 25 % war das BAG jedoch im Wege eines angemessenen Interessenausgleichs gekommen. Vor diesem Hintergrund erscheint es gerechtfertigt, eine weitergehende Flexibilisierung zugunsten des Arbeitgebers nur bei Erhöhung der Planungssicherheit für den Arbeitnehmer zu erlauben.

(1) Ansätze im Schrifttum

Arnold sowie Preis und Lindemann kommen daher – für den Fall eines längeren Bezugszeitraums wie etwa den eines Jahres – zum Ergebnis, dass zwar aufgrund der Zahlung einer verstetigten Vergütung der durch § 12 Abs. 1 Satz 2 TzBfG bezweckte Mindestschutz auch bei einer Kombination von Mindestarbeitszeit mit Durchschnittsarbeitszeit gewährleistet bleibt, eine Anwendung von § 307 BGB jedoch ergebe, dass eine entsprechende Vereinbarung nicht schrankenlos möglich ist.[282]

---

280 Siehe § 3 A III 2 d).

281 BAG v. 7.12.2005 – 5 AZR 535/04, BB 2006, 829 ff.

282 Arnold, FS Löwisch, S. 1, 11; Preis-Preis/Lindemann, Arbeitsvertrag, II A 90 Rn. 171 ff.; ebenfalls von einer Zulässigkeit der Kombination gehen aus: MünchKomm-BGB-Müller-Glöge, TzBfG § 12 Rn. 10: „Ausgleichszeitraum..., innerhalb dessen die vertraglich festgelegte Mindestwochenarbeitszeit durchschnittlich erreicht werden muss“; AnwK-ArbR-Worzalla, TzBfG § 12 Rn. 4: „Festlegung einer konkreten durchschnittlichen Mindeststundenanzahl pro Woche“; Kiene, S. 118 f.

Arnold schlägt insoweit vor, eine Veränderung der Arbeitszeitdauer jeweils nur mit Beginn eines neuen Bezugszeitraums zu erlauben, sodass es der Arbeitgeber in der Hand hätte, durch die vereinbarte Länge des Bezugszeitraumes zu bestimmen, wie häufig ein Wechseln des Arbeitszeitvolumens möglich ist. Arnold begründet seinen Vorschlag damit, dass anderenfalls für den Arbeitnehmer nicht klar erkennbar wäre, inwieweit von der Veränderungsbefugnis die Dauer der Arbeitszeit oder lediglich ihre Verteilung betroffen ist.[283]

Demgegenüber stellen Preis und Lindemann darauf ab, dass der Arbeitnehmer bei einer Flexibilisierung sowohl der Arbeitszeitdauer als auch der Verteilung nach Ableistung der Mindestjahresarbeitszeitdauer nicht voraussehen könne, ob und in welchem Umfang der Arbeitgeber zusätzliche Arbeitsleistung abrufen werde. Bei einer Jahresarbeitszeit sei dies aufgrund des hiermit in der Regel verbundenen größeren Stundenumfangs deutlich weniger überschaubar als bei einer Wochenarbeitszeit. Im Rahmen einer Inhaltskontrolle gemäß § 307 Abs. 2 Nr. 1, Abs. 1 Satz 1 BGB seien daher das Flexibilisierungsinteresse des Arbeitgebers und das Interesse des Arbeitnehmers an Planungssicherheit gegeneinander abzuwägen. Zur Herbeiführung eines angemessenen Ausgleichs der Interessen schlagen Preis und Lindemann vor, das zusätzlich zur Mindestarbeitszeit maximal abrufbare Arbeitszeitvolumen von 25 % auf 10 % zu reduzieren. Bei Arbeitnehmern mit geringer durchschnittlicher Wochenstundenzahl im jährlichen Bezugszeitraum könne alternativ zu dieser Reduzierung der Spielraum von 25 % nicht in Beziehung zum gesamten (Jahres-) Bezugszeitraum, sondern zum Quartal gesetzt werden. Zudem müsse durch die Formulierung im Arbeitsvertrag klar gestellt werden, dass in einem Bezugszeitraum bzw. in einem Quartal nicht zusätzlich abgerufene Stunden verfallen und diese nicht für den nächsten, auf den Bezugszeitraum folgenden Bezugszeitraum (Folgebezugszeitraum) angespart werden können.[284]

(2) Stellungnahme

Gegen zusätzliche Einschränkungen könnte zunächst eingewandt werden, dass dem Arbeitnehmer aufgrund der arbeitsvertraglichen Vereinbarungen von Anfang an erkennbar ist, wie viele Stunden er mindestens und ggf. zusätzlich zu leisten hat. Bei fortschreitendem Bezugszeitraum kann er somit stets nachvollziehen, wie viele Stunden maximal noch abzuleisten sind.

Der Arbeitgeber wird eine Mindestarbeitszeit mit der Möglichkeit eines zusätzlichen Abrufs regelmäßig dann vereinbaren, wenn er zu Beginn des Bezugszeitraums noch nicht absehen kann, in welchem Umfang er die Arbeitsleistung tatsächlich benötigt. Gemäß Arnold wäre der Arbeitgeber hingegen gezwungen, die beabsichtigte Arbeitszeitreserve bereits zu Beginn des Bezugszeitraums einzuschätzen und sogleich abzurufen. Stellt der Arbeitgeber erst im laufenden Bezugszeitraum fest, dass er zusätzliche Arbeitszeit benötigt, müsste er trotz des akut gegebenen

283 Arnold, FS Löwisch, S. 1, 11.

284 Preis-Preis/Lindemann, Arbeitsvertrag, II A 90 Rn. 171 ff.

Arbeitsanfalls erst den Beginn des nächsten Bezugszeitraums abwarten, zu dem dieser Arbeitsanfalls ggf. bereits wieder entfallen ist.[285]

Auch darf bezweifelt werden, ob die von Preis und Lindemann vorgeschlagene Reduzierung des Abrufvolumens auf 10 % bereits einen angemessenen Ausgleich schaffen kann. Bei einem Jahresbezugszeitraum können auch 10 % zusätzliche Arbeitsleistung eine erhebliche Stundenanzahl ausmachen. In dem eingangs gebildeten Beispielsfall würde es sich immerhin noch um knapp 125 Stunden und damit umgerechnet um eine zusätzliche Vollzeittätigkeit von mehr als drei Wochen handeln.[286]

Demgegenüber erscheint der Ansatz begrüßenswert, die zusätzlichen Stunden per Quartal „abzuschichten", sodass der Arbeitnehmer gegen Ende des Bezugszeitraums nur noch mit einem Viertel des jährlich zusätzlich abrufbaren Volumens, d. h. 6,25 % und im gebildeten Beispielsfall somit nur noch mit 78 von 312 Stunden, rechnen müsste. Zwar könnte der Arbeitnehmer trotz dieser Einschränkungen noch kurzfristig vor Ende eines Bezugszeitraums bzw. eines Quartals mit einer verhältnismäßig hohen Anzahl von zusätzlich abzuleistenden Stunden belastet werden. Aufgrund der quartalsmäßigen Abschichtung wäre für den Arbeitnehmer jedoch die maximal zulässige Anzahl weiterer Stunden überschaubar, die zudem nur unter Einhaltung der Ankündigungsfrist und im Rahmen des billigen Ermessens abgerufen werden können. Weitergehende Einschränkungen erscheinen vor diesem Hintergrund nicht geboten.

Damit für den Arbeitnehmer allerdings erkennbar ist, ob der Arbeitgeber die Arbeitszeit in einem Quartal erhöht oder lediglich die flexible Verteilung der Arbeitszeit anhand der Durchschnittsbetrachtung genutzt hat, muss der Arbeitgeber die Erhöhung bei dem entsprechenden Abruf gegenüber dem Arbeitnehmer deutlich machen.

b) Kombination von Höchstarbeitszeit mit Durchschnittsarbeitszeit

Arnold sowie Preis und Lindemann erörtern nicht, ob auch die Kombination der Durchschnittsbetrachtung mit einer Höchstarbeitszeit möglich ist. Bedenken könnten insoweit bestehen, als der Abruf einer durchschnittlichen Arbeitszeit nur bei Zahlung einer verstetigten Vergütung und damit eines für den Arbeitnehmer verlässlichen Einkommens zulässig ist.[287] Ob eine solche verlässliche Grundlage bei einer Höchstarbeitszeit gegeben ist, erscheint fraglich.

Die Berechnung der Durchschnittsvergütung bereitet bei einer Mindestarbeitszeit keine Schwierigkeiten. Hier kann z. B. monatlich ein Zwölftel derjenigen Vergütung ausgezahlt werden, die der Jahresmindestarbeitszeit entspräche. Im vorstehenden Beispiel von jährlich mindestens 1.248 Stunden würde demnach der

285 Kritisch hierzu auch Kiene, S. 151.

286 Für mehr Einschränkung daher insoweit Kiene, S. 150 ff., die eine zur Länge des Bezugszeitraums umgekehrt proportionale Reduzierung des möglichen zusätzlichen Arbeitszeitumfangs im Sinne eines monatlichen Abschlags von 5 % vorschlägt.

287 Siehe § 3 A III 2 b).

Arbeitnehmer eine verstetigte Vergütung für monatlich 104 Stunden erhalten. Hat der Arbeitgeber während des noch laufenden Bezugszeitraums bereits sämtliche Stunden der Jahresmindestarbeitszeit abgerufen, muss er entscheiden, ob er die Arbeitszeit erhöht. Entscheidet er sich für eine Erhöhung, muss er die Vergütung für diese zusätzlichen Stunden – zusätzlich zu der verstetigten Monatsvergütung – jeweils in dem Kalendermonat auszahlen, in dem die Stunden geleistet wurden. Der Arbeitnehmer erhält daher eine kontinuierliche (Mindest-) Vergütung und im Falle einer Erhöhung der Arbeitszeit eine zusätzliche Vergütung.

Im Falle einer durchschnittlichen Höchstarbeitszeit gemäß vorstehendem Beispiel wären entsprechend einem Zwölftel der Jahreshöchstarbeitszeit von 1.560 Stunden monatlich 130 Stunden zu vergüten. Entschließt sich der Arbeitgeber bei Fortschreiten des Bezugszeitraums nunmehr für eine Reduzierung der Arbeitszeit, könnte er zwar für die noch ausstehenden Monate eine um bis zu 20 % verringerte Vergütung zahlen, mithin die Vergütung auf eine solche absenken, die einer Arbeitszeit von bis zu 104 Arbeitsstunden entspricht. Hinsichtlich der Vergütung, die der Arbeitnehmer monatlich verstetigt bereits erhalten hat, müsste er wegen der nun nicht mehr abzurufenden Arbeitsstunden eine Rückforderung geltend machen. Der Arbeitnehmer wird die Vergütung jedoch regelmäßig für seinen Lebensunterhalt verbraucht haben.

Vor diesem Hintergrund erscheinen eine Herabsetzung der Durchschnittsvergütung und eine Rückzahlungspflicht nicht mit dem Sinn und Zweck des § 12 Abs. 1 Satz 2 TzBfG vereinbar. Dieser besteht darin, dem Teilzeitbeschäftigten ein regelmäßiges und damit verlässliches Einkommen zu gewährleisten. Die sich aus § 12 Abs. 1 Satz 2 TzBfG ergebende – verlässliche – Berechnungsgrundlage wird als entscheidendes Argument für die Zulässigkeit der Durchschnittsbetrachtung angeführt.[288] Kann der Arbeitgeber diese Berechnungsgrundlage nunmehr zu Lasten des Arbeitnehmers vermindern, ist dieser Schutz nicht mehr gewährleistet. Zwar hätte sich der Arbeitnehmer bei Vereinbarung einer durchschnittlichen Höchstarbeitszeit mit einer entsprechenden Reduzierung im Arbeitsvertrag einverstanden erklärt. Er wird jedoch nur bedingt mit einer Reduzierung rechnen. Der Arbeitgeber selbst bekundet mit der Wahl einer Höchst- anstelle einer ebenfalls möglichen Mindestarbeitszeit, dass er den Abruf einer höheren Arbeitszeit für wahrscheinlicher hält als den Abruf einer geringeren Arbeitszeit.

Die Vereinbarung einer durchschnittlichen Höchstarbeitszeit verstößt vor diesem Hintergrund bereits gegen § 12 Abs. 1 Satz 2 TzBfG, ohne dass es weitergehend auf eine Inhaltskontrolle gemäß §§ 307ff. BGB ankäme. Insoweit wäre auch die Vereinbarung eines Arbeitszeitkorridors, der zum Teil eine Höchstarbeitszeit mit Reduzierungsmöglichkeit enthält, unzulässig.

---

288 Siehe § 3 A III 2 a).

c) Ergebnis

Mithin ist nur die Vereinbarung einer wöchentlich im Durchschnitt eines Bezugszeitraums abzurufenden Mindestarbeitszeit, nicht Höchstarbeitszeit, mit § 12 Abs. 1 Satz 2 TzBfG, §§ 307ff. BGB vereinbar, bei der zusätzliche Arbeitsstunden im Falle eines jährlichen Bezugszeitraums nur quartalsweise abgeschichtet abgerufen werden dürfen.

4. Tägliche Dauer der Arbeitszeit

Gemäß § 12 Abs. 1 Satz 2 TzBfG muss neben der wöchentlichen Arbeitszeit auch die Dauer der täglichen Arbeitszeit festgelegt werden. Ohne eine entsprechende Vereinbarung hat der Arbeitgeber die Arbeitsleistung des Arbeitnehmers gemäß § 12 Abs. 1 Satz 4 TzBfG täglich jeweils für „mindestens drei aufeinander folgende Stunden" in Anspruch zu nehmen.

Ein Streit darüber, ob an jedem Tag der Woche die gleiche Stundenanzahl gearbeitet werden muss, wird – anders als bei der Dauer der Wochenarbeitszeit – nicht geführt.[289] Insbesondere wird aus § 12 Abs. 1 Satz 4 TzBfG nicht gefolgert, der Arbeitgeber müsse zwingend an jedem Tag mindestens drei Stunden abrufen. Auch kann eine kürzere Arbeitszeit als drei Stunden am Tag im Arbeitsvertrag vereinbart werden, da § 12 Abs. 1 Satz 4 TzBfG insoweit nur eine Auffangregelung darstellt.[290]

a) Mindestarbeitszeit

Anstelle einer festen täglichen Arbeitszeit ist auch die Vereinbarung einer täglichen Mindestarbeitszeit möglich. Anderenfalls wäre derjenige Arbeitgeber privilegiert, der entgegen § 12 Abs. 1 Satz 2 TzBfG keine Festlegung der täglichen Arbeitszeit trifft und somit eine Mindestarbeitszeit gemäß der Fiktion des § 12 Abs. 1 Satz 2 TzBfG für sich in Anspruch nehmen kann.[291]

---

289 Arnold/Gräfl-Arnold, TzBfG § 12 Rn. 41; insbesondere MünchKomm-BGB-Müller-Glöge, TzBfG § 12 Rn. 10, stellt klar, dass die Festlegung der täglichen Arbeitszeit nicht zur Folge habe, dass der Arbeitnehmer jeden Tag zu arbeiten habe.

290 ErfKomm-Preis, TzBfG § 12 Rn. 22; Sievers, TzBfG § 12 Rn. 26; KSchR-Zwanziger (7. Aufl.), TzBfG § 12 Rn.16; Boewer, TzBfG § 12 Rn. 30; Meinel/Heyn/Herms, TzBfG § 12 Rn. 31 m. w. N; widersprüchlich: Preis-Preis/Lindemann, Arbeitsvertrag, II A 90 Rn. 86 („Einzelvertraglich kann eine kürzere tägliche Arbeitszeit als drei Stunden ... vereinbart werden."), Rn. 92 („Die Vereinbarung einer geringeren täglichen Mindestbeschäftigungsdauer als drei Stunden ist wegen § 12 Abs. 1 Satz 4 TzBfG unwirksam. Wird dagegen eine drei Stunden überschreitende Mindestdauer vereinbart...").

291 Sievers, TzBfG § 12 Rn. 27; Meinel/Heyn/Herms, TzBfG § 12 Rn. 33; Holwe/Kossens/Pielenz/Räder, TzBfG § 12 Rn. 21; Annuß/Thüsing-Jacobs, TzBfG § 12 Rn. 24; Arnold/Gräfl-Arnold, TzBfG § 12 Rn. 56; a. A.: Laux/Schlachter § 12 Rn. 61: „...sie muss lediglich fix sein".

Zwanziger vertritt, dass zumindest eine Arbeitszeit von einer Stunde je Woche und Tag vereinbart werden müsse, da anderenfalls die Bestimmungsmacht des Arbeitgebers einer unterbliebenen Vereinbarung so nahe komme, dass der gesetzlich beabsichtigte Mindestschutz vollständig versagen würde.[292] Zwar lässt sich aus der Fiktion in § 12 Abs. 1 Sätze 3 und 4 TzBfG sowie aus § 3 ArbZG entnehmen, dass für die Dauer der Arbeitszeit grundsätzlich auf die Einheit einer Stunde abgestellt werden kann. § 12 Abs. 1 Satz 2 TzBfG gibt die Stunde als zeitliche Mindesteinheit jedoch nicht zwingend vor. Wird eine Arbeitszeit von weniger als einer Stunde vereinbart, ist für den Arbeitnehmer das betreffende Volumen von Beginn an erkennbar. In dem Vertrauen auf diese Mindestarbeitszeit wird er auch geschützt.

Ob ein solch kurzer Abruf in jedem Einzelfalle sodann billigem Ermessen im Sinne von § 106 Satz 1 GewO[293] entspricht, ist jeweils zu prüfen. So ist einzuräumen, dass bei Unterschreitung selbst einer Arbeitszeit von einer Stunde der Aufwand des Arbeitnehmers, insbesondere der Anfahrtsweg, für gewöhnlich in keinem Verhältnis zur eigentlichen Arbeitsleistung stehen wird. Es wird daher nur wenige Fälle geben, in denen ein Arbeitnehmer überhaupt in eine solche Gestaltung einwilligen wird. Dies erscheint z. B. denkbar, wenn der Arbeitnehmer in unmittelbarer Nähe zum Arbeitsort wohnt. Unabhängig hiervon sind auch nur wenige Fälle denkbar, in denen ein der Lage nach grundsätzlich unvorhersehbarer, jedoch vier Tage im Voraus bekannter Arbeitsanfall für eine Zeit von weniger als einer Stunde auftreten wird, für den eigens ein Abrufarbeitsverhältnis mit einem Arbeitnehmer begründet wird. Der Fall einer Arbeitszeit von weniger als einer Stunde wird daher praktisch selten vorkommen.

Nach Schmalenberg soll eine Vereinbarung zulässig sein, wonach der Arbeitgeber berechtigt ist, eine tägliche Mindestarbeitszeit um bis zu 20 % zu unterschreiten.[294] Hierzu zitiert er das Urteil des BAG vom 7.12.2005, das allerdings nicht hierüber, sondern über die Unterschreitung einer Wochenarbeitszeit um 20 % und die Erhöhung einer Mindestwochenarbeitszeit um 25 % entschieden hatte.[295]

Eine tägliche „Mindest-“ Arbeitszeit würde jedoch bereits nach dem Wortsinn nicht mehr vorliegen, wenn diese nicht nur überschritten, sondern vereinbarungsgemäß auch unterschritten werden könnte. Zudem erscheint der Sinn einer solchen Vereinbarung fraglich. § 12 TzBfG enthält keine gesetzliche Mindeststundenanzahl. Die Arbeitsvertragsparteien können daher für einen Arbeitstag eine sehr kurze Mindestarbeitszeit vereinbaren, die bei rechtzeitiger Ankündigung bis zu der nach dem ArbZG zulässigen Höchstarbeitszeit erhöht werden darf. Es wird nur sehr wenige Fälle geben, in denen dem Arbeitgeber eine darüber hinaus gehende Absenkungsmöglichkeit eingeräumt werden müsste. Es ist daher nicht möglich, von vornherein

292 KSchR-Zwanziger (7. Aufl.), TzBfG § 12 Rn. 16.

293 Siehe § 3 A V.

294 HWK-Schmalenberg, TzBfG § 12 Rn. 11.

295 BAG v. 7.12.2005 – 5 AZR 535/04, BB 2006, 829, 833.

vertraglich die Möglichkeit zu vereinbaren, auch die tägliche Mindestarbeitszeit noch zu unterschreiten.[296]

Es spricht aber nichts dagegen, wenn sich der Arbeitnehmer anlässlich eines konkreten Abrufs ausdrücklich mit der Unterschreitung der Mindestarbeitszeit einverstanden erklärt.[297]

b) Abruf einer längeren Arbeitszeit

Wenn zwischen den Parteien eine tägliche Mindestarbeitszeit im Arbeitsvertrag vereinbart wurde, kann der Arbeitgeber im konkreten Einzelfall auch eine längere als diese vereinbarte (Mindest-) Tagesarbeitszeit abrufen. Der Arbeitnehmer ist nur im Ausnahmefall nicht verpflichtet, dem Abruf dieser längeren Arbeitszeit Folge zu leisten. Ein solcher Ausnahmefall liegt vor, soweit durch den Abruf das im Arbeitsvertrag vereinbarte Arbeitszeitdeputat überschritten wäre und die Voraussetzungen für die Anordnung von Überstunden nicht vorliegen. Hier kann der Arbeitnehmer sich jedoch freiwillig[298] bereit erklären, dem Abruf zu folgen und über die vertraglich vereinbarte Arbeitszeit hinaus tätig werden.

Worzalla[299] vertritt, dass der Abruf einer längeren täglichen Arbeitszeit zudem auf 25 % der täglichen Mindestarbeitszeit beschränkt sei. Dies ergibt sich jedoch nicht aus dem an dieser Stelle von ihm zitierten Urteil des BAG vom 7.12.2005[300]. Der Auffassung ist zudem entgegen zu halten, dass durch den Abruf der täglichen Arbeitszeit die Lage der Arbeitszeit, nicht der Umfang der Arbeitszeit betroffen ist,

---

296 Ebenso: Laux/Schlachter § 12 Rn. 62; AnwK-ArbR-Worzalla, TzBfG § 12 Rn. 9; ErfKomm-Preis, TzBfG § 12 Rn. 22; Arnold/Gräfl-Arnold, TzBfG § 12 Rn. 57; zu dem Abruf einer kürzeren Arbeitszeit im Einzelfall trotz Vereinbarung einer Mindestarbeitszeit siehe § 3 A III 4 c).

297 Siehe zum Abruf einer kürzeren Arbeitszeit und zur Höhe des Vergütungsanspruch dann aber auch § 3 A III 4 c).

298 An einer Freiwilligkeit könnte allerdings gezweifelt werden, solange der Arbeitnehmer noch in der Probezeit oder aufgrund eines befristeten Arbeitsvertrages tätig ist, wenn er nicht ausschließen kann, dass seine weitere Beschäftigung (ggf. auch) von seiner Bereitschaft abhängt, mehr Stunden als vertraglich vereinbart abzuleisten. Endet z. B. der Arbeitsvertrag mangels Bereitschaft zu zusätzlichen Stunden, sind eine entsprechende Probezeitkündigung und Nichtverlängerung eines befristeten Vertrages an § 5 TzBfG zu messen, der eine Benachteiligung wegen der Inanspruchnahme von Rechten aus dem TzBfG verbietet. Für einen Verstoß gegen § 5 TzBfG muss der Arbeitnehmer jedoch einen entsprechenden Nachweis führen, was in der Praxis ggf. schwer gelingen mag. Aus diesem Grund fordert, allerdings in anderem Zusammenhang, Klevemann, DB 1987, 2096, 2103 (zu § 4 BeschFG a. F.), eine Beweislastumkehr, wonach der Arbeitgeber beweisen müsse, dass eine benachteiligende Maßnahme ihre Ursache nicht in der mangelnden Bereitschaft des Arbeitnehmers habe.

299 AnwK-ArbR-Worzalla, TzBfG § 12 Rn. 9.

300 BAG v. 7.12.2005 – 5 AZR 535/04, BB 2006, 829 ff.

welcher Gegenstand des vorgenannten Urteils des BAG war. Aufgrund der gesetzlichen Höchstarbeitszeiten ist für den Arbeitnehmer auch hinreichend erkennbar, um wie viele Stunden die tägliche Mindestarbeitszeit aufgestockt werden kann. Ist einem Teilzeitarbeitnehmer eine tägliche Arbeitszeit bis zur Grenze eines Vollzeitarbeitnehmers nicht möglich, muss er eine entsprechende Beschränkung im Arbeitsvertrag vereinbaren.

c) Abruf einer kürzeren Arbeitszeit

Die Möglichkeit des Abrufs auch einer kürzeren als der vereinbarten (Mindest-) Tagesarbeitszeit kann nicht von vornherein im Arbeitsvertrag vereinbart werden.[301] Ruft der Arbeitgeber dennoch – entgegen der vereinbarten täglichen Arbeitsdauer – eine kürzere Arbeitsleistung ab, ist streitig, ob der Arbeitnehmer zur Erbringung dieser kürzeren Arbeitsleistung verpflichtet ist oder ob er in einem solchen Fall zwischen der Erbringung und Nichterbringung seiner Arbeitsleistung wählen kann. Auch geht aus § 12 TzBfG nicht eindeutig hervor, inwieweit und unter welchen Voraussetzungen er seine Vergütung beanspruchen kann, wenn er dem Abruf der kürzeren Arbeitszeit Folge leistet. Diese Fragen wären für ein Leiharbeitsverhältnis insoweit von nicht unerheblicher Bedeutung, als ein Verleiher die Auftragslage und damit die Dauer der täglichen Arbeitsleistung nur begrenzt selbst bestimmen kann. Auftragsbedingt kann er daher gezwungen sein, im Einzelfall von der vereinbarten täglichen Arbeitsdauer abzuweichen.

(1) Wahlrecht oder Leistungspflicht

Zum Teil wird im Schrifttum[302] vertreten, der Abruf einer kürzeren Arbeitszeit sei insgesamt unverbindlich. Der Arbeitnehmer könne daher wählen, ob er die Leistung erbringen oder nicht erbringen wolle. Das BAG und ein anderer Teil des Schrifttums[303] lehnen demgegenüber ein solches Wahlrecht ab. Der Arbeitnehmer habe dem – trotz kürzerer Arbeitszeit wirksamen – Abruf zu folgen und die Arbeitsleistung zu erbringen.

---

301 Siehe § 3 A III 4 a).

302 GK-TZA-Mikosch, BeschFG § 4 Rn. 91 f.; ErfKomm-Preis, TzBfG § 12 Rn. 24; KSchR-Zwanziger (7. Aufl.), TzBfG § 12 Rn. 20; HK-Boecken, TzBfG § 12 Rn. 30; Hamann, S. 85; Laux/Schlachter § 12 Rn. 73; RGKU/Arbeitsrecht-Bayreuther, TzBfG § 12 Rn. 13; Hanau, RdA 1987, 25, 28; Annuß/Thüsing-Jacobs, TzBfG § 12 Rn. 29; HWK-Schmalenberg, TzBfG § 12 Rn. 24; Hahn, S. 156.

303 BAG v. 24.5.1989 – 2 AZR 537/88, n. v., unter II 2 b) bb) der Gründe; Boewer, TzBfG § 12 Rn. 35 f.; Meinel/Heyn/Herms, TzBfG § 12 Rn. 38; Arnold/Gräfl-Arnold, TzBfG § 12 Rn. 60; Sievers, TzBfG § 12 Rn. 28; MünchKomm-BGB-Müller-Glöge, TzBfG § 12 Rn. 14; AnwK-ArbR-Worzalla, TzBfG § 12 Rn. 10; Holwe/Kossens/Pielenz/Räder, TzBfG § 12 Rn. 23; Kiene, S. 166; noch zu § 4 BeschFG a. F.: Meyer, S. 103.

Eine Herleitung für ein Wahlrecht des Arbeitnehmers findet sich bei den Vertretern der zuerst genannten Auffassung nicht. Allein bei Schüren,[304] der jedoch diese Auffassung nicht selbst vertritt, findet sich der Ansatz, der Wortlaut von § 12 Abs. 1 Satz 4 TzBfG („...der Arbeitgeber [hat] die Arbeitsleistung des Arbeitnehmers jeweils für...Stunden in Anspruch zu nehmen“) lasse erkennen, dass ein verbindlicher Abruf für eine kürzere Arbeitszeit nicht erfolgen könne. Hieraus werde gefolgert, der Abruf sei insgesamt unverbindlich und daher in ein Angebot an den Arbeitnehmer umzudeuten,[305] einen verkürzten Arbeitseinsatz zu vereinbaren, welches dieser jedoch annehmen oder ablehnen könne (ggf. konkludent durch (Nicht-) Erbringung seiner Arbeitsleistung).

Die Aussage zur fehlenden „Verbindlichkeit“ des Abrufs dürfte derart zu verstehen sein, dass der Arbeitgeber – im Ergebnis – eine kürzere Arbeitszeit gegen Zahlung einer geringeren Vergütung nicht einseitig durchsetzen kann. Dieser Aussage ist zuzustimmen. Nicht zwingend folgt hieraus jedoch, dass der Abruf insgesamt unverbindlich sein und zur Gewährung eines Wahlrechts führen soll.

Insbesondere findet sich in der Gesetzesbegründung zu § 4 Abs. 3 BeschFG a. F.[306], dessen Wortlaut insoweit mit dem des § 12 Abs. 1 Satz 4 TzBfG übereinstimmt, kein Hinweis auf eine solche Unverbindlichkeit oder ein Wahlrecht. Zudem gilt § 12 Abs. 1 Satz 4 TzBfG nur für die Fälle, in denen eine tägliche Arbeitszeitdauer nicht festgelegt wurde, d. h. nicht für Fälle, in denen eine tägliche Arbeitszeitdauer ausdrücklich zwischen den Parteien vereinbart wurde.

Auch enthält die Vorschrift in ihrem Anwendungsbereich keine Bestimmung über eine Rechtsfolge bei Abruf einer kürzeren Arbeitszeit. Sollte als Rechtsfolge ein Wahlrecht eintreten können, so hätte es nahe gelegen, dies ausdrücklich in der Vorschrift zu bestimmen. So hat der Gesetzgeber – anders als in § 12 Abs. 2 TzBfG, der eine Leistungsverpflichtung nur für den Fall der Einhaltung der Ankündigungsfrist vorsieht – in § 12 Abs. 1 Satz 4 TzBfG gerade keine Rechtsfolge geregelt.

Gemäß der Gesetzesbegründung[307] sollte vielmehr durch § 12 Abs. 1 Satz 4 TzBfG vermieden werden, dass der Arbeitnehmer entgegen seiner Erwartungen jeweils nur kurzzeitig zur Arbeitsleistung herangezogen und dadurch unangemessen belastet wird, beispielsweise durch lange Wege zu und von dem Betrieb des Arbeitgebers. Auch bei dem Abruf einer kürzeren täglichen Arbeitszeit bleibe daher der Anspruch

---

304 MünchArbR-Schüren, § 41 Rn. 46 ff.

305 Demgegenüber sollen Wlotzke, NZA 1984, 217, 219, nach Annuß/Thüsing-Jacobs, TzBfG § 12 Rn. 29 (Fn. 55) und Meinel/Heyn/Herms, TzBfG § 12 Rn. 38, sowie Lorenz/Schwedes, DB 1985, 1077, 1080 nach Boewer, TzBfG § 12 Rn. 35, eine Umdeutung des kürzen Abrufs in einen Abruf der Mindestarbeitszeit vornehmen. In den dort jeweils genannten Fundstellen finden sich solche Ausführungen von Wlotzke, Lorenz und Schwedes jedoch nicht.

306 Begründung zum Regierungsentwurf v. 11.10.1984, BT-Drucks. 10/2102, S. 25 zu § 4 BeschFG 1985.

307 Begründung zum Regierungsentwurf v. 11.10.1984, BT-Drucks. 10/2102, S. 25 zu § 4 BeschFG 1985.

des Arbeitnehmers auf die für die vereinbarte (längere) Arbeitszeit zu leistende (höhere) Vergütung unberührt. Der Gesetzgeber wollte somit sicherstellen, dass der Arbeitnehmer für seinen Aufwand auch bei kurzzeitigen Einsätzen eine wirtschaftliche Absicherung durch eine Mindestvergütung erhält.

Ein darüber hinausgehendes Schutzbedürfnis, den vertraglich für eine bestimmte Stundenanzahl vereinbarten Beschäftigungsanspruch durch ein Wahlrecht abzusichern, ist demgegenüber nicht erkennbar. Eine Grundlage für die Unverbindlichkeit des Abrufs und damit für das Wahlrecht ist daher nicht ersichtlich, sodass ein Arbeitnehmer auch bei Abruf einer kürzeren Arbeitszeit grundsätzlich verpflichtet ist, seine Tätigkeit zu erbringen.

(2) Vergütung der längeren Arbeitszeit mit oder ohne Widerspruch

Im Schrifttum wird vertreten, dass der Arbeitnehmer, der dem Abruf einer kürzeren Arbeitszeit nur folgen will, wenn die vertraglich vereinbarte längere Arbeitszeit eingehalten bzw. die entsprechend höhere Vergütung gezahlt wird, dies gegenüber dem Arbeitgeber erklären müsse. Schweige der Arbeitnehmer, sei dies als Einverständnis mit der kürzeren Arbeitszeit und der geringeren Vergütung zu werten, sodass er bei Erbringung der Arbeitsleistung nur diese geringere Vergütung verlangen könne. Bei Äußerung eines gesonderten Vorbehalts bzw. Widerspruchs gegen die kürzere Arbeitszeit könne er hingegen die höhere Vergütung auch bei Ableistung der tatsächlich kürzeren Arbeitszeit wegen Annahmeverzugs nach § 615 Satz 1 BGB verlangen.[308] Das BAG und der überwiegende Teil des Schrifttums leiten einen Vergütungsanspruch ebenfalls aus § 615 Satz 1 BGB ab, stellen jedoch hierzu nicht auf die Äußerung eines solchen Vorbehalts oder Widerspruchs ab.[309]

Die Auffassung, welche für die Erlangung des höheren Vergütungsanspruchs einen Vorbehalt oder Widerspruch des Arbeitnehmers voraussetzt, gründet auf der Annahme, der Abruf einer kürzeren Arbeitszeit sei insgesamt unverbindlich und daher als neues Angebot zu werten, das der Arbeitnehmer annehmen oder ablehnen

---

308 GK-TZA-Mikosch, BeschFG § 4 Rn. 91 f.; ErfKomm-Preis, TzBfG § 12 Rn. 24; KSchR-Zwanziger (7. Aufl.), TzBfG § 12 Rn. 20; Hamann, S. 85.

309 BAG v. 24.5.1989 – 2 AZR 537/88, n. v., unter II 2b) bb) der Gründe; Boewer, TzBfG § 12 Rn. 35; Sievers, TzBfG § 12 Rn. 28; Malzahn, ArbuR 1985, 386, 389 f.; Wlotzke, NZA 1984, 217, 219; Lorenz/Schwedes, DB 1985, 1077, 1080; MünchKomm-BGB-Müller-Glöge, TzBfG § 12 Rn. 14; Holwe/Kossens/Pielenz/Räder, TzBfG § 12 Rn. 23; Meinel/Heyn/Herms, TzBfG § 12 Rn. 38; Meyer, S. 137 f.; Kiene, S. 166; differenzierend: Hanau, RdA 1987, 25, 28: („Schweigen...gilt als Ablehnung, außer wenn sich...eine gegenteilige Übung herausgebildet hat."), dem zur Folge die Äußerung eines ausdrücklichen Vorbehalts zur Erlangung des höheren Vergütungsanspruchs wohl nur ausnahmsweise erforderlich ist; Annuß/Thüsing-Jacobs, TzBfG § 12 Rn. 29 sowie HWK-Schmalenberg, TzBfG § 12 Rn. 24, stellen – allerdings ohne nähere Begründung – auch nicht auf das Erfordernis eines Vorbehalts ab.

müsse.[310] Wie jedoch bereits aufgezeigt,[311] legen weder Wortlaut und Systematik von § 12 Abs. 1 Satz 4 TzBfG noch die Gesetzesbegründung eine solche Unverbindlichkeit und ein Wahlrecht nahe, sodass die gegenteilige Auffassung abzulehnen ist. Den Ausspruch eines Vorbehalts oder Widerspruchs durch den Arbeitnehmer zu verlangen, widerspricht vielmehr dem erklärten Willen des Gesetzgebers[312], der darin liegt, sicherzustellen, dass der Arbeitnehmer für seinen Aufwand auch bei kurzzeitigen Einsätzen eine wirtschaftliche Absicherung durch eine Mindestvergütung erhält.

Darüber hinaus ist es nicht gerechtfertigt, ein Schweigen des Arbeitnehmers auf ein Änderungsangebot in Bezug auf die Unterschreitung der Mindestarbeitszeit grundsätzlich als Zustimmung zu werten. Ausweislich der Gesetzesbegründung dient die Einhaltung einer Mindestarbeitszeit dem Schutz des Arbeitnehmers vor unangemessenen Belastungen.[313] Ein Angebot, die Mindestarbeitszeit zu unterschreiten, beinhaltet demgegenüber für den Arbeitnehmer regelmäßig einen finanziellen Nachteil, da er bei gleichbleibendem Aufwand einen geringeren Verdienst erzielt. Für nachteilige Änderungsangebote ist indes anerkannt, dass einem Schweigen nur unter besonderen Umständen eine Zustimmungserklärung beigemessen werden kann.[314] Der Arbeitgeber, der mit dem Abruf einer kürzeren Arbeitszeit von der vertraglichen Arbeitszeitvereinbarung abweicht, kann daher nicht in schutzwürdiger Weise darauf vertrauen, dass der schweigende Arbeitnehmer hiermit ohne Weiteres einverstanden ist.[315] Der Schutzzweck des § 12 Abs. 1 Satz 4 TzBfG könnte kaum erreicht werden, wenn der Arbeitgeber zwar im Arbeitsvertrag eine (Mindest-) Arbeitszeit festlegen muss, diese jedoch – ohne dass es einer ausdrücklich erklärten Zustimmung des Arbeitnehmers bedürfte – bei jedem Abruf missachten könnte.

Der Arbeitnehmer, der dem Abruf einer kürzeren Arbeitszeit nachkommt und nach hier vertretener Auffassung auch nachkommen muss[316], ist daher nicht verpflichtet, ausdrücklich zu widersprechen oder einen Vorbehalt zu äußern, um den

---

310 Hanau, RdA 1987, 25, 28, und Annuß/Thüsing-Jacobs, TzBfG § 12 Rn. 29, gehen zwar auch von dieser Annahme aus (siehe §3 A III 4 c) (1)), verlangen jedoch grundsätzlich keinen Vorbehalt oder Widerspruch.

311 siehe §3 A III 4 c) (2).

312 Begründung zum Regierungsentwurf v. 11.10.1984, BT-Drucks. 10/2102, S. 25 zu § 4 BeschFG 1985.

313 Begründung zum Regierungsentwurf v. 11.10.1984, BT-Drucks. 10/2102, S. 25 zu § 4 BeschFG 1985.

314 BAG v. 30.7.1985 – 3 AZR 405/83, AP HGB §65 Nr. 13 unter II 2c) (1) der Gründe sowie BAG v. 14.8.1996 – 10 AZR 69/96, AP BGB §242 Betriebliche Übung Nr. 47 unter II 2 der Gründe, wonach Schweigen ausnahmsweise als Zustimmung gelten kann, wenn der Erklärende nach Treu und Glauben annehmen durfte, der andere Vertragsteil würde der angebotenen Vertragsänderung widersprechen, wenn er ihr nicht zustimmen wolle.

315 Ebenso Hanau, RdA 1987, 25, 28.

316 Siehe §3 A III 4 c) (1).

Vergütungsanspruch für den Anteil der nicht abgerufenen vertraglich vereinbarten Mindestarbeitszeit nach § 615 Satz 1 BGB zu erlangen.

Erklärt sich der Arbeitnehmer hingegen anlässlich eines konkreten Abrufs freiwillig[317] bereit, einem kürzeren Abruf bei Zahlung der geringeren Vergütung Folge zu leisten, könnte er auch nur diese geringere Vergütung verlangen.

(3) Erfordernis oder Entbehrlichkeit eines Angebots i. S. v. §§ 294 ff. BGB für die Vergütung der längeren Arbeitszeit

Unabhängig von der vorstehend erörterten Streitfrage, ob ein Annahmeverzugslohnanspruch die Äußerung eines Vorbehalts bzw. Widerspruchs durch den Arbeitnehmer voraussetzt, besteht Einigkeit, dass der Arbeitnehmer, der die gemäß Abruf kürzere Arbeitszeit erbracht hat, die Vergütung und die Anrechnung des Teils der vereinbarten (Mindest-) Arbeitszeit auf das Arbeitszeitdeputat verlangen kann, der entgegen der vertraglichen Vereinbarung nicht abgerufen wurde, wenn die Voraussetzungen des Annahmeverzugs gemäß § 615 Satz 1 BGB erfüllt sind.[318] Fraglich ist hier nur, ob der Arbeitnehmer ein Angebot i. S. v. §§ 294 ff. BGB abgeben muss, um diesen Annahmeverzug auszulösen.

Ein solches Angebot könnte zunächst aufgrund des Wortlauts von § 12 Abs. 1 Satz 4 TzBfG („hat...in Anspruch zu nehmen") entbehrlich sein. Gemäß der Gesetzesbegründung soll durch diese Regelung eine Mindestvergütung des Arbeitnehmers auch bei kürzeren Einsätzen sichergestellt sein.[319] Dies könnte dafür sprechen, dem Arbeitnehmer den höheren Vergütungsanspruch zu gewähren, ohne dass er hierzu die längere Arbeitsleistung i. S. v. §§ 294 ff. BGB anbieten muss. § 12 Abs. 1 Satz 4 TzBfG könnte insoweit als Rechtsfolgenverweis auf § 615 Satz 1 BGB zu verstehen sein.

Gegen einen Rechtsfolgenverweis spricht jedoch, dass sich der Wortlaut von § 12 Abs. 1 Satz 4 TzBfG nur auf die Verpflichtung zur Inanspruchnahme des Arbeitnehmers für eine bestimmte Zeit, nicht hingegen auf die dafür zu leistende Vergütung bezieht. Hätte der Arbeitgeber – nach dem Willen des Gesetzgebers – automatisch auch bei dem Abruf einer kürzeren Arbeitszeit die Vergütung für diese

---

317 Zur Freiwilligkeit siehe entsprechend auch in § 3 A III 4 b).

318 Boewer, TzBfG § 12 Rn. 35; Sievers, TzBfG § 12 Rn. 28; Malzahn, ArbuR 1985, 386, 389 f.; Wlotzke, NZA 1984, 217, 219; Lorenz/Schwedes, DB 1985, 1077, 1080; GK-TZA-Mikosch, BeschFG § 4 Rn. 91; ohne nähere Begründung, aber i. E. wohl auch BAG v. 24.5.1989 – 2 AZR 537/88, n. v., unter II 2 b) bb) der Gründe; KSchR-Zwanziger (7. Aufl.), TzBfG § 12 Rn. 20; Hamann, S. 85; Hanau, RdA 1987, 25, 28; MünchKomm-BGB-Müller-Glöge, TzBfG § 12 Rn. 14; Annuß/Thüsing-Jacobs, TzBfG § 12 Rn. 29; HWK-Schmalenberg, TzBfG § 12 Rn. 24; Holwe/Kossens/Pielenz/Räder, TzBfG § 12 Rn. 23; Meinel/Heyn/Herms, TzBfG § 12 Rn. 38; HK-Boecken, TzBfG § 12 Rn. 30, will Annahmeverzugslohn nicht nur bei Ableistung der kürzeren Arbeitszeit, sondern auch bei Verweigerung der Leistung insgesamt gewähren.

319 Siehe § 3 A III 1 c) (1).

Mindestarbeitszeit leisten sollen, hätte der Gesetzgeber in § 12 Abs. 1 Satz 4 TzBfG die Worte „in Anspruch zu nehmen“ ersetzen oder ergänzen können durch die Worte „(und) zu vergüten“. Zudem ist nicht ersichtlich, aus welchem Grund ein Abrufarbeitnehmer insoweit besser gestellt werden sollte als ein Arbeitnehmer mit regelmäßiger Arbeitszeit. Auch bei diesem wird durch den Arbeitsvertrag und das Direktionsrecht des Arbeitgebers festgelegt sein, für wie viele Stunden er an einem Tag in Anspruch zu nehmen ist. Dennoch ist er von den §§ 294 ff. BGB nicht befreit.

Die Voraussetzungen der §§ 294 ff. BGB müssen daher von Arbeitnehmern mit regelmäßiger und unregelmäßiger Arbeitszeit gleichermaßen beachtet werden, um den Annahmeverzug des Arbeitgebers zu begründen.

Ob der Arbeitnehmer nach vorstehenden Grundsätzen auch bei Abruf einer die Mindestdauer unterschreitenden Arbeitszeit zur Abgabe eines Angebots verpflichtet ist, erörtern Boewer und Mikosch.

Boewer hält ein Angebot gemäß § 296 BGB für entbehrlich. Den Arbeitgeber treffe die Obliegenheit, den Arbeitseinsatz des Arbeitnehmers fortlaufend zu organisieren und durch Ausübung seines Direktionsrechts näher zu konkretisieren. Hierbei zitiert Boewer ein Urteil des BAG zum Annahmeverzug nach Rücknahme einer Kündigung.[320] Gemäß diesem Urteil obliege dem Arbeitgeber die nach dem Kalender bestimmte Mitwirkungshandlung, dem Arbeitnehmer für jeden Arbeitstag einen funktionsfähigen Arbeitsplatz zur Verfügung zu stellen.[321] Auch Worzalla stellt in anderem Zusammenhang fest, dass es Aufgabe des Arbeitgebers im Abrufarbeitsverhältnis sei, die Arbeitsleistung abzurufen.[322]

Nach Mikosch soll ein Angebot ebenfalls gemäß § 296 BGB entbehrlich sein. Es sei für den Arbeitgeber eine Zeit nach dem Kalender bestimmt, die Voraussetzungen für die Mindestbeschäftigung zu schaffen und zwar unabhängig davon, dass die nicht abgerufene Arbeitszeit vor oder im Anschluss an den verlangten Arbeitseinsatz erbracht werden könnte.[323]

---

320 Boewer, TzBfG § 12 Rn. 36.

321 BAG v. 19.1.1999 – 9 AZR 679/97, BB 1999, 2034, 2035; ebenso: LAG Rheinland-Pfalz v. 16.1.2013 – 8 Sa 626/11, n.v.; Preis-Preis/Lindemann, Arbeitsvertrag, II A 90 Rn. 127, die in dem Abruf eine Mitwirkungshandlung i. S. v. § 296 BGB sehen; in diesem Sinne wohl auch zu verstehen: Sievers, TzBfG § 12 Rn. 28; für Annahmeverzug im Leiharbeitsverhältnis siehe auch LAG Köln v. 29.11.2005 – 9 Sa 659/05, www.justiz.nrw.de, unter 3b) der Gründe und LAG Hessen v. 23.1.1987 – 13 Sa 1007/86, n. v.; vgl. auch Schüren-Schüren, AÜG § 11 Rn. 103 m. w. N.; Sandmann/Marschall, AÜG Art. 1 § 11 Rn. 26; Urban-Crell/Germakowski/Bissels/Hurst-Germakowski, AÜG § 11 Rn. 38; Meyer, S. 96; a. A. unter Verweis auf § 295 BGB: Boemke/Lembke, AÜG § 11 Rn. 120, wonach ein wörtliches Angebot erforderlich sei.

322 AnwK-ArbR-Worzalla, TzBfG § 12 Rn. 19.

323 GK-TZA-Mikosch, BeschFG § 4 Rn. 91; ebenso: Meyer, S. 136; § 296 BGB ist hingegen nach BAG v. 25.4.2007 – 5 AZR 504/06, NZA 2007, 801, 803, nicht einschlägig, wenn nur ein vermeintliches Recht des Arbeitgebers zum flexiblen Abruf besteht;

Boewer und Mikosch erläutern hierbei allerdings nicht im Einzelnen, inwieweit für diese Mitwirkungshandlung auch bei einer Arbeit auf Abruf eine Zeit nach dem „Kalender" bestimmt sein kann.

Hanau führt, allerdings in einem anderen Zusammenhang, aus, dass der Abruf der Arbeitszeit zwar eine Mitwirkungshandlung des Arbeitgebers gemäß § 295 Satz 1 Alt. 2 BGB darstelle. Da ein Abrufarbeitnehmer seine Arbeitsleistung jedoch nur „entsprechend dem Arbeitsanfall", d. h. unregelmäßig zu erbringen habe, sei für diese Mitwirkungshandlung grundsätzlich gerade keine Zeit nach dem Kalender i. S. v. § 296 Satz 1 BGB bestimmt. Gemäß Hanau kann ein Angebot nur ausnahmsweise entbehrlich sein, wenn gegen Ende des Bezugszeitraums, in welchem die vertraglich festgelegte Arbeitszeit zu erbringen ist, nur noch ein bestimmter Zeitpunkt für den Abruf der Arbeitsleistung in Betracht kommt.[324]

Die kalendermäßige Bestimmung leitet sich jedoch daraus ab, dass der Arbeitgeber bereits einen Teil der Mindestarbeitszeit abgerufen und damit für diesen Teil die Lage der Arbeitszeit bestimmt hat. Hierdurch ist zugleich bestimmt, dass für denselben Tag auch der andere Teil der Mindestarbeitszeit abgerufen werden müsste, um an diesem Tag die Einhaltung der Mindestarbeitszeit gewährleisten zu können. Ein Abruf auch des anderen Teils kann jedoch einseitig nur unter Beachtung der Ankündigungsfrist gemäß § 12 Abs. 2 TzBfG erfolgen, d. h. grundsätzlich vier Tage im Voraus.[325] Unabhängig davon, dass der andere Teil der Arbeitszeit vor oder nach der bereits abgerufenen Arbeitsleistung erbracht werden könnte, steht somit aufgrund der Ankündigungsfrist ein Zeitpunkt nach dem Kalender fest, zu dem die restliche Arbeitszeit spätestens abgerufen werden müsste. Ruft der Arbeitgeber die restliche Arbeitszeit nicht rechtzeitig ab, tritt somit – ohne dass es eines Angebots des Arbeitnehmers bedarf – Annahmeverzug ein, ähnlich dem Fall, dass der Arbeitgeber die vertraglich vereinbarte Arbeitszeit am Ende eines vereinbarten Bezugszeitraums nicht mehr rechtzeitig abrufen kann.

Es bedarf somit keines Angebots des Arbeitnehmers, um im Falle eines kürzeren Abrufs den Annahmeverzugslohnanspruch auszulösen. Anderenfalls käme das Angebot letztlich doch der Äußerung eines Vorbehalts oder Widerspruchs gegen den kürzeren Abruf gleich, dessen es nach der hier vertretenen Auffassung gerade nicht bedarf.[326]

---

siehe zur Anwendbarkeit von § 296 BGB auch BAG v. 26.1.2011 – 5 AZR 819/09, AP BGB § 611 Arbeitszeit Nr. 36 unter II 2 b) bb) der Gründe.

324 Hanau, RdA 1987, 25, 29, der diese Ausführungen allerdings allgemein zur Abrufarbeit macht, sodass sich auch bei ihm keine Aussage zur Entbehrlichkeit des Angebots speziell für den Fall findet, dass der Arbeitgeber eine zu kurze Arbeitszeit abgerufen hat.

325 Siehe zur Ankündigungsfrist § 3 A IV.

326 Siehe § 3 A III 4 c) (4).

(4) Ergebnis

Der Arbeitnehmer erhält bei dem Abruf einer die Mindestarbeitszeit unterschreitenden Arbeitszeit, deren Ableistung er trotz der Unterschreitung nicht verweigern darf, dennoch die Vergütung für diese Mindestarbeitszeit nach den Regeln des Annahmeverzuges, ohne dass hierzu die Äußerung eines Widerspruchs, eines Vorbehalts oder eines Angebots der Arbeitsleistung erforderlich wäre.

d) Zusammenhängender Abruf

Wenn die Dauer der täglichen Arbeitszeit nicht festgelegt ist, hat der Arbeitgeber die Arbeitsleistung des Arbeitnehmers gemäß § 12 Abs. 1 Satz 4 TzBfG für drei „aufeinander folgende" Stunden in Anspruch zu nehmen. Die Arbeitszeit muss daher an einem Tag zusammenhängend abgerufen werden, es sei denn, es wird die Möglichkeit einer Stückelung zwischen den Parteien ausdrücklich vereinbart.[327] Durch das Gebot des grundsätzlich zusammenhängenden Abrufs soll vermieden werden, dass die tägliche Arbeitszeit in mehrere kurze, durch Untätigkeit unterbrochene Arbeitseinsätze aufgeteilt und dadurch der Arbeitnehmer unangemessenen belastet wird.[328]

Hat sich daher der Arbeitnehmer mit einer Stückelung nicht einverstanden erklärt und ruft der Arbeitgeber dennoch nur einen Teil der Arbeitszeit ab, kann der Arbeitnehmer jede weitere für diesen Tag abgerufene Arbeitsleistung verweigern.[329] Erreicht die zuerst abgerufene Arbeitszeit nicht die im Arbeitsvertrag festgelegte tägliche Mindestarbeitszeit, gelten die Grundsätze zum Abruf einer kürzeren Arbeitszeit entsprechend.[330]

Aus einer vorformulierten Vereinbarung muss für den Arbeitnehmer gemäß dem Transparenzgebot aus § 307 Abs. 1 Satz 2 BGB zudem erkennbar sein, wie oft der Abruf „zerstückelt" werden kann, d. h. wie oft der Arbeitnehmer maximal an einem Tag zur Verfügung stehen müsste und wie lang die einzelnen Abschnitte jeweils bemessen wären.

5. Keine Umgehung durch regelmäßige „Überstunden"

Die gemäß § 12 Abs. 1 Satz 2 TzBfG festgelegte bestimmte Dauer der wöchentlichen und täglichen Arbeitszeit darf nicht dadurch umgangen werden, dass der

---

327 ErfKomm-Preis, TzBfG § 12 Rn. 23; Boewer, TzBfG § 12 Rn. 31; Annuß/Thüsing-Jacobs, TzBfG § 12 Rn. 26; MünchKomm-BGB-Müller-Glöge, TzBfG § 12 Rn. 13; KSchR-Zwanziger (7. Aufl.), TzBfG § 12 Rn. 12; Meinel/Heyn/Herms, TzBfG § 12 Rn. 32; AnwK-ArbR-Worzalla, TzBfG § 12 Rn. 8; HWK-Schmalenberg, TzBfG § 12 Rn. 11; Laux/Schlachter § 12 Rn. 64; Kiene, S. 165; a. A.: Meyer, S. 108 und Buschmann/Dieball/Stevens-Bartol/Buschmann, TZA, TzBfG § 12 Rn. 77, die eine Stückelungsvereinbarung für unbillig i. S. v. § 315 BGB halten.

328 MünchKomm-BGB-Müller-Glöge, TzBfG § 12 Rn. 13; LAG Köln v. 15.6.2009 – 5 Sa 179/09, BeckRS 2009, 69332 unter 2 b) der Gründe, wendet den Rechtsgedanken des grundsätzlich zusammenhängenden Einsatzes auch außerhalb der Abrufarbeit an.

329 Sievers, TzBfG § 12 Rn. 29.

330 Siehe § 3 A III 4 c).

Arbeitnehmer im Arbeitsvertrag zugleich verpflichtet wird, auf Anordnung des Arbeitgebers ohne Einschränkung Überstunden abzuleisten.[331] Auch das BAG ist in seiner Entscheidung vom 7.12.2005 davon ausgegangen, dass Überstunden begrifflich nur vorliegen, wenn ein vorübergehender zusätzlicher Arbeitsbedarf aufgrund bestimmter besonderer Umstände gegeben ist.[332]

Bei vorformulierten Vereinbarungen muss für den Arbeitnehmer gemäß dem Transparenzgebot aus § 307 Abs. 1 Satz 2 BGB erkennbar sein, ob er aufgrund der vertraglichen Verpflichtung, zusätzliche Arbeitszeit zu leisten, Überstunden oder Abrufarbeit erbringen würde. Insoweit soll durch das Transparenzgebot gewährleistet werden, dass der Arbeitnehmer ausreichend, sprachlich klar und inhaltlich richtig über seine Rechte und Pflichten aus dem Vertrag informiert wird und vor irrtümlichen Vorstellungen über die Leistung sowie vor unzutreffender Information über die Rechtslage geschützt wird.[333] Ist für den Arbeitnehmer daher nicht erkennbar, ob er durch seine zusätzliche Leistung Überstunden oder Abrufarbeit leistet, ist er nicht darüber informiert, ob er hierfür (sofern vereinbart) Überstundenzuschläge oder die Einhaltung einer Ankündigungsfrist fordern könnte. Die Abgrenzung muss daher aus der betreffenden Vereinbarung klar hervorgehen, beispielsweise indem die Anordnungsbefugnis für Überstunden entsprechend der vorstehenden Grundsätze auch im Vertragstext eingeschränkt wird.[334] Soweit der Arbeitsvertrag hingegen nicht eindeutig erkennen lässt, dass die Anordnung von Überstunden nur in einem solchen von dem BAG definierten Fall zulässig ist, kann die Auslegung ergeben, dass die zusätzlich möglichen Stunden zwar formal als Überstunden bezeichnet sind, der Parteiwille jedoch auf die Ableistung zusätzlicher Abrufarbeit gerichtet ist.[335]

Für zusätzliche Stunden, die den Anforderungen an Überstunden nicht genügen, wären wiederum die Ankündigungsfrist sowie die vom BAG in dem vorgenannten Urteil aufgestellte Grenze von 25 % einzuhalten. Zwar hatte das BAG im betreffenden

---

331 Meinel/Heyn/Herms, TzBfG § 12 Rn. 47; MünchArbR-Schüren, § 41 Rn. 24f.; KSchR-Zwanziger (7. Aufl.), TzBfG § 12 Rn. 18; eine generelle Unzulässigkeit von einseitig angeordneten Überstunden vertreten für Teilzeitarbeitsverträge: Däubler, ZIP 2000, 1961, 1965; Buschmann/Dieball/Stevens-Bartol, TZA, TzBfG § 12 Rn. 15.

332 Siehe § 3 A II 1, § 3 A III 1 b).

333 Preis-Preis/Lindemann, Arbeitsvertrag, II A 90 Rn. 51.

334 Arnold, FS Löwisch, S. 1, 12; derselbe schlägt in Arnold/Gräfl-Arnold, TzBfG § 12 Rn. 48 vor, vertraglich zu bestimmen, dass eine Veränderung der Arbeitszeitdauer im Sinne des Arbeitszeitvolumens jeweils nur mit Beginn eines neuen Bezugszeitraums erfolgen kann, sodass es der Arbeitgeber in der Hand hätte, durch die vereinbarte Länge des Bezugszeitraums zu bestimmen, wie häufig ein Wechseln des Arbeitszeitvolumens möglich ist; Preis-Preis/Lindemann, Arbeitsvertrag, II A 90 Rn. 77; Zeitarbeit-Hennig, Rn. 738; Kiene, S. 149 scheint sich dafür auszusprechen, dass jede Überstundenanordnung schriftlich und der Ausgleich in Freizeit zu erfolgen hat.

335 Siehe § 3 A II 1; von Abrufarbeit anstelle von Überstunden ging im betreffenden Fall das LAG München v. 2.4.2008 – 11 Sa 917/07, unter 2 a) bb) der Gründe, n. v., aus.

Fall über die zusätzlich zu einer der Lage nach regelmäßigen Arbeitszeit abzuleistende Abrufarbeit entschieden, während vorliegend eine unregelmäßige Abrufarbeitszeit durch weitere Abrufarbeit erhöht werden soll. Es ist jedoch kein Grund ersichtlich, die Erhöhung einer regelmäßigen Arbeitszeit durch Abrufarbeit anders zu behandeln als die Erhöhung einer unregelmäßigen Arbeitszeit durch Abrufarbeit. In beiden Fällen muss der Arbeitnehmer im Hinblick darauf abgesichert werden, wie viele Stunden mindestens abzunehmen und zu vergüten sowie ggf. zusätzlich zu leisten sind.

Nicht ausgeschlossen ist durch § 12 Abs. 1 Satz 2 TzBfG, dass sich der Abrufarbeitnehmer freiwillig[336] – wie es auch einem Arbeitnehmer mit regelmäßiger Arbeitszeit möglich ist – nachträglich zur Ableistung von mehr Stunden als vereinbart verpflichtet, etwa um einen zusätzlichen Verdienst zu erhalten. Nur die einseitige Ausweitung der Arbeitszeit soll durch § 12 TzBfG begrenzt werden.[337]

IV. Ankündigungsfrist

Gemäß § 12 Abs. 2 TzBfG ist der Arbeitnehmer zur Arbeitsleistung nur verpflichtet, wenn der Arbeitgeber ihm die Lage seiner Arbeitszeit jeweils mindestens vier Tage im Voraus mitteilt. Ob die Ausgestaltung eines Arbeitsverhältnisses als Abrufarbeitsverhältnisses vor diesem Hintergrund noch ausreichend flexibel erscheint, ist mithin davon abhängig, wie diese Ankündigungsfrist berechnet werden muss, welche Folgen bei Nichteinhaltung der Frist drohen und ob die Länge der Frist vertraglich anders gestaltet, insbesondere ausgeschlossen oder verkürzt werden kann.

1. Berechnung der Ankündigungsfrist

Für die Fristberechnung gelten §§ 187 Abs. 1, 188 Abs. 1, 193 BGB.[338] Es werden daher der Tag des Zugangs der Ankündigung und der Tag der geplanten Arbeitsleistung nicht mitgezählt. Fällt – rückgerechnet vom Tag der geplanten Arbeitsleistung – der Tag der Ankündigung auf einen Sonnabend, Sonntag oder Feiertag, ist der vorhergehende Werktag als Ankündigungstag zu wählen. Demnach wäre die Arbeitsleistung beispielsweise für die Überlassung an einem Montag am Mittwoch der Vorwoche, für die Überlassung an einem Mittwoch, Donnerstag oder Freitag am Freitag der Vorwoche abzurufen.

2. Nichteinhaltung der Ankündigungsfrist

Bei Nichteinhaltung der Ankündigungsfrist durch den Arbeitgeber ist der Arbeitnehmer gemäß § 12 Abs. 2 TzBfG zur Arbeitsleistung nicht verpflichtet. Aus § 12 Abs. 2 TzBfG wird einhellig ein als Leistungsverweigerungsrecht bezeichnetes Recht

336 Zur Freiwilligkeit siehe entsprechend auch in § 3 A III 4 b).
337 Meyer, S. 90 ff.; Hermann, AnwBl. 1990, 537, 544 f.; Preis-Preis/Lindemann, Arbeitsvertrag, Kap. II A 90 Rn. 78.
338 Annuß/Thüsing-Jacobs, TzBfG § 12 Rn. 49.

für den Arbeitnehmer abgeleitet.[339] Streng genommen handelt es sich bei der Bestimmung in § 12 Abs. 2 TzBfG jedoch nicht um ein Leistungsverweigerungsrecht, denn nach dem Wortlaut der Vorschrift ist der Arbeitnehmer bereits nicht zu einer Leistung verpflichtet, die er anschließend verweigern müsste. Während z. B. bei § 273 Abs. 1 BGB die „geschuldete Leistung" und bei § 320 Abs. 1 Satz 1 BGB die „obliegende Leistung" zur Sicherung und Durchsetzung eines Anspruchs verweigert werden kann[340], ist der Arbeitnehmer bei § 12 Abs. 2 TzBfG „nur zur Arbeitsleistung verpflichtet", wenn die Ankündigungsfrist gewahrt ist.[341]

Der Arbeitnehmer kann sich allerdings trotz Nichteinhaltung der Ankündigungsfrist dafür entscheiden, dem Abruf freiwillig[342] Folge zu leisten und damit auf die Einhaltung der Frist zu verzichten. § 12 Abs. 2 TzBfG dient insoweit ausschließlich dem Schutz des Arbeitnehmers, auf den er verzichten kann, wenn er die Arbeitsaufnahme innerhalb einer kürzeren Frist für durchführbar hält.[343] Aus § 12 Abs. 2 TzBfG folgt somit keine Pflicht, die Arbeitsleistung nicht zu erbringen.[344]

Im Falle der Nichterbringung der Arbeitsleistung gilt, dass der Arbeitnehmer kein Entgelt erhält und der Arbeitgeber die nicht erbrachten Stunden zu einem späteren Zeitpunkt – unter Wahrung der Ankündigungsfrist – noch abrufen kann.[345] Der Arbeitnehmer erhält in diesem Fall auch keine Vergütung nach den Regeln des Annahmeverzuges. Dieser setzt gemäß § 615 Satz 1 BGB eine bestehende Leistungsverpflichtung voraus,[346] an welcher es jedoch für den abgerufenen Zeitraum gemäß § 12 Abs. 2 TzBfG fehlt.

Entscheidet sich der Arbeitnehmer gegen die Erbringung der Arbeitsleistung, ist fraglich, ob er nach den Grundsätzen von Treu und Glauben verpflichtet ist, dies dem Arbeitgeber innerhalb einer angemessenen Frist mitzuteilen.[347] Gegen eine

---

339 Siehe nur: Kiene, S. 169; ErfKomm-Preis, TzBfG § 12 Rn. 29; Annuß/Thüsing-Jacobs, TzBfG § 12 Rn. 52; MünchKomm-BGB-Müller-Glöge, TzBfG § 12 Rn. 16; Meinel/Heyn/Herms, TzBfG § 12 Rn. 43; AnwK-ArbR-Worzalla, TzBfG § 12 Rn. 15; Laux/Schlachter § 12 Rn. 79.

340 MünchKomm-BGB-Krüger, BGB § 273 Rn. 3; MünchKomm-BGB-Emmerich, BGB § 320 Rn. 1.

341 Es kann hier daher aufgrund des § 12 Abs. 2 TzBfG dahinstehen, ob der Arbeitnehmer einem entgegen § 106 Satz 1 GewO unbilligen Abruf (siehe § 3 A V) Folge leisten müsste: für die Befolgung auch unbilliger Weisungen ggf.: BAG v. 22.2.2012 – 5 AZR 249/11, NZA 2012, 858, 860; dagegen: Boemke, NZA 2013, 6 ff.

342 Zur Freiwilligkeit siehe entsprechend auch § 3 A III 4 b).

343 Begründung zum Regierungsentwurf v. 11.10.1984, BT-Drucks. 10/2102, S. 25 zu § 4 BeschFG 1985; ErfKomm-Preis, TzBfG § 12 Rn. 30.

344 Holwe/Kossens/Pielenz/Räder, TzBfG § 12 Rn. 32.

345 Boewer, TzBfG § 12 Rn. 43 ff.; Meinel/Heyn/Herms, TzBfG § 12 Rn. 45; Hamann, S. 87.

346 ErfKomm-Preis, BGB § 615 Rn 9.

347 In diesem Sinne: Klevemann, DB 1987, 2096, 2101; unklar: Buschmann/Dieball/Stevens-Bartol, TZA, TzBfG § 12 Rn. 82: „Widerspricht er deshalb nicht, wird dies als Zustimmung gewertet. Ein grundsätzlicher Konsens ist jedoch damit nicht verbunden".

solche Mitteilungspflicht spricht jedoch, dass sie die Schutzfunktion des § 12 Abs. 2 TzBfG untergraben würde.[348] Dem Arbeitnehmer wird es insbesondere in einer Probezeit schwer fallen, sich dem Wunsch des Arbeitgebers nach einer verkürzten Ankündigungsfrist durch eine ausdrückliche, aktive Mitteilung zu widersetzen und damit möglicherweise seinen Arbeitsplatz zu riskieren. Die Annahme einer Mitteilungspflicht würde daher § 12 Abs. 2 TzBfG entwerten.[349]

Darüber hinaus hätte die Annahme einer Mitteilungspflicht für den Fall der Nichterbringung der Arbeitsleistung zur Folge, dass folglich Schweigen als Zustimmung zur Arbeitsaufnahme gewertet werden müsste. Einem Schweigen kann die Bedeutung einer Zustimmung jedoch nur in Ausnahmefällen beigemessen werden.[350] Auch nach Mikosch[351] kann der Arbeitgeber nicht ohne Weiteres davon ausgehen, der Arbeitnehmer, der auf einen zu kurzfristigen Abruf, mithin auf eine für ihn nachteilige Erklärung schweigt, erkläre sich mit der Nichteinhaltung der Ankündigungsfrist und der Arbeitsaufnahme einverstanden. Er weist zudem ergänzend darauf hin, dass es Sache des – die Ankündigungsfrist nicht einhaltenden – Arbeitgebers sei, den Arbeitnehmer zu einer Erklärung über die Arbeitsbereitschaft aufzufordern. Hierauf müsse sich wiederum der Arbeitnehmer rechtzeitig erklären.

Hanau stimmt Mikosch zwar grundsätzlich zu. Er bewertet ein Schweigen jedoch ausnahmsweise dann als Zustimmung, wenn der Arbeitnehmer in der Vergangenheit bereits kurzfristigen Abrufen im Sinne einer „gegenteiligen betrieblichen Übung" gefolgt war.[352] Dies ist jedoch abzulehnen. Mikosch weist zu Recht darauf hin, dass die Vorschrift über die Ankündigungsfrist zwingend ist.[353] Der zwingende

348 Diese Aushöhlung räumt als Vertreter der Gegenauffassung auch Klevemann, DB 1987, 2096, 2102, ein – allerdings in dem (anderen) Zusammenhang mit der damaligen Forderung nach einem Benachteiligungsverbot, das nunmehr in § 5 TzBfG normiert ist.

349 Ähnlich bereits Malzahn, ArbuR 1985, 386, 389; gegen eine Mitteilungspflicht auch Meyer, S. 101.

350 Insoweit sei auf die Ausführungen zur Bedeutung des Schweigens beim Abruf einer kürzeren täglichen Arbeitszeit als vertraglich vereinbart verwiesen in § 3 A III 4 c) (4).

351 GK-TZA-Mikosch, BeschFG § 4 Rn. 90; ebenso: ErfKomm-Preis, TzBfG § 12 Rn. 29; Holwe/Kossens/Pielenz/Räder, TzBfG § 12 Rn. 31.

352 Hanau, RdA 1987, 25, 28; ebenso: AnwK-ArbR-Worzalla, TzBfG § 12 Rn. 15; Boewer, TzBfG § 12 Rn. 43; i. E: wohl ebenso auch Schüren, MünchArbR-Schüren, § 41 Rn. 40; Arnold/Gräfl-Arnold, TzBfG § 12 Rn. 66; missverständlich hingegen Annuß/Thüsing-Jacobs, TzBfG § 12 Rn. 53: „Der Arbeitnehmer ist durch mehrfache verspätete Arbeitsabrufe in der Vergangenheit, denen er freiwillig Folge geleistet hat, für die Zukunft nicht gebunden. Bloßes Schweigen…ist grundsätzlich nicht als Zustimmung zu deuten, es sei denn, es besteht eine abweichende betriebliche Übung".

353 GK-TZA-Mikosch, BeschFG § 4 Rn. 90; ebenfalls gegen eine betriebliche Übung, allerdings ohne weitere Begründung: Sievers, TzBfG § 12 Rn. 37; Laux/Schlachter § 12 Rn. 77.

Charakter folgt für § 12 Abs. 2 TzBfG aus § 22 Abs. 1 TzBfG, wonach von der Frist grundsätzlich nicht zuungunsten des Arbeitnehmers abgewichen werden kann. Dies wäre jedoch der Fall, könnte z. B. durch ein nur dreimaliges stillschweigendes Aufnehmen der Arbeitsleistung (etwa in der Probezeit) bereits für die Zukunft eine betriebliche Übung begründet werden, wonach der Arbeitnehmer zukünftig bei Schweigen stets (zu seinen Ungunsten) auf die Einhaltung der Frist verzichtet. Dies gilt auch vor dem Hintergrund, dass Regelungen zu Ungunsten des Arbeitnehmers nach neuerer Rechtsprechung des BAG nicht nach den Grundsätzen einer betrieblichen Übung begründet werden können.[354]

Zum Teil wird angenommen, es bestehe ausnahmsweise eine Mitteilungspflicht als Ausfluss der arbeitsvertraglichen Treuepflicht aus § 241 Abs. 2 BGB, wenn der Arbeitnehmer erkennt, dass der Arbeitgeber von seinem Einsatz ausgeht.[355] Hiergegen ist jedoch einzuwenden, dass eine Mitteilungspflicht allenfalls bestehen könnte, wenn der Arbeitgeber in seiner Erwartung aufgrund der besonderen Umstände des Einzelfalles schutzwürdig wäre (§ 242 BGB). Allein die bloße, für den Arbeitnehmer erkennbare Annahme des Arbeitgebers, der Arbeitnehmer werde den Einsatz schon wahrnehmen, kann eine Mitteilungspflicht noch nicht auslösen. Denkbar erscheint der Fall einer Mitteilungspflicht, wenn der Arbeitgeber die Nichteinhaltung der Frist nicht zu vertreten hat, z. B. aufgrund unvorhersehbar langen Postlaufs, und der Arbeitnehmer dies erkennt.[356]

Der Arbeitgeber muss sich im Regelfall daher bei dem Arbeitnehmer versichern, ob dieser die Arbeitsleistung trotz Nichteinhaltung der Ankündigungsfrist erbringen will. Tut er dies nicht und schweigt der Arbeitnehmer, kann der Arbeitgeber nicht davon ausgehen, dass dem Abruf Folge geleistet wird. Anders als z. B. bei §§ 273 Abs. 1, 320 Abs. 1 Satz 2 BGB muss der Arbeitnehmer die zu kurzfristig abgerufene Arbeitsleistung nicht aktiv verweigern.

3. Verzicht oder Verkürzung der Ankündigungsfrist

Ruft der Arbeitgeber in einem konkreten Einzelfall die Arbeitsleistung ohne Einhaltung der Ankündigungsfrist ab, kann der Arbeitnehmer wählen, ob er die Arbeitsleistung unter Verzicht auf die Ankündigungsfrist erbringt oder die Leistung wegen Nichteinhaltung der Frist nicht erbringt.[357]

Der Arbeitgeber wird ein Interesse daran haben, die durch das Wahlrecht bedingte Unsicherheit bei nicht rechtzeitigen Abrufen zu vermeiden. Allerdings erscheint die Ankündigungsfrist von vier Tagen angesichts der bei einem Verleiher

---

354 BAG v. 18.3.2009 – 10 AZR 281/08, NZA 2009, 601, 602.

355 Meinel/Heyn/Herms, TzBfG § 12 Rn. 44; KSchR-Zwanziger (7. Aufl.), TzBfG § 12 Rn. 23; RGKU/Arbeitsrecht-Bayreuther, TzBfG § 12 Rn. 17.

356 GK-TZA-Mikosch, BeschFG § 4 Rn. 90; ErfKomm-Preis, TzBfG § 12 Rn. 29; Laux/Schlachter § 12 Rn. 80; Arnold/Gräfl-Arnold, TzBfG § 12 Rn. 66.

357 Siehe § 3 A IV 2.

regelmäßig kurzfristig eingehenden Aufträge[358] verhältnismäßig lang bemessen. Der Verleiher wird den Leiharbeitnehmer kaum in jedem Falle noch rechtzeitig zur Arbeitsleistung abrufen können. Ein Verleiher wird daher von vornherein ein großes Interesse daran haben, dass auf die Einhaltung der Ankündigungsfrist verzichtet oder die Frist zumindest verkürzt wird.

Aus § 22 Abs. 1 TzBfG folgt jedoch, dass von der Vorschrift über die Ankündigungsfrist in § 12 Abs. 2 TzBfG nicht zuungunsten des Arbeitnehmers abgewichen werden kann. Die individualvertragliche Vereinbarung eines Verzichts oder einer Verkürzung im Voraus vor dem jeweiligen Abruf, z. B. im Arbeitsvertrag, ist daher gemäß § 134 BGB nichtig.[359] Im Übrigen erlauben §§ 22 Abs. 1, 12 Abs. 3 TzBfG eine Verkürzung der Ankündigungsfrist lediglich durch eine tarifvertragliche Regelung, deren Anwendung von nicht tarifgebundenen Parteien vereinbart werden kann. Ein gänzlicher Verzicht auf die Frist kann demgegenüber auch von den Tarifvertragsparteien in einem Tarifvertrag gemäß § 12 Abs. 3 TzBfG nicht vorgesehen werden.[360]

Der Verleiher ist daher im Falle kurzfristiger Aufträge – wenn keine abweichenden tarifvertragliche Regelungen Anwendung finden – darauf angewiesen, dass der Leiharbeitnehmer anlässlich des konkreten, verspäteten Abrufs freiwillig[361] die Arbeitsleistung erbringt und hierdurch für den Einzelfall auf die Einhaltung der Frist verzichtet.

V. Abruf nach billigem Ermessen

Die Rechtsnatur des Abrufs der Arbeitsleistung ist umstritten.[362] Einigkeit besteht jedoch, dass der Abruf der Arbeitsleistung und damit ihre zeitliche Lage durch einseitige Leistungsbestimmung des Arbeitgebers im Rahmen seines Direktionsrechts erfolgt.[363] Entsprechend muss der Arbeitgeber bei dem Abruf der Arbeitsleistung nicht nur § 12 Abs. 2 TzBfG, sondern auch § 106 Satz 1 GewO beachten und somit die Lage der Arbeitszeit nach billigem Ermessen bestimmen (vor dem 1.1.2003 gemäß § 315 Abs. 1 BGB).[364] § 106 Satz 1 GewO gilt insoweit für alle Arbeitsverhältnisse,[365] d. h. unabhängig davon, ob der Arbeitsvertrag vorformuliert oder individuell ausgehandelt war.

358 So auch Brötzmann/Musial, NZA 1997, 17.

359 Annuß/Thüsing-Jacobs, TzBfG § 12 Rn. 54; KSchR-Zwanziger (7. Aufl.), TzBfG § 12 Rn. 21; Preis-Preis/Lindemann, Arbeitsvertrag, II A 90 Rn. 125.

360 KSchR-Zwanziger (7. Aufl.), TzBfG § 12 Rn. 29 f.

361 Zur Freiwilligkeit siehe entsprechend auch § 3 A III 4 b).

362 Siehe hierzu noch im Detail § 3 A VI 1 a).

363 Vgl. nur Preis-Preis/Lindemann, Arbeitsvertrag, Kap. II A 90 Rn. 138; GK-TZA-Mikosch, BeschFG § 4 Rn. 82; MünchArbR-Schüren, § 41 Rn. 22; Laux/Schlachter § 12 Rn. 82; Annuß/Thüsing-Jacobs, TzBfG § 12 Rn. 41 f. Meinel/Heyn/Herms, TzBfG § 12 Rn. 40.

364 Siehe § 3 A V.

365 ErfKomm-Preis, GewO § 106 Rn.1.

Billig im Sinne von § 106 Satz 1 GewO ist die Bestimmung des Arbeitgebers, wenn er die wesentlichen Umstände des Einzelfalls abwägt und die beiderseitigen Interessen angemessen berücksichtigt.[366] Auf Seiten des Arbeitnehmers müssen im Einzelfall daher ggf. familiäre und weitere berufliche Verpflichtungen, Freizeitinteressen, die Abhängigkeit von öffentlichen Verkehrsmitteln und die Verkehrsanbindung des Arbeitsortes beachtet werden.[367]

VI. Änderung eines Abrufs

Gemäß § 12 Abs. 2 TzBfG ist dem Arbeitnehmer die „Lage seiner Arbeitszeit" mindestens vier Tage im Voraus mitzuteilen. Im Bereich der Arbeitnehmerüberlassung können jedoch Aufträge nicht nur kurzfristig eingehen, sondern ebenso kurzfristig wieder zurückgezogen werden.

Dieser Fall kann beispielsweise eintreten, wenn der Entleiher unvorhergesehen doch keinen Bedarf mehr für einen zusätzlichen Arbeitnehmer hat und den Arbeitnehmerüberlassungsvertrag unter Einhaltung einer regelmäßig kurzen Kündigungsfrist beendet.[368] Möglich ist auch, dass der Entleiher mit dem überlassenen Leiharbeitnehmer nicht zufrieden ist und – zu Recht oder zu Unrecht – einen

---

366 BAG v. 7.12.2000 – 6 AZR 444/99, NZA 2001, 780, 781; BAG v. 23.6.1993 – 5 AZR 337/92, BB 1993, 2019, 2019 f.; BAG v. 18.10.2012 – 6 AZR 86/11, BeckRS 2012, 75282 unter B I 2 c) der Gründe.

367 ErfKomm-Preis, TzBfG § 12 Rn. 33; Meyer, S. 106 f.: unbillig ist z. B. der Abruf eines Teilzeitarbeitnehmers mit familiären Verpflichtungen als Vollzeitarbeitnehmer für eine gesamte Arbeitswoche; a.A.: nach HK-Boecken, TzBfG § 12 Rn. 8 und Kiene, S. 172 f. muss der Abrufarbeitnehmer grundsätzlich verfügbar sein und nach AnwK-ArbR-Worzalla, TzBfG § 12 Rn. 17 sind die Interessen des Arbeitnehmers bereits durch die Ankündigungsfrist gewahrt, sodass persönliche Interessen nur in besonderen Ausnahmefällen im Rahmen des billigen Ermessens berücksichtigt werden müssen.

368 Vgl. z. B. zur Kürze der Kündigungsfristen: § 7 Abs. 1 der Allgemeinen Geschäftsbedingungen der Wirtz & Partner Personalmanagement: „Die Kündigungsfrist für den Arbeitnehmerüberlassungsvertrag beträgt innerhalb der ersten Woche ab Überlassung des Leiharbeitnehmers zwei Werktage zum Ende eines Arbeitstages, ab der zweiten Woche fünf Werktage zum Wochenende." (http://www.wirtz-partner.de/downloads/Allgemeine_Geschaeftsbedingungen_Arbeitnehmer_berlassung_November_2012.pdf) (letzter Abruf am 19.1.2013); § 8 Satz 1 des Arbeitnehmerüberlassungsvertrages der AK-Personalmanagement: "Der Kundenbetrieb kann den Vertrag jederzeit mit einer Frist von 5 Arbeitstagen zum Ende einer Arbeitswoche kündigen." (http://www.ak-personalmanagement.de/files/tarifvertrag/Arbeitnehmerueberlassungsvertrag.pdf) (letzter Abruf am 19.1.2013); § 7 Abs. 1 der Allgemeinen Geschäftsbedingungen der A-PLUS Personaldienstleistung GmbH: „Die Kündigungsfrist für den Arbeitnehmerüberlassungsvertrag beträgt innerhalb der ersten Woche ab Überlassung des Leiharbeitnehmers zwei Werktage zum Ende eines Arbeitstages, ab der zweiten Woche fünf Werktage zum Wochenende." (http://www.a-plus-gmbh.de/AGB_2010.pdf) (letzter Abruf am 19.1.2013).

Austausch wünscht. Dem Verleiher bleibt in diesen Fällen kaum eine andere Möglichkeit, als den überlassenen Leiharbeitnehmer zurückzurufen, da er anderenfalls ggf. die Beendigung der Geschäftsbeziehung zum Entleiher insgesamt fürchten muss.

Kann der zurückgerufene Leiharbeitnehmer für die restliche, bereits abgerufene Arbeitszeit nicht bei einem anderen Entleiher oder nur zu anderen Zeiten beschäftigt werden, verändert sich zwangsläufig die Lage seiner zuvor mitgeteilten Arbeitszeit. Es stellt sich daher die Frage, ob und ggf. unter welchen Voraussetzungen ein Arbeitgeber den einmal erfolgten Abruf einseitig ändern, d. h. zurücknehmen, die abgerufene Arbeitszeit verlängern oder verkürzen kann mit der Folge, dass sich auch der Vergütungsanspruch des Arbeitnehmers nach der veränderten Arbeitszeitlage bemisst.

1. Einseitige Änderung

Die Frage, ob bzw. unter welchen Voraussetzungen ein Arbeitgeber die Lage der Arbeitszeit nach einem bereits erfolgten Abruf noch einseitig verändern kann, wird unterschiedlich beantwortet.

a) Keine Änderung, nur Anfechtung und Widerruf oder Änderung innerhalb der Ankündigungsfrist

So wird vertreten, der Abruf der Arbeitsleistung im Rahmen des Direktionsrechts des Arbeitgebers (§ 12 Abs. 2 TzBfG, § 106 Satz 1 GewO) stelle eine einseitige empfangsbedürftige Gestaltungserklärung im Sinne einer Leistungsbestimmung nach § 315 Abs. 2 BGB dar. Der Abruf erfolge verbindlich und könne nachträglich nicht einseitig, nur noch einvernehmlich geändert werden. Nehme der Arbeitgeber die Arbeitsleistung für die ursprünglich abgerufene Arbeitszeit nicht an, stehe dem Arbeitnehmer das Entgelt nach den Regeln des Annahmeverzuges zu.[369] Einige Vertreter dieser Auffassung halten eine einseitige Änderung allerdings in solchen Fällen für möglich, in denen die Anforderungen für eine Anfechtung gemäß §§ 119ff. BGB oder einen Widerruf gemäß § 130 Abs. 1 Satz 2 BGB erfüllt sind.[370]

369 Boewer, TzBfG § 12 Rn. 46f.; Meinel/Heyn/Herms, TzBfG § 12 Rn. 39; Arnold/Gräfl-Arnold, TzBfG § 12 Rn. 62; Buschmann/Dieball/Stevens-Bartol/Buschmann, TZA, TzBfG § 12 Rn. 57; Klevemann, DB 1987, 2096, 2100; Meyer, S. 97; i. E. auch KSchR-Zwanziger (7. Aufl.), TzBfG § 12 Rn. 28, der in der nachträglichen Änderung des Abrufs ein gegen das Gebot von Treu und Glauben gemäß § 242 BGB verstoßendes, widersprüchliches und deshalb unzulässiges Verhalten sieht; ohne Begründung: Pulte/Westphal, Rn. 121.

370 MünchArbR-Schüren, § 41 Rn. 30f.; Annuß/Thüsing-Jacobs, TzBfG § 12 Rn. 39 f.; Laux/Schlachter § 12 Rn. 67; HK-Boecken, TzBfG § 12 Rn. 33; Kiene, S. 162f.; offen: Hanau, RdA 1987, 25, 28, der dort den Abruf zwar als Willenserklärung i. S. d. § 315 BGB einstuft, sich jedoch zu einer nachträglich Änderung des Abrufs nicht erklärt.

Demgegenüber sehen andere Vertreter des Schrifttums[371] in einem Abruf der Arbeitsleistung im Rahmen des Direktionsrechts des Arbeitgebers (§ 12 Abs. 2 TzBfG, § 106 Satz 1 GewO) keine einseitige empfangsbedürftige Gestaltungserklärung,[372] sondern eine geschäftsähnliche Handlung und erlauben daher eine einseitige Veränderung der Arbeitszeit, wenn die Veränderung unter Einhaltung der viertägigen Ankündigungsfrist gemäß § 12 Abs. 2 TzBfG[373] erfolgt. Eine spätere – die Ankündigungsfrist einhaltende – Weisung zur Lage der Arbeitszeit gehe somit einer früheren Weisung vor. In diesem Falle sei ein Vergütungsanspruch des Arbeitnehmers für den ursprünglich abgerufenen Zeitraum nicht – auch nicht nach den Regeln des Annahmeverzuges – gegeben. Einer Änderung könne ein Vertrauensschutz des Arbeitnehmers lediglich ausnahmsweise dann entgegen stehen, wenn er den einmal erfolgten Abruf nach den gesamten Umständen als endgültig habe ansehen dürfen und entsprechende Dispositionen getroffen habe.

b) Stellungnahme

Die geschäftsähnliche Handlung unterscheidet sich von der Willenserklärung dadurch, dass sie eine auf einen tatsächlichen Erfolg gerichtete Erklärung darstellt, deren Rechtsfolgen kraft Gesetzes eintreten, während die Willenserklärung eine Rechtsfolge herbeiführt, weil sie gewollt ist.[374]

Der Abschluss des Arbeitsvertrages durch übereinstimmende Willenserklärungen der Parteien (§ 611 Abs. 1 BGB) hat u. a. zur Folge, dass der Arbeitnehmer grundsätzlich zur Arbeitsleistung verpflichtet ist. Die Arbeitsverpflichtung des Arbeitnehmers gründet daher auf seinem entsprechend bekundeten Willen. Die Leistungserbringung ist nunmehr nur noch davon abhängig, dass der Arbeitgeber die konkrete zeitliche Lage bestimmt. Erfolgt dies unter Einhaltung der Ankündigungsfrist, ergibt sich aus § 12 Abs. 2 TzBfG die konkrete, tatsächliche Arbeitsverpflichtung des Arbeitnehmers. Dies spricht für die Einordnung des Abrufs als geschäftsähnliche Handlung und nicht als empfangsbedürftige Gestaltungserklärung.

Mit der Einordnung als geschäftsähnliche Handlung allein wäre allerdings noch nicht klargestellt, dass die entsprechende Erklärung auch ohne Rücksicht auf die §§ 119 ff., § 130 Abs. 1 Satz 2 BGB wieder rückgängig gemacht werden kann, denn auf

---

371 GK-TZA-Mikosch, BeschFG § 4 Rn. 67; ErfKomm-Preis, TzBfG § 12 Rn. 28; MünchKomm-BGB-Müller-Glöge, TzBfG § 12 Rn. 15; HWK-Schmalenberg, TzBfG § 12 Rn. 18; nach Sievers, TzBfG § 12 Rn. 35 gilt, dass der Arbeitgeber in Ausübung seines Direktionsrechts erteilte Weisungen in den Grenzen des billigen Ermessens wieder ändern kann.

372 Zwar für eine einseitige empfangsbedürftige Gestaltungserklärung AnwK-ArbR-Worzalla, TzBfG § 12 Rn. 11, der hieraus jedoch nicht folgert, der Abruf könne nur im Wege der Anfechtung oder einvernehmlich geändert werden, sondern nur die Einhaltung der Ankündigungsfrist verlangt; ebenso: RGKU/Arbeitsrecht-Bayreuther, TzBfG § 12 Rn. 16; Hahn, S. 153 f.

373 Siehe § 3 A IV.

374 BAG v. 11.10.2000 – 5 AZR 313/99, BB 2001, 1201.

die Mehrzahl geschäftsähnlicher Handlungen sind die Vorschriften über Willenserklärungen entsprechend anwendbar,[375] mithin auch die §§ 119ff., 130 Abs. 1 Satz 2 BGB. Im Hinblick auf die entsprechende Anwendung darf jedoch nicht schematisch verfahren werden. Vielmehr muss jeweils der Eigenart einer geschäftsähnlichen Handlung und der typischen Interessenlage Rechnung getragen werden.[376]

Die Eigenart des Abrufs zur Arbeitsleistung entsprechend dem Arbeitsanfall spricht jedoch aus den nachfolgenden Gründen gegen eine geschäftsähnliche Handlung, die nur nach Maßgabe von §§ 119ff., 130 BGB beseitigt werden könnte.

Die Vertreter der beiden vorgenannten Auffassungen stimmen mit dem BAG darin überein, dass der Arbeitgeber die im Rahmen des Arbeitsvertrages nur rahmenmäßig bestimmte Arbeitszeitlage grundsätzlich kraft seines allgemeinen Direktionsrechts bestimmen kann.[377] Ebenfalls übereinstimmend vertreten sie, dass die Anordnung einer unregelmäßigen Arbeitszeit mit wechselnden Einsatzzeiten nicht bereits aufgrund des allgemeinen Direktionsrechts erfolgen darf, sondern der gesonderten Vereinbarung bzw. der Beachtung der Einschränkungen gemäß § 12 TzBfG bedarf.[378] Sie wenden § 12 TzBfG und § 106 Satz 1 GewO kumulativ an. Insbesondere enthält § 12 TzBfG keinen Hinweis darauf, dass es als Spezialregelung das allgemeine Direktionsrecht als Rechtsgrundlage für die Konkretisierung der jeweiligen Arbeitszeit verdrängen würde.[379]

Der konkrete Abruf erfolgt mithin nach Maßgabe von § 12 Abs. 2 TzBfG, § 106 Satz 1 BGB. Der Abruf findet hierbei im Rahmen eines Arbeits- und damit eines Dauerschuldverhältnisses statt. Da es kaum möglich ist, die Arbeitsbedingungen eines Dauerschuldverhältnisses so konkret zu formulieren, dass sie für alle Zeit und jeden erdenklichen Fall Gültigkeit haben können, werden die Arbeitsbedingungen im Arbeitsvertrag größtenteils nur rahmenmäßig bestimmt und nachfolgend durch das allgemeine Direktionsrecht ausgestaltet.[380] Könnte eine solche Weisung nur einmalig erfolgen und nicht bzw. nur bei Vorliegen eines Anfechtungsgrundes gemäß §§ 119ff. BGB rückgängig gemacht werden, wäre eine solche Ausgestaltung des Dauerschuldverhältnisses praktisch nicht möglich. Den ggf. nach längerer

375 BGH v. 26.5.2010 – Xa ZR 124/09, NJW 2010, 2950, 2951; BGH v. 14.10.1994 – V ZR 196/93, BB 1995, 480, 481.

376 BGH v. 17.10.2000 – X ZR 97/99, NJW 2001, 289, 290; Palandt-Ellenberger, BGB Überbl. v. § 104 Rn. 7.

377 BAG v. 7.12.2000 – 6 AZR 444/99, NZA 2001, 780; Vgl. nur Preis-Preis/Lindemann, Arbeitsvertrag, Kap. II A 90 Rn. 138; GK-TZA-Mikosch, BeschFG § 4 Rn. 82; MünchArbR-Schüren, § 41 Rn. 22; Laux/Schlachter § 12 Rn. 82; Annuß/Thüsing-Jacobs, TzBfG § 12 Rn. 41 f. Meinel/Heyn/Herms, TzBfG § 12 Rn. 40; Kiene, S. 60f.

378 Boewer, TzBfG § 12 Rn. 9, 32; Buschmann/Dieball/Stevens-Bartol/Buschmann, TZA, TzBfG § 12 Rn. 12, 42, 50; GK-TZA-Mikosch, BeschFG § 4 Rn. 23; Kiene, S. 62ff.

379 Siehe auch § 3 A V.

380 Meyer, S. 87; BAG v. 27.3.1980 – 2 AZR 506/78, AP BGB § 611 Direktionsrecht Nr. 26 unter III 1 der Gründe.

Beschäftigungsdauer veränderten Verhältnissen der Arbeitsvertragsparteien könnte dann nicht mehr hinreichend Rechnung getragen werden. Auch der Abruf der Arbeitsleistung muss daher – wie jede andere Weisung, die auf dem allgemeinen Direktionsrecht aus dem Arbeitsvertrag beruht – einseitig durch eine neue Weisung[381] geändert werden können. Eine entsprechende Anwendung der §§ 119ff., 130 BGB auf den Abruf der Arbeitsleistung kommt daher nicht in Betracht.

Auch aus dem Wortlaut von § 12 TzBfG ergibt sich nicht, dass das allgemeine Direktionsrecht bei der Arbeit auf Abruf – anders als bei Arbeitsverhältnissen mit regelmäßiger Arbeitszeit – nur „einmalig" oder unwiderruflich ausgeübt und ein Abruf sodann nicht mehr geändert werden könnte. Der Wortlaut von § 106 Satz 1 GewO enthält ebenfalls keine solche Einschränkung. Der Arbeitgeber hat dem Arbeitnehmer lediglich gemäß § 12 Abs. 2 TzBfG „die Lage seiner Arbeitszeit" vier Tage im Voraus mitzuteilen.

Des Weiteren ergibt auch die Gesetzesbegründung keinen Hinweis auf weitergehende Einschränkungen. Dem Abrufarbeitnehmer soll durch die Ankündigungsfrist lediglich hinreichend Zeit eingeräumt werden, um seine persönliche Zeitplanung vorzunehmen.[382] Hierfür erachtet das Gesetz die in § 12 Abs. 2 TzBfG genannte Frist, die tarifvertraglich verkürzt werden kann, als ausreichend. Kein Anhaltspunkt findet sich demgegenüber für ein Erfordernis, die einmal bestimmte Lage der Arbeitszeit „einzufrieren".

In der Unabänderlichkeit des Abrufs würde zudem eine ungerechtfertigte Besserstellung des Abrufarbeitnehmers gegenüber einem Arbeitnehmer mit regelmäßiger Arbeitszeit liegen. Bei diesem ist die Lage der Arbeitszeit im Arbeitsvertrag zumeist auch nur rahmenmäßig bestimmt und kann durch den Arbeitgeber aufgrund seines allgemeinen Direktionsrechts konkret festgelegt werden.[383] Diese Grundsätze gelten für Vollzeit- und Teilzeitarbeitnehmer gleichermaßen. Anderweitige familiäre oder berufliche Verpflichtungen eines Teilzeitarbeitnehmers werden daher – soweit sie nicht Gegenstand einer gesonderten Vereinbarung sind – nur im Rahmen des billigen Ermessens gemäß § 106 Satz 1 GewO berücksichtigt.[384]

Der Arbeitgeber kann daher in einem Teilzeitarbeitsverhältnis mit regelmäßiger Arbeitszeit z. B. bestimmen, dass sich die tägliche Arbeitszeit auf die Zeit von 8.00 Uhr bis 12.00 Uhr verteilt. Hiermit legt er sich i. d. R. nicht verbindlich und abschließend fest, sondern kann diese Anordnung später – unter Beachtung der Grundsätze billigen Ermessens – ändern. Er kann daher in dem vorgenannten Beispiel die

---

381 Zu der Änderungsbefugnis in Bezug auf einen Dienstplan, insbesondere zu Bereitschaftsdienst, Rufbereitschaft und Überstunden: BAG v. 25.4.2007 – 6 AZR 799/06, NZA 2007, 1108, 1109.

382 Noch zu § 4 BeschFG a. F.: Begründung zum Regierungsentwurf v. 11.10.1984, BT-Drucks. 10/2102, S. 25 zu § 4 BeschFG 1985.

383 BAG v. 7.12.2000 – 6 AZR 444/99, NZA 2001, 780; BAG v. 23.6.1992 – 1 AZR 57/92, BB 1992, 2147, 2148; Lakies, BB 2003, 364, 367.

384 BAG v. 17.7.2007 – 9 AZR 819/06, NZA 2008, 118, 119; MünchArbR-Schüren, § 162 Rn. 124, 130.

Arbeitszeit zukünftig auf die Zeit von 10.00 Uhr bis 14.00 Uhr verschieben, ohne dass diesbezüglich eine vertragliche Vereinbarung, Anfechtung, Änderungskündigung oder ein Widerruf erforderlich wären. Die Lage der Arbeitszeit unterliegt vielmehr aus unterschiedlichen Gründen einem beständigen Wechsel, sodass der Arbeitnehmer, der ein Interesse an einer bestimmten Lage seiner Arbeitszeit hat, diese und etwaige Änderungsmöglichkeiten mit dem Arbeitgeber vereinbaren muss.[385]

Auch ein Arbeitnehmer mit regelmäßiger Arbeitszeit hat daher grundsätzlich keinen Anspruch darauf, dass die einmal mitgeteilte Arbeitszeit für alle Zeit gleich bleibt bzw. sich nur ändern darf, wenn die Voraussetzungen einer Anfechtung vorliegen. Es leuchtet daher nicht ein, dass bei einem Arbeitsverhältnis mit regelmäßiger Arbeitszeit die frühere Weisung durch eine spätere Weisung abgelöst wird, während die Mitteilung der Arbeitszeit bei einem Abrufarbeitsverhältnis dauerhaft verbindlich sein soll.

Wäre der Abruf nicht einseitig abänderbar, würde zudem derjenige Arbeitgeber schlechter gestellt, der dem Arbeitnehmer einen Einsatz so früh wie möglich mitteilt. Gemäß § 12 Abs. 2 TzBfG soll die Lage der Arbeitszeit „mindestens" vier Tage im Voraus mitgeteilt werden. Erfährt der Arbeitgeber sehr frühzeitig von dem nächsten Arbeitsanfall, könnte er den Arbeitnehmer über die Lage seiner Arbeitszeit beispielsweise bereits zwei Wochen vor dem eigentlichen Ankündigungstag benachrichtigen, um auch diesem eine entsprechende Planung zu ermöglichen. Ergibt sich unvorhergesehen sodann eine kurzfristige Änderung noch vor Ablauf der Vier-Tage-Frist, könnte der Arbeitgeber seine Anordnung nicht mehr rückgängig machen. Er wäre daher gehalten, mit dem Abruf stets bis zum letztmöglichen Mitteilungszeitpunkt zu warten.

Der Schutz des Abrufarbeitnehmers wird zudem dadurch gewährleistet, dass die Änderung nicht nur unter Einhaltung der Grundsätze des billigen Ermessens gemäß § 106 Satz 1 GewO, sondern auch der Ankündigungsfrist gemäß § 12 Abs. 2 TzBfG erfolgen muss. Im Falle einer Verschiebung der Arbeitsleistung auf einen früheren oder späteren Zeitpunkt gilt diese Frist nicht nur hinsichtlich der Ankündigung der neuen Arbeitszeitlage, sondern – als Kehrseite – auch hinsichtlich der Ankündigung der unvorhergesehenen Freizeitlage zu dem ursprünglichen Zeitpunkt. Grund hierfür ist, dass die Arbeitszeit nicht mehr auf dem ursprünglichen Zeitpunkt „liegen" soll und dies daher dem Arbeitnehmer gemäß § 12 Abs. 2 TzBfG mitgeteilt werden muss.

Gälte die Ankündigungsfrist für den unvorhergesehenen Freizeitanspruch nicht, könnte der Arbeitnehmer seine Freizeit nur schwer planen. Bei sehr kurzfristigen Änderungen könnte der Freizeitanspruch mangels Planbarkeit nahezu entwertet werden. Zudem bestünde eine Missbrauchsmöglichkeit für denjenigen Arbeitgeber, der zum Abrufzeitpunkt nur eine vage, jedoch noch keine sichere Kenntnis über den nächsten Arbeitsanfall hat. Dieser könnte die Arbeitszeit zum voraussichtlichen

385 BAG v. 7.12.2000 – 6 AZR 444/99, NZA 2001, 780, 781; BAG v. 23.6.1992 – 1 AZR 57/92, BB 1992, 2147, 2148; Lakies, BB 2003, 364, 365 f.; ähnlich: Kiene, S. 63 f.

(unsicheren) Zeitpunkt „auf Vorrat" abrufen und sie – sobald er Kenntnis von einem früheren oder späteren Arbeitsanfall hat – kurzfristig zurückrufen, ohne für diese Zeit Annahmeverzugslohn leisten zu müssen. Die Ankündigungsfrist muss daher bei Änderungen eines Abrufs sowohl für die unvorhergesehene Freizeit als auch für den neuen Leistungszeitpunkt gelten. Weitergehende Einschränkungen als die Beachtung der Ankündigungsfrist enthält § 12 Abs. 2 TzBfG demgegenüber nicht.

Es ergeben sich somit aus dem Wortlaut von § 12 Abs. 2 TzBfG, der zugrunde liegenden Gesetzesbegründung und dem Sinn und Zweck der Vorschrift keine Hinweise darauf, den Abruf der Arbeitsleistung dogmatisch als Willenserklärung oder geschäftsähnliche Handlung einzuordnen, die nicht mehr einseitig geändert, allenfalls gemäß §§ 119 ff. BGB angefochten oder gemäß § 130 Abs. 1 Satz 2 BGB widerrufen werden könnte. Vorzugswürdig ist daher die Auffassung, welche für den Abruf der Arbeitsleistung im Rahmen des Direktionsrechts eine geschäftsähnliche Handlung annimmt, die einseitig unter Einhaltung der Ankündigungsfrist geändert werden kann, sowohl im Hinblick auf die unvorhergesehene Freizeit als auch die neue Arbeitszeitlage.

2. *Vereinbarung einer Änderung*

Zwischen den vorstehend genannten Vertretern des Schrifttums besteht Einigkeit, dass der Arbeitgeber die Lage der Arbeitszeit nach einem bereits erfolgten Abruf ändern kann, wenn sich der Arbeitnehmer hiermit einverstanden erklärt hat. Fraglich ist indes, zu welchem Zeitpunkt die einvernehmliche Änderung getroffen werden kann und ob auch für eine einvernehmliche Änderung die Ankündigungsfrist beachtet werden muss.

a) Vereinbarung anlässlich einer konkreten Änderung

Nach der hier vertretenen Auffassung kann der Arbeitgeber einen bereits erfolgten Abruf einseitig ändern, soweit er die Ankündigungsfrist gemäß § 12 Abs. 2 TzBfG sowohl für die unvorhergesehene Freizeit als auch für die neue Arbeitszeitlage einhält.[386] Dies muss daher erst recht möglich sein, wenn sich der Arbeitnehmer anlässlich einer konkreten Änderung hiermit einverstanden erklärt.

Wird der Abruf mit der Gegenauffassung als empfangsbedürftige Willenserklärung gemäß § 315 Abs. 2 BGB eingestuft und deshalb eine einseitige Änderungsmöglichkeit abgelehnt,[387] ergibt sich die einvernehmliche Änderungsmöglichkeit aufgrund der Abdingbarkeit von § 130 Abs. 1 Satz 2 BGB[388]. Hiernach können die Parteien vereinbaren, dass die Wirksamkeit einer Willenserklärung, d. h. nach der Gegenauffassung der Abruf der Arbeitsleistung, auch noch nach Zugang bei dem Arbeitnehmer durch einen Widerruf beseitigt werden kann.

---

386 Siehe § 3 A VI 1 b).
387 Siehe § 3 A VI 1 a).
388 Palandt-Ellenberger, BGB § 130 Rn. 11, 19.

Kann der Arbeitgeber demgegenüber die Ankündigungsfrist für eine Änderung des Abrufs nicht einhalten, ist nach beiden vorstehenden Auffassungen eine einseitige Änderung nicht möglich. Dem Arbeitgeber bleibt nur die Möglichkeit, dem Arbeitnehmer ein Änderungsangebot zu unterbreiten.

Nimmt der Arbeitnehmer ein solches Änderungsangebot ohne Einschränkung an, wird der Arbeitgeber das Einverständnis bei einer Auslegung nach §§ 133, 157 BGB regelmäßig zugleich als Verzicht auf die Ankündigungsfrist sowohl hinsichtlich des ursprünglichen als auch des nunmehr vorgesehenen Leistungszeitpunkts verstehen dürfen.[389] Anderenfalls würde sich der Arbeitnehmer widersprüchlich verhalten, denn er hätte bereits ohne das Änderungsangebot Annahmeverzugslohn für den ursprünglich abgerufenen Leistungszeitpunkt sowie einen entsprechenden Abzug der Stunden von seinem Arbeitszeitdeputat sowie ein Leistungsverweigerungsrecht für den nunmehr vorgesehenen neuen Leistungszeitpunkt geltend machen können. Der Unterbreitung des Änderungsangebots bzw. dessen Annahme hätte es hierfür nicht bedurft.

Schweigt der Arbeitnehmer auf das Änderungsangebot des Arbeitgebers, kann eine einvernehmliche Änderung nicht zustande kommen, denn Schweigen kann nur im Ausnahmefall ein Erklärungswert zukommen.[390] Ein Schweigen ist daher wie eine Ablehnung des Änderungsangebots zu werten. Hier bleibt es dabei, dass der Arbeitgeber einen Abruf nur unter Einhaltung der Ankündigungsfrist einseitig ändern kann. Ist dies nicht mehr möglich, muss er sich an dem Abruf festhalten lassen. Nimmt er die Arbeitsleistung zum ursprünglichen Leistungszeitpunkt sodann nicht an, schuldet er dennoch das hierfür vorgesehene Entgelt gemäß § 615 Satz 1 BGB und muss die nicht abgenommenen Arbeitsstunden vom Arbeitszeitdeputat abziehen. Mit der Ablehnung des Angebots ist der Arbeitnehmer zur Arbeitsleistung zum nunmehr vorgesehenen Leistungszeitpunkt nicht verpflichtet, sodass hierfür keine Vergütung geleistet oder Stunden vom Arbeitszeitdeputat abgerechnet werden müssten.

b) Keine Vereinbarung der Änderungsmöglichkeit im Arbeitsvertrag

Fraglich ist, ob der Arbeitgeber es vermeiden kann, für jeden Fall einer konkreten Änderung jeweils wieder das Einverständnis des Arbeitnehmers einholen zu müssen. Denkbar wäre, dass er sich das Einverständnis vorab für jede Änderung im Arbeitsvertrag erteilen lässt.

Ein Einverständnis vorab im Arbeitsvertrag erscheint vertretbar, wenn zugleich bestimmt ist, dass eine Änderung nur unter Einhaltung der Ankündigungsfrist erfolgen kann, denn in diesem Fall wäre nach der hier vertretenen Auffassung[391] auch eine einseitige Änderung möglich. Erst recht muss dies daher für eine einvernehmliche

---

389 Zur Zulässigkeit eines Verzichts bei Nichteinhaltung der Ankündigungsfrist für einen konkreten Abruf siehe § 3 A IV 3.

390 Siehe § 3 A III 4 c) (4).

391 Siehe § 3 A VI 1 b).

Änderung gelten. Die Vereinbarung einer solchen Änderungsbefugnis würde daher nur deklaratorisch das wiedergeben, was der Arbeitgeber ohnehin einseitig erreichen könnte.

Erklärt sich demgegenüber der Arbeitnehmer im Arbeitsvertrag mit jeder Änderung auch außerhalb der Ankündigungsfrist einverstanden, liegt darin ein unzulässiger Verzicht auf die Einhaltung der Ankündigungsfrist gemäß §§ 22, 12 Abs. 2 TzBfG. Hiernach kann sich der Arbeitnehmer nicht vorab, sondern nur anlässlich eines konkret auftretenden Einzelfalles zum Verzicht in Bezug auf diesen Einzelfall bereit erklären.[392]

Auch ein vorab im Arbeitsvertrag erklärtes Einverständnis ist daher – wie die einseitige Änderung eines Abrufs – nur wirksam, wenn die Änderung jeweils unter Beachtung der Ankündigungsfrist erfolgt. Eine Vereinbarung im Arbeitsvertrag, nach der ein einmal erfolgter Abruf „jederzeit" geändert werden kann, wäre demgegenüber unwirksam.[393] Zulässig bleibt in einem solchen Fall lediglich die Vereinbarung anlässlich eines konkret auftretenden Änderungsbedarfs.

Mit der Vereinbarung einer Änderungsbefugnis bereits im Arbeitsvertrag ist daher gegenüber der hier als zulässig erachteten einseitigen Änderungsmöglichkeit kein größerer Gestaltungsspielraum gewonnen. Eine Änderungsvereinbarung kann jedoch zu einer höheren Akzeptanz bei dem betroffenen Arbeitnehmer führen, der sich auf diese Möglichkeit von Beginn an einstellen kann.

VII. Übertragung von Arbeitsstunden auf einen anderen Bezugszeitraum

Nach der hier vertretenen Auffassung muss der Arbeitgeber nicht in jeder Woche zwingend die gleiche Stundenanzahl abrufen. Er kann vielmehr im Arbeitsvertrag eine durchschnittlich in einem (bis zu einem Jahr reichenden) Bezugszeitraum abzuleistende Wochenarbeitszeit bei Zahlung einer verstetigten Vergütung vereinbaren. Ist als Bezugszeitraum ein Kalenderjahr vereinbart, kann somit die vertragliche Arbeitszeit innerhalb des Jahres auf die einzelnen Kalenderwochen und -monate unregelmäßig verteilt werden, während der Arbeitnehmer eine verstetigte, beispielsweise monatliche, Vergütung erhält.[394]

Nunmehr kann sich herausstellen, dass gegen Ende des Jahreszeitraums noch einige Arbeitsstunden abgerufen werden müssten, der Arbeitgeber hierfür jedoch in diesem Bezugszeitraum keine Verwendung mehr hat oder die Ankündigungsfrist nicht mehr einhalten kann. Fraglich ist, ob er die offenen Stunden nach den Regeln des Annahmeverzugs gemäß § 615 Satz 1 BGB vergüten muss oder ob er diese auf

---

392 Zum Verzicht auf die Ankündigungsfrist siehe § 3 A IV 3.

393 Preis-Preis/Lindemann, Arbeitsvertrag, Kap. II A 90 Rn. 132.

394 Siehe § 3 A III 2 b); die Gegenauffassung (siehe Nachweise in § 3 A III 2 a)) verlangt, dass in jeder Woche zwingend die gleiche Stundenzahl abgerufen wird, sodass hiernach eine Übertragung von nicht abgerufenen oder zu viel abgerufenen Stunden auf einen späteren Bezugszeitraum gänzlich unmöglich wäre.

den nächsten Bezugszeitraum übertragen und die Stunden dort nachträglich abrufen kann. Umgekehrt besteht möglicherweise ein erhöhter Beschäftigungsbedarf im Bezugszeitraum, sodass der Arbeitgeber einen Teil der Stunden, die er eigentlich im Folgebezugszeitraum abrufen müsste, auf den noch laufenden Bezugszeitraum vorziehen möchte.

1. Ansätze im Schrifttum

Mikosch sowie Pulte und Westphal hielten eine Übertragung – allerdings noch unter der Geltung von § 4 BeschFG a. F.[395] – für bedenklich. Bestehe am Ende eines Bezugszeitraums eine Übertragungsmöglichkeit, könne die Arbeitszeitdauer im Bezugszeitraum verändert werden, sodass es an der Festlegung einer bestimmten Arbeitszeitdauer i. S. v. § 4 Abs. 1 BeschFG a. F.[396] fehle. Daher erlaubten beide die Übertragung aufgrund einer entsprechenden Vereinbarung nur innerhalb des höchstmöglichen Bezugszeitraums. Dieser Bezugszeitraum durfte ihrer Ansicht nach einen Monat im Grundsatz nicht überschreiten. Hiernach konnte z. B. eine Wochenarbeitszeit vereinbart werden und der Ausgleich von in einer Woche nicht oder zu viel abgerufenen Arbeitsstunden innerhalb eines Monats, nicht jedoch darüber hinaus vorgenommen werden. Sie ließen sowohl eine automatische Übertragung als auch eine Übertragung aufgrund Erklärung des Arbeitgebers zu.[397]

Auch Schüren und Jacobs erlauben eine Übertragung, allerdings ohne Begrenzung auf einen höchstmöglichen Bezugszeitraum.[398] Da nach ihrer Auffassung ein Bezugszeitraum von grundsätzlich einem Jahr vereinbart werden kann,[399] wäre somit eine Übertragung nicht nur innerhalb eines Monats oder Jahres, sondern auch von einem Jahr auf das andere Jahr möglich. Sie setzen ebenfalls eine Übertragungsvereinbarung der Parteien voraus und stellen klar, dass sich die Übertragungsvereinbarung nicht auf den verstetigten Vergütungsanspruch des Arbeitnehmers auswirken dürfe. Die konkrete Übertragungsentscheidung des Arbeitgebers unterliege zudem den Grundsätzen billigen Ermessens (§ 106 Satz 1 GewO).

---

395 Anders als § 12 Abs. 1 Satz 2 TzBfG enthielt der Wortlaut von § 4 Abs. 1 BeschFG a. F., BGBl. I 1985, 710, noch keinen ausdrücklichen Hinweis auf eine Wochenarbeitszeit oder einen anderen bestimmten Bezugszeitraum.

396 Nunmehr i. S. v. § 12 Abs. 1 Satz 2 TzBfG.

397 GK-TZA-Mikosch, BeschFG § 4 Rn. 53; Pulte/Westphal, Rn. 124; Darstellung zur Länge des Bezugszeitraums unter § 4 BeschFG a. F. auch bei Meyer, S. 77 ff., der einen längeren als einen einwöchigen oder einmonatigen Bezugszeitraum zulässt; gänzlich gegen eine Übertragungsmöglichkeit: Hahn, S. 127.

398 MünchArbR-Schüren, § 41 Rn. 23, 42; Annuß/Thüsing-Jacobs, TzBfG § 12 Rn. 45 („Zeitausgleich innerhalb eines überschaubaren Zeitraums – zum Beispiel drei Monate"); eine Übertragungsvereinbarung lassen ebenfalls zu, jedoch ohne nähere Begründung: HWK-Schmalenberg, TzBfG § 12 Rn. 23; Arnold/Gräfl-Arnold, TzBfG § 12 Rn. 49; HK-Boecken, TzBfG § 12 Rn. 10.

399 Siehe § 3 A III 2 a).

2. *Stellungnahme*

Durch die Übertragung von Arbeitsstunden auf einen anderen Bezugszeitraum wird die Dauer der Arbeitszeit im jeweiligen Bezugszeitraum beeinflusst. Der verstetigte Vergütungsanspruch muss demgegenüber – als Grundlage für die Vereinbarung einer durchschnittlichen Wochenarbeitszeit[400] – unverändert erhalten bleiben. Bleibt indes die verstetigte Vergütung gleich, während die Anzahl der Arbeitsstunden in einem Bezugszeitraum durch die Übertragung verändert werden kann, wirkt sich dies auf die durchschnittlich je Arbeitsstunde zu leistende Vergütung des Arbeitnehmers und seine zeitliche Planungssicherheit aus. Werden nicht abgeleistete Stunden beispielsweise auf den Folgebezugszeitraum verschoben, muss der Arbeitnehmer dort mehr Arbeitsstunden ableisten, um die vertragliche Vergütung und damit den sozialversicherungsrechtlichen Schutz zu erhalten.

Mikosch sowie Pulte und Westphal ermöglichen, dass die Anzahl solcher zusätzlichen Stunden im Folgebezugszeitraum für den Arbeitnehmer überschaubar ist, indem sie die Übertragungsmöglichkeit auf einen kurzen Bezugszeitraum und damit die Flexibilität des Arbeitgebers beschränken. Eine Begrenzung ist i. E. zu begrüßen, kann jedoch auch unter Anwendung der längeren Bezugszeiträume und damit unter Aufrechterhaltung der hiermit verbundenen Flexibilität gemäß nachfolgender Grundsätze erreicht werden.

3. *Vereinbarung der Übertragungsmöglichkeit anlässlich einer konkreten Übertragung*

So erscheint eine Übertragung von Stunden über den vereinbarten Bezugszeitraum hinaus auf den Folgebezugszeitraum und umgekehrt als zulässig, wenn die verstetigte Vergütung beibehalten wird und sich die Parteien am Ende eines Bezugszeitraums hinsichtlich der konkreten Stundenanzahl auf eine Übertragung einigen. Zu diesem Zeitpunkt ist für den Arbeitnehmer erkennbar, wie viele Stunden übertragen werden sollen und inwieweit er ggf. anderweitige Interessen zurückstellen müsste. Stimmt der Arbeitnehmer der Übertragung von nicht abgerufenen Stunden auf den Folgebezugszeitraum zu, für deren Abruf die Ankündigungsfrist nicht mehr hätte eingehalten werden können, liegt hierin ein im Arbeitsverhältnis nach allgemeinen Regeln zulässiger Verzicht auf den eigentlich zu zahlenden Annahmeverzugslohn, da § 615 Satz 1 BGB insoweit abdingbar ist,[401] sowie die Bereitschaft, die eigentlich nicht mehr abzuleistenden Stunden im Folgebezugszeitraum (doch noch) zu leisten.

---

400 Siehe § 3 A III 2 a).
401 Siehe § 2 D.

4. *Eingeschränkte Vereinbarung der Übertragungsmöglichkeit im Arbeitsvertrag*

Demgegenüber unterliegt eine Vereinbarung im Arbeitsvertrag, wonach etwaige Stunden am Ende eines Bezugszeitraums – automatisch oder aufgrund einseitiger Erklärung des Arbeitgebers – von dem Bezugszeitraum auf den Folgebezugszeitraum übertragen werden, aufgrund der damit verbundenen Auswirkungen auf die für den Bezugszeitraum bestimmte Arbeitszeitdauer Einschränkungen.[402] Für den Arbeitnehmer muss zum Zeitpunkt des Vertragsschlusses überschaubar sein, in welchem Umfang eine solche Übertragung stattfinden könnte.

a) Stundengrenzen

Hinsichtlich der Grenze der übertragbaren Stunden können die Grundsätze herangezogen werden, die das BAG in seinem Urteil vom 7.12.2005[403] zur Mindest- bzw. Höchstarbeitszeit aufgestellt hat. Das BAG hat hierin ausgeführt, der Arbeitgeber könne die Ungewissheit über den künftigen Arbeitsbedarf als Teil des von ihm gemäß § 615 Satz 1 BGB zu tragenden Beschäftigungsrisikos nur wirksam auf den Arbeitnehmer abwälzen, wenn dieser durch die Vereinbarung nicht unangemessen benachteiligt werde. Eine unangemessene Benachteiligung des Arbeitnehmers i. S. v. § 307 Abs. 2 Nr. 1, Abs. 1 Satz 1 BGB liege indes vor, wenn eine einseitige Erhöhung oder Reduzierung der in einem vorformulierten Arbeitsvertrag vereinbarten Arbeitszeit über bestimmte Grenzwerte hinaus möglich wäre. Diese Grenzwerte legte das BAG im betreffenden Fall nach Durchführung einer Interessenabwägung für die Erhöhung einer Mindestarbeitszeit mit 25 % und für eine Arbeitszeitreduzierung mit 20 %, jeweils bei entsprechender Vergütungsanpassung, fest.[404]

Die Übertragung von Arbeitsstunden wäre in dem Bezugszeitraum, in dem die Stunden nicht abgerufen werden, einer Reduzierung der Arbeitszeit gleichzusetzen. Hier müsste der Arbeitnehmer weniger Stunden ableisten und erhielte dennoch über die verstetigte Vergütung das vertraglich vereinbarte, aufgrund der weniger abgeleisteter Stunden verhältnismäßig erhöhte Entgelt.

Bei der Vereinbarung einer Arbeitszeit von z. B.[405] durchschnittlich 24 Wochenstunden zu jeweils 8,00 €, die in einem Bezugszeitraum von einem Jahr abzuleisten wären, würde die jährliche Arbeitszeit 1.248 Stunden und die durchschnittliche monatliche Arbeitszeit 104 Stunden betragen. Verstetigt könnte eine monatliche Vergütung in Höhe von 832,00 € gezahlt werden. Entsprechend der Grundsätze des BAG könnte nunmehr vereinbart werden, dass bis zu 20 % der jährlichen Arbeitszeit

402 Nach AnwK-ArbR-Worzalla, TzBfG § 12 Rn. 19, ist eine Übertragungsvereinbarung zwar grundsätzlich möglich, verstößt jedoch gegen § 307 BGB, wenn sie vorab im Arbeitsvertrag erfolgt.

403 BAG v. 7.12.2005 – 5 AZR 535/04, BB 2006, 829 ff.

404 Siehe § 3 A III 1 b).

405 Eigenes Beispiel.

nicht abgerufen und damit bis zu 249,6 Arbeitsstunden auf den Folgebezugszeitraum übertragen werden können. In diesem Falle würde der Arbeitnehmer im ersten Bezugszeitraum nur 998,4 Arbeitsstunden, mithin durchschnittlich im Monat 83,2 Arbeitsstunden und in der Woche 19,2 Arbeitsstunden leisten, jedoch weiterhin die monatlich verstetigte Vergütung in Höhe von 832,00 € erhalten. Umgerechnet auf die Arbeitsstunde müsste der Arbeitgeber in diesem Bezugszeitraum mithin eine Vergütung in Höhe von 10 € leisten.

Erst in dem Folgebezugszeitraum, auf den die nicht abgerufenen Stunden übertragen werden, müsste der Arbeitnehmer für die verstetigte Vergütung im Verhältnis mehr Stunden ableisten, erhielte somit ein verhältnismäßig geringeres Entgelt. Entsprechend dem vorgenannten Beispiel könnte der Arbeitgeber im Folgebezugszeitraum die 249,6 Stunden aus dem Vorbezugszeitraum zusätzlich zu den vertraglich vereinbarten 1.248 Stunden abrufen. Er könnte mithin 1.497,6 Stunden jährlich (120 %), durchschnittlich 124,8 Stunden monatlich sowie 28,8 Stunden wöchentlich zu der verstetigten Vergütung in Höhe von 832,00 € abrufen. Hiernach ergäbe sich für den Folgebezugszeitraum umgerechnet eine Stundenvergütung in Höhe von 6,67 €, mithin nicht weniger als 80 % der grundsätzlich vereinbarten Stundenvergütung in Höhe von 8,00 €.

Da die Erhöhung der Arbeitsstunden im Folgezeitbezugszeitraum mit der Reduzierung der Arbeitsstunden im laufenden Bezugszeitraum korrespondiert, kommt es im Folgebezugszeitraum (nur) zu einer Erhöhung um 20 %, nicht um 25 % (erlaubter Grenzwert bei der Mindestarbeitszeit). Die Prozentwerte liegen hier daher im Falle einer Übertragung von Arbeitsstunden einheitlich für beide Bezugszeiträume bei 20 %.

Umgekehrt könnten die Parteien vereinbaren, dass bis zu 20 % der 1.248 Arbeitsstunden (249,6 Stunden) aus dem Folgebezugszeitraum (die 20 % im Hinblick auf die Reduzierung im Folgebezugszeitraum entsprechend dem Grenzwert des BAG für eine Höchstarbeitszeit) in den laufenden Bezugszeitraum vorgezogen und darin vom Arbeitnehmer abgeleistet werden. Der Arbeitnehmer müsste in dem vorstehenden Beispiel daher im laufenden Bezugszeitraum bis zu 1.497,6 Stunden jährlich ableisten (120 %), während im Folgebezugszeitraum aufgrund des Vorziehens von bis zu 249,6 Arbeitsstunden nur 998,4 Arbeitsstunden abgerufen werden könnten. Die sich aufgrund der verstetigten Monatsvergütung ergebende Stundenvergütung entspricht den oben errechneten Zahlen von 6,67 € im Bezugszeitraum (mehr als 80 %) und 10 € im Folgebezugszeitraum.

Anders als in dem vom BAG entschiedenen Fall wirkt sich daher die Übertragung der Arbeitsstunden zwar innerhalb der einzelnen Bezugszeiträume, insgesamt hingegen nicht auf die Dauer der Arbeitszeit, sondern nur auf die Verteilung der Arbeitszeit aus, während der Arbeitnehmer ein verlässliches Einkommen erhält. Dies würde dafür sprechen, die vom BAG gesetzten Grenzwerte großzügiger zu handhaben.

Andererseits wird durch die Übertragungsmöglichkeit die Verteilungsflexibilität der Durchschnittsbetrachtung für den Arbeitgeber weiter erhöht. Bei den Ausführungen zur Durchschnittsbetrachtung wurde bereits bezweifelt, dass das BAG in seinem Urteil vom 7.12.2005[406] ein zusätzlich abrufbares Arbeitszeitkontingent von bis zu 25 % zugelassen hätte, wenn zu der dadurch entstehenden Flexibilisierung der Arbeitszeitdauer auch noch die Verteilungsflexibilität einer Durchschnittsbetrachtung – nur bei dieser Durchschnittsbetrachtung stellt sich die Frage der vorliegend erörterten Übertragungsmöglichkeit überhaupt – hinzugekommen wäre.[407] Hintergrund der Zweifel ist, dass das BAG die vorgenannten Grenzwerte im Rahmen einer Abwägung des Flexibilitätsinteresse des Arbeitgebers mit dem Interesse des Arbeitnehmers an Planungssicherheit gewonnen hat.

Bei Erhöhung der Verteilungsflexibilität erscheinen daher im Gegenzug auch Einschränkungen zur Erhöhung der Planungssicherheit, mithin Einschränkungen der Übertragungsmöglichkeit, geboten. Hinsichtlich des Umfangs einer möglichen Einschränkung kann sodann berücksichtigt werden, dass durch die Übertragungsmöglichkeit nur die Verteilung, nicht hingegen die Dauer der Arbeitszeit betroffen ist.

Auch für die Übertragungsmöglichkeit erscheint zunächst eine teilweise Anlehnung an die Grundsätze angemessen und praktikabel, die für die Kombination einer Mindest- mit einer Durchschnittsarbeitszeit aufgestellt wurden. Da insoweit neben der Verteilung zusätzlich die Dauer der Arbeitszeit flexibilisiert ist, wird dort der Abruf der 25 % zusätzlicher Arbeitszeit auf ein Viertel des zusätzlichen Arbeitszeitvolumens, mithin auf 6,25 % je Quartal begrenzt.[408]

Die Frage der Übertragung betrifft allerdings anders als die Frage der Mindestarbeitszeit nicht den Arbeitszeitumfang, sondern nur die Verteilung der Arbeitszeit. Da zudem ein Vorziehen von Stunden aus dem Folgebezugszeitraum dort zugleich zu einer Herabsetzung von Stunden führt und umgekehrt ein Hinausschieben von Stunden die Arbeitszeit im Bezugszeitraum reduziert, kann einheitlich für beide Bezugszeiträume wie vorstehend bereits im Beispiel verdeutlicht nur der Grenzwert (des BAG für eine Arbeitszeitreduzierung) von 20 % angewandt werden.

Da sich die Frage einer Übertragung von Stunden praktisch regelmäßig erst in der zweiten Hälfte, zumeist sogar erst gegen Ende eines Bezugszeitraums, etwa im letzten Quartal eines einjährigen Bezugszeitraums stellt, erscheint es im Planungsinteresse des Arbeitnehmers gerechtfertigt, den Grenzwert von 20 % „abzuschichten“. So erscheint es angemessen, dem Arbeitgeber die Übertragung noch bis einschließlich zum Ende des dritten Quartal in voller Höhe von 20 % zu gestatten, während im vierten Quartal nur noch höchstens 10 % übertragen werden könnten. Damit für den Arbeitnehmer die Übertragung der Stunden erkennbar ist und er nicht irrtümlicherweise davon ausgeht, dass der Arbeitgeber z. B. den Abruf von Stunden versäumt hat, bedarf es hierzu einer gesonderten Erklärung. Eine automatische Übertragung kann dagegen mangels eindeutigem Erklärungswert nicht vorgesehen werden.

Regelmäßig wird der Arbeitgeber nicht nur eine einmalige Übertragungsmöglichkeit, sondern eine Übertragungsmöglichkeit für jeden Bezugszeitraum vereinbaren

---

406 BAG v. 7.12.2005 – 5 AZR 535/04, BB 2006, 829ff.

407 Siehe § 3 A III 3 a).

408 Siehe § 3 A III 3 a) (2).

wollen. Für diesen Fall muss daher sichergestellt und dies vertraglich verdeutlicht werden, dass durch eine Übertragungsmöglichkeit zu Beginn und am Ende eines Bezugszeitraums die Grenzwerte des BAG von 125 % bzw. 80 % Arbeitszeit für ein Bezugsjahr nicht überschritten bzw. unterschritten werden. Diese Grenzen wären beispielsweise nicht eingehalten, wenn der Arbeitgeber nicht abgerufene Stunden im Umfang von 20 % auf den Folgebezugszeitraum verschiebt und in diesem Folgebezugszeitraum am Ende noch einmal weitere 20 % aus dem danach folgenden Folgebezugszeitraum vorzieht, mithin im Folgebezugszeitraum eine zusätzliche Arbeitsleistung von 40 % einfordert.

b) Stundengrenzen bei Kombination mit Mindestarbeitszeit

Wenn die Arbeitsvertragsparteien nicht nur eine durchschnittlich wöchentlich in einem Bezugszeitraum zu erbringende Arbeitszeit, sondern darüber hinaus das Recht des Arbeitgebers vereinbart haben, die Arbeitszeit um bis zu 25 % zu erhöhen (durchschnittliche Mindestarbeitszeit[409]), hätte der Arbeitgeber bereits aufgrund der Mindestarbeitszeit die von dem BAG mit seinem Urteil vom 7.12.2005[410] eingeräumte Flexibilität vollständig ausgenutzt. Eine solche Koppelung der Mindestarbeitszeit mit der Durchschnittsbetrachtung – nur bei dieser kommt eine Übertragungsvereinbarung in Betracht – und der Übertragungsmöglichkeit (dreifache Flexibilisierung) käme daher nur in Betracht, soweit hierdurch der Flexibilitätsrahmen von 25 % bzw. 20 % insgesamt nicht überschritten würde. Insoweit müsste die Einschränkung beachtet werden, welche bereits für die Kombination von Mindest- und Durchschnittsarbeitszeit nach der hier vertretenen Auffassung eingreift, wonach nur ein Viertel des jährlich zusätzlich abrufbaren Arbeitszeitvolumens je Quartal abgerufen werden kann.[411]

Es bietet sich insoweit an, den hier für die Übertragung von Stunden erarbeiteten Grenzwert von 20 %[412] auch für die Mindestarbeitszeit anzuwenden und sodann beide Grenzwerte jeweils zu halbieren, um insgesamt einen Grenzwert von 20 % einzuhalten. Hiernach könnte sich der Arbeitgeber in dem vorstehenden Beispiel daher vorbehalten, jeweils durch entsprechende Erklärung, über die in einem jährlichen Bezugszeitraum mindestens zu erbringenden Stundenanzahl von 1.248 hinaus bis zu 124,8 zusätzliche Stunden (10 %), hiervon 31,2 je Quartal, abzurufen und weitere 124,8 Stunden (10 %), bzw. bei Übertragung erst im vierten Quartal nur 62,4 (5 %), aus dem Folgebezugszeitraum vorzuziehen. Im Bezugszeitraum wären somit der Abruf von bis zu 1.497,6 Stunden (120 %) möglich, während für den Folgebezugszeitraum 1.123,2 Stunden (90 %) verblieben, jedoch durchgängig mindestens 1.248 Stunden je Bezugszeitraum (100 %) vergütet würden.

---

409 Eine durchschnittliche Höchstarbeitszeit ist demgegenüber nach der in § 3 A III 3 b) vertretenen Auffassung abzulehnen.

410 BAG v. 7.12.2005 – 5 AZR 535/04, BB 2006, 829 ff.

411 Siehe § 3 A III 3 a).

412 Siehe § 3 A VII 4 a).

Schließlich muss für den Arbeitnehmer aufgrund einer entsprechenden Erklärung des Arbeitgebers erkennbar sein, ob jeweils eine Erhöhung der Mindestarbeitszeit oder lediglich eine Verschiebung von Stunden aufgrund der Übertragung erfolgt.

c) Ausgleichszeitraum

Von Jacobs wird zudem vertreten, dass übertragene Stunden im nächsten Bezugszeitraum innerhalb eines überschaubaren Zeitraums, beispielsweise bei einem einjährigen Bezugszeitraum innerhalb von drei Monaten, ausgeglichen werden müssen.[413]

Dies erscheint für hinausgeschobene Stunden im Planungsinteresse des Arbeitnehmers sachgerecht. Diese Stunden hätten ohnehin im Bezugszeitraum mit Verstreichen der letzten Ankündigungsmöglichkeit abgerufen werden müssen, sodass dem Arbeitgeber durch die Übertragung bereits eine zusätzliche Abrufmöglichkeit eingeräumt und durch die Begrenzung dieser zusätzlichen Abrufmöglichkeit auf drei Monate die Planungssicherheit für den Arbeitnehmer angemessen erhöht wird. Dieser weiß, dass die Stunden in den ersten drei Monaten des Folgebezugszeitraums abzuleisten, anderenfalls nach den Regeln des Annahmeverzugs zu vergüten sind.

Die von Jacobs vorgeschlagene Dreimonatsfrist erscheint angemessen, wenn ein Bezugszeitraum von einem Jahr vereinbart ist. Diese Frist hält auch der Gesetzgeber z. B. in § 7 Abs. 3 Satz 3 BUrlG für angemessen, wonach unter bestimmten Voraussetzungen Urlaub aus einem Urlaubsjahr in den ersten drei Monaten des Folgeurlaubsjahres zu gewähren ist. Bei der Vereinbarung eines kürzeren Bezugszeitraums, sollte sich die Ausgleichsfrist entsprechend verkürzen. Sie könnte z. B. bei einem Bezugszeitraum von sechs Monaten sechs Wochen, bei einem Bezugszeitraum von drei Monaten drei Wochen und bei einem Bezugszeitraum von einem Monat eine Woche betragen.

Hinsichtlich solcher Stunden, die aus einem jährlichen Folgebezugszeitraum vorgezogen wurden, könnte ebenfalls ein solcher Ausgleichszeitraum erwogen werden, z. B. dergestalt, dass der Arbeitnehmer in den ersten drei Monaten eines jährlichen Folgebezugszeitraums entsprechend nicht zur Arbeitsleistung abgerufen werden dürfte. Hiergegen ist allerdings einzuwenden, dass der Arbeitgeber die Arbeit in dem jährlichen Bezugszeitraum flexibel verteilen kann. Er wäre daher ohne eine Übertragung nicht gezwungen gewesen, die vorgezogenen Stunden sogleich in den ersten drei Monaten des Folgebezugszeitraums abzurufen, sodass auch keine entsprechende Erwartung des Arbeitnehmers besteht. Hierin liegt ein Unterschied zu dem Fall, dass Stunden am Ende des Bezugszeitraums hätten abgerufen werden müssen, anderenfalls Annahmeverzugslohn zu zahlen wäre. Die Begrenzung muss zudem nicht zwingend dem Interesse des Arbeitnehmers entsprechen. Dieser zieht es möglicherweise vor, erst nach Verstreichen der ersten drei Monate nicht zur

---

413 Annuß/Thüsing-Jacobs, TzBfG § 12 Rn. 45; anders Kiene, S. 158 ff., die eine Übertragung nur innerhalb eines Jahreszeitraums, also nicht über das Jahr hinaus zulässt.

Arbeit abgerufen zu werden. Für den Fall des Vorziehens von Stunden ist der vorstehend beschriebene Ausgleichszeitraum daher für einen angemessenen Ausgleich nicht angezeigt.

Hat der Arbeitnehmer in einem Bezugszeitraum Überstunden oder freiwillig zusätzliche Arbeitsstunden [414] geleistet, gelten für einen entsprechenden Ausgleich keine Beschränkungen auf einen Bezugszeitraum oder eine Spanne des Folgebezugszeitraums. Überstunden liegen begrifflich nur vor, wenn bestimmte Voraussetzungen gegeben sind, sodass sie auch nur bei Vorliegen dieser Voraussetzungen angeordnet werden dürfen und daher die Dauer der Arbeitszeit hierüber nur sehr eingeschränkt beeinflusst werden kann.[415] Gleiches gilt für zusätzliche Stunden, welche der Arbeitgeber nur mit Zustimmung des Arbeitnehmers abrufen könnte. Bei solchen steht es den Parteien frei, anlässlich der Vereinbarung der Zusatzstunden sogleich auch die Modalitäten, insbesondere den Zeitpunkt des Ausgleichs festzulegen. Darüber hinausgehender Beschränkungen bedarf es daher nicht. Abgesehen hiervon ergibt sich ein Ausgleichszeitraum spätestens aufgrund der gesetzlichen Höchstarbeitszeiten.

d) Ankündigungsfrist

Stehen gegen Ende eines Bezugszeitraums noch Stunden offen und wurde keine Übertragungsvereinbarung getroffen, müssten diese Stunden unter Einhaltung der Ankündigungsfrist gemäß § 12 Abs. 2 TzBfG noch innerhalb des Bezugszeitraums abgerufen werden. Mit Verstreichen des letztmöglichen Ankündigungstages gemäß § 12 Abs. 2 TzBfG wären die offenen Stunden nach den Regeln des Annahmeverzugs gemäß § 615 Satz 1 BGB zu vergüten und von dem vereinbarten Stundendeputat abzuziehen.

Erlaubt der Arbeitsvertrag demgegenüber eine Übertragung und erfasst diese auch Stunden, die mangels Einhaltung der Ankündigungsfrist am Ende des Bezugszeitraums nicht mehr hätten abgerufen werden können, stellt sich die Frage, ob der Arbeitnehmer mit einer solchen Vereinbarung vorab unter Verstoß gegen §§ 22 Abs. 1, 12 Abs. 3 TzBfG[416] auf die Einhaltung der Ankündigungsfrist verzichtet.

Dies ist nicht der Fall, denn für die übertragenen Stunden gilt eine neue, von dem Arbeitgeber im Folgebezugszeitraum einzuhaltende Ankündigungsfrist. Der Arbeitnehmer verzichtet daher weder im ursprünglichen Bezugszeitraum, in welchem die Stunden nicht abgerufen werden, noch im Folgebezugszeitraum, für den wiederum die Ankündigungsfrist gemäß § 12 Abs. 2 TzBfG gilt, darauf, vier Tage im Voraus die Lage seiner Arbeitszeit zu erfahren. Vielmehr erklärt er sich in diesem Falle bereit, auf den ohne eine Übertragung gegebenen Annahmeverzugslohnanspruch zu verzichten und – im Gegenzug für die im ursprünglichen Bezugszeitraum bereits erhaltene verstetigte Vergütung – die Stunden im Folgebezugszeitraum (nach-) zu leisten.

---

414 Siehe § 3 A III 5.

415 Siehe § 3 A II 1.

416 Siehe § 3 A IV 3.

5. *Ergebnis*

Bei Vereinbarung einer durchschnittlich in einem Bezugszeitraum zu erbringenden Arbeitszeit können die vertraglichen Arbeitsstunden durch eine Vereinbarung der Parteien auf einen anderen Bezugszeitraum übertragen werden. Eine Übertragungsvereinbarung im Arbeitsvertrag setzt jedoch voraus, dass bestimmte Grenzwerte und Übertragungszeitpunkte beachtet werden. Im Falle der Verknüpfung mit einer Mindestarbeitszeit müssen geringere Grenzwerte und zudem eine quartalsweise Abschichtung der zusätzlich abrufbaren Stunden berücksichtigt werden. Sollen Arbeitsstunden auf einen Folgebezugszeitraum übertragen werden, ist ein Ausgleichszeitraum in diesem Folgebezugszeitraum vorzusehen, innerhalb dessen die hinausgeschobenen Stunden abzurufen sind. Es muss stets eine Übertragungserklärung des Arbeitgebers erfolgen. Der verstetigte Vergütungsanspruch darf durch eine Übertragung nicht berührt werden. Für Überstunden und freiwillige Zusatzstunden gelten vorstehende Begrenzungen hingegen nicht.

VIII. Geringfügige Beschäftigung

Ein Teilzeitarbeitsverhältnis kann als geringfügiges Beschäftigungsverhältnis ausgestaltet sein. Insoweit unterscheidet § 8 SGB IV Abs. 1 zwischen der sog. entgeltgeringfügigen Beschäftigung und der zeitgeringfügigen Beschäftigung.[417]

In arbeitsrechtlicher Hinsicht liegt der geringfügigen Beschäftigung ein reguläres Teilzeitarbeitsverhältnis zugrunde, das jedoch in sozialversicherungs- und steuerrechtlicher[418] Hinsicht privilegiert ist.[419] Ein geringfügig beschäftigter Arbeitnehmer ist grundsätzlich versicherungsfrei bzw. nicht versicherungspflichtig in der Krankenversicherung gemäß § 7 Abs. 1 Satz 1 SGB V, Pflegeversicherung gemäß §§ 1 Abs. 2 Satz 1, 20 Abs. 1 Satz 1 SGB XI i. V. m. § 7 Abs. 1 Satz 1 SGB V und Arbeitslosenversicherung gemäß § 27 Abs. 2 Satz 1 SGB III. Die Beiträge zur Unfallversicherung trägt ohnehin, wie bei nicht geringfügigen Beschäftigungen, allein der Arbeitgeber gemäß §§ 2 Abs. 1 Nr. 1, 150 Abs. 1 Satz 1 SGB VII. Für die Rentenversicherung gilt, dass mit Wirkung ab dem 1.1.2013 – vorbehaltlich der Übergangsregelung in § 230 Abs. 8 SGB VI – nur noch zeitgeringfügig[420] beschäftigte Arbeitnehmer versicherungsfrei in der Rentenversicherung sind, § 5 Abs. 2 Satz 1 Nr. 1 SGB VI. Entgeltgeringfügig[421] beschäftigte Arbeitnehmer können sich jedoch von der Versicherungspflicht nach § 6 Abs. 1b Satz 1 SGB VI (vorbehaltlich von § 231 Abs. 9 SGB VI) befreien lassen.

Für die Beantwortung der Frage, inwieweit eine geringfügige Beschäftigung mit einer Beschäftigung auf Abruf gemäß § 12 TzBfG, d. h. einem schwankenden

---

417 ErfKomm-Rolfs, SGB IV § 8 Rn. 8.

418 Steuerrechtliche Einzelheiten sollen hier nicht weiter behandelt werden; siehe hierzu § 40a EStG und Geringfügigkeitsrichtlinien, S. 110 ff. unter I.

419 ErfKomm-Rolfs, SGB IV § 8 Rn. 4.

420 Siehe § 3 A VIII 2.

421 Siehe § 3 A VIII 1.

Arbeitsanfall, vereinbar ist, muss zwischen der entgeltgeringfügigen und zeitgeringfügigen Beschäftigung und deren sozialversicherungsrechtlicher Behandlung unterschieden werden.[422] Hintergrund ist, dass die sozialversicherungs- und steuerrechtliche Privilegierung einer geringfügigen Beschäftigung bei schwankendem Arbeitsanfall hinfällig sein kann und die Arbeitsvertragsparteien dann an einem Teilzeitarbeitsverhältnis auf Abruf in der Gestalt einer geringfügigen Beschäftigung kein Interesse haben werden.

1. Entgeltgeringfügige Beschäftigung

Die entgeltgeringfügige Beschäftigung bemisst sich nach § 8 Abs. 1 Nr. 1 SGB IV. Hier hat der Arbeitgeber gemäß § 249b Satz 1 SGB V, § 172 Abs. 3 Satz 1 SGB VI unter bestimmten Voraussetzungen Pauschalbeiträge für den Arbeitnehmer an die Kranken- und Rentenversicherung abzuführen. Zudem zahlt der Arbeitnehmer Rentenversicherungsbeiträge, wenn er sich von der Versicherungspflicht nicht befreien lässt (§ 6 Abs. 1b Satz 1 SGB VI).[423] Entgeltgeringfügigkeit liegt gemäß der gesetzlichen Bestimmung vor, wenn das Arbeitsentgelt aus einer Beschäftigung regelmäßig im Monat 450,00 (die Grenze für entgeltgeringfügige Beschäftigungen wurde von 400,00 € auf 450,00 € mit Wirkung zum 1.1.2013 erhöht) nicht übersteigt.[424] Aufgrund des unregelmäßigen Arbeitsanfalls bei einer Arbeit auf Abruf kann das Entgelt jedoch Schwankungen unterliegen. Welches Arbeitsentgelt richtigerweise bei der Abrufarbeit monatlich zu berücksichtigen ist, bemisst sich auch für geringfügige Beschäftigungen grundsätzlich nach dem sozialversicherungsrechtlichen Entstehungsprinzip.[425]

a) Grundsatz des sozialversicherungsrechtlichen Entstehungsprinzips

Für die Frage der Sozialversicherungspflicht bzw. -freiheit kommt es nicht darauf an, ob der Arbeitnehmer in einem Monat bis zu 450,00 € ausgezahlt erhält (sog. Zuflussprinzip). Vielmehr ist maßgebend, ob aufgrund der in einem Monat tatsächlich erbrachten Arbeitsstunden ein Entgeltanspruch in Höhe von bis zu 450,00 € entstanden ist (Entstehungsprinzip).[426] Insbesondere bestimmt § 23 Abs. 1 Satz 2 Halbs. 1 SGB IV ausdrücklich, dass Sozialversicherungsbeiträge spätestens am

---

422 Die entgeltgeringfügige und die zeitgeringfügige Beschäftigung können zudem als geringfügige Beschäftigung in einem Privathaushalt gemäß § 8a SGB IV ausgeübt werden, Geringfügigkeitsrichtlinien, S. 29 unter B 2.

423 Einzelheiten zur sozialversicherungsrechtlichen Behandlung in: Geringfügigkeitsrichtlinien, S. 83 unter C 1 ff.

424 Art. 1 Gesetz zu Änderungen im Bereich der geringfügigen Beschäftigung v. 5.12.2012, BGBl. I 2012, 2474.

425 BSG v. 14.7.2004 – B 12 KR 1/04 R, NZS 2005, 538, 539; SG Aachen v. 27.2.2002 – S 4 RA 231/01, BeckRS 2004, 42238; Marx, NZS 2002, 126, 128 f.

426 BVerfG v. 11.9.2008 – 1 BvR 2007/05, NZA 2009, 44, 45; BSG v. 26.10.1982 – 12 RK 8/81, BSGE 54, 136, 137 ff.; BSG v. 30.8.1994 – 12 RK 59/92, NZA 1995, 701, 702 f.; BSG v. 14.7.2004 – B 12 KR 1/04 R, NZS 2005, 538, 539 ff.; LSG Nordrhein-Westfalen

drittletzten Bankarbeitstag des Monats fällig sind, in dem die Beschäftigung, mit der das Arbeitsentgelt erzielt wird, „ausgeübt worden ist". Es kommt grundsätzlich also nicht darauf an, in welcher Höhe ein Entgeltanspruch monatlich fällig ist, sondern in welcher Höhe er aufgrund tatsächlicher Beschäftigung entstanden ist.

Ist daher bei einer geringfügig entlohnten Beschäftigung eine arbeitszeitabhängige Vergütung vereinbart, darf der Arbeitnehmer in einem Monat nur für so viele Stunden beschäftigt werden, dass sich nach Maßgabe der Stundenvergütung ein Entgeltanspruch von höchstens 450,00 € ergibt. Überschreitet er diese Grenze, wird damit die sozialversicherungs- und steuerrechtliche Privilegierung hinfällig. Diese Folge kann nicht dadurch verhindert werden, dass etwaige überschießende Stunden nicht ausgezahlt, sondern zu einem Arbeitszeitkonto notiert werden. Durch das Notieren zum Arbeitszeitkonto bleibt es dabei, dass der Entgeltanspruch zunächst entstanden und lediglich die Fälligkeit der Auszahlung hinausgeschoben ist. Eine flexible Verteilung der abzurufenden Arbeitsstunden wäre daher aufgrund der Entgeltgrenze von 450,00 € i. V. m. dem Entstehungsprinzip grundsätzlich nur eingeschränkt möglich.

b) Ausnahme vom Entstehungsprinzip bei schwankender Entgelthöhe

Ausnahmsweise wird das Überschreiten der Entgeltgrenze von 450,00 € in Fällen der schwankenden Höhe des Arbeitsentgelts als unschädlich angesehen, z. B. in dem Fall eines Kellners im Eiscafé, der saisonbedingt im Jahr unterschiedlich tätig wird.[427] Dieser Ausnahmetatbestand kann nach seinem Sinn und Zweck jedoch nur solche Beschäftigungen erfassen, aus deren Natur bzw. Eigenart selbst die Schwankung des Arbeitsentgelts resultiert, nicht indes bei einer bloß ungewissen Auftragslage.[428] Anderenfalls bestünde die Gefahr, dass der Arbeitgeber die Sozialversicherungspflicht umgeht. So könnte der Arbeitgeber, der z. B. aufgrund einer unvorhergesehen gesteigerten Auftragslage Bedarf für eine dreimonatige versicherungspflichtige Vollzeittätigkeit hat, ein entgeltgeringfügiges und damit der Sozialversicherungspflichtigkeit nicht unterliegendes Beschäftigungsverhältnis für zwölf Monate vereinbaren, in dem er für drei Monate eine Vollzeittätigkeit, in den verbleibenden neun Monaten keine Arbeitsleistung abruft. Wären die sich hiernach ergebenden Schwankungen unschädlich, würde dies entsprechende Missbrauchsmöglichkeiten eröffnen.

---

v. 28.1.2003 – L 5 KR 197/01, BB 2003, 1562, 1563 f.; Fuchs/Preis, § 12 III 1 d; Marx, NZS 2002, 126 ff.; Reipen, NZS 2005, 407.

427 Geringfügigkeitsrichtlinien, S. 37 unter B 2.2.1.2 und S. 117 unter Bsp. 7a.

428 Ohne eine solche Einschränkung, aber auch ohne nähere Begründung: Zeitarbeit-Hennig, Rn. 747.

c) *Ausnahme vom Entstehungsprinzip für flexible Arbeitszeitregelungen wegen späterer Fälligkeit, § 23b Abs. 1 Satz 1 SGB IV*

Für bestimmte flexible Arbeitszeitregelungen gilt gemäß § 23b Abs. 1 Satz 1 SGB IV eine Ausnahme vom Entstehungsprinzip. Diese Vorschrift bestimmt, dass für die Fälligkeit etwaiger Sozialversicherungsbeiträge abweichend von § 23 Abs. 1 Satz 2 Halbs. 1 SGB IV nicht der in einem Zeitraum entstandene, sondern der für diesen Zeitraum fällige Arbeitsentgeltanspruch maßgebend ist. Vereinbaren beispielsweise die Arbeitsvertragsparteien, dass sich das monatliche Entgelt nicht jeweils individuell nach den in dem Monat geleisteten Arbeitsstunden bemessen, sondern verstetigt ausgezahlt werden soll, treffen sie eine vom Entstehen des jeweiligen (Teil-) Entgeltanspruchs abweichende Fälligkeitsvereinbarung. Ob sich die Fälligkeit der Sozialversicherungsbeiträge nun nicht mehr nach dem jeweils monatlich entstandenen, sondern fälligen Entgeltanspruch richtet, bemisst sich danach, ob die Voraussetzungen des § 23b Abs. 1 Satz 1 SGB IV erfüllt sind.

(1) Bisherige Rechtslage

Gemäß seiner bis zum 31.12.2008 geltenden Fassung griff § 23b Abs. 1 Satz 1 SGB IV a. F. nur bei „Vereinbarungen nach § 7 Abs. 1a" ein.[429] Der ebenfalls bis zum 31.12.2008 geltende § 7 Abs. 1a SGB IV a. F. wiederum war einschlägig, wenn für Zeiten einer Freistellung von der Arbeitsleistung Arbeitsentgelt fällig war, das mit einer vor oder nach diesen Zeiten erbrachten Arbeitsleistung erzielt wurde (Wertguthaben).[430] Gemäß § 7 Abs. 1a Satz 1 SGB IV a. F. bestand während einer solchen Freistellung eine Beschäftigung gegen Arbeitsentgelt, wenn kumulativ zwei Voraussetzungen vorlagen. Zum Einen musste die Freistellung auf Grund einer schriftlichen Vereinbarung erfolgen (Satz 1 Nr. 1). Zum Anderen durfte die Höhe des monatlich fälligen Arbeitsentgelts für die Zeit der Freistellung und für die vorausgegangenen zwölf Kalendermonate nicht unangemessen voneinander abweichen und diese Arbeitsentgelte mussten (damals noch) 400,00 € übersteigen (Satz 1 Nr. 2).

§ 7 Abs. 1a Satz 1 Nr. 2 SGB IV a. F. setzte mithin voraus, dass auch bei flexiblen Arbeitszeitregelungen kontinuierlich eine Vergütung gezahlt wurde, die monatlich (damals) 400,00 € überschritt. Demgegenüber durfte die monatliche Vergütung bei geringfügig entlohnten Beschäftigungsverhältnissen 400,00 € gerade nicht überschreiten. Insoweit war für die bis zum 31.12.2008 geltende Gesetzesfassung[431] umstritten, ob die Verweisung in § 23b Abs. 1 Satz 1 SGB IV a. F. auch Satz 1 Nr. 2 des § 7 Abs. 1a SGB IV a. F. erfasste und damit geringfügig entlohnte Beschäftigungsverhältnisse von der Ausnahmeregelung für flexible Arbeitszeitregelungen ausschloss.

---

429 Viertes Buch Sozialgesetzbuch – Gemeinsame Vorschriften für die Sozialversicherung – (SGB IV) i. d. F. der Bekanntmachung vom 23.1.2006, BGBl. I 2006, 86, 101.

430 SGB IV i. d. F. der Bekanntmachung vom 23.1.2006, BGBl. I 2006, 86, 92.

431 Siehe im Einzelnen § 3 A VIII 1 c) (2).

(a) Anwendbarkeit des § 23b Abs. 1 Satz 1 SGB IV a. F. auf geringfügig entlohnte Beschäftigungen

Ob § 23b Abs. 1 Satz 1 SGB IV a. F. i. V. m. § 7 Abs. 1a SGB IV a. F. auf geringfügig entlohnte Beschäftigte Anwendung finden konnte, wurde anlässlich der Streitfrage erörtert, inwieweit für diese Beschäftigten ein Arbeitszeitkonto geführt werden durfte, bei dem regelmäßig eine verstetigte Vergütung unabhängig von der tatsächlich erbrachten Arbeitsleistung vereinbart wird.

Die Spitzenverbände der Krankenkassen, die Deutsche Rentenversicherung Bund und die Bundesagentur für Arbeit gingen davon aus, dass § 23b Abs. 1 Satz 1 SGB IV a. F. nur bei einem monatlichen Entgelt von mehr als (damals) 400,00 € und damit nicht auf geringfügig entlohnte Beschäftigungsverhältnisse anwendbar war.[432] Hiernach hätte sich die Beitragspflicht weiterhin nach dem monatlich entstandenen, nicht nach dem arbeitsvertraglich fälligen Entgeltanspruch bemessen. Eine flexible Verteilung der Arbeitszeit wäre somit aufgrund der Entgeltgrenze bei geringfügig entlohnten Beschäftigten nur sehr begrenzt möglich gewesen.

Demgegenüber vertrat Boemke die Auffassung, § 23b Abs. 1 Satz 1 SGB IV a. F. sei auch bei geringfügigen Beschäftigungen anwendbar gewesen. Die Sozialversicherungsbeiträge hätten daher aus dem vereinbarten verstetigten Monatsentgelt, nicht nach der jeweiligen Arbeitsleistung im Beitragsmonat berechnet werden müssen.[433] Hiernach wäre mithin eine flexible Verteilung der Arbeitszeit auch bei einer entgeltgeringfügigen Beschäftigung möglich gewesen, soweit die Entgeltgrenze im Durchschnitt beachtet wurde.

(b) Stellungnahme

Boemke stützte seine Auffassung zunächst auf den Wortlaut von § 23b Abs. 1 Satz 1 SGB IV a. F. Dieser habe zwar „Vereinbarungen nach § 7 Abs. 1a“ SGB IV a. F. vorausgesetzt. Über eine „Vereinbarung“ habe sich indes allein § 7 Abs. 1a Satz 1 Nr. 1 SGB IV a. F. verhalten. Der Gesetzgeber habe daher in § 23b Abs. 1 Satz 1 SGB IV a. F. den § 7 Abs. 1a SGB IV a. F. nicht insgesamt, insbesondere nicht dessen Satz 1 Nr. 2, der die Mindestentgelthöhe enthält, sondern nur dessen Satz 1 Nr. 1 in Bezug genommen. Für die Ausnahme vom Entstehungsprinzip sei somit ausreichend gewesen, dass die Parteien eine schriftliche Vereinbarung über die Freistellung gemäß § 7 Abs. 1a Satz 1 Nr. 1 SGB IV a. F. trafen, während die Höhe der Vergütung während der Freistellung unbeachtlich gewesen sei.[434]

Boemke kann insoweit nicht gefolgt werden. Zwar ist zuzugeben, dass die Verweisung in § 23b Abs. 1 Satz 1 SGB IV a. F. einerseits auf „Vereinbarungen“ und

---

432 Geringfügigkeitsrichtlinien, S. 19 unter B 2.1.1; ebenso: Preis-Preis/Lindemann, Arbeitsvertrag, II A 90 Rn. 195, 202.

433 Boemke, BB 2008, 722, 727; Boemke, Rechtsgutachten, S. 7 ff.; ebenso: Uckermann, BB 2008, 1281, 1283.

434 Boemke, BB 2008, 722, 727.

andererseits auf §7 Abs. 1a SGB IV a. F. ungenau erschien. Allerdings war eine „Vereinbarung" nicht allein Gegenstand von § 7 Abs. 1a Satz 1 Nr. 1 SGB IV a. F., sondern auch Gegenstand von § 7 Abs. 1a Satz 1 Nr. 2 SGB IV a. F. Soll der Arbeitnehmer für Zeiten sowohl einer tatsächlichen Beschäftigung als auch einer Freistellung eine Vergütung erhalten, muss deren Höhe jeweils konkret zwischen den Arbeitsvertragsparteien vereinbart werden. Zumeist werden die flexible Verteilung der Arbeitszeit und die von dem Arbeitgeber für die jeweiligen Zeitabschnitte zu leistende Vergütung Gegenstand derselben Vereinbarung, z. B. des Arbeitsvertrages, sein. Zudem sollte § 23 b Abs. 1 SGB IV a. F. gemäß seiner Gesetzesbegründung eine „Folgeänderung zu § 7 Abs. 1a SGB IV", d. h. insgesamt und nicht allein zu § 7 Abs. 1a Satz 1 Nr. 1 SGB IV a. F., darstellen.[435]

Boemke führte zudem Sinn und Zweck des § 23b Abs. 1 Satz 1 SGB IV a. F. an. Dieser habe darin bestanden, flexible Arbeitszeitregelungen durch eine entsprechende Anpassung des Sozialrechts zu fördern, um einerseits dem Flexibilitätsbedürfnis des Arbeitgebers Rechnung zu tragen und anderseits dem Arbeitnehmer den sozialversicherungsrechtlichen Schutz bei Zahlung eines verstetigten Arbeitsentgelt zu erhalten. Diese Interessenlage habe unabhängig von der Dauer der vereinbarten Arbeitszeit und unabhängig davon bestanden, ob die Beschäftigung sozialversicherungspflichtig war.[436]

Gegen diese Argumentation spricht jedoch, dass bei der Vereinbarung einer geringfügig entlohnten Beschäftigung die Interessenlage in der Regel nicht auf den Erhalt des Sozialversicherungsschutzes gerichtet ist. Vielmehr sollen möglichst geringe Sozialversicherungsabgaben und ein hohes Nettoentgelt geleistet werden. Hierbei wird der geringere Sozialversicherungsschutz für den Arbeitnehmer in Kauf genommen, der nach alter Rechtslage in allen Versicherungszweigen grundsätzlich versicherungsfrei bzw. nicht versicherungspflichtig war.[437] Nur der Arbeitgeber hatte Pauschalabgaben gemäß § 172 Abs. 3 SGB VI, § 249b SGB V zur Renten- und Krankenversicherung zu zahlen. Dies galt für die Krankenversicherung auch nur, wenn der Arbeitnehmer bereits aus einem anderen Grund krankenversichert war, z. B. wegen einer versicherungspflichtigen Hauptbeschäftigung oder als Familienangehöriger. Durch den Pauschalbeitrag zur Rentenversicherung erlangte der Arbeitnehmer nur begrenzt Vorteile, es sei denn er verzichtete auf die Rentenversicherungsfreiheit (§ 5 Abs. 2 Satz 2 SGB VI a. F.).

Sollte daher bei einer geringfügigen Beschäftigung eine flexible Verteilung der Arbeitszeit möglich sein, wird es den Arbeitsvertragsparteien in sozialversi-

---

435 Begründung zum Regierungsentwurf v. 9.2.1998, BT-Drucks. 13/9818, S. 11 zu § 23 Abs. 1 SGB IV.

436 Boemke, BB 2008, 722, 727.

437 Seit dem 1.1.2013 besteht bei geringfügiger Beschäftigung Rentenversicherungspflicht, es sei denn, der Arbeitnehmer verzichtet hierauf („opt-out"), §6 Abs. 1b Satz 1 SGB VI, während gemäß §5 Abs. 2 Satz 1 Nr. 1 SGB VI a. F. zuvor Versicherungsfreiheit bestand; Einzelheiten zur sozialversicherungsrechtlichen Behandlung in: Geringfügigkeitsrichtlinien, S. 83 unter C 1ff.

cherungsrechtlicher Hinsicht selten darum gegangen sein, den ohnehin bereits geringen Sozialversicherungsschutz für Freistellungszeiten zu erhalten. Vielmehr werden sie ein gesteigertes Interesse daran gehabt haben, auch in Monaten mit erhöhtem Arbeitsanfall die Entgeltgrenze von (damals) 400,00 € nicht zu überschreiten. Die Zahlung einer verstetigten Vergütung – und damit eines für den Arbeitnehmer verlässlichen Einkommens – sollte daher eher ermöglichen, auch Einkünfte aus Monaten mit erhöhtem Arbeitsanfall zu Lasten der Versicherungsgemeinschaft der Sozialversicherungspflicht zu entziehen. Ausweislich der Gesetzesbegründung zu § 7 Abs. 1a Satz 1 Nr. 2 SGB IV a. F. sollten Manipulationen zu Lasten der Sozialversicherung durch die Mindestentgeltgrenze jedoch gerade vermieden werden.[438]

Schließlich begründete Boemke seine Auffassung noch damit, dass bei Anwendung des Entstehungsprinzips die Gefahr einer doppelten Beitragserhebung bestehe. Nach dem Entstehungsprinzip seien Beiträge in einem Monat auch für den Teil eines Entgeltanspruchs zu leisten, der zwar aufgrund tatsächlicher Beschäftigung in diesem Monat entstanden ist, dessen Fälligkeit jedoch für einen späteren Monat vereinbart ist. Wird sodann in dem späteren Monat der in einem Vormonat entstandene Teilentgeltanspruch fällig und erhält der Arbeitnehmer eine entsprechende Auszahlung, seien Beiträge für diesen Teil nochmals nach dem sog. Zuflussprinzip bei überobligatorischen Leistungen abzuführen.[439]

Dagegen ist jedoch einzuwenden, dass dieses Zuflussprinzip bei überobligatorischen Leistungen nach der Rechtsprechung des Bundessozialgerichts nur maßgebend ist, soweit gegenüber dem Arbeitnehmer mehr geleistet wird, als ihm tarif- oder einzelvertraglich zusteht, soweit ihm also über das geschuldete Arbeitsentgelt hinaus überobligatorische Zahlungen zugewendet oder geleistet werden.[440] Da auf eine überobligatorische Leistung kein Anspruch besteht, dieser mithin auch zu keinem Zeitpunkt entsteht, kann insoweit nur auf den Zeitpunkt des Zuflusses abgestellt werden. Wird hingegen ein bereits in einem Vormonat erarbeitetes Entgelt lediglich in einem späteren Monat ausgezahlt, ist ein Entgeltanspruch entstanden, dessen Fälligkeit durch eine Vereinbarung der Parteien hinausgeschoben wurde. Der Arbeitnehmer erhält in den einzelnen Monaten das arbeitsvertraglich geschuldete, kein überobligatorisches Entgelt. Für die Beitragsberechnung muss daher nur einmalig an den Zeitpunkt des Entstehens angeknüpft werden.

Mit den Spitzenverbänden der Krankenkassen, der Deutschen Rentenversicherung Bund und der Bundesagentur für Arbeit war somit damals davon auszugehen, dass die Ausnahmevorschrift des § 23b Abs. 1 Satz 1 SGB IV a. F. auf geringfügig entlohnte Beschäftigungsverhältnisse nicht anwendbar war. Es kam daher für die

438 Begründung zum Regierungsentwurf v. 9.2.1998, BT-Drucks. 13/9818, S. 10 zu § 7 Abs. 1a Satz 1 Nr. 2 SGB IV.

439 Boemke, BB 2008, 722, 724.

440 Siehe nur BSG v. 14.7.2004 – B 12 KR 1/04 R, NZS 2005, 538, 541.

Frage der Versicherungspflicht auch bei einer flexiblen Verteilung der Arbeitszeit weiterhin auf das Entstehungsprinzip an.

(2) Neue Rechtslage

§§ 7 Abs. 1a, 23b Abs. 1 Satz 1 SGB IV wurden mit Wirkung zum 1.1.2009 geändert.[441]

§ 23b Abs. 1 Satz 1 SGB IV setzt nicht mehr „Vereinbarungen nach § 7 Abs. 1a" voraus, sondern erlaubt ein Abstellen auf das fällige Entgelt anstelle des entstandenen Entgelts nur, wenn „Vereinbarungen nach § 7b", mithin sog. Wertguthabenvereinbarungen vorliegen.

Wertguthabenvereinbarungen zeichnen sich gemäß § 7b SGB IV neben weiteren Voraussetzungen insbesondere dadurch aus, dass der Aufbau des Wertguthabens aufgrund einer schriftlichen Vereinbarung erfolgt (Nr. 1), die nicht das Ziel der flexiblen Gestaltung der werktäglichen oder wöchentlichen Arbeitszeit oder den Ausgleich betrieblicher Produktions- und Arbeitszyklen verfolgt (Nr. 2), Arbeitsentgelt in das Wertguthaben eingebracht wird (Nr. 3) und das aus dem Wertguthaben fällige Arbeitsentgelt mit einer erbrachten Arbeitsleistung erzielt wird (Nr. 4). Insbesondere muss zudem das fällige Arbeitsentgelt insgesamt (nunmehr) 450,00 € monatlich übersteigen, es sei denn, die Beschäftigung wurde vor der Freistellung als geringfügige Beschäftigung ausgeübt (Nr. 5).

Für das Vorliegen eines Wertguthabens verlangt § 7b Nr. 2 SGB IV somit u. a., dass hiermit nicht das Ziel der flexiblen Gestaltung der werktäglichen oder wöchentlichen Arbeitszeit oder der Ausgleich betrieblicher Produktions- und Arbeitszyklen verfolgt wird. Aus § 7c Abs. 1 SGB IV werden vielmehr die Zwecke deutlich, für welche ein Wertguthaben verwandt werden kann, z. B. für Pflege- oder Kinderbetreuungszeiten oder eine verringerte Arbeitszeit unmittelbar vor Renteneintritt. Nicht zu den Wertguthabenvereinbarungen zählen gemäß der Gesetzesbegründung somit Vereinbarungen, deren primäres Ziel nicht die Freistellung von der Arbeitsleistung ist, sondern die eine Flexibilisierung von Beginn und Ende der vertraglich geschuldeten Arbeitszeit bzw. eine produktionsbedingte Verstetigung der Arbeitszeit zum Inhalt haben, wie dies etwa bei Kurzzeitkonten, Jahresarbeitszeitvereinbarungen

---

441 Gesetz zur Verbesserung der Rahmenbedingungen für die Absicherung flexibler Arbeitszeitregelungen und zur Änderung anderer Gesetze v. 21.12.2008, BGBl. I 2008, 2940, 2943, siehe hierzu auch: Uckermann, BB 2008, 1281 ff., 1566 ff., 1898 ff., 2351 ff.; Langohr-Plato/Sopora, NZA 2008, 1377 ff.; Wellisch/Lenz, DB 2008, 2762 ff.; Hanau/Veit, NJW 2009, 182 ff.; mit Art. 1 Viertes Gesetz zur Änderung des Vierten Buches Sozialgesetzbuch und anderer Gesetze v. 22.12.2011, BGBl. I 2011, 305 wurde in § 7 Abs. 1a SGB IV zudem der folgende neue Satz 2 eingefügt: „Satz 1 gilt entsprechend, wenn während einer bis zu dreimonatigen Freistellung Arbeitsentgelt aus einer Vereinbarung zur flexiblen Gestaltung der werktäglichen oder wöchentlichen Arbeitszeit oder dem Ausgleich betrieblicher Produktions- und Arbeitszeitzyklen fällig ist."; dies führte jedoch nicht zu einer Anpassung der §§ 22 Abs. 1 Satz 2, 23b Abs. 1 Satz 1 SGB IV und soll daher nachstehend nicht weiter vertieft werden; siehe hierzu Rolfs, NZS 2012, 241 ff.

und sog. Flexikonten, mithin bei vielen der tarifvertraglich geregelten Arbeitszeitflexibilisierungen, der Fall ist.[442]

Aufgrund der Gesetzesänderungen ist somit ein Großteil der flexiblen Arbeitszeitregelungen von dem Anwendungsbereich der §§ 23b Abs. 1 Satz 1, 7b SGB IV sowie des § 7 Abs. 1a Satz 1 SGB IV ausgenommen, der gemäß dessen Nr. 1 ebenfalls nur bei Wertguthaben eingreift.[443]

§ 7d Abs. 1 Satz 1 SGB IV stellt noch klar, dass Wertguthaben i. S. v. § 7b SGB IV – vorbehaltlich der Übergangsregelung gemäß § 116 SGB IV – nur noch als „Arbeitsentgeltguthaben", nicht mehr als Arbeitszeitguthaben,[444] geführt werden können.

Nach § 7 Abs. 1a Satz 1 Nr. 1 SGB IV n. F. besteht eine Beschäftigung in Zeiten der Freistellung von der Arbeitsleistung somit, wenn während der Freistellung Arbeitsentgelt aus einem Wertguthaben nach § 7b SGB IV fällig ist. Eine Freistellung aufgrund eines Arbeitszeitguthabens würde hierfür also nicht ausreichen. Mit dem Verweis auf § 7b SGB IV sind jedoch nunmehr geringfügige Beschäftigungsverhältnisse nicht mehr vom Anwendungsbereich des § 7 Abs. 1a Satz 1 SGB IV ausgeschlossen.[445]

Die geänderten Vorschriften stellen somit maßgeblich auf das Vorliegen eines Wertguthabens ab, d. h. eines Entgeltguthabens, welches insbesondere nicht das Ziel der flexiblen Gestaltung der werktäglichen oder wöchentlichen Arbeitszeit oder den Ausgleich betrieblicher Produktions- und Arbeitszyklen verfolgt. Gemäß § 7d Abs. 1 Satz 1 SGB IV können sie nur als Entgeltguthaben geführt werden.

Solche Wertguthaben können nun gemäß § 7b Nr. 5 SGB IV auch für geringfügige Beschäftigungen vereinbart werden, sodass diese grundsätzlich unter die Fälligkeitsregelung des § 23b Abs. 1 Satz 1 SGB IV und damit die Abweichung vom Entstehungsprinzip fallen können.

Werden jedoch nur Zeitguthaben geführt, kann sich die Verbeitragung nach § 23b Abs. 1 Satz 1 SGB IV nicht auf den Auszahlungszeitpunkt verschieben.

(3) Entbehrlichkeit der Fälligkeitsbestimmung des § 23b Abs. 1 Satz 1 SGB IV bei späterem Entstehen nach § 22 Abs. 1 Satz 2 SGB IV

Eines Rückgriffs auf die Fälligkeitsbestimmung des § 23b Abs. 1 Satz 1 SGB IV bedürfte es allerdings nicht, wenn das Entstehen der Beitragspflicht bereits gemäß § 22 Abs. 1 Satz 2 SGB IV auf den Auszahlungszeitpunkt des Arbeitsentgelts hinausgeschoben wäre.

---

442 Begründung zum Gesetzentwurf v. 22.9.2008, BT-Drucks. 16/10289, S. 14.

443 Hanau/Veit, NJW 2009, 182, 183; Wellisch/Lenz, DB 2008, 2762; Langohr-Plato/Sopora, NZA 2008, 1377; Uckermann, BB 2008, 1566, 1566 f.

444 Begründung zum Gesetzentwurf v. 22.9.2008, BT-Drucks. 16/10289, S. 15; Rundschreiben flexible Arbeitszeitregelungen, S. 16 unter 2.

445 Geringfügigkeitsrichtlinien, S. 69 unter B 5.2; Rundschreiben flexible Arbeitszeitregelungen, S. 20 unter 3.3.3.

Nach § 22 Abs. 1 Satz 2 SGB IV entstehen Beitragsansprüche für Arbeitsentgelt, „das aus Arbeitszeitguthaben abgeleiteten Entgeltguthaben errechnet wird", erst, sobald dieses Arbeitsentgelt ausgezahlt worden ist. Hierbei nimmt der Wortlaut Arbeitsentgelt aus geringfügigen Beschäftigungen nicht aus. Auch geringfügig Beschäftigte könnten daher von der späteren Beitragsentstehung profitieren.

Gemäß § 22 Abs. 1 Satz 2 SGB IV ist hierzu erforderlich, dass das Arbeitsentgelt aus „aus Arbeitszeitguthaben abgeleiteten Entgeltguthaben errechnet wird". Im Schrifttum[446] wird hieraus gefolgert, dass sich die Beitragspflicht für Arbeitsentgelt aus Arbeitszeitguthaben nunmehr nach dem Zuflussprinzip richtet. Im Ergebnis bleibe es daher dabei, dass bei Arbeitszeitguthaben die Beiträge erst bei Auszahlung des Entgelts zu entrichten seien, wie es bereits früher aufgrund der Fälligkeitsbestimmung des § 23b Abs. 1 Satz 1 SGB IV a. F. i. V. m. § 7 Abs. 1a SGB a. F. der Fall gewesen sei.

Allerdings ergibt sich aus der Formulierung des §22 Abs. 1 Satz 2 SGB IV („Arbeitsentgelt, das aus Arbeitszeitguthaben abgeleiteten Entgeltguthaben errechnet wird") auch, dass sich das Entstehen der Beiträge nur verschiebt, wenn die Arbeitszeitguthaben von Zeit- in Entgeltguthaben übergeleitet wurden. Hiernach müssten daher die Arbeitszeitkonten, auch für geringfügig Beschäftigte, als Entgeltkonten geführt werden. Anderenfalls hätte es genügt, in § 22 Abs. 1 Satz 2 SGB IV lediglich zu formulieren: „Arbeitsentgelt, das aus Arbeitszeitguthaben errechnet wird". Auch die Gesetzesbegründung zu § 22 Abs. 1 SGB IV geht von diesem Verständnis aus. Hiernach wird „auch für diese aus Arbeitszeitkonten abgeleiteten Entgeltkonten das im Steuerrecht sowie für Einmalzahlungen nach § 22 Abs. 1 Satz 2 SGB IV bereits geltende Zuflussprinzip eingeführt. Das bedeutet zukünftig, dass Arbeitszeitkonten, die als Entgeltkonten geführt werden, erst bei Auszahlung als Arbeitsentgelt an den Beschäftigten verbeitragt und versteuert werden müssen."[447]

Vielfach werden Arbeitszeitkonten jedoch als Zeit- und nicht als Entgeltguthaben geführt und es wird bezweifelt, ob Arbeitgeber den bürokratischen Aufwand betreiben werden, der mit der Führung eines Entgeltguthabens einhergeht,[448] zumal bei geringfügig Beschäftigten aufgrund des insgesamt niedrigen Verdienstes auch nur geringe Beträge angespart werden können.

---

446 Wellisch/Lenz, DB 2008, 2762, 2763 f.; Hanau/Veit, NJW 2009, 182, 183; Zeitarbeit-Hennig, Rn.749 unter Verweis auf die Geringfügigkeitsrichtlinien; missverständlich und wohl nicht im Sinne der vorstehend zitierten Literatur gemeint: Geringfügigkeitsrichtlinien, S. 37 unter B 2.2.1.3 und S. 68 unter B 5.1, wonach bei Arbeitszeitkonten das Zuflussprinzip gelten soll, allerdings ohne, dass dort nach Entgelt- und Zeitguthaben unterschieden wird, während in Geringfügigkeitsrichtlinien S. 7 unter B 5.2 ausdrücklich auf ein Arbeitsentgeltkonto abgestellt wird.

447 Begründungen zum Gesetzentwurf v. 22.9.2008, BT-Drucks. 16/10289, S. 19 und v. 29.8.2008, BR-Drucks. 829/08, S. 35; KassKomm-Seewald, SGB IV § 22 Rn. 11.

448 Bericht der Bundesregierung über die Auswirkungen des Gesetzes zur Verbesserung der Rahmenbedingungen für die Absicherung flexibler Arbeitszeitregelungen und zur Änderung anderer Gesetze v. 14.3.2012, BT-Drucks. 17/8991, S. 9, 10, 18, 23; Uckermann, BB 2008, 1281, 1283.

Entscheidet sich der Arbeitgeber für ein Arbeitszeit- und gegen ein Entgeltguthaben, bleibt es daher für die Beitragspflicht beim Entstehungsprinzip. Eine Verschiebung der Verbeitragung auf den Auszahlungszeitpunkt nach §§ 23b Abs. 1 Satz 1, 7b SGB IV kommt jedoch mangels Wertguthaben auch nicht in Betracht.

d) Möglichkeit eines Arbeitszeitkontos

Allerdings folgt aus der Nichtanwendbarkeit von §§ 22 Abs. 1 Satz 2, 23b Abs. 1 Satz 1, 7 Abs. 1a, 7b SGB IV auf ein geringfügiges Beschäftigungsverhältnis ohne Wert- oder Entgeltguthaben – wie etwa bei der Vereinbarung (nur) eines Arbeitszeitkontos – nicht zugleich, dass die Vereinbarung eines Arbeitszeitkontos kombiniert mit einer monatlich verstetigten Vergütung generell unzulässig wäre.[449]

Von der generellen Unzulässigkeit eines Arbeitszeitkontos schienen bereits die Spitzenverbände der Krankenkassen, die Deutsche Rentenversicherung Bund und die Bundesagentur für Arbeit – noch unter Geltung der alten Rechtslage – nicht auszugehen. Sie führten damals wörtlich aus: „Das Führen von Arbeitszeitkonten zum Zwecke der Bildung von Wertguthaben mit der Folge, dass Beiträge nicht mehr in dem Monat fällig werden, in dem der Anspruch auf das Arbeitsentgelt entstanden ist, ist für geringfügig entlohnte Beschäftigungen unzulässig (§ 7 Abs. 1a Satz 2)“.[450]

Die vorstehenden Ausführungen erfolgten somit im Zusammenhang mit der Anwendbarkeit der §§ 23b Abs. 1 Satz 1, 7 Abs. 1a SGB IV a. F. Sie besagten daher nur, dass sich die Beitragserhebung bei geringfügig entlohnten Beschäftigungen weiterhin nach dem Entstehungsprinzip richtete. Dies schließt nicht aus, dass eine flexible Verteilung der Arbeitszeit unter Beachtung des Entstehungsprinzips innerhalb der 450,00 €-Grenze bei Zahlung eines verstetigten (Netto-) Entgelts an den Arbeitnehmer vereinbart werden kann.[451] Es muss zur Beibehaltung der sozialversicherungsrechtlichen Privilegierung lediglich sichergestellt werden, dass in keinem Monat aufgrund tatsächlicher Arbeitsleistung ein Entgeltanspruch von mehr als 450,00 € entsteht.

Die Beachtung dieser Entgeltgrenze und der sich mittelbar hieraus ergebenden Stundenbegrenzung wird kaum Schwierigkeiten bereiten, wenn der Arbeitgeber die vereinbarte Stundenanzahl stets wöchentlich oder wöchentlich im Durchschnitt eines Bezugszeitraums von einem Monat abruft, d. h. beispielsweise (durchschnittlich) zehn Stunden je Woche zu einer Stundenvergütung in Höhe von 8,00 €. In diesen Fällen werden die Stundenanzahl in den einzelnen Monaten und damit auch die Höhe des entstandenen Entgeltanspruch nur geringen Schwankungen unterliegen.

---

449 Ebenso für die Zulässigkeit von Arbeitszeitkonten bei geringfügiger Beschäftigung: Boemke, BB 2008, 722, 723; Zeitarbeit-Hennig, Rn. 749; Schneider, Zeitarbeit, Rn. 231.

450 Geringfügigkeitsrichtlinien2006, S. 19 unter B 2.1.1.

451 Die Zulässigkeit eines Arbeitszeitkontos wird auch vorausgesetzt in den (neugefassten) Geringfügigkeitsrichtlinien, S. 68 unter B 5.1.

Kommt es dem Arbeitgeber hingegen darauf an, die Arbeitszeit möglichst flexibel auch über einen Monat hinaus zu verteilen, werden die Parteien eine im Durchschnitt eines längeren, z. B. jährlichen Bezugszeitraums zu erbringende Wochenarbeitszeit vereinbaren. Hier muss der Arbeitgeber dafür Sorge tragen, dass in keinem Monat eine Stundenanzahl abgerufen wird, die einen 450,00 € überschreitenden Entgeltanspruch entstehen lässt. Die aufgrund des längeren Bezugszeitraums eröffnete Verteilungsflexibilität wird daher durch die Entgeltgrenze und das insoweit geltende Entstehungsprinzip erheblich eingeschränkt.

Denkbar wäre beispielsweise, dass durchschnittlich innerhalb eines Bezugszeitraums von einem Jahr fünf Stunden je Woche zu einer Stundenvergütung in Höhe von 8,00 € abgerufen werden. In diesem Falle könnte der Arbeitgeber in einem Monat erhöhten Arbeitsanfalls bis zu 56 Arbeitsstunden unter Einhaltung der Entgeltgrenze von 450,00 € abrufen. Die ggf. vom Arbeitgeber abzuführenden Pauschalabgaben würden sich hierbei nach dem monatlich entstandenen Entgeltanspruch richten, während der Arbeitnehmer ein verstetigtes (Netto-) Entgelt erhält.

e) Ergebnis

Ein Teilzeitarbeitsverhältnis mit Abrufabrede und Arbeitszeitkonto kann grundsätzlich auch als geringfügig entlohnte Beschäftigung mit verstetigter Vergütung trotz unterschiedlichem Arbeitsanfall in einzelnen Monaten ausgestaltet werden.

In Bezug auf die sozialversicherungsrechtliche Privilegierung einer geringfügigen Beschäftigung bleibt es jedoch in der Regel beim Entstehungsprinzip. Folge ist, dass es für die Entgeltgeringfügigkeit auf die in einem Monat erbrachten Arbeitsstunden und den hierdurch entstandenen, nicht jedoch auf den fälligen, Arbeitsentgeltanspruch ankommt.

Eine Ausnahme vom Entstehungsprinzip kann nur bei Führung des Arbeitszeitkontos als Entgeltkonto oder -guthaben in Betracht kommen. Wird ein Entgeltguthaben geführt, liegen jedoch nicht zugleich auch die weiteren Voraussetzungen für ein Wertguthaben im Sinne von § 7b SGB IV vor, kann § 22 Abs. 1 Satz 2 SGB IV anwendbar sein (späteres Entstehen des Beitragsanspruchs). Liegt ein Wertguthaben vor, kann § 23b Abs. 1 Satz 1 SGB IV anwendbar sein (spätere Fälligkeit). Wertguthabenvereinbarungen und Entgeltguthaben liegen bei geringfügigen Beschäftigungen allerdings in der Praxis nur selten vor.

Es bleibt daher in der Regel dabei, dass das Arbeitsentgelt aus einer geringfügigen Beschäftigung auch bei einer flexiblen Arbeitszeitregelung dem sozialversicherungsrechtliche Entstehungsprinzip unterliegt.

Folge ist, dass bei einem Teilzeitarbeitsverhältnis mit Abrufabrede in Gestalt eines entgeltgeringfügigen Beschäftigungsverhältnisses in keinem Monat ein höherer Entgeltanspruch als 450,00 € entstehen darf – unabhängig von der Höhe der Auszahlung in einem Monat – da ansonsten die steuer- und sozialversicherungsrechtliche Privilegierung der Entgeltgeringfügigkeit entfällt. Diese Einschränkung ist bei der Vereinbarung eines Abrufarbeitsverhältnisses in der Gestalt einer entgeltgeringfügigen Beschäftigung zu beachten.

2. Zeitgeringfügige Beschäftigung

Die zeitgeringfügige Beschäftigung, z. B. typisch für Aushilfskräfte, bemisst sich nach § 8 Abs. 1 Nr. 2 SGB IV. Anders als ggf. bei der entgeltgeringfügigen Beschäftigung hat der Arbeitgeber keine Pauschalbeiträge zur Kranken- oder Rentenversicherung zu leisten, denn § 249b SGB V und § 172 Abs. 3 SGB VI verhalten sich insoweit nur zur entgeltgeringfügigen, nicht zur zeitgeringfügigen Beschäftigung.[452] Der Arbeitnehmer ist gemäß § 5 Abs. 2 Nr. 1 SGB VI versicherungsfrei in der Rentenversicherung. Zeitgeringfügigkeit liegt gemäß § 8 Abs. 1 Nr. 2 Halbs. 1 SGB IV vor, wenn die Beschäftigung innerhalb eines Kalenderjahres, d. h. nicht des individuellen Beschäftigungsjahres,[453] auf längstens zwei Monate oder 50 Arbeitstage nach ihrer Eigenart begrenzt zu sein pflegt (1. Alternative) oder im Voraus vertraglich begrenzt ist (2. Alternative). Zudem darf gemäß § 8 Abs. 1 Nr. 2 Halbs. 2 SGB IV die Beschäftigung nicht berufsmäßig ausgeübt werden und das Entgelt 450,00 € im Monat nicht übersteigen.

a) Zeitgrenzen

Die vorgenannte Zwei-Monats-Grenze ist maßgebend, wenn der Arbeitnehmer im Rahmen der betriebsüblichen Arbeitszeit (Fünf- oder Sechs-Tage-Woche) werktäglich beschäftigt wird, unabhängig davon, an wie vielen Arbeitstagen die Beschäftigung in diesen zwei Monaten erfolgt. Bei einer Zusammenrechnung mehrerer solcher Beschäftigungszeiträume treten an die Stelle des Zwei-Monats-Zeitraums 60 Kalendertage, wenn es sich bei den einzelnen Beschäftigungszeiträumen nicht um volle Kalendermonate handelt. Demgegenüber ist die Grenze von 50 Arbeitstagen zu beachten, wenn die Beschäftigung auf einen Teil der betriebs- oder berufsüblichen wöchentlichen Arbeitszeit beschränkt ist, z. B. wenn ein Arbeitsbedarf nur an zwei Tagen in der Woche vorliegt.[454]

Soll der Arbeitnehmer in einem Abrufarbeitsverhältnis nur tageweise abgerufen werden, kann eine zeitgeringfügige Beschäftigung somit nur bei Einhaltung der Grenze von 50 Arbeitstagen vorliegen. Die Parteien könnten z. B. vereinbaren, dass in einem Bezugszeitraum von einem Jahr durchschnittlich in der Woche eine Arbeitszeit von sieben Stunden, mithin im Jahr eine Arbeitszeit von 364 Stunden, abgerufen werden kann. Die Mindesttagesarbeitszeit könnte mit sechs Stunden veranschlagt werden. Da hiernach theoretisch die Möglichkeit bestünde, nicht nur bis zu 50 Arbeitstage, sondern mehr als 60 Arbeitstage abzurufen, müsste zugleich im Arbeitsvertrag bestimmt werden, dass ein Abruf höchstens an 50 Tagen im Kalenderjahr erfolgen darf. Gemäß der im Jahr abzuleistenden 364 Stunden ergäbe sich bei 50 Arbeitstagen damit eine durchschnittliche tägliche Arbeitsdauer von 7,28 Stunden.

---

452 ErfKomm-Rolfs, SGB IV §§ 8 Rn. 26 f.

453 KassKomm-Seewald, SGB IV § 8 Rn. 24.

454 Geringfügigkeitsrichtlinien, S. 59 unter B 2.3.

Alternativ besteht zur Einhaltung der 50-Tage-Grenze die Möglichkeit, den Abrufarbeitsvertrag auf 50 Wochen des Kalenderjahres zu befristen und zu bestimmen, dass innerhalb dieses Bezugszeitraums in einer Woche durchschnittlich sieben Stunden und je Einsatztag mindestens sieben Stunden abgerufen werden dürfen. Eine Arbeitsleistung an mehr als 50 Tagen wäre durch diese Gestaltung von vornherein ausgeschlossen.

Soll der Abrufarbeitnehmer hingegen in den abgerufenen Zeiten für eine gesamte Arbeitswoche, mithin werktäglich, jedoch nicht für die Dauer eines vollen Kalendermonats beschäftigt werden, gilt die Grenze von 60 Kalendertagen. Dies erscheint z. B. denkbar, wenn auf einer einwöchigen Fachmesse zusätzlicher Personalbedarf abgedeckt werden muss. Der Abrufarbeitsvertrag könnte eine innerhalb eines Jahres durchschnittlich zu erbringende Wochenarbeitszeit von acht Stunden, mithin 416 Stunden im Jahr, sowie eine tägliche Mindestarbeitszeit von sieben Stunden vorsehen. Somit wäre gewährleistet, dass eine Arbeitsleistung nicht an mehr als 60 Kalendertagen erfolgt. Der Abrufarbeitnehmer könnte im vorgenannten Beispiel eines Messeeinsatzes im Jahr für sechs sechstägige und eine fünftägige Veranstaltung mit jeweils täglich zehn Stunden abgerufen werden.

b) Zeitlich oder der Eigenart nach begrenzt

Die kurzfristige Beschäftigung ist auf 50 Arbeitstage oder zwei Monate bzw. 60 Kalendertage begrenzt i. S. v. § 8 Abs. 1 Nr. 2 Halbs. 1 SGB IV, wenn sie entweder entsprechend vertraglich befristet ist oder sich vorausschauend aus ihrer Eigenart, d. h. aus Art, Wesen oder Umfang der Tätigkeit, eine zeitliche Beschränkung ergibt.[455] Auch ein Abrufarbeitsvertrag kann mithin nur zeitgeringfügig sein, wenn er aufgrund einer vertraglichen Befristung oder der Eigenart der Beschäftigung, wie etwa bei Saisonarbeiten oder Vertretungen,[456] von vornherein begrenzt ist. Für eine etwaige Befristung nach § 14 Abs. 1 Nr. 1 TzBfG wegen vorübergehenden Bedarfs kann insoweit nicht auf die bloße Ungewissheit der künftigen Auftragslage abgestellt werden.[457] Steht bei Aufnahme der Beschäftigung nicht sicher fest, dass sie innerhalb des vorgegebenen Zeitraums beendet werden wird, liegt keine Begrenzung vor.[458]

c) Keine Berufsmäßigkeit

Die Privilegierung für zeitgeringfügige Beschäftigungen gilt – unabhängig davon, ob die Beschäftigungsdauer von bis zu 50 Arbeits- bzw. 60 Kalendertagen oder zwei Monaten im Laufe eines Kalenderjahres eingehalten ist – gemäß § 8 Abs. 1 Nr. 2

455 BSG v. 27.1.1971 – 12 RJ 118/70, BSGE 32, 182, 184 f., allerdings zu § 1228 Abs. 2a RVO a. F. (Zeitgrenzen damals: 3 Monate oder 75 Arbeitstage); Geringfügigkeitsrichtlinien, S. 59 unter B 2.3.

456 Fuchs/Preis, § 12 IV 2.

457 Siehe zu den strengen Anforderungen einer Befristung aufgrund vorübergehenden Bedarfs § 2 C III.

458 ErfKomm-Rolfs, SGB IV § 8 Rn. 15.

Halbs. 2 SGB IV nicht, wenn die Beschäftigung berufsmäßig ausgeübt wird und ihr Entgelt 450,00 € im Monat übersteigt.

Nach der Rechtsprechung des BSG[459] liegt Berufsmäßigkeit vor, wenn die Beschäftigung regelmäßig, d. h. nicht nur gelegentlich ausgeübt wird. Regelmäßig ist hierbei eine Beschäftigung, die von vornherein auf ständige Wiederholung gerichtet ist und über mehrere Jahre hinweg ausgeübt werden soll. Eine solche Dauerbeschäftigung oder regelmäßig wiederkehrende Beschäftigung kann nach Ansicht der Sozialversicherungsträger[460] etwa in dem Fall eines über zwölf Monate hinausgehenden Rahmenarbeitsvertrages vorliegen. Ein Indiz für die Berufsmäßigkeit kann nach der Rechtsprechung des BSG[461] sein, dass die Beschäftigung für die in Betracht kommende Person nicht von untergeordneter wirtschaftlicher Bedeutung ist. In diesen Fällen kommt anstelle einer zeitgeringfügigen eine entgeltgeringfügige Beschäftigung gemäß § 8 Abs. 1 Nr. 1 SGB IV in Betracht.

Selbst bei wiederholten Beschäftigungen liegt indes nicht zwingend Berufsmäßigkeit vor, wenn die Beschäftigungen in größeren Abständen aufgenommen werden oder wenn der betreffende Arbeitnehmer hauptsächlich anderweitig in Anspruch genommen ist.[462] Dies gilt z. B. grundsätzlich für Schüler und Studenten während der Semesterferien.[463]

Liegt nach den vorstehenden Grundsätzen eine Berufsmäßigkeit vor, ist diese jedoch gemäß § 8 Abs. 1 Nr. 2 Halbs. 2 SGB IV unschädlich, wenn das Entgelt aus dieser Beschäftigung – wie bei der entgeltgeringfügigen Beschäftigung – 450,00 € im Monat nicht übersteigt. Berufsmäßigkeit und das Überschreiben der Entgeltgrenze von 450,00 € müssen daher kumulativ vorliegen, um eine zeitgeringfügige Beschäftigung auszuschließen.[464] Im Falle einer Berufsmäßigkeit gelten daher wie bei der entgeltgeringfügigen Beschäftigung eine Entgeltgrenze und ggf. die damit verbundenen Einschränkungen zur Verteilungsflexibilität aufgrund des Entstehungsprinzips.[465]

d) Ergebnis

Es bestehen somit bestimmte Grenzen, die für ein zeitgeringfügiges Abrufarbeitsverhältnis beachtet werden müssten, die jedoch einer solchen Gestaltung nicht grundsätzlich entgegen stehen.

---

459 BSG v. 11.5.1993 – 12 RK 23/91, SozR 3–2400 § 8 Nr. 3, S. 9, 11 ff.; BSG v. 23.5.1995 – 12 RK 60/93, SozR 3–2400 § 8 Nr. 4, S. 17, 19.

460 Geringfügigkeitsrichtlinien, S. 66 unter B 3.2.

461 BSG v. 21.5.1996 – 12 RK 77/94, BSGE 78, 229, 232 f.

462 BSG v. 11.5.1993 – 12 RK 23/91, SozR 3–2400 § 8 Nr. 3, S. 9, 11 ff.

463 KassKomm-Seewald, SGB IV § 8 Rn. 30.

464 Geringfügigkeitsrichtlinien, S. 61 unter B 2.3.3.

465 Siehe daher zur Beitragspflicht bei Entstehen des Entgeltanspruchs und zum Arbeitszeitkonto entsprechend § 3 A VIII 1 a), d), e).

3. *Ergebnis*

Ein Abrufarbeitsverhältnis kann sowohl als entgeltgeringfügiges als auch als zeitgeringfügiges Beschäftigungsverhältnis ausgestaltet werden.

Soll bei einer Entgeltgeringfügigkeit (oder bei einer Zeitgeringfügigkeit bei Vorliegen von Berufsmäßigkeit) ein Arbeitszeitkonto geführt werden, ohne dass dies als Entgeltguthaben geführt wird, darf allerdings monatlich kein höherer Entgeltanspruch als 450,00 € entstehen. Zudem kann bei der Entgeltgrenze lediglich ein verstetigtes Nettogehalt ausgezahlt werden, während etwaige Sozialversicherungsbeiträge monatlich abzuführen sind.

Anstelle einer zeitgeringfügigen Beschäftigung könnte in Fällen der Berufsmäßigkeit somit auch die entgeltgeringfügige Beschäftigung vereinbart werden, bei welcher allerdings ggf. Sozialversicherungsbeiträge durch den Arbeitgeber und ggf. auch durch den Arbeitnehmer zu entrichten wären.[466] Jedoch müssten bei der entgeltgeringfügigen Beschäftigung keine Zeitgrenzen eingehalten werden.

IX. Rangverhältnis zwischen Abrufarbeit und Poolsystem

Im Falle eines schwankenden, der Lage nach nicht vorhersehbaren Arbeitsanfalls kann es sich für die Arbeitsvertragsparteien anbieten, anstelle eines Abrufarbeitsverhältnis zunächst nur eine Rahmenvereinbarung und sodann für jeden konkret auftretenden Arbeitsanfall einen hierauf befristeten Arbeitsvertrag abzuschließen (sog. Poolsystem). Der Arbeitnehmer würde hier nicht dauerhaft, sondern nur aufgrund kurzzeitiger, z. B. auf einen Tag, befristeter Einzelarbeitsverträge beschäftigt. Für den Arbeitgeber besteht nach der Rahmenvereinbarung keine Verpflichtung, solche kurzfristigen Arbeiten anzubieten, während der Arbeitnehmer zur Annahme solcher Arbeitsangebote nicht verpflichtet wäre.[467]

Die Vertragskonstruktion des Poolsystems wird häufig mit Studenten und anderen Aushilfskräften vereinbart, die eine Erwerbstätigkeit zeitlich z. B. mit einem Studium vereinbaren und sich daher die Annahme eines Arbeitsangebots offen halten möchten. Dies kann allerdings zu Nachteilen für den Arbeitnehmer insbesondere beim Kündigungsschutz und bei der Entgeltfortzahlung im Krankheitsfalle führen, da diese erst ab einer bestimmten Beschäftigungsdauer eingreifen.

Es stellt sich daher die Frage, ob die Arbeitsvertragsparteien zur Vermeidung eines entsprechenden Gestaltungsmissbrauchs vorrangig ein Abrufarbeitsverhältnis begründen müssen bzw. ob die Anforderungen an eine wirksame Abrede über Abrufarbeit auch für die Vertragskonstruktion des Poolsystems zu beachten sind.

---

466 Siehe § 3 A VIII 1.

467 Zur Unterscheidung von Abrufarbeit und Poolsystem siehe § 3 A II 4; unklar: LAG Schleswig-Holstein v. 17.10.2006 – 2 Sa 306/06, unter 1 der Gründe n. v., das trotz fehlender Arbeitsverpflichtung für den Fall eines Arbeitsangebots eine Abrufabrede annahm, da die Klägerin die Arbeit tatsächlich stets aufgenommen hatte und im Falle der Aufnahme wie eine Arbeitnehmerin tätig geworden war.

1. *Genereller Vorrang der Abrufarbeit*

Nach Mikosch[468] erbringt der Arbeitnehmer auch beim Poolsystem seine Arbeitsleistung nach dem Arbeitsanfall. Es sei insoweit unerheblich, dass neben der Rahmenvereinbarung für den einzelnen Arbeitseinsatz formal noch ein befristeter Einzelarbeitsvertrag abgeschlossen werde. Daher müssten bei der Vereinbarung des Poolsystems die für die Abrufarbeit geltenden Schutzvorschriften eingehalten werden. Bereits im Rahmenvertrag müsse demnach auch die Dauer der Arbeitszeit bestimmt werden (§ 12 Abs. 1 Satz 2 TzBfG). Anderenfalls gelte die Fiktion, wonach der Arbeitgeber den Arbeitnehmer zehn Stunden in der Woche und an einem Arbeitstag mindestens drei Stunden beschäftigen müsse. Buschmann[469] nimmt im Falle der dauerhaften Beschäftigung in zahlreichen, kurzzeitig befristeten Arbeitsverhältnissen ebenfalls – zumindest im wirtschaftlichen Sinne – ein Abrufarbeitsverhältnis an.

Die Rechtsprechung[470] und ein Großteil des Schrifttums[471] wenden dagegen die für die Abrufarbeit geltenden Schutzvorschriften nicht auf das Poolsystem an. Es fehle beim Poolsystem an einer Arbeitsverpflichtung und damit an der Schutzbedürftigkeit des Arbeitnehmers, die den Einschränkungen bei der Abrufarbeit zugrunde liege. Sie halten es auch nicht für einen Gestaltungsmissbrauch, wenn die Beschäftigung eines Arbeitnehmers, ggf. über längere Zeit, aufgrund kurzer befristeter Arbeitsverhältnisse anstelle eines Abrufarbeitsverhältnisses erfolgt. Dies gilt nach der Rechtsprechung des BAG jedenfalls dann, wenn für die jeweils letzte Kurzbefristung[472] ein sachlicher Grund gegeben ist.

468 GK-TZA-Mikosch, BeschFG § 4 Rn. 39.

469 Buschmann/Dieball/Stevens-Bartol, TZA, TzBfG § 12 Rn. 13 f.

470 BAG v. 16.5.2012 – 5 AZR 268/11, NZA 2012, 974, 975; BAG v. 15.2.2012 – 10 AZR 111/11, NZA 2012, 733, 736; BAG v. 16.4.2003 – 7 AZR 187/02, NZA 2004, 40, 41 f.; BAG v. 31.7.2002 – 7 AZR 181/01, BB 2003, 525, 526; LAG Berlin v. 6.10.1995 – 6 Sa 71/95, NZA-RR 1996, 201; LAG Rheinland-Pfalz v. 18.3.2010 – 11 Sa 647/09 BeckRS 2010, 70055 unter II 1 der Gründe.

471 MünchKomm-BGB-Müller-Glöge, TzBfG § 12 Rn. 8; Arnold/Gräfl-Arnold, TzBfG § 12 Rn. 34; Meinel/Heyn/Herms, TzBfG § 12 Rn. 13; Reinecke, FS Däubler, S. 117, 120, 125; Laux/Schlachter § 12 Rn. 20; HK-Boecken, TzBfG § 12 Rn. 15; Hunold, NZA 2002, 255, 260; Schaub-Linck, § 43 Rn. 20; Kiene, S. 53 f.; wohl auch Hanau, GS Heinze, S. 321, 329 und Strasser/Melf, AuR 2006, 342, 343 f., 347, die allerdings zur Sicherung arbeitsvertraglicher Mindeststandards die Abschaffung des Poolsystems befürworten; abweichend noch für die Zeit vor Inkrafttreten des TzBfG: Schüren/Feuerborn, Anm. zu BAG v. 10.5.1989 – 7 AZR 450/88, AuR 1990, 235, 236, wonach ein Dauerarbeitsverhältnis einer Reihe befristeter Kurzverträge vorgehe.

472 Das LAG Berlin v. 12.1.1999 – 12 Sa 113/98, LAGE § 620 BGB Nr. 59 unter I 2 2.1 der Gründe, verlangt einen sachlichen Grund für das Poolsystem insgesamt.

2. Stellungnahme

Aufgrund der dogmatischen Abgrenzung zwischen einer Abrufarbeit mit Arbeitsverpflichtung einerseits und einem Poolsystem ohne Arbeitsverpflichtung andererseits ist dem BAG und dem Großteil des Schrifttums zu folgen. Der Schutz des Arbeitnehmers erfolgt beim Poolsystem dadurch, dass jede einzelne (kurzzeitige) Befristung durch einen sachlichen Grund gerechtfertigt sein muss. Das Vorliegen eines sachlichen Grundes richtet sich seit dem 1.1.2001 nach § 14 Abs. 1 TzBfG[473]. Zudem ist der Arbeitnehmer bei jedem Einsatz frei zu wählen, ob und in welchem Umfang er für den Arbeitgeber tätig werden will, womit für den Arbeitgeber eine entsprechende Unsicherheit verbunden ist. Es erscheint daher nicht gerechtfertigt, dem Arbeitgeber neben dieser Unsicherheit und den Einschränkungen des § 14 TzBfG zusätzlich noch die Einschränkungen des § 12 TzBfG aufzuerlegen. Es bleibt damit festzuhalten, dass zwar kein genereller Vorrang eines Abrufarbeitsverhältnisses vor befristeten Einzelarbeitsverträgen im Rahmen eines Poolsystems besteht. Eine Befristung ist indes nur wirksam und einer Abrufarbeit vorrangig, wenn sie gemäß § 14 Abs. 1 TzBfG durch einen Sachgrund gerechtfertigt ist.

3. Vorrang der Abrufarbeit im Einzelfall

Nach der vorgenannten Rechtsprechung des BAG kann jedoch ein Arbeitgeber verpflichtet sein, dem Arbeitnehmer im Einzelfall vorrangig vor dem Poolsystem eine Abrufabrede anzubieten. Diese Pflicht kann bestehen, wenn für die Befristung eines Einzelarbeitsvertrages allein der Befristungswunsch des Arbeitnehmers gemäß § 14 Abs. 1 Satz 2 Nr. 6 TzBfG als sachlicher Grund in Betracht käme, da in dem betreffenden Fall – wie häufig beim Poolsystem und nachstehend erläutert – kein anderer sachlicher Grund nach § 14 Abs. 1 TzBfG herangezogen werden kann.[474]

Für Aushilfskräfte kommt als sachlicher Grund zwar alternativ der vorübergehende Bedarf an der Arbeitsleistung gemäß § 14 Abs. 1 Satz 2 Nr. 1 TzBfG in Betracht. Für diesen Befristungsgrund reicht indes die bloße, jeder wirtschaftlichen Tätigkeit innewohnende Unsicherheit über die künftige Entwicklung der Auftragslage und der dadurch hervorgerufene wechselnde Bedarf an Arbeitskräften nicht aus. Die insoweit strengen Voraussetzungen werden für eine Befristung der üblichen Aushilfsverträge zumeist nicht erfüllt sein.[475]

---

473 Inkrafttreten des TzBfG v. 21.12.2000 zum 1.1.2001, BGBl. I 2000, 1966 ff.

474 Eine Zeitbefristung ohne Sachgrund gemäß § 14 Abs. 2 TzBfG könnte aufgrund der Voraussetzungen von § 14 Abs. 2 Satz 2 TzBfG – kein vorheriges Arbeitsverhältnis zwischen den Parteien – nur für die erste Befristung, dagegen nicht mehr für die Folgebefristungen, genutzt werden und wird daher im Rahmen des Poolsystems kaum Bedeutung haben; ebenso: Zeitarbeit-Hennig, Rn. 759.

475 Näheres zu den Anforderungen an den Befristungsgrund des vorübergehenden Bedarfs in § 2 C III.

Für die befristete Beschäftigung von Studenten hatte das BAG früher als sachlichen Grund einen in der Person des Arbeitnehmers liegenden Grund anerkannt, nunmehr ausdrücklich aufgeführt in § 14 Abs. 1 Satz 2 Nr. 6 TzBfG. Ein flexibler und ohne Vertragsbindung vollzogener Einsatz entspreche dem wohl verstandenen bzw. typisierten Interesse eines Studenten. Nur auf diese Weise könne er sein Studium unbeeinträchtigt von arbeitsrechtlichen Bindungen betreiben, mithin die Erfordernisse des Studiums mit denen des Arbeitsverhältnisses vereinbaren.[476] In späteren Entscheidungen erkannte das BAG diesen Sachgrund nicht mehr an, wenn dem Interesse des Studenten bereits durch eine entsprechend flexible Gestaltung des Arbeitsverhältnisses Rechnung getragen werden konnte.[477]

Es wird daher vertreten, dass ein Sachgrund gemäß § 14 Abs. 1 Satz 2 Nr. 6 TzBfG jedenfalls dann vorliege, wenn der Arbeitgeber einem Studenten eine solche flexible Gestaltung in Form eines Abrufarbeitsverhältnisses i. S. v. § 12 TzBfG angeboten, dieser jedoch das Angebot, ggf. wegen der hiermit einhergehenden Arbeitsverpflichtung, abgelehnt habe.[478]

Soweit daher kein anderer Sachgrund für die Befristung eines Einzelarbeitsvertrages in Betracht kommt, müsste der Arbeitgeber dem Arbeitnehmer hiernach vorsorglich den Abschluss einen Abrufarbeitsvertrages anbieten, damit er bei dessen Ablehnung ggf. eine wirksame Befristung auf Wunsch des Arbeitnehmers nach § 14 Abs. 1 Satz 2 Nr. 6 TzBfG vereinbaren kann. Hierbei muss jedoch der Wunsch des Arbeitnehmers individuell festgestellt werden. Maßstab ist, ob der Arbeitnehmer auch bei dem Angebot eines unbefristeten Arbeitsverhältnisses nur einen befristeten Arbeitsvertrag abgeschlossen hätte.[479]

---

476 BAG v. 20.10.1993 – 7 AZR 657/92, RzK I 9a Nr. 81 unter I 2b) cc) der Gründe; BAG v. 4.4.1990 – 7 AZR 259/89, AP BGB § 620 Befristeter Arbeitsvertrag Nr. 136 unter A II 3 der Gründe; siehe auch: LAG Berlin v. 6.10.1995 – 6 Sa 71/95, NZA-RR 1996, 201, 202.

477 BAG v. 16.4.2003 – 7 AZR 187/02, NZA 2004, 40, 42; BAG v. 29.10.1998 – 7 AZR 561/97, AP BGB § 620 Befristeter Arbeitsvertrag Nr. 206 unter II der Gründe; BAG v. 10.8.1994 – 7 AZR 695/93, NZA 1995, 30, 31; siehe auch LAG Berlin v. 12.1.1999 – 12 Sa 113/98, LAGE § 620 BGB Nr. 59 unter I 5 der Gründe; LAG Hamburg v. 24.2.1998 – 3 Sa 92/97, LAGE § 620 BGB Nr. 54 unter II 1c) bb) ccc) cccc) der Gründe.

478 LAG Hamburg v. 24.2.1998 – 3 Sa 92/97, LAGE § 620 BGB Nr. 54 unter II 1c) bb) ccc) cccc) der Gründe; Strasser/Melf, AuR 2006, 342, 345; Hunold, NZA 1996, 113, 118; ders., NZA 2002, 255, 261, der zudem eine Gesetzesänderung vorschlägt, wonach der Einsatz für eine bestimmte Anzahl von Tagen im Jahr (z. B. für 30 Tage), vom Sachgrundzwang befreit sein sollte; nach Hanau, GS Heinze, S. 321, 330, muss jedenfalls bei Arbeitseinsätzen, die vier Tage im Voraus planbar sind, ein Abrufarbeitsverhältnis angeboten werden, dessen Arbeitszeiten sich jedoch nach dem betrieblichen Bedarf richten dürfen und nicht nach den Erfordernissen eines Studiums ausgerichtet sein müssen.

479 ErfKomm-Müller-Glöge, TzBfG § 14 Rn. 61 m. w. N.; Zeitarbeit-Hennig, Rn. 760 f.

Soll daher die Befristung mit dem Wunsch des Arbeitnehmers begründet werden, kann es in diesem Einzelfall erforderlich sein, zuvor ein Abrufarbeitsverhältnis anzubieten.

X. Ergebnis

Die Regelungen über Abrufarbeit sind für Überstunden, Bereitschaftsdienst und Rufbereitschaft sowie für Verträge im Rahmen eines Poolsystems, das als Gestaltungsform der Abrufarbeit nicht zwingend nachrangig ist, nicht zu beachten.

Eine wirksame Vereinbarung über Abrufarbeit in einem Teilzeitarbeitsverhältnis setzt voraus, dass eine bestimmte Dauer der wöchentlichen (festen, Mindest- oder Höchst-) Arbeitszeit, ein wöchentlicher Arbeitszeitkorridor oder eine wöchentlich im Durchschnitt eines Bezugszeitraums, der bis zu ein Jahr betragen kann, zu erbringende Arbeitszeit festgelegt wird. Die durchschnittliche Arbeitszeit ist allerdings nur bei Zahlung einer verstetigten Vergütung und dem Erbringen eines Nachweises über erbrachte Stunden gegenüber dem Arbeitnehmer zulässig. Die durchschnittliche Wochenarbeitszeit kann zudem mit einer Mindestarbeitszeit kombiniert werden, wenn die zusätzlich abrufbaren Stunden in Zeitabständen, z. B. quartalsweise bei einem einjährigen Bezugszeitraum, abgerufen werden und der Arbeitgeber ausdrücklich erklärt, ob er Stunden nur im Rahmen der flexiblen Verteilung oder zusätzliche Stunden abruft.

Für eine Mindestarbeitszeit gilt, dass diese nur um bis zu 25 % erhöht werden darf. Eine Höchstarbeitszeit kann um bis zu 20 % unterschritten werden. Ein Arbeitszeitkorridor darf gerechnet von der mindestens möglichen Arbeitszeit bis zur höchst möglichen Arbeitszeit insgesamt den Grenzwert von 25 % nicht überschreiten.

Zudem muss im Arbeitsvertrag eine mindestens je Arbeitstag abzuleistende Arbeitszeit sowie festgelegt werden, ob diese Arbeitszeit auch nicht zusammenhängend, ggf. in wie vielen Abschnitten, abgerufen werden darf. Wird eine geringere als die tägliche Mindestarbeitszeit abgerufen, muss der Arbeitnehmer diese geringere Arbeitsleistung erbringen, erhält jedoch ohne Weiteres die für die Mindesttagesarbeitszeit vereinbarte Vergütung, es sei denn er verzichtet hierauf anlässlich eines konkret auftretenden Einzelfalles. Vorab im Arbeitsvertrag ist ein solcher Verzicht oder die Möglichkeit eines die Mindestarbeitszeit unterschreitenden Abrufs nicht möglich.

Damit die festgelegte Arbeitszeitdauer nicht durch eine unbegrenzte Anzahl von Überstunden umgangen werden kann, muss die Anordnungsbefugnis insoweit im Arbeitsvertrag auf die Fälle eines unvorhergesehenen zusätzlichen Arbeitsbedarfs beschränkt werden.

Für jeden Abruf hat der Arbeitgeber eine viertägige Ankündigungsfrist und die Grundsätze billigen Ermessens zu beachten. Bei Nichteinhaltung der Ankündigungsfrist steht es dem Arbeitnehmer frei, seine Leistung – ohne dies mitteilen zu müssen – zu verweigern oder auf die Einhaltung der Frist zu verzichten. Ein solcher Verzicht kann indes nicht vorab im Arbeitsvertrag, sondern nur anlässlich eines konkret auftretenden Einzelfalles erklärt werden.

Ein bereits erfolgter Abruf kann einseitig sowie einvernehmlich vorab im Arbeitsvertrag nur unter Einhaltung der viertägigen Ankündigungsfrist geändert werden. Kann die Frist nicht mehr eingehalten werden, ist eine Änderung nur mit Zustimmung des Arbeitnehmers anlässlich eines konkret auftretenden Einzelfalles möglich.

Bei einer wöchentlich im Durchschnitt eines jährlichen Bezugszeitraums zu erbringenden Arbeitszeit können die Parteien vereinbaren, dass Stunden, die am Ende des Bezugszeitraums zu viel oder zu wenig abgerufen wurden, auf den nächsten Bezugszeitraum übertragen werden, wenn sich die Übertragung nicht auf den verstetigten Vergütungsanspruch des Arbeitnehmers auswirkt. Erfolgt diese Vereinbarung bereits im Arbeitsvertrag, ist eine Stundengrenze in Höhe von 20 % zu beachten und die Übertragung muss rechtzeitig vor Ablauf der letzten beiden Einheiten des Bezugszeitraums erklärt werden. Zudem sind Stunden, die auf den folgenden Bezugszeitraum hinausgeschoben wurden, innerhalb eines bestimmten Zeitraums auszugleichen. Im Falle eines einjährigen Bezugszeitraums muss ein solcher Ausgleich in den nächsten drei Monaten des Bezugszeitraums des Folgejahres erfolgen. Der übertragbare Stundenanteil ist auf einen geringeren Prozentsatz begrenzt, wenn zugleich eine Mindestarbeitszeit vereinbart ist. Es muss sichergestellt sein, dass durch eine Übertragung zu Beginn und am Ende eines Bezugszeitraums der Grenzwert für die Übertragung insgesamt nicht überschritten wird.

Die Abrufvereinbarung kann auch im Rahmen eines geringfügigen Beschäftigungsverhältnisses getroffen werden. Die flexible Verteilung der Arbeitszeit ist indes bei der entgeltgeringfügigen Beschäftigung regelmäßig durch die monatliche Entgeltgrenze von 450,00 €, bei der zeitgeringfügigen Beschäftigung durch Zeitgrenzen und das Merkmal der Berufsmäßigkeit eingeschränkt.[480]

B. Abrufarbeit bei Vollzeitarbeitsverhältnissen

Eine spezialgesetzliche Regelung zur Abrufarbeit ähnlich § 12 TzBfG existiert für Vollzeitarbeitnehmer nicht. Auch in einem Vollzeitarbeitsverhältnis kann jedoch ein Bedürfnis für eine unregelmäßige Verteilung der Arbeitszeit bestehen.[481] Ein entsprechender Verteilungsspielraum kann sich dadurch ergeben, dass häufig eine vertragliche Arbeitszeit unterhalb der gesetzlichen Höchstarbeitszeit von 48 Wochenstunden gemäß § 3 Satz 1 ArbZG sowie die Möglichkeit vereinbart wird, bei Bedarf Samstags-, Sonn- und Feiertagsarbeit anzuordnen. Es ist daher zu prüfen, ob und inwieweit auch auf Vollzeitarbeitnehmer die zu Teilzeitarbeitsverhältnissen entwickelten Grundsätze, insbesondere die Schutzvorschriften des § 12 TzBfG – eine bestimmte Dauer der wöchentlichen und täglichen Arbeitszeit sowie eine Ankündigungsfrist – anzuwenden sind.

---

480 Formulierungsvorschläge für Teilzeit auf Abruf in § 6.

481 Kiene, S. 58 f.

I. Begriff und Abgrenzung

Hinsichtlich des Begriffs der Abrufarbeit und ihrer Abgrenzung von Überstunden, Bereitschaftsdienst, Rufbereitschaft und Poolsystem sowie zum Rangverhältnis zwischen Poolsystem und Abrufarbeit gelten die Ausführungen zu Teilzeitarbeitnehmern[482] entsprechend, da allein der größere Arbeitszeitumfang im Vollzeitarbeitsverhältnis keine andere Betrachtung rechtfertigt.

II. Dauer der Arbeitszeit

Ob allerdings bei Vollzeitarbeitnehmern – wie bei Teilzeitarbeitnehmern gemäß § 12 Abs. 1 Satz 2 TzBfG – eine „bestimmte Dauer der wöchentlichen und täglichen Arbeitszeit" vertraglich festgelegt werden muss, ist fraglich.

1. Bestimmte Dauer der Arbeitszeit, Mindest- und Höchstarbeitszeit, Arbeitszeitkorridor und keine Umgehung durch regelmäßige „Überstunden"

Das Erfordernis einer bestimmten Arbeitszeitdauer bezieht sich auf den zwischen den Arbeitsvertragsparteien zu vereinbarenden Umfang der Arbeitszeit. Hierzu hatte das BAG mit Urteil vom 12.12.1984 grundlegend entschieden, dass der Arbeitgeber sich nicht wirksam im Arbeitsvertrag vorbehalten kann, den Umfang der Arbeitszeit durch die Ausübung eines einseitigen Leistungsbestimmungsrecht zu verändern. Diesen Grundsatz hat das BAG in seinem Urteil vom 7.12.2005 insoweit aufgegeben, als dem Arbeitgeber nunmehr das einseitige Leistungsbestimmungsrecht eingeräumt werden kann, die vertraglich vereinbarte Arbeitszeit in Grenzen zu erhöhen oder zu reduzieren.[483]

Dem Urteil des BAG vom 12.12.1984 lagen Teilzeitarbeitsverhältnisse zugrunde, während sich dem Urteil vom 7.12.2005 nicht eindeutig entnehmen lässt, ob das BAG das zugrunde liegende Arbeitsverhältnis als Teilzeit- oder Vollzeitarbeitsverhältnis[484] gewertet hat. Die Ausführungen des BAG zum einseitigen Leistungsbestimmungsrecht des Arbeitgebers erfolgen indes in beiden Urteilen allgemein und nicht ausdrücklich beschränkt auf Teilzeitarbeitsverhältnisse. Es ist nicht ersichtlich, aus welchen Gründen der Arbeitszeitumfang bei einem Teilzeitarbeitsverhältnis bestimmt sein müsste, bei einem Vollzeitarbeitsverhältnis hingegen nicht. In beiden Fällen ist die Frage betroffen, wie viele Arbeitsstunden der Arbeitgeber von dem Arbeitnehmer auf der Grundlage des Arbeitsvertrages einfordern und hierdurch die

---

482 Siehe zu Begriff und Abgrenzung § 3 A I, II; soweit dort auf eine Ankündigungsfrist verwiesen wird, siehe für Vollzeitarbeitnehmer § 3 B III; siehe zum Rangverhältnis § 3 A IX.

483 Siehe § 3 A III 1 b).

484 Siehe § 3 A III 1 b).

zu zahlende Vergütung beeinflussen kann, d. h. inwieweit der Arbeitgeber über die Dauer der Arbeitszeit die Hauptleistungspflichten einseitig konkretisieren kann.

Auch mit Vollzeitarbeitnehmern können daher entsprechend dem Urteil des BAG vom 7.12.2005 anstelle einer festen Arbeitszeit grundsätzlich eine Mindest- oder Höchstarbeitszeit sowie eine Bandbreite bzw. ein Arbeitszeitkorridor vereinbart werden. Nach dieser Rechtsprechung darf indes eine Mindestarbeitszeit höchstens um 25 % erhöht und eine Höchstarbeitszeit nur um bis zu 20 % abgesenkt werden. Für die Anordnung zusätzlicher Überstunden müssen besondere Voraussetzungen beachtet werden, damit der festgelegte Arbeitszeitumfang nicht durch die Anordnung regelmäßiger Überstunden umgangen wird.[485]

2. *Wöchentliche Dauer der Arbeitszeit entsprechend § 12 Abs. 1 Satz 2 TzBfG*

Ob demgegenüber für Vollzeitarbeitsverhältnisse auch eine wöchentliche Arbeitszeitdauer bestimmt, mithin § 12 Abs. 1 Satz 2 TzBfG entsprechend angewandt werden muss, wird unterschiedlich beantwortet.

a) Anwendbarkeit von § 12 TzBfG auf Vollzeitarbeitnehmer

Ein großer Teil der Literatur[486] bejahte bisher – und zum Teil auch noch nach Erstreckung der Inhaltkontrolle gemäß §§ 307 ff. BGB auf Arbeitsverhältnisse – für Vollzeitarbeitnehmer die Anwendbarkeit von § 12 TzBfG, da dessen Wortlaut nicht auf Teilzeitarbeitsverhältnisse beschränkt sei. Aufgrund des auch bei Vollzeitarbeitnehmern bestehenden Verteilungsspielraums liege ein vergleichbares Schutzbedürfnis vor. Es müsse somit auch hier eine bestimmte Dauer der wöchentlichen und täglichen Arbeitszeit festgelegt und die viertägige Ankündigungsfrist des § 12 Abs. 2 TzBfG beachtet werden.

Eine zunehmende Anzahl von Vertretern in der Literatur[487] begreift § 12 TzBfG demgegenüber aufgrund seiner systematischen Stellung im Abschnitt über

---

485 Zu Mindest-, Höchstarbeitszeit und Arbeitszeitkorridor siehe § 3 A III 1 b), c) (9), zu Überstunden siehe § 3 A II 1, III 5.

486 MünchArbR-Schüren, § 41 Rn. 9; Rolfs, TzBfG § 12 Rn. 3; Annuß/Thüsing-Jacobs, TzBfG § 12 Rn. 5; Hanau, NZA-Beilage 2006, 34, 36; Hamann, S. 83; Witten, S. 177; RGKU/Arbeitsrecht-Bayreuther, TzBfG § 12 Rn. 3 f.; Buschmann/Dieball/Stevens-Bartol/Buschmann, TZA, TzBfG § 12 Rn. 28; HK-Boecken, TzBfG § 12 Rn. 12; Stamm, RdA 2006, 288, 292 f.; bereits zu § 4 BeschFG a. F.: Meyer, S. 66; Hanau, RdA 1987, 25, 28; Wlotzke, NZA 1984, 217, 219; Schubel, BB 1985, 1200, 1204; Klevemann, DB 1987, 2096, 2099; Kiene, S. 125 ff.; Hahn, S. 162; ebenso: Schreiben des Präsidenten der Bundesanstalt für Arbeit (nunmehr Bundesagentur für Arbeit) vom 25.7.1991 an den Präsidenten des Landesarbeitsamtes Nord (nunmehr Regionaldirektion Nord) – Ia4–5161.51.

487 Schaub-Linck, § 43 Rn. 10; ErfKomm-Preis, TzBfG § 12 Rn. 4; Lindemann § 16 I 1 c) bb); MünchKomm-BGB-Müller-Glöge, TzBfG § 12 Rn. 3; Preis-Necati,

Teilzeitarbeitsverhältnisse als Spezialregelung ausschließlich für diese Teilzeitarbeitsverhältnisse, zumal das TzBfG u. a. die europäische Richtlinie 97/81/EG über Teilzeitarbeit umsetzt und daher Teilzeitarbeitsverhältnisses geregelt werden sollen.[488] Überwiegend wird vertreten, dass Vollzeitarbeitnehmer stattdessen über die Inhaltskontrolle gemäß §§ 307 ff. BGB geschützt seien, sodass eine Anwendung von § 12 TzBfG mangels Regelungslücke[489] abzulehnen sei.

Zwanziger, der die Anwendung von § 12 TzBfG auf Vollzeitarbeitnehmer grundsätzlich ebenfalls nicht für geboten hält, spricht sich zumindest für die Anwendung der Ankündigungsfrist des § 12 Abs. 2 TzBfG aus.[490]

Das BAG hatte die Frage der Anwendbarkeit von § 12 TzBfG auf Vollzeitarbeitsverhältnisse bisher ausdrücklich offen gelassen.[491] Auch in seinem Urteil vom 7.12.2005[492] hat es nicht im Einzelnen erläutert, inwieweit § 12 TzBfG oder die §§ 307 ff. BGB auf Abrufarbeitnehmer in Vollzeit Anwendung finden,[493] sondern schlicht nichts dazu ausgeführt, ob das streitgegenständliche Arbeitsverhältnis als Teilzeit- oder Vollzeitarbeitsverhältnis einzuordnen war. Die Vorinstanz, das LAG Düsseldorf, hatte hierzu festgestellt, dass die Schichtzeiten im Betrieb auf eine

---

Arbeitsformen, S. 138 f.; Boewer, TzBfG § 12 Rn. 10; Meinel/Heyn/Herms, TzBfG § 12 Rn. 7; Arnold, FS Löwisch, S. 1, 11; AnwK-ArbR-Worzalla, TzBfG § 12 Rn. 2; Moll, S. 135 ff.; GK-TZA-Mikosch, BeschFG Art. 1 § 4 Rn. 17 (Kontrollmaßstab §§ 138, 315 BGB); Mühlmann, RdA 2006, 356, 358, hält § 12 TzBfG nicht nur für unanwendbar, sondern erachtet die Ausgestaltung eines Vollzeitarbeitsverhältnisses mit mehr als 35 Wochenstunden als Abrufarbeitsverhältnis nicht als sinnvoll; siehe zur Rechtsprechung: LAG Frankfurt v. 17.1.1997 – 13 Sa 2250/95, NZA-RR 1997, 487, 488; LAG Köln v. 14.12.2011 – 9 Sa 798/11, BeckRS 2012, 66758 unter II 2 c) der Gründe.

488 Richtlinie 97/81/EG des Rates v. 15.12.1997 zu der von UNICE, CEEP und EGB geschlossenen Rahmenvereinigung über Teilzeitarbeit, Amtsblatt der Europäischen Gemeinschaften v. 20.1.1998, L 14/9; ErfKomm-Müller-Glöge, TzBfG § 1 Rn. 1.

489 Nach Singer, RdA 2006, 362, 371, der i. E. offen lässt, ob § 12 TzBfG auf Vollzeitarbeitnehmer anwendbar ist, liegt eine durch Analogie zu schließende Regelungslücke auch nach Inkrafttreten des Schuldrechtsmodernisierungsgesetzes vor; ebenfalls offen lassen die Anwendung von § 12 TzBfG: Wisskirchen/Bissels, NZA-Beilage 2006, 24, 25.

490 KSchR-Zwanziger (7. Aufl.), TzBfG § 12 Rn. 7 f.; ebenso: Laux/Schlachter § 12 Rn. 31; Hohenstatt/Schramm, NZA 2007, 238, 239; Klapproth, S. 62; allerdings noch zu § 4 BeschFG a. F.: Malzahn, ArbuR 1985, 386, 388 (Fn. 24); nicht eindeutig, ob nur Anwendung von § 12 Abs. 2 oder § 12 TzBfG insgesamt: HWK-Schmalenberg, TzBfG § 12 Rn. 6 („zumindest Abs. 2“).

491 BAG v. 24.5.1989 – 2 AZR 537/88, n. v., unter II 2a) der Gründe.

492 BAG v. 7.12.2005 – 5 AZR 535/04, BB 2006, 829 ff.

493 RGKU/Arbeitsrecht-Bayreuther, TzBfG § 12 Rn. 3, folgert aus dem Urteil des BAG, dass dieses i. E. von einer Anwendung des § 12 TzBfG auf Vollzeitarbeitsverhältnisse ausgeht, während Preis, ErfKomm-Preis, TzBfG § 12 Rn. 4, aus diesem Urteil i. E. die Anwendbarkeit der §§ 307 ff. für Vollzeitarbeitnehmer annimmt.

betriebliche Wochenarbeitszeit von 40 Stunden hindeuteten und mit einigen Arbeitnehmern im Betrieb die Ableistung von 40 Wochenstunden vereinbart war.[494]

Die Feststellungen des LAG Düsseldorf würden dafür sprechen, dass die vertraglich vereinbarte bzw. tatsächlich erbrachte regelmäßige Wochenarbeitszeit der klagenden Arbeitnehmerin von 30 bzw. 35 Stunden kürzer war als die Wochenarbeitszeit von anderen (Vollzeit-) Arbeitnehmern mit 40 Stunden. Somit wäre gemäß § 2 Abs. 1 Satz 1 TzBfG ein Teilzeitarbeitsverhältnis gegeben. Andererseits hat das BAG im Wege der ergänzenden Vertragsauslegung bestimmt, dass die Arbeitgeberin in dem betreffenden Fall bis zu 40 Wochenstunden und damit eine Arbeitszeit abzurufen konnte, die sodann einem Vollzeitarbeitsverhältnis entsprochen hätte.[495]

Das BAG hat in seinem Urteil vom 7.12.2005 jedoch letztlich nicht darüber befunden, ob das Arbeitsverhältnis der Arbeitnehmerin als Teilzeit- oder Vollzeitarbeitsverhältnis zu bewerten war. Nach seiner Auffassung waren die Anforderungen des § 12 TzBfG erfüllt, sodass es auf die Streitfrage nicht ankam. Ergänzend zu § 12 TzBfG prüfte das BAG sodann im Rahmen der Inhaltskontrolle gemäß §§ 307 ff. BGB allgemein – d. h. nicht allein bezogen auf Teilzeit- oder auf Vollzeitarbeitsverhältnisse –, inwieweit die Vereinbarung einer Mindestarbeitszeit i. V. m. einem einseitigen Leistungsbestimmungsrecht des Arbeitgebers unangemessen benachteiligend sein kann.[496] Inwieweit die Arbeitsbedingungen eines Vollzeitarbeitnehmers im Abrufarbeitsverhältnis auch im Übrigen an §§ 307 ff. BGB zu messen wären, hat das BAG in diesem Urteil nicht erörtert.

Es bleibt daher auch nach dem Urteil des BAG vom 7.12.2005 streitig, ob und ggf. inwieweit § 12 TzBfG auch auf Vollzeitarbeitsverhältnisse Anwendung findet.

b) Stellungnahme

Zwanziger begründet seine Haltung, § 12 TzBfG sei nur teilweise auf Vollzeitarbeitnehmer anwendbar, mit der zweifachen Schutzrichtung dieser Vorschrift. Hiernach solle dem Teilzeitarbeitnehmer – trotz der unregelmäßigen Erbringung der Arbeitsleistung – einerseits eine sinnvolle Freizeitplanung ermöglicht und andererseits verhindert werden, dass er überhaupt nicht zur Arbeitsleistung herangezogen und ihm dadurch der Mindestschutz für Einkommen und Sozialversicherung entzogen werde.[497]

Dem Mindestschutz für Einkommen und Sozialversicherung bei Teilzeitarbeitsverhältnissen wird durch die Festlegung einer bestimmten Dauer der wöchentlichen Arbeitszeit gemäß § 12 Abs. 1 Satz 2 TzBfG Rechnung getragen.[498] Nach Zwanziger kann dieses Interesse bei einem Vollzeitarbeitnehmer aufgrund der höheren Arbeitszeit und der damit einhergehenden Vergütungshöhe weitestgehend vernachlässigt werden.[499] Dem ist zuzustimmen. Aufgrund der Begrenzung des

494 Siehe § 3 A III 1 b).
495 BAG v. 7.12.2005 – 5 AZR 535/04, BB 2006, 829, 834 unter B IV 3 der Gründe.
496 BAG v. 7.12.2005 – 5 AZR 535/04, BB 2006, 829, 832.
497 KSchR-Zwanziger (7. Aufl.), TzBfG § 12 Rn. 8.
498 Siehe § 3 A III 1 c) (1).
499 KSchR-Zwanziger (7. Aufl.), TzBfG § 12 Rn. 8.

Verteilungsspielraums durch die gesetzlichen Höchstarbeitszeiten wird bei einem Vollzeitarbeitnehmer selten die Gefahr bestehen, dass er über längere Phasen des Arbeitsverhältnisses überhaupt nicht zur Arbeitsleistung herangezogen wird.

Rein rechnerisch kann zwar auch bei einer Vollzeitbeschäftigung eine längere Phase der Nichtbeschäftigung eintreten. Dies wird z. B. für stark saisonabhängige Tätigkeiten gelten, wenn bei einer Jahresarbeitszeit von 1.820 Stunden und durchschnittlich 35 Wochenstunden tatsächlich nur in 37 Wochen, allerdings jeweils mit 48 Stunden, gearbeitet wird. In solchen Fällen dürfte allerdings zumeist die Saisonabhängigkeit der Tätigkeit bekannt sein, sodass die Lage der Arbeitszeit bereits von vornherein entsprechend vertraglich festgelegt werden kann.[500] Anderenfalls kann einer solchen Situation durch die Auszahlung einer verstetigten Vergütung Rechnung getragen werden. Der Festlegung einer bestimmten Dauer der wöchentlichen Arbeitszeit zur Gewährleistung eines Mindestschutzes bedarf es demgegenüber nicht.

Demgegenüber bedarf auch ein Vollzeitarbeitnehmer des Schutzes, nicht zu kurzfristig über die Lage der Arbeitszeit informiert zu werden.[501] Allerdings wird es bei einem Vollzeitarbeitsverhältnis weniger wahrscheinlich sein als bei einem Teilzeitarbeitsverhältnis, dass (umfangreichere) familiäre oder weitere berufliche Pflichten neben der Beschäftigung zu erfüllen sind. Anders als bei einem Teilzeitarbeitnehmer ist daher durch einen kurzfristigen Abruf zur Arbeitsleistung i. d. R. ausschließlich die Freizeitplanung des Vollzeitarbeitnehmers betroffen. Der Vollzeitarbeitnehmer muss grundsätzlich für jeden Arbeitstag mit dem Abruf seiner Arbeitsleistung rechnen. Die generelle Beachtung der viertägigen Ankündigungsfrist des § 12 Abs. 2 TzBfG auch bei Vollzeitarbeitnehmern erscheint daher – entgegen der Auffassung von Zwanziger – nicht zwingend geboten.[502] Soweit im Einzelfall auch ein Vollzeitarbeitnehmer neben der Beschäftigung weitere Pflichten zu erfüllen hat, können die Parteien dies zudem bei der individuellen Vertragsgestaltung berücksichtigen. Jedenfalls müsste der Arbeitgeber diese weiteren Pflichten bei dem konkreten Abruf im Rahmen seines billigen Ermessens nach § 106 Satz 1 GewO[503] beachten, soweit sie ihm bekannt sind.

Übt daher beispielsweise ein Vollzeitarbeitnehmer jeweils am Wochenende eine weitere Beschäftigung aus, so werden die Parteien regelmäßig vereinbaren, dass zu der Zeit der weiteren Beschäftigung kein Abruf erfolgen darf. Möglich – aufgrund der organisatorischen Schwierigkeiten jedoch praktisch selten – wird sein, dass die Lage der Arbeitszeit auch für diese weitere Beschäftigung bei Abschluss des Arbeitsvertrages noch nicht feststeht. In diesem Fall werden die Parteien vereinbaren, dass ein Abruf nicht verbindlich sein soll, wenn für die vorgesehene Zeit bereits ein

---

500 Ähnlich, allerdings nicht speziell zu Vollzeitarbeitnehmern: Stamm, RdA 2006, 288, 299.

501 KSchR-Zwanziger (7. Aufl.), TzBfG § 12 Rn. 8; ebenso: Klapproth, S. 61.

502 Malzahn, AuR 1985, 386, 388, erachtet die viertägige Ankündigungsfrist auch für Teilzeitarbeitnehmer nicht als ausreichend.

503 Siehe § 3 A V.

Abruf im Rahmen der weiteren Beschäftigung erfolgt ist. Jedenfalls wird der Arbeitgeber, der seine Zustimmung zu der Ausübung einer weiteren (Neben-) Beschäftigung erklärt hat, den Abruf billigerweise für diese Zeit nicht durchsetzen können.

Für eine Anwendbarkeit von § 12 TzBfG nur auf Teilzeitarbeitnehmer spricht zudem die Gesetzgebungsgeschichte. Bereits die Vorgängervorschrift zu § 12 TzBfG, § 4 BeschFG a. F., befand sich im Abschnitt über „Teilzeitarbeit“[504] und bereits damals war die Anwendung auf Vollzeitarbeitnehmer umstritten.[505] Dennoch hat der Gesetzgeber diese Vorschrift wiederum in den Abschnitt des TzBfG über „Teilzeitarbeit“[506] eingeordnet. Wäre der Gesetzgeber von einer Anwendbarkeit der Vorschrift sowohl auf Teilzeit- als auch auf Vollzeitarbeitnehmer ausgegangen, hätte es nahe gelegen, sie nicht mehr bei den Regelungen zur Teilzeitarbeit, sondern an anderer Stelle einzuordnen.[507]

Zwar könnte sich eine Schutzlücke bei der hier vertretenen Auffassung für Arbeitsverträge von Vollzeitarbeitnehmern auftun, welche individuell ausgehandelt sind. Diese würden weder § 12 TzBfG noch §§ 307 ff. BGB unterfallen. An das Vorliegen solcher individuell ausgehandelten Arbeitsverträge stellt die Rechtsprechung jedoch sehr strenge Anforderungen,[508] bei deren Erfüllung kaum denkbar erscheint, dass ein Arbeitnehmer, der bereits über die Position verfügt, seinen Arbeitsvertrag individuell aushandeln zu können, noch eines Schutzes über § 12 TzBfG bedarf.[509]

Zuzugeben ist allerdings, dass sich bei unterschiedlichen Kontrollmaßstäben für Teilzeit- und Vollzeitarbeitsverhältnisse – § 12 TzBfG einerseits und §§ 307 ff. BGB andererseits – Abgrenzungsschwierigkeiten stellen.[510] Gerade der dem Urteil des BAG vom 7.12.2005[511] zugrunde liegende Fall zeigt, dass der Übergang zwischen einem Teilzeit- und einem Vollzeitarbeitsverhältnis fließend sein kann.

---

504 BGBl. I 1985, 710.

505 Siehe nur: Hanau, RdA 1987, 25, 28; Wlotzke, NZA 1984, 217, 219; Schubel, BB 1985, 1200, 1204.

506 BGBl. I 2000, 1966, 1967 f.

507 Preis-Necati, Arbeitsformen, S. 138; Mühlmann, RdA 2006, 356, 358, schlägt insoweit die systematische Einordnung bei §§ 611 ff. BGB oder §§ 105 ff. GewO vor; demgegenüber wertet die Bundesanstalt für Arbeit (nunmehr Bundesagentur für Arbeit), Runderlass an die Landesarbeitsämter (nunmehr Regionaldirektionen) v. 28.2.2001 – Ia3–5160.11(14), auszugsweise abgedruckt bei Schneider, Zeitarbeit, Rn. 227, die Beibehaltung der Vorschrift im Abschnitt über Teilzeitarbeit als Bestätigung für die Anwendbarkeit auch auf Vollzeitarbeitnehmer, ohne dies jedoch eingehender zu begründen.

508 Siehe § 3 A III 1 c) (5).

509 Auf die nahezu fehlende praktische Relevanz von individuell ausgehandelten Abreden weist auch Kiene, S. 128, hin.

510 Hierauf weist im Zusammenhang mit einer flexiblen Arbeitszeitdauer Stamm, RdA 2006, 288, 292 f., hin, der mangels Abgrenzbarkeit § 12 TzBfG sowohl auf Teilzeit-, als auch auf Vollzeitarbeitsverhältnisse anwendet; ebenso: RGKU/Arbeitsrecht-Bayreuther, TzBfG § 12 Rn. 4.

511 BAG v. 7.12.2005 – 5 AZR 535/04, BB 2006, 829 ff.

So könnte mit dem Arbeitnehmer eine die Arbeitszeit eines Vollzeitarbeitnehmers (z. B. 40 Wochenstunden) unterschreitende Mindestarbeitszeit (z. B. 32 Wochenstunden) vereinbart werden, die um bis zu 25 % bis zur Dauer eines Vollzeitarbeitsverhältnisses (d. h. um 8 Wochenstunden) aufgestockt werden könnte. Umgekehrt könnte eine Vollzeitabrede (z. B. 40 Wochenstunden) mit einem Bestimmungsrecht des Arbeitgebers getroffen werden, eine bis zu 20 % geringere Arbeitsleistung und damit nur eine Tätigkeit in Teilzeit abzurufen (z. B. 32 Wochenstunden). Der Arbeitgeber hätte es durch die Wahl der Mindest- oder der Höchstarbeitszeit in der Hand, den jeweils gewünschten Kontrollmaßstab zur Anwendung zu bringen, wobei der Stundenunterschied nur sehr gering ausfallen müsste (z. B. 38 anstelle von 40 Wochenstunden).

Aufgrund dieses nur geringen Stundenunterschieds zwischen einer Vollzeit- und einer Teilzeittätigkeit bleibt es jedoch bei dem vorstehend Gesagten, dass auch für eine (an die untere Grenze von Vollzeit heranreichende) Teilzeit ein Mindesteinsatz des Arbeitnehmers und damit ein Mindestschutz für Einkommen und Sozialversicherung – unabhängig von § 12 Abs. 1 Satz 2 TzBfG – gewährleistet sind. Soweit sich aufgrund einer (von Vollzeit auf Teilzeit) reduzierten Arbeitszeit die Gefahr von beschäftigungsfreien Zeiten ergibt, kann dieser Gefahr durch die Auszahlung einer verstetigten Vergütung begegnet werden. Zudem ist dem Arbeitnehmer von Beginn an bewusst, dass die Arbeitszeit erhöht bzw. verringert werden kann.

Allerdings darf die vertragliche Gestaltung in solchen Grenzfällen nicht dazu dienen, die für Teilzeitarbeitsverhältnisse gemäß § 12 Abs. 2 TzBfG geltende viertägige Ankündigungsfrist zu umgehen. Es erscheint sachgerecht, den Kontrollmaßstab insoweit nach der größtmöglichen für den Arbeitgeber bestehenden Flexibilität auszurichten.[512] Will sich der Arbeitgeber mithin im Arbeitsvertrag vorbehalten, eine Teilzeitbeschäftigung einzufordern oder die volle Arbeitszeit auf eine Teilzeitbeschäftigung abzusenken und damit den Verdienst des Arbeitnehmers zu verringern, muss er sich generell, d. h. auch für Zeiten einer Vollzeitbeschäftigung, an der viertägigen Ankündigungsfrist festhalten lassen. Hierbei bedarf es aufgrund der Anwendbarkeit von § 307 Abs. 2 Nr. 1 BGB jedoch keines Rückgriffs auf § 12 Abs. 2 TzBfG. Bleibt es dagegen bei einer Vollzeittätigkeit, da sich der Arbeitgeber im Arbeitsvertrag keine Absenkungsmöglichkeit auf eine Teilzeittätigkeit vorbehalten hat, bleibt es bei der vorstehend vertretenen Auffassung, dass in eine Vollzeitarbeitsverhältnis auf Abruf nicht generell die Ankündigungsfrist entsprechend § 12 Abs. 2 TzBfG anwendbar ist.

Einer generellen Anwendung von § 12 TzBfG für alle Vollzeitarbeitsverhältnisse bedarf es mithin nicht. Grenzen für die Abrufarbeit eines Vollzeitarbeitnehmers sind vielmehr aus den allgemein geltenden Vorschriften zur Inhaltskontrolle gemäß §§ 307 ff. BGB herzuleiten. Hieraus ergibt sich auch, dass für Vollzeitarbeitnehmer keine wöchentliche Dauer der Arbeitszeit gemäß § 12 Abs. 1 Satz 2 TzBfG festgelegt werden muss.

---

512 Ebenso: Arnold, FS Löwisch, S. 1, 11.

3. *Wöchentliche Dauer der Arbeitszeit gemäß §§307ff. BGB*

Möglicherweise ergibt sich jedoch – abseits von der Frage nach einem hinreichenden Mindestschutz für Einkommen und Sozialversicherung –, dass eine wöchentliche Arbeitszeitdauer nach Maßgabe einer Inhaltskontrolle gemäß §§ 307 ff. BGB festgelegt werden muss.

Je länger ein im Arbeitsvertrag vereinbarter Bezugszeitraum bemessen ist, umso mehr Möglichkeiten hat der Arbeitgeber, die Lage der Arbeitszeit nach seinem Bedarf zu verteilen. Wird beispielsweise eine in einem Jahr zu erbringende Arbeitszeit vereinbart, so steht dem Arbeitgeber ein entsprechend weites Direktionsrecht zu. Ist es dem Arbeitgeber nach Maßgabe seines Direktionsrechts gestattet, die Lage der Arbeitszeit festzulegen, folgt hieraus ein entsprechendes Leistungsbestimmungsrecht.[513] Die Frage, wie groß der Verteilungsspielraum gewählt werden darf, betrifft daher unmittelbar den Umfang dieses Bestimmungsrechts. Die Wirksamkeit einseitiger Leistungsbestimmungsrechte in Formulararbeitsverträgen überprüft das BAG anhand §§ 307 ff. BGB.[514]

Hiernach kann gemäß § 307 Abs. 2 Nr. 1 BGB eine unangemessene Benachteiligung anzunehmen sein, wenn die Vereinbarung eines längeren als wöchentlich bemessenen Bezugszeitraums und das hiermit einhergehende weite Bestimmungsrecht mit wesentlichen Grundgedanken der gesetzlichen Regelung, von der abgewichen wird, nicht zu vereinbaren wäre. Rechtsvorschriften sind nach Auffassung von BAG und BGH nicht nur die Gesetzesbestimmungen selbst, sondern auch die dem Gerechtigkeitsgebot entsprechenden allgemein anerkannten Rechtsgrundsätze, d. h. alle ungeschriebenen Rechtsgrundsätze, die Regeln des Richterrechts sowie die auf Grund ergänzender Auslegung nach §§ 157, 242 BGB und aus der Natur des jeweiligen Schuldverhältnisses zu entnehmenden Rechte oder Pflichten. Die Abweichung muss den Arbeitnehmer entgegen den Geboten von Treu und Glauben unangemessen benachteiligen. Dies wird im Rahmen einer umfassenden Abwägung der berechtigten Interessen der Beteiligten geprüft. Wirksam ist nur eine Klausel, welche die beiderseitigen Interessen angemessen zum Ausgleich bringt.[515]

Einen allgemeinen Grundsatz, dass die Arbeitsvertragsparteien die Arbeitszeit je Woche, Monat oder Jahr im Arbeitsvertrag festlegen müssten, gibt es nicht, sodass den Arbeitsvertragsparteien grundsätzlich alle dieser Gestaltungsalternativen für ihre Festlegung offen stehen. Allerdings ergibt sich aus § 23 Abs. 1 Satz 2 SGB IV der Grundsatz, dass es für das sozialversicherungsrechtliche Beschäftigungsverhältnis und die Fälligkeit der Sozialversicherungsbeiträge auf den jeweiligen Monat und den darin erzielten Verdienst ankommt.

---

513 BAG v. 25.10.1989 – 2 AZR 633/88, AP BGB §611 Direktionsrecht Nr. 36 unter II 2 b) aa) der Gründe.

514 BAG v. 7.12.2005 – 5 AZR 535/04, BB 2006, 829, 832ff.; siehe ausführlich § 3 A III 1b).

515 BAG v. 7.12.2005 – 5 AZR 535/04, BB 2006, 829, 832f.; BGH v. 14.10.1997 – XI ZR 167/96, BB 1997, 2605, 2605f.; BGH v. 10.12.1992 – I ZR 186/90, BB 1993, 683, 684; Kiene, S. 131.

Könnte daher der Arbeitgeber die Arbeitszeit innerhalb eines Jahres in der Weise verteilen, dass der Arbeitnehmer in einigen Monaten keinen Verdienst oder nur einen geringen Verdienst, bei dem der sozialversicherungsrechtliche Schutz nicht mehr gewährleistet wäre, erzielt, würde hierdurch allein dem Flexibilisierungsinteresse des Arbeitgebers, nicht hingegen dem Schutzbedürfnis des Arbeitnehmers Rechnung getragen. Hinzu käme, dass der Arbeitnehmer bei einem schwankenden Verdienst seine – regelmäßig ebenfalls auf den Monat bezogenen – Fixkosten, wie z. B. Miete, Versicherungen, Kreditverbindlichkeiten, ggf. nicht begleichen könnte.

Ein angemessener Interessenausgleich kann dadurch hergestellt werden, dass zwar der Arbeitgeber die Arbeitszeit auch über eine Woche hinaus innerhalb eines Monats oder eines Jahres flexibel verteilen kann, der Arbeitnehmer jedoch eine monatlich verstetigte Vergütung erhält. Ist ein monatliches Einkommen für den Arbeitnehmer gewährleistet, ergibt sich kein Bedarf, die Arbeitszeitbestimmung auf eine Wochenbetrachtung zu beschränken.

Da es somit der Festlegung einer wöchentlichen Arbeitszeit im Vollzeitarbeitsverhältnis weder entsprechend § 12 Abs. 1 Satz 2 TzBfG noch gemäß §§ 307 ff. BGB bedarf, kann die Arbeitszeit auch im Abrufarbeitsverhältnis – wie bei Arbeitsverhältnissen mit regelmäßiger Arbeitszeit – bezogen auf den Monat oder das Jahr bei Zahlung einer monatlich verstetigten Vergütung sowie Erbringung eines Nachweises über erbrachte Stunden festgelegt werden. Die für ein Teilzeitarbeitsverhältnis erörterte Streitfragen zu einer wöchentlich im Durchschnitt zu erbringenden Arbeitszeit sowie zur Länge des Bezugszeitraums stellen sich daher im Vollzeitarbeitsverhältnis nicht.

4. *Kombination von Mindest- und Höchstarbeitszeit mit Jahresarbeitszeit*

Ist für den Vollzeitarbeitnehmer eine Wochen- oder Monatsarbeitszeit vereinbart, sodass es keiner verstetigten Vergütung bedarf, bestehen keine Bedenken gegen eine Höchstarbeitszeit oder einen Arbeitszeitkorridor für Vollzeitarbeitnehmer. Eine Jahresarbeitszeit ist hingegen für Vollzeitarbeitnehmer nur bei Zahlung einer verstetigten monatlichen Vergütung möglich. Insoweit gelten die gleichen Grundsätze wie bei Teilzeitarbeitnehmern, bei welchen die wöchentliche Arbeitszeit durchschnittlich innerhalb eines einjährigen Bezugszeitraums bei Zahlung einer verstetigten Vergütung zu erbringen ist.[516] Ebenso wie hier würde durch die Vereinbarung einer Höchstarbeitszeit oder eines Arbeitszeitkorridors der Anspruch auf die verstetigte Vergütung beeinträchtigt werden. Bei einer Jahresarbeitszeit ist daher nur die Kombination mit einer Mindestarbeitszeit möglich.[517]

Bei der Kombination einer Jahresarbeitszeit mit einer Mindestarbeitszeit wären sowohl eine flexible Verteilung der Arbeitszeitlage als auch eine Flexibilisierung

516 Siehe § 3 A III 2 b), c) (2), § 3 B II 3.
517 Siehe § 3 A III 3 b).

der Arbeitszeitdauer möglich. Die insoweit zugunsten der Planungssicherheit von Teilzeitarbeitnehmern anhand § 307 BGB entwickelten Einschränkungen einer quartalsmäßigen Abschichtung des zusätzlichen Arbeitszeitvolumens[518] gelten aufgrund der gleichen Interessenlage daher auch für Vollzeitarbeitnehmer. Bis zu 25 % zusätzliche Arbeitszeit können daher bei einer Jahresarbeitszeit nur in Höhe von 6,25 % je Quartal abgerufen werden. Zudem bedarf es einer ausdrücklichen Erklärung des Arbeitgebers, da der Arbeitnehmer ansonsten nicht erkennen kann, ob ein Abruf im Rahmen der flexiblen Verteilung oder im Rahmen der Erhöhungsmöglichkeit erfolgt.

5. *Tägliche Dauer und zusammenhängender Abruf der Arbeitszeit gemäß §§ 307ff. BGB*

Eine entsprechende Anwendung von § 12 Abs. 1 Satz 2 TzBfG, der die Festlegung einer täglichen (Mindest-) Arbeitszeit erfordert, scheidet für Vollzeitarbeitsverhältnisse aus.[519] Dennoch wird auch ein Vollzeitarbeitnehmer ein schützenswertes Interesse daran haben, nicht für derart kurze Zeiträume abgerufen zu werden, bei denen sich beispielsweise bereits ein langer Anfahrtsweg nicht rentiert. Dieses Interesse besteht für Teilzeit- und Vollzeitarbeitnehmer gleichermaßen.

Gemäß dem Transparenzgebot gemäß § 307 Abs. 1 Satz 2 BGB muss ein Arbeitnehmer erkennen können, was auf ihn zukommt.[520] Hieraus folgt, dass auch für den Vollzeitarbeitnehmer anhand des Arbeitsvertrages von vornherein erkennbar sein muss, für welchen Zeitraum er an einem Tag mindestens eingesetzt werden kann. Auch im Vollzeitarbeitsverhältnis muss daher die tägliche Mindestabrufdauer vorab im Arbeitsvertrag festgelegt werden.

Für die Frage, ob an einem Tag eine längere oder kürzere Arbeitszeit als die vertragliche Mindestdauer abgerufen werden kann, gelten die zu Teilzeitarbeitsverhältnissen entwickelten Grundsätze entsprechend.[521]

Ebenfalls aus dem Transparenzgebot gemäß § 307 Abs. 1 Satz 2 BGB folgt, dass der Abruf zusammenhängend erfolgen muss, wenn nichts anderes vereinbart ist. Es ist nicht ersichtlich, aus welchem Grund Vollzeitarbeitnehmer insoweit anders behandelt werden sollten als Teilzeitarbeitnehmer, bei denen der Grundsatz des zusammenhängenden Abrufs aus § 12 Abs. 1 Satz 4 TzBfG folgt.[522] Bei beiden soll gleichermaßen verhindert werden, dass die tägliche Arbeitszeit in mehrere kurze, durch Untätigkeit unterbrochene Arbeitseinsätze aufgeteilt wird, ohne dass der Arbeitnehmer sich mit einer solchen Regelung einverstanden erklärt hat bzw. sich hierauf von vornherein einstellen konnte.

---

518 Siehe § 3 A III 3 a) (2).
519 Siehe § 3 B II 2 b).
520 Coester, FS Löwisch, S. 57, 67 m. w. N.
521 Siehe § 3 A III 4 b), c).
522 Siehe § 3 A III 4 d).

III. Ankündigungsfrist gemäß §§ 307 ff. BGB

Eine entsprechende Anwendung von § 12 Abs. 2 TzBfG, wonach eine Arbeitsleistung vier Tage im Voraus abgerufen werden muss, scheidet für Vollzeitarbeitnehmer aus.[523] Dennoch besteht auch für diese grundsätzlich ein Schutzbedürfnis, nicht zu kurzfristig zur Arbeitsleistung abgerufen zu werden. Zu prüfen ist daher, ob und inwieweit sich das Erfordernis, für den Abruf eines Vollzeitarbeitnehmers eine Ankündigungsfrist einzuhalten, im Wege einer Inhaltskontrolle gemäß §§ 307 ff. BGB ergibt.

1. Erforderlichkeit einer Ankündigungsfrist

Die Frage, ob der Arbeitgeber die Arbeitszeitlage nur unter Einhaltung einer Ankündigungsfrist bestimmen darf, betrifft den Umfang des Leistungsbestimmungsrechts, das nach § 307 Abs. 2 Nr. 1 BGB überprüft wird.[524]

Bei der Vereinbarung eines Abrufrechts ohne Ankündigungsfrist wäre der Arbeitnehmer gezwungen, sich fortlaufend bereit zu halten, um einem ggf. erfolgenden Abruf nachkommen zu können. Hierfür würde er allerdings – wie in der Freizeitphase der Abrufarbeit üblich – keine Vergütung erhalten. Aufgrund der ständigen Bereitschaft wären die Planung der (unbezahlten) Freizeit unmöglich und der Erholungswert erheblich gemindert. Die Vereinbarung käme inhaltlich einer durchgehenden unbezahlten Rufbereitschaft nahe.[525] Demgegenüber gilt der Rechtsgrundsatz, dass Zeiten einer Rufbereitschaft zu vergüten sind.[526]

Mit der Vereinbarung von Abrufarbeit ohne Ankündigungsfrist würde von diesem Rechtsgrundsatz zu Lasten des Arbeitnehmers abgewichen und ausschließlich das Interesse des Arbeitgebers berücksichtigt, bei kurzfristigem Bedarf sofort auf die Arbeitsleistung des Arbeitnehmers zugreifen zu können. Um auch dem Interesse des Arbeitnehmers nach einer sinnvollen Freizeitplanung Genüge zu leisten und damit einen angemessenen Ausgleich der beiderseitigen Interessen herzustellen, bedarf daher auch der Abruf eines Vollzeitarbeitnehmers der Einhaltung einer Ankündigungsfrist.

2. Länge der Ankündigungsfrist und deren Festlegung

Fraglich ist indes, wie lang eine solche Ankündigungsfrist bemessen sein müsste, um die vorstehenden Interessen angemessen zum Ausgleich zu bringen und ob sie bereits vorab, z. B. im Arbeitsvertrag, festgelegt werden muss.

Das BAG hatte in einem Urteil vom 17.1.1995 – zwar nicht speziell zu einem Abruf-, jedoch zu einem Vollzeitarbeitsverhältnis – entschieden, dass die Gewährung

523 Siehe § 3 B II 2 b).
524 Siehe § 3 A III 1 b).
525 So bereits zu § 4 BeschFG a. F.: Klevemann, DB 1987, 2096, 2098.
526 Siehe § 3 A II 2.

eines Freizeitausgleichs durch den Arbeitgeber eine einseitige Leistungsbestimmung darstelle, die nach billigem Ermessen ausgeübt werden müsse (damals nur nach Maßgabe von § 315 Abs. 1, 3 Satz 1 BGB[527]). Die Gewährung des Freizeitausgleichs sei hiernach unbillig und daher unverbindlich, wenn dem Arbeitnehmer erst zwischen 15.00 Uhr und 17.00 Uhr des Vortages angekündigt werde, ob er am folgenden Tag zur Arbeitsleistung verpflichtet sei oder Freizeitausgleich erhalte. Durch die verspätete Ankündigung werde der Freizeitausgleich entwertet.[528]

Diese Entscheidung des BAG ließe sich auf ein Abrufarbeitsverhältnis übertragen. Zu prüfen ist allerdings, ob sich die Länge der Ankündigungsfrist bzw. deren Einhaltung allein nach den Grundsätzen der Billigkeit im Einzelfall bemessen kann (nun § 106 Satz 1 GewO) oder ob insoweit für ein Abrufarbeitsverhältnis strengere Anforderungen bestehen.

So kann sich ein Vollzeitarbeitnehmer mit einer regelmäßigen Arbeitszeit spiegelbildlich auch auf eine regelmäßige Freizeit einstellen, z. B. werktäglich ab 18.00 Uhr und an Wochenenden. Zuzüglich zu dieser regelmäßigen Freizeit besteht für ihn die Möglichkeit eines unregelmäßigen Freizeitausgleichs, dessen zeitliche Lage regelmäßig nach seinem Wunsch, mitunter auch nach Anordnung des Arbeitgebers festgelegt werden kann, z. B. auf einen Freitag der Arbeitswoche.

Demgegenüber kann sich der Vollzeitarbeitnehmer in einem Abrufarbeitsverhältnis aufgrund seiner unregelmäßigen Arbeitszeit auf keine regelmäßige Freizeit einstellen. Er muss mit seiner Freizeitplanung stets abwarten, bis der letztmögliche Ankündigungstag verstrichen ist, an dem die Arbeitsleistung für den zu planenden Tag hätte abgerufen werden können. Wäre nunmehr die Länge der Ankündigungsfrist nicht vorab bestimmt und könnte diese je nach Abruf in den Grenzen des billigen Ermessens variieren, wäre auch diese begrenzte Freizeitplanung nicht mehr möglich. Letztlich müsste sich der Abrufarbeitnehmer in diesem Falle doch fortlaufend – unbezahlt – bereit halten. Gerade dies soll aber durch die Bestimmung einer Ankündigungsfrist im Wege der Inhaltskontrolle gemäß § 307 Abs. 2 Nr. 1 BGB vermieden werden. Darüber hinaus verlangt auch das Transparenzgebot gemäß § 307 Abs. 1 Satz 2 BGB, dass der Abrufarbeitnehmer sich auf die Länge der Ankündigungsfrist einstellen kann.

Die Länge der einzuhaltenden Ankündigungsfrist je Abruf muss daher vorab konkret bestimmt sein und kann nicht erst im Einzelfall nach den Maßstäben der Billigkeit bewertet werden. Insoweit unterliegt mithin das Abrufarbeitsverhältnis strengeren Anforderungen als das Arbeitsverhältnis mit regelmäßiger Arbeitszeit, welches dem vorgenannten Urteil des BAG zugrunde lag.

Gefolgt werden kann dem Urteil des BAG vom 17.1.1995 jedoch insoweit, als es unangemessen erscheint, erst am jeweiligen Vortag einen Freizeitausgleich anzuordnen bzw. eine Arbeitsleistung abzurufen. Auf diese Weise wäre dem Vollzeitarbeitnehmer die Planung seiner Freizeit nur schwer möglich. Andererseits

---

527 Siehe § 2 C II.

528 BAG v. 17.1.1995 – 3 AZR 399/94, NZA 1995, 1000, 1002.

muss berücksichtigt werden, dass – anders als ein Teilzeitarbeitnehmer, der die Teilzeittätigkeit regelmäßig aufgrund anderweitiger Verpflichtungen gewählt hat – ein Vollzeitarbeitnehmer grundsätzlich für jeden Arbeitstag mit dem Abruf der Arbeitsleistung rechnen muss. Es erscheint daher angemessen, dass dem Arbeitnehmer die Arbeitsleistung mindestens einen Tag im Voraus angekündigt werden muss.[529] Hierdurch wäre gewährleistet, dass dem Vollzeitarbeitnehmer mit Verstreichen eines Ankündigungstages die zwei folgenden Tage als freie Tage zur Verfügung stehen.

Will sich der Arbeitgeber indes vorbehalten, eine Vollzeitarbeitszeit auf eine Teilzeitarbeitszeit zu reduzieren oder eine Teilzeitarbeitszeit bis zu einer Vollzeitarbeitszeit aufzustocken (Mindest-, Höchstarbeitszeit oder Arbeitszeitkorridor), wiche eine nur eintägige Ankündigungsfrist von dem Grundgedanken des § 12 Abs. 2 TzBfG unangemessen ab. In einem solchen Grenzfall bleibt es daher bei der für Teilzeitarbeitsverhältnisse geltenden viertägigen Ankündigungsfrist, die wie bei Teilzeitarbeitnehmern gemäß §§ 187 Abs. 1, 188 Abs. 1, 193 BGB berechnet wird.[530]

3. *Nichteinhaltung, Verzicht und Verkürzung*

Aus dem Erfordernis einer Ankündigungsfrist zur Vermeidung einer unangemessenen Benachteiligung des Vollzeitarbeitnehmers gemäß § 307 Abs. 2 Nr. 1 BGB verbieten sich – ebenso wie bei einem Teilzeitarbeitnehmer – der Verzicht und die Verkürzung der Ankündigungsfrist vorab im Arbeitsvertrag.[531] Da die Ankündigungsfrist ausschließlich den Vollzeitarbeitnehmer schützt, kann er entscheiden, ob er in einem konkreten Einzelfall auf die Einhaltung der Frist verzichtet. Insoweit kann auf die zu Teilzeitarbeitsverhältnissen entwickelten Grundsätze[532] zurückgegriffen werden.

IV. Abruf nach billigem Ermessen

Da der konkrete Abruf zur Arbeitsleistung im Rahmen des Direktionsrechts erfolgt,[533] muss er gemäß § 106 Satz 1 GewO den Grundsätzen billigen Ermessens entsprechen. Der Arbeitgeber muss daher auch bei Vollzeitarbeitnehmern deren berechtigte Interessen bei jedem Abruf berücksichtigen.[534]

---

529 Nach Klapproth, S. 62, muss dem Vollzeitarbeitnehmer bei tarifvertraglichen Verkürzungen der Ankündigungsfrist nach § 12 Abs. 2, 3 TzBfG „zumindest ein Tag" gewährt werden, damit eine „angemessene" Ankündigungsfrist vorliegt.

530 Siehe § 3 A IV 1.

531 Siehe für Teilzeitarbeitnehmer § 3 A IV 3, wobei sich bei diesen das Verbot nicht aus § 307 Abs. 2 Nr. 1 BGB, sondern aus §§ 22 Abs. 1, 12 Abs. 3 TzBfG ergibt.

532 Siehe § 3 A IV 2.

533 Siehe § 3 A VI 1 b).

534 Siehe § 3 A V.

V. Änderung eines Abrufs und Übertragung von Arbeitsstunden

Hinsichtlich der Änderung eines bereits erfolgten Abrufs sowie der Übertragung von Arbeitsstunden auf einen anderen Zeitraum kann auf die zu Teilzeitarbeitsverhältnissen entwickelten Grundsätze zurückgegriffen werden.[535] Hierbei entspricht der Fall einer Mindestjahresarbeitszeit mit Übertragungsmöglichkeit für Vollzeitarbeitnehmer dem Fall einer Kombination aus Mindestarbeitszeit, Durchschnittsarbeitszeit und Übertragungsmöglichkeit bei Teilzeitarbeitnehmern. Da für Vollzeitarbeitnehmer auch die Festlegung einer Jahresarbeitszeit möglich und damit der Umweg über einen Bezugszeitraum entbehrlich ist, wäre somit in solchen Fällen eine Übertragung nicht auf den vorhergehenden oder nachfolgenden Bezugszeitraum, sondern auf das Vor- bzw. Folgejahr einschlägig.

VI. Zwischenergebnis

Das Abrufarbeitsverhältnis eines Vollzeitarbeitnehmers richtet sich anders als das eines Teilzeitarbeitnehmers nicht nach § 12 TzBfG. Der Festlegung einer wöchentlichen Arbeitszeit bedarf es daher ebenso wenig wie der Einhaltung einer viertägigen Ankündigungsfrist.

Auch bei vorformulierten Vollzeitarbeitsverträgen ist indes eine bestimmte Arbeitszeit festzulegen, auch möglich als Mindestarbeitszeit und, sofern keine Jahresarbeitszeit vereinbart ist, als Höchstarbeitszeit oder in Gestalt eines Arbeitszeitkorridors. Es kann eine Wochen-, Monats- oder Jahresarbeitszeit, letztere jedoch nur bei Zahlung einer verstetigten Vergütung und Erbringung eines Nachweises gegenüber dem Arbeitnehmer über erbrachte Stunden, festgelegt werden. Für eine Jahresmindestarbeitszeit gelten die für Teilzeitarbeitnehmer entwickelten Einschränkungen entsprechend.

Aus dem Transparenzgebot ergibt sich zudem, dass im Arbeitsvertrag die tägliche Mindestdauer für einen Abruf sowie die Möglichkeit eines nicht zusammenhängenden Abrufs für einen Tag bestimmt werden müssen. Auch die Übertragung von Stunden sowie die Änderung eines bereits erfolgten – stets nach billigem Ermessen vorzunehmenden – Abrufs sind unter den gleichen Voraussetzungen möglich, die für Teilzeitarbeitnehmer gelten.

Weiterhin folgt aus § 307 Abs. 2 Nr. 1 BGB, dass der Abruf eines Vollzeitarbeitnehmers mindestens einen Tag im Voraus erfolgen muss. Auch im Vollzeitarbeitsverhältnis ist ausnahmsweise eine viertägige Ankündigungsfrist zu beachten, wie sie gemäß § 12 Abs. 2 TzBfG für Teilzeitarbeitnehmer gilt, wenn es dem Arbeitgeber nach den Vereinbarungen im Arbeitsvertrag freisteht, anstelle einer Vollzeittätigkeit eine Teilzeittätigkeit abzurufen, z. B. indem er die Arbeitszeit von 40 Wochenstunden auf 32 Wochenstunden reduziert.

Im Übrigen gelten die für Teilzeitarbeitnehmer entwickelten Grundsätze weitgehend entsprechend.

---

535 Siehe § 3 A VI, VII.

C. Ergebnis

Die Arbeit auf Abruf ist sowohl im Teilzeit- als auch im Vollzeitarbeitsverhältnis möglich. Die Rechtmäßigkeit von Abrufvereinbarungen richtet sich für Teilzeitarbeitnehmer vorrangig nach § 12 TzBfG und ergänzend nach den §§ 307 ff. BGB sowie bei Vollzeitarbeitnehmer nur nach den §§ 307 ff. BGB.

Die Arbeitsvertragsparteien müssen eine bestimmte Arbeitszeitdauer vereinbaren, die auch als Mindestarbeitszeit und, soweit keine durchschnittlich in einem jährlichen Bezugszeitraum zu erbringende Arbeitszeit (bei Teilzeit) oder eine Jahresarbeitszeit (bei Vollzeit) vereinbart ist, ebenso als Höchstarbeitszeit oder in Form eines Arbeitszeitkorridors ausgestaltet sein kann. Eine tägliche Mindestarbeitszeit und deren mögliche Zerstückelung sind möglich, wenn dies durch den Arbeitsvertrag festgelegt ist. Die Möglichkeit zum Abruf von Überstunden muss vertraglich eingegrenzt sein, damit keine Umgehung der festgelegten Arbeitszeitdauer eintreten kann.

Sowohl im Teilzeit- als auch im Vollzeitarbeitsverhältnis müssen für jeden Abruf eine nicht im Voraus vertraglich verzichtbare oder abkürzbare Ankündigungsfrist, allerdings für Teilzeitarbeitnehmer und Vollzeitarbeitnehmer von unterschiedlicher Dauer, sowie die Grundsätze billigen Ermessens gemäß § 106 Satz 1 GewO eingehalten werden. Ein einmal erfolgter Abruf kann unter Einhaltung der Ankündigungsfrist geändert werden. Arbeitsstunden können durch Vereinbarung und unter Beachtung bestimmter Einschränkungen von einem Bezugszeitraum auf einen anderen Bezugszeitraum bzw. bei Vollzeitarbeitnehmern auch von z. B. einem Jahr auf ein anderes Jahr übertragen werden.

Ein Teilzeitarbeitsverhältnis kann zudem als entgelt- oder zeitgeringfügige Beschäftigung auf Abruf ausgestaltet sein.

Die Vereinbarung von Abrufarbeit ermöglicht somit eine weitgehende Flexibilisierung der Lage und in Grenzen auch der Dauer der Arbeitszeit. Zudem müssen Zeiten, in denen sich der Arbeitnehmer lediglich für einen Abruf bereit hält, nicht vergütet werden.

§ 4. Arbeit auf Abruf im Leiharbeitsverhältnis

Dadurch, dass bei der Arbeit auf Abruf nur die abzurufenden Arbeitsstunden, nicht jedoch die Zeiten zu vergüten sind, in welchen der Arbeitnehmer den Abruf erwartet, bringt die Vereinbarung von Abrufarbeit auch aus Sicht eines Verleihers erhebliche Vorteile mit sich. Angesichts der Besonderheiten des Leiharbeitsverhältnisses stellt sich allerdings die Frage, ob bzw. inwieweit diese Vorteile der Abrufarbeit in einem Leiharbeitsverhältnis in Anspruch genommen werden dürfen. Die Darstellung erfolgt nachstehend einheitlich für Teilzeit- und Vollzeit-Leiharbeitnehmer. Soweit sich in Bezug auf eine der Gruppen eine Besonderheit ergibt, wird dies unmittelbar im entsprechenden Abschnitt behandelt.

A. Grundsätzliche Zulässigkeit von Abrufarbeit im Leiharbeitsverhältnis

So ist bereits im Grundsatz umstritten, ob die Vereinbarung von Abrufarbeit in einem Leiharbeitsverhältnis zulässig ist.

I. Literatur und Bundesagentur für Arbeit

Einige Stimmen in der Literatur lehnen eine Abrufvereinbarung im Leiharbeitsverhältnis wegen eines Verstoßes gegen Art. 1 §§ 1 Abs. 2, 3 Abs. 1 Nr. 3 und Nr. 5 AÜG a. F. (Befristungs- und Synchronisationsverbot[536]) sowie § 4 AFG a. F.[537] und § 11 Abs. 4 Satz 2 AÜG generell ab.[538] Hierzu berufen sie sich insbesondere auf zwei Urteile des BSG vom 16.12.1976[539] und vom 29.7.1992[540], das die streitgegenständlichen Abrufvereinbarungen mit Leiharbeitnehmern jeweils für unzulässig gehalten hatte.[541]

Selbst für die heutige Gesetzeslage halten Ulber, Koch und Lorenz weiterhin an der Unzulässigkeit von Abrufarbeit im Leiharbeitsverhältnis fest und begründen dies mit einer Umgehung von § 11 Abs. 4 Satz 2 AÜG.[542] Ulber führt hierzu näher

---

536 Siehe § 4 A II.

537 Arbeitsförderungsgesetz (AFG) v. 25.6.1969, BGBl. I 1969, 582, 584.

538 Ulber-Ulber, AÜG § 1 Rn. 83, § 3 Rn. 73, § 11 Rn. 47, 112; Brötzmann/Musial, NZA 1997, 17, 19; Schaub-Koch, § 120 Rn. 47; Becker/Wulfgramm, AÜG § 3 Rn. 39b; Buschmann/Dieball/Stevens-Bartol, TZA, TzBfG § 12 Rn. 90; Annuß/Thüsing-Jacobs, TzBfG § 12 Rn. 6 (ohne nähere Begründung); HWK-Gotthardt, AÜG § 11 Rn. 24.

539 BSG v. 16.12.1976 – 12/7 RAr 89/75, BSGE 43, 100 ff.

540 BSG v. 29.7.1992 – 11 RAr 51/91, AP AÜG § 3 Nr. 3.

541 Siehe § 4 A II.

542 Ulber-Ulber, AÜG § 1 Rn. 83, § 3 Rn. 73, § 11 Rn. 47, 112; Schaub-Koch, § 120 Rn. 47; Däubler/Hjort/Schubert/Wolmerath-Lorenz, AÜG § 11 Rn. 13.

aus, dass eine Arbeitsleistung entsprechend dem Arbeitsanfall ausschließlich solche Arbeitsausfälle betreffe, die aus der Sphäre des Arbeitgebers herrührten. Sie führten daher stets zu einer gemäß § 11 Abs. 4 Satz 2 AÜG verbotenen Abwälzung des vom Verleiher gemäß § 615 Satz 1 BGB zu tragenden Risikos. Schon das Bereithalten für einen Abruf sei daher von dem Verleiher zu vergüten.[543]

Nach Ulber ergeben sich – auch nach Aufhebung von § 3 Abs. 1 Nr. 3 und Nr. 5 AÜG a. F. – aus § 11 Abs. 4 Satz 2 AÜG weiterhin Besonderheiten für die von dem Verleiher nunmehr gemäß § 3 Abs. 1 Nr. 1 AÜG n. F. einzuhaltenden arbeitsrechtlichen Pflichten. Insoweit folge aus § 11 Abs. 4 Satz 2 AÜG, dass die Laufzeit eines Leiharbeitsverhältnisses weiterhin grundsätzlich nicht mit der Laufzeit des Einsatzes bei einem Entleiher synchronisiert werden dürfe. Das Synchronisationsverbot zähle zum typischen Betriebsrisiko des Verleihers i. S. v. § 11 Abs. 4 Satz 2 AÜG.[544]

Eine große Anzahl von Vertretern im Schrifttum[545] hält demgegenüber die Vereinbarung eines Abrufarbeitsverhältnisses mit Leiharbeitnehmern für zulässig und begründet dies mit zwischenzeitlich in Kraft getretenen Gesetzesänderungen.

Die vormalige Bundesanstalt für Arbeit[546] ging bereits im Jahre 1991 von der Zulässigkeit einer Abrufabrede im Leiharbeitsverhältnis aus, ebenso wie das vormalige Landesarbeitsamt[547] Nordrhein-Westfalen.[548] Gemäß der heute maßgeblichen

---

543 Ulber-Ulber, AÜG § 3 Rn. 73.

544 Ulber-Ulber, AÜG § 3 Rn. 75.

545 Schüren-Schüren, AÜG Einl. Rn. 192, § 11 Rn. 51; Schüren-Hamann, AÜG § 1 Rn. 39; KassHdb-Düwell, Kap. 4.5 Rn. 373; Boemke/Lembke, AÜG § 11 Rn. 125; Thüsing-Mengel, AÜG § 11 Rn. 19, 43; Urban-Crell/Schulz, Rn. 310, 312; Urban-Crell/Germakowski/Bissels/Hurst-Germakowski, AÜG § 11 Rn. 26; Laux/Schlachter § 12 Rn. 27; HK-Boecken, TzBfG § 12 Rn. 13; Witten, S. 177, 179 ff.; Zeitarbeit-Hennig, Rn. 737; Boewer, TzBfG § 12 Rn. 11; Meinel/Heyn/Herms, TzBfG § 12 Rn. 10; Arnold/Gräfl-Arnold, TzBfG § 12 Rn. 15; AnwK-ArbR-Worzalla, TzBfG § 12 Rn. 2; Preis-Necati, Arbeitsformen, S. 139; Sandmann/Marschall, AÜG Art. 1 § 1 Rn. 7; Schneider, Zeitarbeit, Rn. 226; Schubel, BB 1985, 1606 f.

546 „Bundesagentur" für Arbeit seit dem Dritten Gesetz für moderne Dienstleistungen am Arbeitsmarkt v. 23.12.2003, BGBl. I 2003, 2848; Begründung zum Gesetzentwurf v. 5.9.2003, BT-Drucks. 15/1515, S. 72.

547 „Regionaldirektion" seit dem Dritten Gesetz für moderne Dienstleistungen am Arbeitsmarkt v. 23.12.2003, BGBl. I 2003, 2848; Begründung zum Gesetzentwurf v. 5.9.2003, BT-Drucks. 15/1515, S. 72.

548 Schreiben des Präsidenten der Bundesanstalt für Arbeit (nunmehr Bundesagentur für Arbeit) vom 25.7.1991 an den Präsidenten des Landesarbeitsamtes Nord (nunmehr Regionaldirektion Nord) – Ia4–5161.51; Bundesanstalt für Arbeit (nunmehr Bundesagentur für Arbeit), Runderlass v. 1.6.1995 – Ia4–5160.11 (1)/5160.4 (1)/7402.2; Bundesanstalt für Arbeit (nunmehr Bundesagentur für Arbeit), Arbeitshilfe „Arbeitszeitregelung, Einrichtung eines Arbeitszeitkontos", Stand 8/1998 und Landesarbeitsamt Nordrhein-Westfalen (nunmehr Regionaldirektion Nordrhein-Westfalen), Arbeitshilfe „Gewerbsmäßige Arbeitnehmerüberlassung, Kurzdarstellung der zulässigen Arbeitszeitregelungen, Einrichtung eines Arbeitszeitkontos",

GA AÜG der Bundesagentur für Arbeit sind Jahresarbeitsverträge auf Abruf nicht grundsätzlich unzulässig und müssen die Voraussetzungen von § 12 TzBfG beachten.[549]

II. Grundsatzurteile des BSG

Dem vorgenannten Urteil des BSG vom 16.12.1976 lag eine Vereinbarung zugrunde, nach welcher ein Leiharbeitnehmer tage- oder stundenweise auf Abruf arbeiten und das Arbeitsverhältnis zwischen den Einsätzen ruhen sollte. Das BSG befand, dass der Verleiher mit dieser Gestaltung das gemäß Art. 1 § 1 Abs. 2 AÜG a. F.[550] für eine Arbeitnehmerüberlassung erforderliche Arbeitgeberrisiko nicht übernehme und daher eine Arbeitsvermittlung vorliege.[551]

Die private Arbeitsvermittlung war aufgrund des damals gemäß § 4 AFG a. F. geltenden Vermittlungsmonopols der Bundesanstalt für Arbeit verboten. Zweck des AÜG war nach Auffassung des BSG nicht nur der Schutz des Leiharbeitnehmers vor ungerechtfertigten Benachteiligungen. Die Vorschriften dienten vielmehr auch der Abgrenzung zwischen einer erlaubten Arbeitnehmerüberlassung und einer verbotenen Arbeitsvermittlung zum Schutz des Vermittlungsmonopols. Es sollte gewährleistet werden, dass nicht nur dem Verleiher das volle Arbeitgeberrisiko aufgebürdet wird, sondern auch die Arbeitssuche des Leiharbeitnehmers bereits mit dem Abschluss des Arbeitsvertrages befriedigt wird.[552]

Der letztgenannte Zweck konnte nach Auffassung des BSG indes nur erreicht werden, wenn der Verleiher grundsätzlich gehindert war, Verträge mit Leiharbeitnehmer auf die Dauer der Überlassung an den Entleiher zu beschränken (sog. Synchronisationsverbot). Anderenfalls beende nicht der Arbeitsvertrag, sondern erst die jeweilige Überlassung die Arbeitssuche und dies stellte daher gemäß BSG verschleierte Arbeitsvermittlung dar. Aus diesem Grund durfte der Verleiher eine Befristung des Arbeitsvertrages auch nicht in seinem eigenen Interesse, sondern ausnahmsweise nur für den Fall vornehmen, dass die Befristung durch einen sachlichen Grund

---

Stand 12/99, Arbeitshilfen jeweils abgedruckt bei Witten, Anhang I, S. 229, 239 f. und Anhang II, S. 251.

549 Ziff. 11 (9) GA AÜG zu § 11 AÜG, die allerdings zugleich annimmt, dass eine Vereinbarung von Arbeit auf Abruf entgegen § 11 Abs. 4 AÜG eine Verlagerung eines Teils des Wirtschaftsrisikos auf den Arbeitnehmer beinhaltet, ohne sodann konkret Anforderungen an eine wirksame Abrufabrede zu benennen.

550 Art. 1 § 1 Abs. 2 AÜG v. 7.8.1972, BGBl. I 1972, 1393, entspricht bis auf den Verweis auf Art. 1 § 3 Abs. 1 Nr. 1 bis 6 AÜG a. F. weitestgehend dem heutigen § 1 Abs. 2 AÜG; die Angabe von „Art. 1“ vor den einzelnen Bestimmungen des AÜG ist seit Inkrafttreten des Arbeitsförderungs-Reformgesetzes (AFRG) v. 24.3.1997, BGBl. I 1997, 594, 714, mit Wirkung zum 1.4.1997 nicht mehr erforderlich; Begründung zum Gesetzentwurf v. 18.6.1996, BT-Drucks. 13/4941, S. 247.

551 BSG v. 16.12.1976 – 12/7 RAr 89/75, BSGE 43, 100, 101 f.

552 BSG v. 16.12.1976 – 12/7 RAr 89/75, BSGE 43, 100, 101 f.

in der Person des Leiharbeitnehmers gerechtfertigt war (sog. Befristungsverbot). Dieser Schutz wurde über Art. 1 § 3 Abs. 1 Nr. 3 (Befristungsverbot) und Nr. 5 (Synchronisationsverbot) AÜG a. F.[553] gewährleistet. Nach Auffassung des BSG stellte eine hiergegen verstoßende Vertragsgestaltung gemäß Art. 1 § 1 Abs. 2 AÜG a. F. eine unzulässige Arbeitsvermittlung dar.[554]

Selbst bei Vorliegen eines sachlichen Grundes in der Person des Leiharbeitnehmers sollte gemäß dem BSG jedoch eine Vereinbarung über die Beschäftigung auf Abruf schlechthin unzulässig sein, bei der zwischendurch die gegenseitigen Rechte und Pflichten ruhten. Sie ermöglichte dem Verleiher, von einem Abruf des Leiharbeitnehmers trotz dessen Verfügbarkeit abzusehen, wenn es an einer Überlassungsmöglichkeit fehlte. Dem Verleiher stand es frei, die zwischenzeitlich bestehende Arbeitslosigkeit des Leiharbeitnehmers von Fall zu Fall zu beenden. Hiermit verstieß er gemäß dem BSG gegen Art. 1 § 3 Abs. 1 Nr. 3 AÜG a. F. und übte somit in unzulässiger Weise Arbeitsvermittlung aus.[555]

Dem Urteil des BSG vom 29.7.1992 lagen Arbeitsverträge von Leiharbeitnehmern zugrunde, die ein jährlich abzurufendes Arbeitszeitkontingent von 50 Tagen vorsahen. Das BSG nahm auf sein Urteil vom 16.12.1976 Bezug und stellte auch hier fest, dass sich die Tätigkeit des Verleihers entgegen Art. 1 § 3 Abs. 1 Nr. 3 AÜG a. F. weitgehend auf eine Arbeitsvermittlung, im zugrunde liegenden Fall für 50 Tage, reduzierte. Dem Verleiher verblieb kaum noch das für die Annahme einer zulässigen Arbeitnehmerüberlassung in Abgrenzung zu einer unerlaubten Arbeitsvermittlung erforderliche Arbeitgeberrisiko. Auch monatliche Abschlagzahlungen bewirkten keine Übernahme eines Arbeitgeberrisikos. Dies galt nach dem BSG erst recht, wenn das monatliche Arbeitsentgelt nicht der Sozialversicherungspflicht unterlag. Der von Art. 1 § 1 Abs. 2 AÜG a. F. zur Abgrenzung der erlaubten Arbeitnehmerüberlassung von der nicht erlaubten Arbeitsvermittlung aufgestellte Grundsatz wurde durch eine Vertragsgestaltung wie im vorliegenden Fall ausgehöhlt und bis zu seiner Aufgabe reduziert.[556]

Offen ließ das BSG in seinem Urteil vom 29.7.1992, ob die betreffende Abrufvereinbarung mit einer Jahresarbeitszeit die Anforderungen gemäß § 4 BeschFG 1985 a. F. erfüllte. Die Vereinbarung war nach Auffassung des BSG bereits wegen des Verstoßes gegen die zwingenden Vorschriften des AÜG unwirksam. Art. 1 §§ 1 Abs. 2, 3 Abs. 1 Nr. 3 und Nr. 5 AÜG a. F. waren auch in einem Abrufarbeitsverhältnis als spezialgesetzliche Regelungen vorrangig. Dies galt insbesondere, da sie anders als § 4 BeschFG 1985 a. F. nicht nur dem Schutz des einzelnen Leiharbeitnehmers, sondern auch des Vermittlungsmonopols der Bundesanstalt für Arbeit dienten.

553 Art. 1 § 3 Abs. 1 Nr. 3, Nr. 5 des AÜG v. 7.8.1972, BGBl. I 1972, 1393, 1394.
554 BSG v. 16.12.1976 – 12/7 RAr 89/75, BSGE 43, 100, 102.
555 BSG v. 16.12.1976 – 12/7 RAr 89/75, BSGE 43, 100, 104, das hierbei wohl versehentlich Art. 1 „§ 1" Abs. 1 Nr. 3 AÜG" zitiert, denn Art. 1 § 1 Abs. 1 AÜG enthielt bereits in der damaligen Fassung keine Nr. 3, BGBl. I 1972, 1393.
556 BSG v. 29.7.1992 – 11 RAr 51/91, AP AÜG § 3 Nr. 3, unter Abs. 6–9 der Gründe.

Auf eine etwaige zusätzliche Unwirksamkeit gemäß § 4 BeschFG 1985 a. F. kam es daher im zugrunde liegenden Fall nicht entscheidend an.[557]

Das BSG hatte mithin die jeweiligen Abrufvereinbarungen in seinen Urteilen wegen eines Verstoßes gegen die damals geltenden Verbote zu Vermittlung, Befristung und Synchronisation gemäß Art. 1 §§ 1 Abs. 2, 3 Abs. 1 Nr. 3 und Nr. 5 AÜG a. F., § 4 AFG a. F. für unzulässig befunden.

Gesicherte Rechtsprechung aus der Zeit nach den vorstehend beschriebenen Gesetzesänderungen existiert für eine Abrufarbeit im Leiharbeitsverhältnis nicht.

III. Stellungnahme

Das Vermittlungsmonopol der Bundesanstalt für Arbeit wurde mit Wirkung zum 1.8.1994 aufgehoben.[558] Gemäß §§ 296 ff. SGB III ist die private Arbeitsvermittlung nunmehr grundsätzlich zulässig, mithin auch für Verleihunternehmen.[559] Aus dem Vermittlungsverbot § 4 AFG a. F. lässt sich die Unzulässigkeit von Abrufarbeit im Leiharbeitsverhältnis daher heute nicht mehr ableiten. Auch das in Art. 1 § 3 Abs. 1 Nr. 3 und Nr. 5 AÜG a. F. niedergelegte Befristungs- und Synchronisationsverbot wurde mit Wirkung zum 1.1.2003 aufgehoben.[560] Mangels spezialgesetzlicher Befristungsregelungen im AÜG richten sich die Befristungsmöglichkeiten nunmehr auch im Leiharbeitsverhältnis nach den allgemeinen Vorschriften, mithin nach § 14 ff. TzBfG. Die Rechtsprechung des BSG ist mithin durch die neue Gesetzeslage überholt.[561] Auch die Durchführungsanweisungen zum AÜG[562] enthalten insoweit keine Einschränkungen.

Die Auffassung von Ulber, Koch und Lorenz, die auch für die heutige Gesetzeslage an der Unzulässigkeit von Abrufarbeit im Leiharbeitsverhältnis festhalten und dies mit einer Umgehung von § 11 Abs. 4 Satz 2 AÜG begründen, geht über den Wortlaut von § 11 Abs. 4 Satz 2 AÜG hinaus. Dieser enthält keinen Anhaltspunkt

---

557 BSG v. 29.7.1992 – 11 RAr 51/91, AP AÜG § 3 Nr. 3, unter Abs. 12–13 der Gründe.

558 Gelockert bereits durch das Erste Gesetz zur Umsetzung des Spar-, Konsolidierungs- und Wachstumsprogramms (1. SKWPG) v. 21.12.1993, BGBl. I 1993, 2353; Begründung zum Regierungsentwurf v. 4.9.1993, BT-Drucks. 12/5502, S. 24, 26; Näheres zum 1. SKWPG bei Feuerborn/Hamann, BB 1994, 1346 ff.; aufgehoben durch das Beschäftigungsförderungsgesetz (BeschFG 1994) v. 26.7.1994, BGBl. I 1994, 1786; Begründung zum Gesetzentwurf v. 17.5.1994, BT-Drucks. 12/7565, S. 9, 11.

559 Das Betreiben von Arbeitsvermittlung unterliegt lediglich der Anzeigepflicht gemäß § 14 Abs. 1 Satz 1 GewO, deren Nichtbeachtung gemäß § 146 Abs. 2 Nr. 2, Abs. 3 GewO mit einer Geldbuße geahndet werden kann; siehe auch Ziff. 1.2 GA AÜG zu § 1 AÜG.

560 Gelockert bereits durch das Arbeitsförderungs-Reformgesetz (AFRG) v. 24.3.1997, BGBl. I 1997, 594, 714 f., mit Wirkung zum 1.4.1997; Begründung zum Gesetzentwurf v. 18.6.1996, BT-Drucks. 13/4941, 249 f.; siehe hierzu im Einzelnen: Feuerborn/Hamann, BB 1997, 2530, 2530 ff.; aufgehoben durch das Erste Gesetz für moderne Dienstleistungen am Arbeitsmarkt v. 23.12.2002, BGBl. I 2002, 4607, 4617; Begründung zum Gesetzentwurf v. 5.11.2002, BT-Drucks. 15/25, S. 19, 24, 39.

561 Ebenso u.a. Klapproth, S. 13.

562 GA AÜG.

dafür, dass eine Synchronisation trotz der Aufhebung von § 3 Abs. 1 Nr. 5 AÜG a. F. weiterhin verboten wäre. Gegenteiliges widerspräche auch dem ausdrücklich erklärten Willen des Gesetzgebers.

Der Gesetzgeber hatte das Befristungs- und Synchronisationsverbot bereits mit dem Arbeitsförderungs-Reformgesetz vom 24.3.1997[563] gelockert. Er führte hierzu aus, das Synchronisationsverbot diene der Absicherung des Befristungsverbots. Beiden Verboten sei besondere Bedeutung für die Sicherung des Alleinvermittlungsrechts der damaligen Bundesanstalt für Arbeit zugekommen. Mit der weitgehenden Freigabe der privaten Arbeitsvermittlung habe die Abgrenzung zwischen Arbeitsvermittlung und Arbeitnehmerüberlassung jedoch an Bedeutung verloren. Unabhängig hiervon behalte zwar die Einschränkung befristeter Arbeitsverträge ihr Gewicht. Das damalige allgemeine Befristungsverbot befand der Gesetzgeber allerdings als zu weitgehend und beschäftigungshemmend. Mit dem Arbeitsförderungs-Reformgesetz sollten demgegenüber auch im Bereich der Arbeitnehmerüberlassung beschäftigungshemmende Vorschriften aufgehoben und Hindernisse beseitigt werden, die einer Nutzung der gewerbsmäßigen Arbeitnehmerüberlassung zur Schaffung zusätzlicher Arbeitsplätze entgegenstanden.[564]

Als der Gesetzgeber das Befristungs- und Synchronisationsverbot sodann durch das Erste Gesetz für moderne Dienstleistungen am Arbeitsmarkt vom 23.12.2002 aufhob, beabsichtigte er hiermit die Flexibilisierung der Arbeitnehmerüberlassung und die Stärkung der Wettbewerbsfähigkeit von Unternehmen.[565] Die Aufhebung des Befristungs- und Synchronisationsverbots sowie anderer Beschränkungen erfolgte hierbei ausdrücklich im „Gegenzug" für das eingeführte Gleichbehandlungsgebot[566] und den damit einhergehenden erhöhten Schutz der Leiharbeitnehmer.[567]

Das Synchronisationsverbot trotz der Aufhebung von § 3 Abs. 1 Nr. 5 AÜG a. F. nunmehr aufgrund § 3 Abs. 1 Nr. 1 AÜG n. F. i. V. m. § 11 Abs. 4 Satz 2 AÜG fortzuführen, hieße daher, den Wortlaut des Gesetzes zu überdehnen und den Willen des Gesetzgebers zur Beschäftigungsförderung zu missachten. Aus diesem Grunde steht der Vereinbarung von Abrufarbeit im Leiharbeitsverhältnis das Synchronisationsverbot nicht mehr entgegen.[568]

Aus § 11 Abs. 4 Satz 2 AÜG folgt jedoch auch im Übrigen kein Verbot für die Arbeit auf Abruf im Leiharbeitsverhältnis. § 11 Abs. 4 Satz 2 AÜG bestimmt, dass ein Vergütungsanspruch für den Fall des Annahmeverzugs nicht beschränkt oder ausgeschlossen werden darf. Bevor eine Beschränkung oder ein Ausschluss geprüft werden können, muss daher in einem ersten Schritt zunächst festgestellt werden, ob ein solcher – einzuschränkender oder auszuschließender – Vergütungsanspruch

563 BGBl. I 1997, 594, 714 f.
564 Begründung zum Gesetzentwurf v. 18.6.1996, BT-Drucks. 13/4941, S. 247, 249.
565 Begründung zum Gesetzentwurf v. 5.11.2002, BT-Drucks. 15/25, S. 24.
566 Siehe zum Gleichbehandlungsgebot § 2 E.
567 Begründung zum Gesetzentwurf v. 5.11.2002, BT-Drucks. 15/25, S. 39.
568 Ebenso Klapproth, S. 44.

überhaupt besteht. Der Annahmeverzug des Arbeitgebers setzt insoweit eine Arbeitsverpflichtung des Arbeitnehmers voraus, für deren Erfüllung eine Vergütung zu leisten wäre.[569] Der Verleiher kann mithin nur in Annahmeverzug geraten und Annahmeverzugslohn schulden, wenn er vertraglich geschuldete Dienste nicht annimmt.

Grund und Umfang etwaiger geschuldeter Dienste richten sich wiederum nach den arbeitsvertraglichen Vereinbarungen. Die Arbeitsvertragsparteien können den Umfang der Arbeitszeit, nach welcher sich regelmäßig auch die Höhe der Vergütung richtet, frei vereinbaren. § 11 Abs. 4 Satz 2 AÜG, § 615 Satz 1 BGB schreiben insbesondere nicht vor, dass der Verleiher – ohne Rücksicht auf seinen Beschäftigungsbedarf – stets die höchstmögliche Arbeitszeit vereinbaren müsste. Anderenfalls müsste bereits die Begründung eines jeden Teilzeit-Leiharbeitsverhältnisses ausnahmslos als unzulässige Abbedingung der Annahmeverzugsregeln gewertet werden. Dies vertritt auch Ulber nicht.[570]

Vereinbaren die Parteien jedoch den Umfang der geschuldeten Dienste, kann auch nur in diesem Umfang eine Arbeits- und Vergütungspflicht bestehen, mit welcher der Verleiher in Annahmeverzug geraten kann.[571] Außerhalb des vereinbarten Umfangs fehlt es demgegenüber an einem für den Annahmeverzug erforderlichen Vergütungsanspruch, der entgegen § 11 Abs. 4 Satz 2 AÜG beschränkt oder ausgeschlossen werden könnte. Besteht daher bei einem Verleiher nur ein unregelmäßiger Beschäftigungsbedarf von z. B. 50 Stunden im Monat und treffen die Parteien eine Vereinbarung zum Abruf dieser 50 Stunden entsprechend dem Arbeitsanfall, so kann Annahmeverzug auch nur für bis zu 50 nicht abgerufene Stunden eintreten.

§ 11 Abs. 4 Satz 2 AÜG ist somit zu entnehmen, dass über § 615 Satz 1 BGB der Vergütungsanspruch für die jeweils vertraglich vereinbarte Arbeitszeit auch im Falle fehlenden Beschäftigungsbedarfs erhalten bleiben soll. Diesem Schutzzweck wird bei der Vereinbarung von Abrufarbeit dadurch Genüge getan, dass eine bestimmte Arbeitszeitdauer[572] festzulegen ist, anhand derer sich auch die vertraglich zu leistende (Garantie-) Vergütung bemisst.[573] Wenn der Verleiher den Leiharbeitnehmer in diesem festgelegten Rahmen mangels Beschäftigungsbedarfs nicht vollumfänglich einsetzen kann, hat er einen entsprechenden Annahmeverzugslohn zu zahlen.[574] Stellt sich demgegenüber nach Abschluss des Arbeitsvertrages ein höherer Beschäftigungsbedarf heraus, kann der Verleiher von dem Leiharbeitnehmer nicht einseitig die Ableistung von zusätzlichen Stunden verlangen.[575]

---

569 BAG v. 9.7.2008 – 5 AZR 810/07, NZA 2008, 1407; BAG v. 12.9.1985 – 2 AZR 324/84, AP BetrVG 1972 § 102 Weiterbeschäftigung Nr. 7 unter B II 1 der Gründe; Klapproth, S. 27 ff.

570 Ulber-Ulber, AÜG § 11 Rn. 45, lässt grundsätzlich auch Teilzeitarbeitsverhältnisse zu.

571 Ähnlich aber unabhängig von der hier diskutierten Streitfrage: Kiene, S. 156 f.

572 Siehe § 3 A III 1, § 3 B II 1.

573 Witten, S. 179 f.

574 Boemke/Lembke, AÜG § 11 Rn. 125; Urban-Crell/Schulz, Rn. 312.

575 Anderes gilt nur, wenn die Voraussetzungen zur Anordnung von Überstunden vorliegen, siehe § 3 A II 1.

Die Voraussetzungen oder Rechtsfolgen eines Annahmeverzugs werden daher durch die Vereinbarung von Abrufarbeit nicht von vornherein entgegen § 11 Abs. 4 Satz 2 AÜG ausgeschlossen oder beschränkt.[576] Insbesondere soll durch § 11 Abs. 4 Satz 2 AÜG über seinen Anwendungsbereich hinaus keine Besserstellung von Leiharbeitnehmern gegenüber Arbeitnehmern gewährleistet werden, die nicht verliehen werden und damit grundsätzlich zur Abrufarbeit verpflichtet werden können.[577]

Die Vereinbarung von Abrufarbeit im Leiharbeitsverhältnis ist somit nicht bereits aufgrund zwingender Gesetzesbestimmungen grundsätzlich ausgeschlossen.

B. Grenzen

Allerdings ist zu prüfen, ob die Vereinbarung einer Arbeit auf Abruf im Leiharbeitsverhältnis besonderen Grenzen unterliegt.

Die ordnungsgemäße Vereinbarung und Durchführung von Abrufarbeit gehört zu den arbeitsrechtlichen Pflichten des Verleihers gemäß § 3 Abs. 1 Nr. 1 AÜG. Sie ist daher nicht nur vor dem Hintergrund etwaiger Streitigkeiten zwischen den Arbeitsvertragsparteien, sondern auch in erlaubnisrechtlicher Hinsicht von nicht unerheblicher Relevanz. So kann die zuständige Regionaldirektion der Bundesagentur für Arbeit bei Nichteinhaltung der arbeitsrechtlichen Pflichten die Zuverlässigkeit des Verleihers und damit den Bestand der zum Gewerbe erforderlichen Arbeitnehmerüberlassungserlaubnis in Frage stellen (§ 5 Abs. 1 Nr. 3, § 3 Abs. 1 Nr. 1 AÜG).[578] Die Beachtung der Regelungen des TzBfG gehört dabei zu den ausdrücklich benannten Prüfungsschwerpunkten der Regionaldirektionen.[579]

Grenzen können sich aus dem AÜG, insbesondere dem Prinzip der Garantievergütung, sowie aus den einschlägigen Flächentarifverträgen der Branche sowie dem (arbeitnehmerüberlassungsrechtlichen) Gleichbehandlungsgebot ergeben.

I. Prinzip der Garantievergütung

Die konkrete Gestaltung einer Abrufvereinbarung darf gemäß dem Prinzip der Garantievergütung nach § 11 Abs. 4 Satz 2 AÜG[580] den Vergütungsanspruch des Leiharbeitnehmers für den Fall eines Annahmeverzugs des Verleihers nicht beschränken oder ausschließen.

---

576 Witten, S. 180; Klapproth, S. 28 ff. prüft vorstehende Thematik eines etwaigen Annahmeverzugs nicht bei der Frage des erfüllbaren Anspruchs, sondern der rechten Zeit des Angebots der Arbeitsleistung und zieht in diesem Zusammenhang auch einen Vergleich zur Vereinbarung einer Meldepflicht eines Leiharbeitnehmers für verleihfreie Zeiten.

577 I. E. ebenso: Urban-Crell/Schulz, Rn. 311.

578 Siehe § 2B.

579 Ziff. 7.6 GA AÜG zu § 7 AÜG.

580 Siehe § 2 D.

1. *Bestimmte Dauer der Arbeitszeit*

Sowohl für Vollzeit- als auch für Teilzeitarbeitnehmer auf Abruf muss eine bestimmte Dauer der Arbeitszeit (§ 12 Abs. 1 Satz 2 TzBfG) vereinbart werden, welche grundsätzlich auch in Gestalt einer Mindest- oder Höchstarbeitszeit bzw. als Arbeitszeitkorridor vereinbart werden kann.[581]

Möglicherweise verstößt jedoch die Vereinbarung einer Mindest- oder Höchstarbeitszeit im Leiharbeitsverhältnis gegen § 11 Abs. 4 Satz 2 AÜG. So hatte das BAG in seinem Urteil vom 7.12.2005 ausgesprochen, dass durch die Vereinbarung des Rechts, eine vereinbarte (Mindest-) Arbeitszeit einseitig zu verlängern, ein Teil des den Arbeitgeber gemäß § 615 BGB treffenden Wirtschafts- bzw. Beschäftigungsrisikos auf den Arbeitnehmer verlagert werde.[582] In der Vereinbarung einer Mindest- oder Höchstarbeitszeit könnte somit entgegen § 11 Abs. 4 Satz 2 AÜG eine Beschränkung oder ein Ausschluss des (Garantie-) Vergütungsanspruchs bei Annahmeverzug liegen.

Voraussetzung für einen Annahmeverzugslohnanspruch gemäß §§ 611, 615 Satz 1 BGB wäre indes zunächst, dass durch die Vereinbarung der Mindest- bzw. Höchstarbeitszeit eine Arbeitsverpflichtung des Leiharbeitnehmers und damit ein Vergütungsanspruch[583] begründet wird.

a) *Höchstarbeitszeit und Arbeitszeitkorridor*

Bei der Vereinbarung einer Höchstarbeitszeit besteht diesbezüglich eine Arbeitsverpflichtung und damit auch ein Vergütungsanspruch des Leiharbeitnehmers aus dem Arbeitsvertrag.[584] Der Arbeitsvertrag gewährt dem Verleiher jedoch ein Leistungsbestimmungsrecht, nach dem es ihm frei steht, nur eine reduzierte Arbeitszeit abzurufen.[585] Durch die Ausübung dieses Leistungsbestimmungsrechts kann der Verleiher daher z. B. bei schlechter Auftragslage die Annahme eines Teils der Arbeitsleistung verweigern und muss dementsprechend auch keine Vergütung für die nicht abgenommene Arbeitsleistung leisten. Ohne die Vereinbarung einer Höchstarbeitszeit müsste er bei einer Nichtannahme der Leistung Annahmeverzugslohn gemäß §§ 611, 615 Satz 1 BGB leisten. Durch die Vereinbarung einer Höchstarbeitszeit verbunden mit einem Leistungsbestimmungsrecht zur Reduzierung der Arbeitszeit wird daher von den Grundsätzen des § 615 Satz 1 BGB abgewichen, mithin entgegen §§ 11 Abs. 4 Satz 2 AÜG der § 615 Satz 1 BGB abbedungen. Gleiches würde hinsichtlich des Teils eines Arbeitszeitkorridors gelten, der die Reduzierung der Arbeitszeit ermöglicht. Die Vereinbarung einer Höchstarbeitszeit oder eines Arbeitszeitkorridors

---

581 Siehe § 3 A III 1, § 3 B II 1.

582 BAG v. 7.12.2005 – 5 AZR 535/04, BB 2006, 829, 832 unter B III 5 der Gründe; siehe auch § 3 A III 1 b).

583 Siehe § 4 A III.

584 Siehe § 4 A III.

585 Siehe § 3 AIII 1 b).

im Leiharbeitsverhältnis verstößt daher gegen § 11 Abs. 4 Satz 2 AÜG und ist somit gemäß § 134 BGB unwirksam.[586]

b) Mindestarbeitszeit

Bei der Vereinbarung einer Mindestarbeitszeit besteht demgegenüber eine Arbeitsverpflichtung und damit ein (garantierter) Vergütungsanspruch vorerst nur für die mindestens abzunehmende Arbeitszeit. Diese muss in jedem Falle vergütet werden.[587] Die arbeitsvertragliche Vereinbarung begründet indes noch keine Arbeitsverpflichtung hinsichtlich des Teils der Arbeitszeit, der über die Mindestarbeitszeit hinaus zusätzlich abgerufen werden kann. Der Arbeitsvertrag gewährt dem Verleiher nur ein Leistungsbestimmungsrecht, nach dem es ihm frei steht, die zusätzliche Arbeitszeit abzurufen. Gleichzeitig erhält der Leiharbeitnehmer durch den Arbeitsvertrag die Chance, bei einem Abruf über die garantierte Mindestarbeitszeit hinaus einen zusätzlichen Verdienst zu erzielen.[588]

Erfolgt kein Abruf der zusätzlichen Arbeitsleistung, fehlt es insoweit an einer Arbeitsverpflichtung. Mangels Arbeitsverpflichtung kann wiederum kein Annahmeverzugslohnanspruch gemäß §§ 611, 615 Satz 1 BGB entstehen, sodass es auch nicht zu einer Beschränkung oder einem Ausschluss des Annahmeverzugslohnanspruchs nach § 615 Satz 1 BGB entgegen § 11 Abs. 4 Satz 2 AÜG kommen kann.[589] Eine Arbeitsverpflichtung und damit auch ein entsprechend zusätzlicher Vergütungsanspruch werden erst begründet, soweit der Verleiher den zusätzlich möglichen Arbeitszeitumfang von bis zu 25 % unter Einhaltung der Ankündigungsfrist abruft. Erledigt sich nachträglich der dem zusätzlichen Abruf zugrunde liegende Auftrag, müsste der Verleiher daher die zunächst abgerufenen, jedoch nachfolgend nicht angenommenen Arbeitsstunden nach den Regeln des Annahmeverzugs vergüten. Dieser Annahmeverzugslohnanspruch könnte nicht ohne Verstoß gegen § 11 Abs. 4 Satz 2 AÜG durch eine Vereinbarung der Parteien abbedungen werden. Nur einer solchen Vereinbarung, nicht indes der Vereinbarung einer Mindestarbeitszeit an sich, steht somit § 11 Abs. 4 Satz 2 AÜG entgegen.[590]

---

586 Ebenso: Zeitarbeit-Hennig, Rn. 741; Klapproth, S. 79.

587 Ebenso: Klapproth, S. 72.

588 Siehe § 4 A III, § 3 AIII 1 b).

589 Siehe § 4 A III.

590 Für die Zulässigkeit einer Mindestarbeitszeit: Schneider, Zeitarbeit, Rn. 226, 227; Hamann, NZA 2008, 1042, 1046; Klapproth, S. 79 f.; a. A., aber ohne tiefergehende Begründung, nicht wiederholt oder bestätigt in GA AÜG und daher ggf. nicht mehr aktuell: Bundesagentur für Arbeit, E-Mail (SP III 11 – Recht Aktive Arbeitsförderung im Geschäftsbereich Spezifische Produkte und Programme SGB III) v. 17.8.2009, zitiert nach und abgedruckt bei Klapproth, S. 78 und Anhang: „...Nicht zulässig sind jedoch Verträge, wonach der Arbeitgeber die vereinbarte wöchentliche Arbeitszeit...durch Abruf weiterer Arbeitszeit in Höhe von 25 %... ausdehnen kann. Die Entscheidung des BAG vom 07.12.2005 – 5 AZR 535/04 findet auf derartige Konstellationen in der Zeitarbeit keine Anwendung, da nach

Einzuräumen ist allerdings, dass es dem Verleiher durch die Vereinbarung einer Mindestarbeitszeit möglich wäre, trotz eines höheren Beschäftigungsbedarfs zunächst eine diesen Bedarf um 20 % unterschreitende Mindestarbeitszeit zu vereinbaren. So wäre sichergestellt, dass der Verleiher über den zusätzlichen Abruf von bis zu 25 % Arbeitsleistung seinen Beschäftigungsbedarf abdecken und sich bei unvorhergesehenen Auftragsverlusten auf den Abruf der Mindestarbeitszeit beschränken könnte. Insbesondere könnte der Verleiher dauerhaft eine höhere als die Mindestarbeitszeit abrufen und sich nur ausnahmsweise bei schlechter Auftragslage auf die Mindestarbeitszeit zurückziehen. Diese Gestaltung käme inhaltlich mithin der im Leiharbeitsverhältnis unzulässigen Vereinbarung einer Höchstarbeitszeit[591] mit dem Recht nahe, diese um bis zu 20 % zu unterschreiten, und legt eine unzulässige Umgehungsgestaltung bzw. einen entsprechenden Missbrauch nahe.[592]

Die Vereinbarung einer Mindestarbeitszeit mit dem Bestimmungsrecht, die Mindestarbeitszeit zu erhöhen, verstößt daher zwar nicht unmittelbar gegen § 11 Abs. 4 Satz 2 AÜG. Das Leistungsbestimmungsrecht weicht jedoch aufgrund der vorstehend dargestellten Umgehungs- bzw. Missbrauchsgefahr in Bezug auf eine Höchstarbeitszeit im Ergebnis doch vom Grundgedanken des § 11 Abs. 4 Satz 2 AÜG ab. Aufgrund einer solchen Abweichung, ermöglicht durch die Vereinbarung eines Leistungsbestimmungsrechts des Verleihers in einem vorformulierten Leiharbeitsvertrag, wird daher im Zweifel eine unangemessene Benachteiligung des Leiharbeitnehmers gemäß § 307 Abs. 2 Nr. 1 BGB gegeben sein, wenn nicht ein angemessener Ausgleich der Interessen erfolgt.

Ein angemessener Ausgleich der Interessen könnte dadurch hergestellt werden, dass dem Leiharbeitnehmer ein Anspruch auf Erhöhung der Mindestarbeitszeit zusteht, wenn sich bei einer Rückschau ergibt, dass er kontinuierlich mit mehr Stunden als der Mindestarbeitszeit eingesetzt wurde. Fraglich ist jedoch, nach welchem Zeitraum verlässliche Anhaltspunkte dafür vorliegen, dass kontinuierlich ein höherer Beschäftigungsbedarf besteht. Ein Anhaltspunkt hierfür liefert § 2 Abs. 1 Satz 2 TzBfG, der für das Vorliegen einer Teilzeitbeschäftigung auf eine Jahresbetrachtung abstellt.

Problematisch erscheint indes, dass die Mehrzahl der Leiharbeitsverhältnisse eine Beschäftigungsdauer von drei Monaten nicht überschreitet. So dauerten von den im zweiten Halbjahr 2012 ausgelaufenen Leiharbeitsverhältnissen 49 % weniger als drei Monate.[593] Die Beobachtung der abgerufenen Arbeitszeit nur über einen Zeitraum

---

Begründung des BAG der Arbeitgeber mit solchen Vereinbarungen abweichend von § 615 BGB einen Teil seines Wirtschaftsrisikos auf den Arbeitnehmer verlagert. Diese Möglichkeit lässt § 11 Abs. 4 AÜG aber ausdrücklich nicht zu."

591 Siehe § 4 B I 1 a).

592 Siehe zu einer Teilzeitvereinbarung mit tatsächlichem Vollzeitabruf insbesondere LAG Rheinland-Pfalz v. 24.4.2008 – 10 Sa 19/08, BeckRS 2008/54127 und siehe näher hierzu § 4 B I 2.

593 Bundesagentur für Arbeit, Arbeitsmarkt in Zahlen, Arbeitnehmerüberlassung, 2. Halbjahr 2012, Ziff. I 5; auf die in der Regel weniger als drei Monate andauernde

von bis zu drei Monaten wird jedoch regelmäßig keine verlässliche Grundlage für einen Anspruch auf Erhöhung der Arbeitszeit bilden. Bei der Vereinbarung einer jährlichen Mindestarbeitszeit im Vollzeitarbeitsverhältnis[594] wäre sogar erst nach einer Beobachtung von mehreren Jahren feststellbar, ob kontinuierlich eine höhere als die Mindestjahresarbeitszeit abgerufen wurde und somit ein Erhöhungsanspruch des Leiharbeitnehmers besteht.

Ein angemessener Ausgleich der Interessen könnte jedoch dadurch erreicht werden, dass der Abruf einer über die Mindestarbeitszeit hinausgehenden Arbeitsleistung auf bestimmte Fälle beschränkt wird, sodass der Verleiher gehindert wäre, kontinuierlich eine höhere Arbeitszeit abzurufen. Angemessen scheint es, dass der zusätzliche Abruf nur erfolgen darf, wenn zuvor gemäß dem Transparenzgebot aus § 307 Abs. 1 Satz 2 BGB ein sachlicher Grund im Arbeitsvertrag benannt wurde und sich dieser Grund verwirklicht, ähnlich wie es das BAG bereits für den Widerruf von Entgeltbestandteilen[595] verlangt hat (Sachgrunderhöhung).

Ein höherer Beschäftigungsbedarf aufgrund verbesserter Auftragslage kann einen solchen Sachgrund nicht darstellen, denn hierdurch würde wiederum der Grundgedanke von § 11 Abs. 4 Satz 2 AÜG umgangen und das Auftragsrisiko des Verleihers auf den Leiharbeitnehmer verlagert. Andererseits ist nach der Rechtsprechung des BAG regelmäßig auch kein Grund erforderlich, der den strengen Anforderungen der §§ 1, 2 KSchG genügen müsste.[596]

Ein sachlicher Grund für den Abruf einer längeren Arbeitszeit kann gegeben sein, wenn z. B. eine mit dem Leiharbeitnehmer vertraglich vereinbarte Wochenarbeitszeit die betriebsübliche Arbeitszeit eines Entleihers unterschreitet und daher eine Angleichung erfordert. So kann beispielsweise mit dem Leiharbeitnehmer eine Wochenarbeitszeit von durchschnittlich 35 Stunden vereinbart sein[597], während bei dem jeweiligen Entleiher eine Wochenarbeitszeit von 40 Stunden betriebsüblich ist. Der Verleiher kann nicht sämtliche betriebsüblichen Arbeitszeiten der möglichen Entleiher bei Abschluss des Arbeitsvertrages vorhersehen.[598] Insbesondere hat er auf den Umfang der betriebsüblichen Arbeitszeit bei dem jeweiligen Entleiher keinen Einfluss. Der Entleiher wird jedoch i. d. R. den Einsatz des Leiharbeitnehmers im Rahmen seiner individuellen betriebsüblichen Arbeitszeit wünschen. In einem solchen Fall erscheint es angemessen, eine Vereinbarung zuzulassen, wonach eine

---

Beschäftigungsdauer weist auch hin: Elfter Bericht der Bundesregierung über Erfahrungen bei der Anwendung des Arbeitnehmerüberlassungsgesetzes v. 18.1.2010, BT-Drucks. 17/464, S. 23.

594 Siehe § 3 B II 3.

595 BAG v. 12.1.2005 – 5 AZR 364/04, BB 2005, 833, 835.

596 Siehe § 3 A III 1 c) (8).

597 Dies entspricht einer Vollzeitarbeitszeit gemäß § 3 Ziff. 3.1.1 Satz 2 MTV iGZ/DGB und § 2 Abs. 1 Satz 1 MTV BAP/DGB.

598 Dies kann auch bei ggf. nur auf kurze Zeit befristeten Leiharbeitsverhältnissen der Fall sein, da eine Verlängerung, z. B. gemäß § 14 Abs. 2 Satz 1 TzBfG, nicht ausgeschlossen ist.

vereinbarte (Mindest-) Arbeitszeit um bis zu 25 % erhöht werden kann, um hierdurch den zusätzlichen Beschäftigungsbedarf abzudecken, der sich aus einer höheren betriebsüblichen Arbeitszeit eines Entleihers ergibt.[599]

Als Alternative für einen angemessenen Interessenausgleich kommt noch in Betracht, dass der Verleiher zwar eine über die Mindestarbeitszeit hinausgehende Arbeitszeit abrufen darf, für solche zusätzlichen Stunden jedoch einen Zuschlag zu zahlen hätte (zuschlagspflichtige Erhöhung). Auf diese Weise wird der Verleiher abwägen, ob es nicht günstiger ist, kontinuierlich eine höhere zuschlagsfreie Arbeitszeit abzurufen anstatt durchgängig einen Zuschlag zur Erhaltung der Flexibilitätsreserve zahlen zu müssen. Zur Vereinheitlichung der Grenzwerte bietet sich insoweit ein Zuschlag in Höhe von wiederum 25 % an.

Die Vereinbarung einer Mindestarbeitszeit mit dem Recht des Verleihers, eine längere Arbeitszeit abzurufen, kommt daher nur bei Vereinbarung eines sachlichen Grundes (Sachgrunderhöhung) oder bei Zahlung eines 25 %-igen Zuschlages für den zusätzlichen Abruf (zuschlagspflichtige Erhöhung) in Betracht. Anderenfalls läge aufgrund der Abweichung vom Grundgedanken des § 11 Abs. 4 Satz 2 AÜG eine unangemessene Benachteiligung des Leiharbeitnehmers vor.

2. *Wöchentliche Dauer der Arbeitszeit und Abbau von Plusstunden auf einem Arbeitszeitkonto in verleihfreien Zeiten*

Nach der hier vertretenen Auffassung kann für Teilzeitarbeitnehmer eine wöchentlich im Durchschnitt eines bis zu einem Jahr reichenden Bezugszeitraums zu erbringende Arbeitszeit vereinbart werden. Für Vollzeitarbeitnehmer kann auch ohne eine solche Durchschnittsbetrachtung ein monatliches oder jährliches Arbeitszeitvolumen vereinbart werden. In den Fällen eines jährlichen Bezugszeitraums bzw. einer Jahresarbeitszeit muss allerdings der Arbeitnehmer eine verstetigte monatliche Vergütung und einen Nachweis über erbrachte Arbeitsstunden erhalten.[600]

Die vormalige Bundesanstalt für Arbeit und das vormalige Landesarbeitsamt Nordrhein-Westfalen hatten demgegenüber die Zulässigkeit von Abrufarbeit in einem Leiharbeitsverhältnis an die Festlegung eines täglichen, wöchentlichen oder (zwei-)

599 Auch die Bundesanstalt für Arbeit (nunmehr Bundesagentur für Arbeit) ging davon aus, dass mit einem Leiharbeitnehmer eine Bandbreite aufgrund unterschiedlicher Arbeitszeiten bei einem Entleiher möglich ist, schränkte dies jedoch für Abrufarbeitsverhältnisse ein, da es bei einer Bandbreite sodann an einer „bestimmten" Arbeitszeitdauer fehle, Schreiben des Präsidenten der Bundesanstalt für Arbeit (nunmehr Bundesagentur für Arbeit) vom 25.7.1991 an den Präsidenten des Landesarbeitsamtes Nord (nunmehr Regionaldirektion Nord) – Ia4–5161.51; einer solchen Einschränkung würde es nunmehr aufgrund des Urteils des BAG v. 7.12.2005 nicht mehr bedürfen, wonach auch eine Mindestarbeitszeit eine bestimmte Arbeitszeitdauer darstellen kann, siehe § 3 A III 1 b).

600 Siehe § 3 A III 2 b) c), § 3 B II 2, 3.

monatlichen Arbeitszeitvolumens geknüpft.[601] Das hiermit einhergehende Verbot einer jährlich bestimmten Arbeitszeit begründete die Bundesanstalt allerdings mit dem – zwischenzeitlich überholten – Urteil des BSG vom 29.7.1992.[602] Die heute maßgebliche GA AÜG der Bundesagentur für Arbeit gibt wieder, dass die Vereinbarung von Jahresarbeitsverträgen auf Abruf nicht grundsätzlich unzulässig ist.[603] Es darf daher bezweifelt werden, dass die heutige Bundesagentur für Arbeit und ihre Regionaldirektionen an der früheren Auffassung – auch nach der Reform des AÜG – festhalten.[604]

Nach Ulber[605] ist die Vereinbarung einer Jahresarbeitszeit im Leiharbeitsverhältnis weiterhin unzulässig. Hierzu beruft er sich weiterhin auf das Urteil des BSG vom 29.7.1992. Dem ist jedoch entgegen zu setzen, dass das BSG in diesem Urteil nicht über die (Un-) Zulässigkeit einer Jahresarbeitszeit an sich entschieden hatte. Vielmehr lag eine besondere Fallgestaltung vor. Grund für die Unwirksamkeit der Vereinbarung war die Kombination der Jahresarbeitszeit mit einem geringen Arbeitszeitdeputat und der Zahlung von monatlichen, der Sozialversicherungspflicht nicht unterliegenden Abschlagszahlungen. Der Verleiher übernehme bei dieser Konstellation nicht das für die Abgrenzung von der – damals noch – verbotenen Arbeitsvermittlung erforderliche Arbeitgeberrisiko.[606]

Es wäre daher zu weitgehend, aus dem Urteil des BSG vom 29.7.1992 zu einer besonderen Sachverhaltskonstellation und unter Geltung des alten Rechts die grundsätzliche Unzulässigkeit einer Jahresarbeitszeit im Leiharbeitsverhältnis abzuleiten. Es darf daher bezweifelt werden, dass das BSG an seiner früheren Rechtsprechung heute noch unverändert festhalten würde. Die Mehrheit im Schrifttum[607]

---

601 Bundesanstalt für Arbeit (nunmehr Bundesagentur für Arbeit), Runderlass v. 1.6.1995 – Ia4–5160.11 (1)/5160.4 (1)/7402.2; Bundesanstalt für Arbeit (nunmehr Bundesagentur für Arbeit), Arbeitshilfe „Arbeitszeitregelung, Einrichtung eines Arbeitszeitkontos“, Stand 8/1998 und Landesarbeitsamt Nordrhein-Westfalen (nunmehr Regionaldirektion Nordrhein-Westfalen), Arbeitshilfe „Gewerbsmäßige Arbeitnehmerüberlassung, Kurzdarstellung der zulässigen Arbeitszeitregelungen, Einrichtung eines Arbeitszeitkontos“, Stand 12/99, Arbeitshilfen jeweils abgedruckt bei Witten, Anhang I, S. 229, 239 f. und Anhang II, S. 251.

602 Bundesanstalt für Arbeit (nunmehr Bundesagentur für Arbeit), Runderlass v. 1.6.1995 – Ia4–5160.11 (1)/5160.4 (1)/7402.2.

603 Ziff. 11 (9) GA AÜG zu § 11 AÜG.

604 Schneider, Zeitarbeit, Rn. 222 ff., geht hingegen davon aus, dass die Arbeitshilfe „Arbeitszeitregelung, Einrichtung eines Arbeitszeitkontos“, Stand 8/1998, der Bundesanstalt für Arbeit (nunmehr Bundesagentur für Arbeit) weiterhin gelte, jedoch die weitere Entwicklung hierzu abzuwarten bleibe.

605 Ulber-Ulber, AÜG § 11 Rn. 47.

606 Siehe § 4 A II.

607 Thüsing-Mengel, AÜG § 11 Rn. 43; Schüren-Schüren, AÜG Einl. Rn. 194; Schüren-Hamann, AÜG § 1 Rn. 39; Boemke/Lembke, AÜG § 11 Rn. 125; Schneider, Zeitarbeit, Rn. 227; Klapproth, S. 71; Witten, S. 176, 181 f., hält die Vereinbarung einer Jahresarbeitszeit ebenfalls grundsätzlich für zulässig, hatte allerdings noch unter der Geltung

geht vielmehr zu Recht davon aus, dass im Leiharbeitsverhältnis auch eine jahresbezogene Arbeitszeit vereinbart werden kann.

Im Übrigen steht § 11 Abs. 4 Satz 2 AÜG einer im Durchschnitt eines Bezugszeitraums zu erbringenden Wochenarbeitszeit anstelle einer festen Wochenarbeitszeit nicht entgegen. Wenn § 12 Abs. 1 Satz 2 TzBfG nach der hier vertretenen Ansicht die Durchschnittsbetrachtung erlaubt,[608] entsteht hinsichtlich der einzelnen Woche noch keine Arbeitsverpflichtung,[609] solange kein Abruf erfolgt. Folglich kann die fehlende Arbeitsverpflichtung auch nicht Grundlage eines entgegen § 11 Abs. 4 Satz 2 AÜG zu beschränkenden Annahmeverzugslohnanspruchs sein.

In diese Richtung wird auch anlässlich der Streifrage argumentiert, ob Plusstunden auf einem Arbeitszeitkonto eines Leiharbeitnehmers in verleihfreien Zeiten durch den Verleiher einseitig abgebaut werden dürfen oder dies aufgrund eines Verstoßes gegen § 11 Abs. 4 Satz 2 AÜG unzulässig wäre. Insoweit hält eine überwiegende Auffassung den Abbau grundsätzlich für zulässig.[610] Demgegenüber sprechen sich Ulber und das LAG Rheinland-Pfalz in einer Entscheidung aus dem Jahre 2008 generell gegen einen solchen Abbau aus, während Schüren diesen ausnahmsweise für zulässig hält.[611]

Nach Schüren bedeutet die Zuweisung des Risikos an den Verleiher, den Leiharbeitnehmer in verleihfreien Zeiten nicht einsetzen zu können, dass der Verleiher diese verleihfreien Zeiten als Arbeitszeit bezahlen muss und er somit in dieser

---

von §3 Abs. 1 Nr. 3–5 AÜG a. F. ausnahmsweise die Unzulässigkeit angenommen, wenn nur ein sehr geringes Arbeitszeitvolumen, z. B. 50 Tage im Jahr, vereinbart war.

608 Siehe §3 A III 2 b).

609 Siehe §4 A III.

610 LAG Baden-Württemberg v. 29.4.2009 – 17 Sa 4/09, BeckRS 2009, 66588 unter A II 2 a) der Gründe zum damaligen MTV AMP/CGZP (hiergegen eingelegte Revision wurde beim BAG am 17.5.2010 – 5 AZR 435/09 – durch Vergleich erledigt, n. v.) und v. 6.3.2012 – 22 Sa 58/11, BeckRS 2012, 72203 unter 1, 2 und 4 der Gründe zum damaligen MTV BZA/DGB (Revision anhängig beim BAG – 5 AZR 483/12); LAG Düsseldorf v. 16.11.2011 – 7 Sa 567/11, BeckRS 2012, 67891 unter 2 der Gründe zum damaligen MTV BZA/DGB (hiergegen eingelegte Revision wurde beim BAG am 6.3.2013 – 5 AZR 181/12 – durch Vergleich erledigt, n. v.); Thüsing/Pötters, BB 2012, 317, 318ff.; Hanau/Veit, S. 108; HWK-Gotthardt, AÜG §11 Rn. 24; ähnlich: Boemke, jurisPR-ArbR 30/2009 Anm. 4 unter C, der einen hinreichenden Schutz über § 12 TzBfG annimmt; Düwell/Dahl, DB 2009, 1070, 1072, die ansonsten eine Benachteiligung von Verleihern gegenüber Entleihern annehmen, die ihre Arbeitszeit flexibilisieren dürfen; Klapproth, S. 94 ff.

611 LAG Rheinland-Pfalz v. 24.4.2008 – 10 Sa 19/08, BeckRS 2008/54127 unter 2 der Gründe zu einem mit der CGZP geschlossenen MTV (keine Revision beim BAG); in einer neueren Entscheidung lehnt das LAG Rheinland-Pfalz v. 15.11.2011 – 3 Sa 493/11, BeckRS 2012, 66392 eine Verrechnungsmöglichkeit nicht generell, sondern mangels entsprechender Vereinbarung ab; Ulber, NZA 2009, 232, 233f.; Ulber-Ulber, AÜG §1 Rn. 84, §11 Rn. 47, §11 Rn. 112; Schüren, BB 2012, 1411ff.; Schüren-Schüren, AÜG §11 Rn. 112.

Zeit nicht lediglich angesparte Plusstunden, die wirtschaftlich einem Darlehen des Leiharbeitnehmers an den Verleiher gleichkommen, auszahlen darf.[612] Bei einer tarifkonformen flexiblen Arbeitszeitgestaltung könnten jedoch ein Annahmeverzug und damit auch ein Verstoß gegen § 11 Abs. 4 Satz 2 AÜG ausgeschlossen sein.[613]

Das LAG Rheinland-Pfalz begründet den von ihm (generell) angenommenen Verstoß gegen § 11 Abs. 4 Satz 2 AÜG nicht eingehender. In dem der Entscheidung zugrunde liegenden Fall hatten die Parteien des Leiharbeitsvertrages einen Manteltarifvertrag mit der CGZP und eine regelmäßige Arbeitszeit von 30 Wochenstunden mit der Pflicht des Leiharbeitnehmers vereinbart, zusätzlich bis hin zur betrieblich geregelten Arbeitszeit des Entleihers tätig zu werden, wenn diese die im Leiharbeitsvertrag vereinbarte Arbeitszeit übersteigt. Hierdurch konnte der Leiharbeitnehmer je nach Arbeitszeit beim Entleiher auch mehr als 40 Wochenstunden eingesetzt werden mit der Folge eines entsprechend hohen Aufbaus von Plusstunden für verleihfreie Zeiten.[614]

Für einen solchen Fall legen auch Thüsing und Pötters als Vertreter der Gegenauffassung zum LAG Rheinland-Pfalz eine missbräuchliche Teilzeitvereinbarung nahe.[615] Dies führt jedoch nicht dazu, dass sie die Verrechnung von Nichteinsatzzeiten und Plusstunden generell für unzulässig halten. Vielmehr stellen sie zu Recht auf die konkrete Abrede ab. Ist hiernach – wie gemäß dem damaligen MTV BZA/DGB, nunmehr MTV BAP/DGB – eine (Vollzeit-) Monatsarbeitszeit mit umgerechnet im Durchschnitt von zwölf Kalendermonaten zu erbringenden 35 Wochenstunden vereinbart, besteht bei dieser flexiblen Verteilung der Arbeitszeit bereits kein Anspruch des Leiharbeitnehmers, an jedem Tag der Woche und in jeder Woche eines Monats beschäftigt zu werden.[616] Mangels Anspruch kann daher auch nicht pauschal bei

612 Schüren, BB 2012, 1411, 1411 f.

613 Schüren-Schüren, AÜG § 11 Rn. 112; nach Schüren, BB 2012, 1411, 1412 f., liegt eine solche tarifkonforme Regelung für die mit der CGZP bestehenden Tarifverträge mangels Tariffähigkeit und für den damaligen MTV BZA/DGB mangels entsprechender Regelung in seinem Wortlaut nicht vor; insbesondere sei die Arbeitszeitregelung des damaligen MTV BZA/DGB als abschließend zu sehen, sodass in seinem Geltungsbereich auch keine betriebsverfassungsrechtliche Regelung zu Nichteinsatzzeiten getroffen werden kann; demgegenüber beanstandet Schüren die Verrechnungsmöglichkeit in § 3 Ziff. 3.2.3 Sätze 2 und 3 MTV iGZ/DGB (freie Verfügung über zwei Arbeitstage Zeitguthaben in jedem Kalendermonat) z. B. nicht.

614 LAG Rheinland-Pfalz v. 24.4.2008 – 10 Sa 19/08, BeckRS 2008/54127 unter 2.2 der Gründe.

615 Thüsing/Pötters, BB 2012, 317, 318, 320; so wohl auch LAG Baden-Württemberg v. 29.4.2009 – 17 Sa 4/09, BeckRS 2009, 66588 unter A II 2 a) (2) (b) der Gründe.

616 Thüsing/Pötters, BB 2012, 317, 318; insbesondere besteht gemäß LAG Düsseldorf v. 16.11.2011 – 7 Sa 567/11, BeckRS 2012, 67891 unter 4. der Gründe für den Leiharbeitnehmer „kein Anspruch darauf, Überstunden abzuleisten und die Basisarbeitszeit über Annahmeverzug abzudecken".

jeder Verrechnung von Plusstunden mit verleihfreien Zeiten eine Abbedingung von §615 Satz 1 BGB vorliegen.[617]

Hat der Leiharbeitnehmer daher z. B. aufgrund einer betriebsüblichen Wochenarbeitszeit beim Entleiher von 40 Stunden bereits vor Ablauf eines Kalendermonats seine mit dem Verleiher vereinbarten (im Durchschnitt zu erbringenden) 35 Wochenstunden abgeleistet, ist er bereits im vertraglichen Umfang beschäftigt worden und muss in den letzten Tagen des Monats nicht bei einem Entleiher eingesetzt werden. Entsprechend kann der Verleiher mit der Annahme der Dienste auch nicht in Annahmeverzug geraten. Umgekehrt könnte der Leiharbeitnehmer noch in dem Monat eingesetzt werden, soweit die grundsätzlich nach §4.3 Abs. 2 MTV BAP/DGB maßgebliche Grenze von 200 Plusstunden noch nicht erreicht ist. Ist sie hingegen erreicht, darf der Verleiher den Leiharbeitnehmer nicht einseitig ohne Weiteres einsetzen, da ansonsten entgegen der tariflichen Regelungen weitere Plusstunden aufgebaut würden.

Es bleibt daher dabei, dass für Teilzeitarbeitnehmer eine wöchentlich im Durchschnitt eines bis zu einem Jahr reichenden Bezugszeitraums zu erbringende Arbeitszeit und für Vollzeitarbeitnehmer zudem auch ohne eine solche Durchschnittsbetrachtung ein monatliches oder jährliches Arbeitszeitvolumen vereinbart werden kann, wenn jeweils eine verstetigte monatliche Vergütung gezahlt und ein Nachweis über erbrachte Arbeitsstunden erbracht wird.

3. Kombination von Mindestarbeitszeit mit Durchschnitts- und/oder Jahresarbeitszeit

Die Vereinbarung einer Mindestarbeitszeit mit dem Recht des Verleihers, eine längere Arbeitszeit abzurufen, ist nach hier vertretener Auffassung nur bei Vereinbarung eines sachlichen Grundes (z. B. aufgrund unterschiedlicher Wochenarbeitszeiten der Entleiher) oder bei Zahlung eines 25 %-igen Zuschlages für den zusätzlichen Abruf zulässig (Sachgrunderhöhung/zuschlagspflichtige Erhöhung).[618]

Ist eine Mindestarbeitszeit mit einer durchschnittlich in einem Bezugszeitraum, der eine Woche überschreitet, abzurufenden Arbeitszeit kombiniert,[619] kann ein Arbeitgeber nach der hier vertretenen Auffassung die zusätzliche Arbeitszeit nur zu einem Viertel (jeweils 6,25 %) je Quartal abrufen.[620]

Erfolgt eine solche Kombination von Mindestarbeitszeit und Durchschnittsarbeitszeit im Leiharbeitsverhältnis, könnte der Verleiher unterschiedlichen Wochenarbeitszeiten der Entleiher bereits durch die flexible Verteilung der Arbeitszeit

617 A.A. wohl Schüren-Schüren, AÜG § 11 Rn. 112 und BB 2012, 1411, 1412, der für eine Verrechnung ohne Verstoß gegen §11 Abs. 4 Satz 2 AÜG eine tarifkonforme und damit wohl eine die Verrechnung ausdrücklich erwähnende tarifvertragliche Regelung verlangt.

618 Siehe §4 B I 1 b).

619 Siehe §3 A III 2, §3 B II 3.

620 Siehe §3 A III 3 a) (2), §3 B II 4.

begegnen. Die unterschiedlichen Wochenarbeitszeiten der Entleiher stellen dann keinen sachlichen Grund für eine Arbeitszeiterhöhung dar. Des Abrufs zusätzlicher Arbeitszeit bedürfte es vielmehr nur für den letzten Abruf im Bezugszeitraum, wenn die abgerufene Zeit ansonsten die betriebsübliche Wochenarbeitszeit oder die vom Entleiher für den Auftrag insgesamt gewünschte Dauer nicht mehr abdecken könnte.

Es erscheint daher gerechtfertigt, bei der Sachgrunderhöhung den Abruf zusätzlicher Arbeitszeit nur im letzten Quartal und dann auch nur in einem für den Leiharbeitnehmer überschaubaren Umfang von einem Viertel der sonst möglichen Erhöhung zuzulassen (6,25 %). Bei der zuschlagspflichtigen Erhöhung ist der Leiharbeitnehmer zwar über den zu zahlenden Zuschlag geschützt. Es erscheint aber angemessen, die erhöhte Verteilungsflexibilität für den Verleiher mit erhöhter Planungssicherheit für den Leiharbeitnehmer zum Ausgleich zu bringen und daher auch für die zuschlagspflichtige Erhöhung nur den Abruf von 6,25 % zusätzlicher Arbeitszeit im letzten Quartal zuzulassen.

4. *Tägliche Dauer und zusammenhängender Abruf der Arbeitszeit*

Im Hinblick auf die tägliche Dauer der Arbeitszeit und die Frage, ob diese zusammenhängend abgerufen werden muss, bestehen für das Leiharbeitsverhältnis grundsätzlich keine Besonderheiten.[621]

Die Bestimmung einer täglichen Mindestarbeitszeit verstößt insbesondere nicht gegen § 11 Abs. 4 Satz 2 AÜG und weicht auch nicht von dessen Grundgedanken ab, da hierdurch lediglich die Verteilung, nicht die Dauer der Arbeitszeit bzw. der Arbeitsverpflichtung betroffen ist, die dem abzubedingenden Vergütungsanspruch zugrunde liegt.

Allerdings ist es in Abweichung zu den allgemeinen Grundsätzen nicht möglich, dass der Leiharbeitnehmer sich im konkreten Einzelfall mit dem Abruf einer kürzeren Arbeitszeit einverstanden erklärt.[622] Eine solche Vereinbarung verstieße gegen § 11 Abs. 4 Satz 2 AÜG, denn ohne das Einverständnis des Leiharbeitnehmers wäre der Verleiher gezwungen, trotz der kürzeren tatsächlich abgerufenen Zeit die längere Mindesteinsatzzeit nach den Regeln des Annahmeverzugs zu vergüten.[623]

5. *Keine Umgehung durch regelmäßige „Überstunden"*

Auch im Abrufarbeitsverhältnis mit einem Leiharbeitnehmer darf die bestimmt festgelegte Arbeitszeitdauer nicht durch eine unbegrenzte Befugnis des Verleihers umgangen werden, Überstunden abzurufen.[624] Dies ergibt sich nicht nur aus §§ 12

621 Siehe daher die allgemeinen Grundsätze in § 3 A III 4, § 3 B II 5.
622 Siehe § 3 A III 4 c) (2).
623 Siehe § 3 A III 4 c) (4).
624 Siehe hierzu auch Schreiben des Präsidenten der Bundesanstalt für Arbeit (nunmehr Bundesagentur für Arbeit) vom 25.7.1991 an den Präsidenten des Landesarbeitsamtes Nord (nunmehr Regionaldirektion Nord) – Ia4–5161.51.

Abs. 1 Satz 2 TzBfG, 307 ff. BGB, sondern auch aufgrund von § 11 Abs. 4 Satz 2 AÜG. Hiernach wäre es unzulässig, in Einsatzzeiten über regelmäßige Überstunden eine höhere Vergütung zu leisten als in einsatzlosen Zeiten, in denen nur eine Garantievergütung ohne Berücksichtigung solcher Überstunden gezahlt würde.

Einer zusätzlichen Beschränkung, Überstunden abrufen zu können, im Wortlaut des Arbeitsvertrages bedarf es nicht zwingend. Allerdings schadet sie nicht, wenn es sich hierbei um die Definition des Überstundenbegriffs handelt und hierdurch für den Leiharbeitnehmer eine zusätzliche Transparenz hergestellt werden kann. Jedenfalls ist auch bei der Anordnung von Überstunden gegenüber dem Leiharbeitnehmer offen zu legen, dass es sich um Überstunden handelt, da anderenfalls für den Leiharbeitnehmer nicht erkennbar wäre, ob es sich um Überstunden oder um den Abruf weiterer Stunden unter Nichteinhaltung der Ankündigungsfrist handelt, deren Ableistung er – anders als ggf. die Überstunden – verweigern dürfte.[625]

6. *Ankündigungsfrist*

In Bezug auf die Ankündigungsfrist gelten die allgemeinen Grundsätze[626] auch für Leiharbeitsverhältnisse auf Abruf. Insbesondere steht § 11 Abs. 4 Satz 2 AÜG einem Verzicht auf die Einhaltung der Ankündigungsfrist im Einzelfalle grundsätzlich nicht entgegen. Insoweit führt die Nichteinhaltung der Frist nicht zu einem Annahmeverzugslohnanspruch, sondern nur zu einem Leistungsverweigerungsrecht des Arbeitnehmers. Anderes gilt ausnahmsweise für den Fall, dass der Verleiher die Arbeitsleistung gegen Ende eines Bezugszeitraums nicht mehr unter Einhaltung der Frist abrufen könnte und daher zur Leistung von Annahmeverzugslohn verpflichtet wäre. In diesem Fall könnte der Leiharbeitnehmer zwar auf die Einhaltung der Ankündigungsfrist verzichten und die Arbeitsleistung dennoch erbringen. Der Verzicht wäre indes nicht wirksam, da hierdurch entgegen § 11 Abs. 4 Satz 2 AÜG der Annahmeverzugslohnanspruch gemäß § 615 Satz 1 BGB abbedungen würde. Folge wäre, dass der Leiharbeitnehmer grundsätzlich nicht nur den Vergütungsanspruch für die erbrachte Arbeitsleistung, sondern auch den vor der Erbringung der Arbeitsleistung bereits entstandenen Annahmeverzugslohnanspruch gegenüber dem Verleiher bzw. jeweils die entsprechende Anrechnung auf den vereinbarten Arbeitszeitumfang geltend machen kann. Insbesondere kann der Verleiher nicht schutzwürdig darauf vertrauen, dass der Leiharbeitnehmer, der die Arbeitsleistung unter Nichteinhaltung der Ankündigungsfrist erbringt (d. h. ohne Hinzukommen besonderer Umstände des Einzelfalles), zugleich auf den Annahmeverzugslohnanspruch verzichten will.

---

625 Siehe zu Beschränkungen bei Überstunden § 3 A II 1, III 5 und zur Verweigerungsmöglichkeit bei Nichteinhaltung der Ankündigungsfrist § 3 A IV 2.

626 Siehe zur Ankündigungsfrist § 3 A IV, § 3 B III.

7. *Änderung eines Abrufs*

Es wird für einen Verleiher aufgrund der regelmäßig kurzfristig eingehenden Aufträge bereits schwierig sein, die Ankündigungsfrist für einen Abruf einzuhalten.[627] Es wird daher nur selten möglich sein, für die Änderung eines solchen Abrufs wiederum die Ankündigungsfrist zu wahren. Nur unter dieser Voraussetzung ist indes nach der hier vertretenen Auffassung die einseitige Änderung oder die im Arbeitsvertrag vorab vereinbarte Änderung eines Abrufs möglich.[628] Kann demgegenüber eine Änderung noch innerhalb der Ankündigungsfrist erfolgen, ist hinsichtlich einer Vereinbarkeit mit § 11 Abs. 4 Satz 2 AÜG zu differenzieren.

Die Änderung in Gestalt einer Verlängerung eines Einsatzes sowie eines (weiteren) Abrufs zu einem späteren Zeitpunkt verstößt nicht gegen § 11 Abs. 4 Satz 2 AÜG. Hier erfolgt lediglich ein ergänzender bzw. neuer Abruf innerhalb der Ankündigungsfrist für Zeiträume, für die noch keine Annahmeverzugslohnansprüche entstanden waren. Solche könnten daher auch nicht entgegen § 11 Abs. 4 Satz 2 AÜG beschränkt oder ausgeschlossen werden. Eine solche Änderung könnte daher vorab im Arbeitsvertrag sowie im konkreten Einzelfall vereinbart werden. Einer solchen Vereinbarung bedarf es indes nicht, da die Änderung wegen Einhaltung der Ankündigungsfrist auch einseitig erfolgen könnte.

Die Verkürzung eines Einsatzes sowie das Absagen eines für einen bestimmten Zeitpunkt geplanten Einsatzes sind demgegenüber mit § 11 Abs. 4 Satz 2 AÜG nicht vereinbar. Da in diesen Fällen ein Abruf bereits erfolgt und damit eine konkrete Arbeitsverpflichtung entstanden ist, muss der Verleiher für diese Zeit die Arbeitsleistung des Leiharbeitnehmers annehmen. Kann er dies aufgrund einer Änderung des Einsatzzeitraums nicht mehr, muss er Annahmeverzugslohn zahlen. Eine Änderung des Abrufs unter Wegfall des Annahmeverzugslohnanspruchs hätte damit die Beschränkung bzw. den Ausschluss des Annahmeverzugslohnanspruchs und damit einen Verstoß gegen § 11 Abs. 4 Satz 2 AÜG zur Folge. Eine solche Vereinbarung kann der Arbeitnehmer angesichts des zwingenden Charakters der Vorschrift[629] weder vorab im Arbeitsvertrag noch anlässlich eines konkreten Einzelfalles wirksam treffen. Erst recht kann daher der Arbeitgeber die Änderung nicht einseitig anordnen, auch wenn die Ankündigungsfrist eingehalten wäre. Kommt der Leiharbeitnehmer trotz Unwirksamkeit der Vereinbarung oder Anordnung nach, kann er zusätzlich zu der Vergütung für die erbrachte Arbeitsleistung auch den Annahmeverzugslohn bzw. jeweils die Anrechnung auf den vereinbarten Arbeitszeitumfang geltend machen. Insbesondere kann der Verleiher nicht schutzwürdig darauf vertrauen, dass der Leiharbeitnehmer, der die Arbeitsleistung zu den geänderten Zeiten erbringt (d. h. ohne Hinzukommen besonderer Umstände des Einzelfalles), zugleich auf den Annahmeverzugslohnanspruch verzichten will.

---

627 Ähnlich in anderem Zusammenhang: Klapproth, S. 65.
628 Siehe § 3 A VI, § 3 B V.
629 Schüren-Schüren, AÜG § 11 Rn. 1; Klapproth, S. 7.

Bei einem zeitlichen Hinausschieben eines bereits abgerufenen Einsatzes auf einen späteren Termin (bei gleichbleibender Einsatzdauer und unter Einhaltung der Ankündigungsfrist) ist zu differenzieren: Der Leiharbeitnehmer ist im Hinblick auf den späteren Termin bzw. die hinausgeschobene Arbeitsleistung zur Aufnahme der Arbeit und der Verleiher zur Leistung der Vergütung verpflichtet. Hinsichtlich der für den ursprünglichen Beginn bereits abgerufenen, ausgefallenen Arbeitszeit kann der Leiharbeitnehmer jedoch zusätzlich Annahmeverzugslohn bzw. die Anrechnung der Stunden auf den Arbeitszeitumfang verlangen.

Ist eine Änderung unter Beachtung der Ankündigungsfrist nicht mehr rechtzeitig möglich, wäre nach allgemeinen Grundsätzen noch eine einvernehmliche Änderung anlässlich eines konkreten Einzelfalles möglich.[630] Demgegenüber kann der Leiharbeitnehmer sich wegen der zwingenden Geltung von § 11 Abs. 4 Satz 2 AÜG[631] nur hinsichtlich des späteren Einsatzes, nicht hinsichtlich eines bereits abgerufenen Einsatzes (wirksam) einverstanden erklären. Nur hinsichtlich des späteren Einsatzes sind bisher keine Annahmeverzugslohnansprüche entstanden, sondern der Leiharbeitnehmer verzichtet insoweit lediglich auf sein Leistungsverweigerungsrecht wegen des verspäteten Abrufs. Hinsichtlich des bereits abgerufenen Einsatzes und der daraus entstandenen Annahmeverzugslohnansprüche kann der Leiharbeitnehmer sich daher auch im konkreten Einzelfall nicht mehr wirksam mit der Änderung einverstanden erklären.

Im Leiharbeitsverhältnis ist daher hinsichtlich eines bereits abgerufenen Einsatzes die Änderung eines Abrufs weder einseitig noch einvernehmlich, unabhängig von der Einhaltung der Ankündigungsfrist, möglich. Hinsichtlich eines hinausgeschobenen bzw. verlängerten Einsatzzeitraums gelten hingegen die allgemeinen Grundsätze zur Änderung eines Abrufs.

8. Übertragung von Arbeitsstunden

Die Übertragung von Arbeitsstunden aus einem laufenden Bezugszeitraum auf einen Folgebezugszeitraum – z. B. bei einer Monatsarbeitszeit auf einen Folgemonat, bei einer Jahresarbeitszeit[632] auf ein Folgejahr oder bei einer Monatsarbeitszeit, die durchschnittlich in einem einjährigen Bezugszeitraum zu erbringen ist, auf den Bezugszeitraum des Folgejahres – wird ein Verleiher sich für den Fall offen halten wollen, dass er einen Teil des Arbeitszeitdeputats in dem laufenden Bezugszeitraum nicht (mehr) benötigt und daher nicht abrufen kann oder will. Unterlässt der Verleiher daher in dem laufenden Bezugszeitraum den Abruf des restlichen Arbeitszeitdeputats, gerät er aufgrund des in diesem Bezugszeitraum entstandenen

630 Siehe § 3 A VI 2 a), § 3 B V.
631 Schüren-Schüren, AÜG § 11 Rn. 1.
632 Nach Wegfall des MTV AMP/CGB bzw. MTV BAP/CGB (siehe § 2 F, § 2 G) ist eine Jahresarbeitszeit im Leiharbeitsverhältnis nur noch bei Anwendbarkeit eines entsprechenden Haustarifvertrages denkbar.

Anspruchs[633] in Annahmeverzug und muss Annahmeverzugslohn gemäß §§ 611, 615 Satz 1 BGB leisten. Wäre demgegenüber eine Übertragung der vereinbarten, jedoch nicht abgerufenen Stunden auf den Folgebezugszeitraum möglich, läge hierin eine Abbedingung von § 615 Satz 1 BGB und damit ein Verstoß gegen § 11 Abs. 4 Satz 2 AÜG.[634] Eine Übertragung von Arbeitsstunden auf einen Folgebezugszeitraum kann daher im Leiharbeitsverhältnis weder anlässlich eines konkreten Einzelfalles noch durch arbeitsvertragliche Vereinbarung wirksam erfolgen.

Kommt der Leiharbeitnehmer dem Abruf (unwirksam) übertragener Stunden im Folgebezugszeitraum nach, kann er für die im abgelaufenen Bezugszeitraum nicht abgerufenen Stunden Annahmeverzugslohn und für die im Folgebezugszeitraum geleisteten Stunden die Vergütung bzw. jeweils die Anrechnung auf das Arbeitszeitdeputat verlangen. Insbesondere kann der Verleiher nicht schutzwürdig darauf vertrauen, dass der Leiharbeitnehmer, der die Arbeitsleistung im Folgebezugszeitraum erbringt (d. h. Hinzukommen besonderer Umstände des Einzelfalles), zugleich auf den Annahmeverzugslohnanspruch verzichten will.

Hinsichtlich solcher Arbeitsstunden, die aus einem Folgebezugszeitraum auf den laufenden Bezugszeitraum übertragen, d. h. vorgezogen werden sollen, besteht demgegenüber noch keine Arbeitsverpflichtung und damit auch kein Annahmeverzugslohnanspruch. Eine Übertragung auf den laufenden Bezugszeitraum ist daher mit § 11 Abs. 4 Satz 2 AÜG vereinbar. Insbesondere sind anders als bei einer Mindestarbeitszeit, bei der weitere Einschränkungen aufgrund einer möglichen Umgehungsgestaltung bestehen,[635] keine solchen weiteren Einschränkungen angezeigt, da es sich anders als bei der Mindestarbeitszeit nicht um eine Veränderung des Arbeitszeitumfangs, sondern lediglich um eine andere Arbeitszeitverteilung handelt.

Anlässlich eines konkreten Einzelfalles kann daher die Übertragung von Stunden aus dem Folgebezugszeitraum in den laufenden Bezugszeitraum vereinbart werden.

Vorab im Arbeitsvertrag können gemäß der hier vertretenen Auffassung[636] jedoch nur bis zu 20 % der Stunden aus dem Folgebezugszeitraum für ein solches Vorziehen in den laufenden Bezugszeitraum genutzt werden und die Übertragung muss bei einer Jahresarbeitszeit bzw. bei einem einjährigen Bezugszeitraum spätestens bis zum Ablauf des dritten Quartals des laufenden Bezugszeitraums erfolgen. Nach Ablauf des dritten Quartals können bis zum Ablauf des vierten Quartals nur noch 10 % übertragen werden. Es bedarf zudem einer Übertragungserklärung des Verleihers.

Bei einer Kombination der Übertragungsmöglichkeit, die nur bei einer durchschnittlich in einem Bezugszeitraum oder bei einer Jahresarbeitszeit besteht, mit einer Mindestarbeitszeit (dreifache Flexibilisierung) sind zudem nach der hier

633 Siehe § 4 A III.
634 Ähnlich, aber in anderem Zusammenhang: Klapproth, S. 86 f.
635 Siehe § 4 B I 1 b).
636 Siehe § 3 A VII 4 a), § 3 B V.

vertretenen Auffassung die Grenzwerte für die zusätzlich abrufbare Arbeitszeit und die übertragbaren Stunden jeweils herabgesetzt.[637]

9. Geringfügige Beschäftigung

Es sind keine leiharbeitsspezifischen Gründe erkennbar, die einem geringfügigen Beschäftigungsverhältnis auf Abruf mit Leiharbeitnehmern entgegen stehen. Auch die Bundesagentur für Arbeit erkennt an, dass Leiharbeitnehmer geringfügig Beschäftigte sein können.[638]

10. Zwischenergebnis

Das Prinzip der Garantievergütung gemäß § 11 Abs. 4 Satz 2 AÜG verbietet im Leiharbeitsverhältnis die Vereinbarung einer Höchstarbeitszeit und eines Arbeitszeitkorridors, nicht jedoch die Vereinbarung einer Mindestarbeitszeit. Der Abruf zusätzlicher Arbeitsstunden bei einer Mindestarbeitszeit ist aber nur möglich, wenn hierfür ein zuvor im Arbeitsvertrag festzulegender sachlicher Grund gegeben ist oder ein Zuschlag in Höhe von 25 % gezahlt wird. Bei einer Kombination von Durchschnitts- bzw. jährlicher Arbeitszeit und Mindestarbeitszeit können zudem nur im letzten Quartal 6,25 % zusätzliche Arbeitszeit abgerufen werden.

Aufgrund des Prinzips der Garantievergütung, kann der Leiharbeitnehmer sich nicht wirksam mit der Unterschreitung der täglichen (Mindest-) Arbeitszeit einverstanden erklären und auch nicht gegen Ende eines Bezugszeitraums wirksam auf die Einhaltung der Ankündigungsfrist verzichten, wenn der Arbeitgeber die Arbeitsleistung ohne das Einverständnis oder den Verzicht nach den Regeln des Annahmeverzugs zu vergüten hätte.

Die Änderung eines bereits abgerufenen Einsatzes in Gestalt einer Verkürzung oder Absage des Einsatzes ist weder einseitig noch einvernehmlich, unabhängig von der Einhaltung der Ankündigungsfrist, möglich.

Eine Übertragung von Arbeitsstunden auf einen Folgebezugszeitraum bzw. auf einen Folgemonat oder ein Folgejahr kann weder anlässlich eines konkreten Einzelfalles noch durch arbeitsvertragliche Vereinbarung wirksam erfolgen. Lediglich ein Vorziehen von Stunden aus dem Folgebezugszeitraum bzw. Folgemonat oder Folgejahr ist mit dem Prinzip der Garantievergütung vereinbar.

Im Übrigen gelten die sonst für Abrufarbeitnehmer dargestellten Grundsätze.

II. Tarifverträge

Grenzen für eine Abrufabrede im Leiharbeitsverhältnis können sich auch aus einem für die Arbeitsvertragsparteien geltenden Tarifvertrag ergeben. § 12 Abs. 3 TzBfG räumt den Tarifvertragsparteien Gestaltungsmöglichkeiten für Abrufabreden ein.

---

637 Siehe § 3 A VII 4 b), § 4 B I 3.
638 Ziff. 1.1.2 (5) GA AÜG zu § 1 AÜG.

Inwieweit diese Gestaltungsmöglichkeiten genutzt bzw. bestehende Gestaltungsmöglichkeiten durch Tarifvertrag eingeschränkt wurden, soll nachstehend exemplarisch anhand des MTV BAP/DGB[639] untersucht werden.

1. *Gestaltungsmöglichkeit durch Tarifvertrag*

§ 12 Abs. 3 Satz 1 TzBfG erlaubt eine Abweichung von den Regelungen des § 12 Abs. 1 und 2 TzBfG – auch zuungunsten des Arbeitnehmers – wenn der Tarifvertrag Regelungen über die tägliche und wöchentliche Arbeitszeit und die Vorankündigungsfrist für Abrufarbeitsverhältnisse vorsieht. Die Geltung eines entsprechenden Tarifvertrages kann gemäß § 12 Abs. 3 Satz 2 TzBfG in seinem Geltungsbereich von nicht tarifgebundenen Arbeitsvertragsparteien vereinbart werden.

Weiterer Gestaltungsspielraum ergibt sich für Tarifverträge zudem daraus, dass Tarifverträge gemäß § 310 Abs. 4 Satz 1 BGB keiner Inhaltskontrolle nach §§ 307 ff. BGB standhalten müssen.

Demgegenüber können die Tarifvertragsparteien keine vom Prinzip der Garantievergütung gemäß § 11 Abs. 4 Satz 2 AÜG abweichenden Regelungen treffen. Diese Vorschrift ist zwingend und kann daher weder durch Arbeitsvertrag noch durch Tarifvertrag (anders als das Gleichbehandlungsgebot in § 3 Abs. 1 Nr. 3, § 9 Nr. 2 AÜG) abbedungen werden.[640]

2. *MTV BAP/DGB*

Der MTV BAP/DGB enthält keine ausdrücklichen Regelungen zu einer Arbeit auf Abruf, insbesondere keine Regelungen zuungunsten des Leiharbeitnehmers i. S. v. § 12 Abs. 3 Satz 1 TzBfG.

Ob sich aus dem Wortlaut oder dem Gesamtzusammenhang der Tarifregelungen zur Arbeitszeit ein Verbot oder Einschränkungen für eine Abrufabrede ergeben können, ist durch Auslegung zu ermitteln.[641] Nach ständiger Rechtsprechung des BAG sind Tarifverträge wie Gesetze auszulegen. Die Tarifauslegung hat zunächst vom Wortlaut auszugehen. Dabei ist jedoch über den reinen Wortlaut hinaus der wirkliche Wille der Tarifvertragsparteien und der damit von ihnen beabsichtigte Sinn und Zweck der Tarifnorm zu berücksichtigen, sofern und soweit dieser Wille in den tariflichen Normen seinen Niederschlag gefunden hat. Insoweit ist auch auf den tariflichen Gesamtzusammenhang abzustellen, weil häufig nur daraus und nicht schon aus der einzelnen Tarifnorm auf den wirklichen Willen der Tarifvertragsparteien geschlossen und der Sinn und Zweck der Tarifnorm zutreffend ermittelt werden kann.[642]

---

639 Siehe § 2 F.
640 Schüren-Schüren, AÜG§ 11 Rn. 1.
641 Schneider, Zeitarbeit, Rn. 213k (4. Schritt).
642 Siehe nur BAG v. 13.12.2007 – 6 AZR 197/07, NZA-RR 2008, 418, 419.

Es sind daher die einzelnen Regelungen des Manteltarifvertrages dahingehend auszulegen, ob und ggf. inwieweit sie einer – bereits durch § 11 Abs. 4 Satz 2 AÜG eingeschränkten[643] – Abrufabrede im Leiharbeitsverhältnis entgegen stehen.

a) Mindestarbeitszeit

Die Möglichkeit der Vereinbarung einer Mindestarbeitszeit sehen §§ 2, 3 MTV BAP/DGB zwar nicht ausdrücklich vor. Dies gilt auch für § 2 Abs. 2 MTV BAP/DGB, gemäß dem die Arbeitsvertragsparteien zwar eine höhere Arbeitszeit bestimmen können, wenn der Mitarbeiter dauerhaft[644] in ein Unternehmen mit längerer Arbeitszeitdauer überlassen wird. Diese Vorschrift geht indes von einer „dauerhaften" Erhöhung der Arbeitszeit und einer entsprechenden „Vereinbarung" der Parteien aus. Dies spricht gegen die Möglichkeit einer Mindestarbeitszeit, bei welcher dem Arbeitgeber ein einseitiges Erhöhungsrecht je nach Bedarf vorbehalten wäre.

Allerdings eröffnen § 4.2, § 4.3 Abs. 1 Satz 1, § 4.5 d), e), § 6 MTV BAP/DGB im Ergebnis die Möglichkeit einer Mindestarbeitszeit.

Gemäß dieser tarifvertraglichen Regelungen können aufgrund der tatsächlichen Arbeitszeitverteilung beim Entleiher Plus- bzw. Mehrarbeitsstunden entstehen. Soweit durch solche Stunden die vereinbarte individuelle regelmäßige monatliche Arbeitszeit überschritten wird, werden diese zum Arbeitszeitkonto notiert, das gemäß § 4.4 Abs. 1 MTV BAP/DGB grundsätzlich spätestens nach zwölf Monaten auszugleichen ist. Zudem müssen sich Plus- bzw. Mehrarbeitsstunden gemäß § 4.3 Abs. 2–5, § 6, § 7.1 MTV BAP/DGB im Rahmen der höchstzulässigen Grenze für Plusstunden bewegen und sind ggf. zuschlagspflichtig: Hiernach liegt der Grenzwert für Plusstunden grundsätzlich bei 200 Plusstunden.[645] Zuschlagspflichtig sind volle Arbeitsstunden, durch welche die vereinbarte individuelle regelmäßige monatliche Arbeitszeit des Leiharbeitnehmers nach § 2 (Vollzeit) bzw. § 3 (Teilzeit) MTV BAP/DGB in einem Monat um mehr als 15 % überschritten wird. Der Zuschlag beträgt 25 % des jeweiligen tariflichen Stundenentgelts. Will der Verleiher daher solche Zuschläge vermeiden, kann er Stunden nur im Rahmen der 15 %-Grenze zusätzlich abrufen. Die zusätzlichen Stunden zum Arbeitszeitkonto können zwar

---

643 Siehe § 4 B I.

644 Angesichts der Entscheidung des BAG v. 10. 7. 2013 – 7 ABR 91/11, NZA 2013, 1296, wonach § 1 Abs. 1 Satz 1 AÜG einer mehr als nur vorübergehenden Überlassung entgegen stehe, wird diese Regelung des MTV BAP/DGB praktisch ggf. nicht mehr relevant; siehe zur kritischen Würdigung dieser Rechtsprechung des BAG unter Verweis auf die Leiharbeitsrichtlinie und eine zum Verbot der dauerhaften Arbeitnehmerüberlassung erforderliche Entscheidung des EuGH nur Thüsing, NZA 2014, 10, 11.

645 Der Grenzwert kann nur zur Beschäftigungssicherung bei saisonalen Schwankungen im Einzelfall auf bis zu 230 Plusstunden erhöht werden und ist reduziert auf 150 Plusstunden, wenn der Verleiher für die darüber hinausgehenden Plusstunden keine Insolvenzsicherung nachweist (§ 4.3 Abs. 2–4 MTV BAP/DGB); für Teilzeitbeschäftigte gelten zum Teil anteilige Grenzwerte.

die Arbeitszeit im jeweiligen Monat, jedoch grundsätzlich nicht die vereinbarte, auf einen Ausgleichszeitraum von zwölf Monaten bezogene Arbeitszeit insgesamt erhöhen.

Von diesem Grundsatz gibt es aber zwei Ausnahmen, indem der MTV BAP/DGB unter bestimmten Voraussetzungen einen Ausgleich von Plusstunden in Geld und somit eine entsprechende Rücksetzung der Plusstunden auf dem Arbeitszeitkonto mit der Möglichkeit zur Ansammlung neuer Plusstunden im betreffenden Ausgleichszeitraum ermöglicht. Durch die Auszahlungsmöglichkeit kann somit die Anzahl der ausgezahlten und der auf dem Arbeitszeitkonto für einen Freizeitausgleich verbleibenden Plusstunden in der Summe die eigentliche Plusstundengrenze überschreiten und damit den Arbeitszeitumfang in einem Ausgleichszeitraum überschreiten.

So bestimmt zum einen § 4.4 Abs. 3 Satz 2 MTV BAP/DGB, dass ein Ausgleich von Stunden in Geld erfolgt, soweit Arbeitsstunden, die eine Anzahl von 150 Stunden überschreiten, auch innerhalb von drei Monaten nach Ablauf des zwölfmonatigen Ausgleichszeitraums aus betrieblichen Gründen nicht ausgeglichen werden konnten. Mit dieser Regelung haben die Tarifvertragsparteien allerdings deutlich gemacht, dass es sich um eine Ausnahmebestimmung für den Einzelfall handelt. Auf deren Grundlage kann nicht vorab im Arbeitsvertrag eine Mindestarbeitszeit vereinbart werden mit dem einseitigen Leistungsbestimmungsrecht des Arbeitgebers, diese Mindestarbeitszeit zu erhöhen.

Zum anderen kann gemäß § 4.5 d) MTV BAP/DGB eine Vereinbarung zwischen den Arbeitsvertragsparteien getroffen werden, wonach bis zu 70 Stunden aus dem Arbeitszeitkonto im Ausgleichszeitraum in Geld ausgeglichen, mithin zusätzlich zum monatlichen Einkommen ausgezahlt werden können. Hiernach können daher die Arbeitsvertragsparteien bereits im Arbeitsvertrag festlegen, dass 70 Stunden je Ausgleichszeitraum nicht in Freizeit, sondern in Geld ausgeglichen werden. Eine solche Vereinbarung wird der Verleiher vorab im Arbeitsvertrag aber nur wählen, wenn er bereits absehen kann, dass im Ausgleichszeitraum mehr Plusstunden anfallen, als er durch Freizeitausgleich ausgleichen könnte. Ist dies nicht der Fall, wird er sich die Flexibilität anhand der Verrechnung von Plus- und Minusstunden auf dem Arbeitszeitkonto anstelle einer Auszahlung von Plusstunden vorbehalten wollen, denn eine Auszahlungsvereinbarung kann er auch im konkreten Einzelfall immer noch treffen, ohne sich vorab im Leiharbeitsvertrag festlegen zu müssen. Zu einer Auszahlung von Plusstunden verpflichtet ist er allerdings auf Verlangen des Leiharbeitnehmers gemäß § 4.5 e) MTV BAP/DGB, wenn eine Grenze von 105 Plusstunden[646] überschritten ist. Auch diese Regelung scheint jedoch Relevanz eher im konkreten Einzelfall zu haben, sodass eine Vereinbarung hierzu vorab im Arbeitsvertrag weniger wahrscheinlich ist.

646 Bei Teilzeitbeschäftigten gilt gemäß der tarifvertraglichen Regelung ein anteiliger Grenzwert.

Da der MTV BAP/DGB gemäß § 310 Abs. 4 Satz 1 BGB nicht der Inhaltskontrolle für vorformulierte Vertragsbedingungen unterliegt,[647] sind die anhand der §§ 307 ff. BGB entwickelten Einschränkungen für eine Mindestarbeitszeit durch das BAG aus seinem Urteil vom 7.12.2005 (zusätzliche Stunden nur in Höhe von bis zu 25 %)[648] sowie die für die Mindestarbeitszeit im Leiharbeitsverhältnis hier entwickelten Beschränkungen (sachlicher Grund oder Zuschlagspflicht)[649] nicht anzuwenden. Eine angemessene Regelung haben die Tarifvertragsparteien insoweit durch die Plusstundengrenze und die Zuschlagspflicht als gegeben angesehen.

b) Wöchentliche Dauer der Arbeitszeit

§§ 2 Abs. 1, 3 MTV BAP/DGB sehen eine monatliche Arbeitszeit vor und nennen ergänzend die sich hieraus ergebende wöchentliche Arbeitszeit. Mit § 2 Abs. 1 Satz 1 Halbs. 2 MTV BAP/DGB ist zudem klar gestellt, dass die wöchentlich angegebene Arbeitszeit von 35 Stunden nur im Durchschnitt erreicht sein muss. Ebenso steht aufgrund der Regelungen zum Arbeitszeitkonto gemäß § 4.4. MTV BAP/DGB fest, dass die monatliche Arbeitszeit gemäß §§ 2 Abs. 1, 3 MTV BAP/DGB im Durchschnitt eines zwölfmonatigen Ausgleichszeitraums abgerufen werden kann. Wie für die Durchschnittsbetrachtung erforderlich,[650] sehen §§ 13.1, 13.2 MTV BAP/DGB zudem die Auszahlung eines monatlichen Entgelts auf der Basis der vereinbarten Arbeitszeit (zzgl. etwaiger variabler Entgeltbestandteile) und damit die Auszahlung einer verstetigten Vergütung vor.

§§ 2 Abs. 1, 3 MTV BAP/DGB sprechen hierbei auch nicht gegen die Möglichkeit einer Durchschnittsbetrachtung und damit einer unregelmäßigen Verteilung der Arbeitszeit nach Bedarf. Dieses Regelungen sehen für Vollzeit- und Teilzeitarbeitnehmer zwar eine „individuelle regelmäßige monatliche Arbeitszeit“ vor. Die Regelungen gehören jedoch gemäß deren Überschrift zum Abschnitt „Dauer der Arbeitszeit/Vollzeitarbeit“ bzw. „Teilzeitarbeit“. Der Zusatz „regelmäßig“ bezieht sich mithin auf die Dauer, nicht auf die Lage der Arbeitszeit. Zu der Lage der Arbeitszeit verhält sich § 4 MTV BAP/DGB mit der Überschrift „Verteilung der Arbeitszeit/Flexibilisierung“.

Allerdings wird die Verteilungsflexibilität innerhalb der im Ausgleichszeitraum liegenden Monate durch die Plusstundengrenze gemäß § 4.3 Abs. 2–4 MTV BAP/DGB sowie durch die Pflicht zu einem 15%-igen Zuschlag gemäß § 7.1 MTV BAP/DGB eingeschränkt.[651] Will der Verleiher die Zuschläge möglichst vermeiden, kann er daher die Arbeitsstunden nur im Rahmen dieser 15 %-Grenze flexibel verteilen.

Für Vollzeitarbeitnehmer bestimmt § 2 Abs. 4 MTV BAP/DGB, dass sich die „individuelle regelmäßige jährliche Arbeitszeit“ aus der monatlichen Arbeitszeit

---

647 Thüsing/Pötters, BB 2012, 317, 321 für Tarifverträge mit Leiharbeitnehmern.
648 Siehe § 3 A III 1 b).
649 Siehe § 4 B I 1 b).
650 Siehe § 3 A III 2 b), § 3 B II 3.
651 Siehe zur Plusstundengrenze und zur Zuschlagspflicht § 4 B II 2 a).

(§ 2 Abs. 1 Satz 1 MTV BAP/DGB) multipliziert mit zwölf ergibt. Hieraus folgt jedoch nicht die Möglichkeit, anstelle einer monatlichen eine jährliche Arbeitszeit zu vereinbaren. Dies ergibt sich im Zusammenhang mit den weiteren tarifrechtlichen Regelungen, die insbesondere in §§ 3 (Teilzeitarbeitnehmer), § 4.2 bis § 4.6 (Arbeitszeitkonto) sowie § 7.1 (Zuschläge) MTV BAP/DGB nur auf die monatliche, nicht jedoch auf eine jährliche Arbeitszeit abstellen. Insbesondere § 4.2 MTV BAP/DGB schreibt zwingend die Führung eines Arbeitszeitkontos vor, bemisst dessen Führung, insbesondere die Definition von Plus- und Minusstunden sowie die Bestimmung des Ausgleichszeitraums von zwölf Monaten, jedoch nur anhand der monatlichen Arbeitszeit. Wäre auch eine jährliche Arbeitszeit möglich, hätte es insoweit ergänzender Regelungen bedurft. Es ist daher davon auszugehen, dass es sich bei § 2 Abs. 4 MTV BAP/DGB lediglich um eine Klarstellung der insgesamt möglichen Arbeitszeit im zwölfmonatigen Ausgleichszeitraum handelt, ebenso wie § 2 Abs. 1 Satz 1 Halbs. 2 MTV BAP/DGB klarstellt, dass sich aufgrund der Monatsarbeitszeit eine Durchschnittswochenarbeitszeit von 35 Stunden ergibt, ohne als Einheit für die Arbeitszeit die Woche anstelle des Monats festzulegen.

Der MTV BAP/DGB erlaubt daher die Festlegung einer monatlichen Arbeitszeit, welche im Durchschnitt eines jährlichen Bezugszeitraums erbracht sein muss, und benennt zudem die durchschnittlich zu erbringende Wochenarbeitszeit. Für die flexible Verteilung der Arbeitszeit innerhalb des Ausgleichszeitraums sind der Grenzwert für Plusstunden, welche aufgrund der in einem Monat schwankenden Arbeitszeit entstehen, sowie eine Zuschlagspflicht ab einer bestimmten Stundenanzahl zu beachten.[652] Nicht möglich ist die Vereinbarung einer Jahresarbeitszeit.

c) Kombination von Mindestarbeitszeit mit Durchschnittsarbeitszeit

Haben die Arbeitsvertragsparteien eine Auszahlungsvereinbarung über bis zu 70 Plusstunden gemäß § 4.5 d) MTV BAP/DGB getroffen, wird hiermit zugleich eine Kombination der dadurch möglichen Mindestarbeitszeit[653] mit der flexiblen Verteilungsmöglichkeit begründet, welche sich dadurch ergibt, dass die monatliche Arbeitszeit nur durchschnittlich in einem einjährigen Ausgleichszeitraum[654] zu erbringen ist. Diese Kombination ist wiederum tarifvertraglich begrenzt durch die Plusstundengrenze und Zuschlagspflicht gemäß §§ 4.3 Abs. 2, 7.1 MTV BAP/DGB.[655] Da der MTV BAP/DGB gemäß § 310 Abs. 4 Satz 1 BGB nicht der Inhaltskontrolle für vorformulierte Vertragsbedingungen unterliegt, sind somit die anhand von §§ 307 ff. BGB entwickelten Einschränkungen für die Kombination einer Mindestarbeitszeit mit einer Durchschnittsbetrachtung im Leiharbeitsverhältnis[656] nicht anwendbar.

---

652 Zur Möglichkeit einer Verrechnung von Plusstunden aus einem Arbeitszeitkonto in verleihfreien Zeiten unter dem MTV BAP/DGB siehe § 4 B I 2.

653 Siehe § 4 B II 2 a).

654 Siehe § 4 B II 2 b).

655 Siehe § 4 B II 2 a).

656 Siehe § 4 B I 3.

d) Tägliche Dauer und zusammenhängender Abruf der Arbeitszeit

In Bezug auf die Verteilung der Arbeitszeit auf einen einzelnen Arbeitstag bestimmt § 4.1 MTV BAP/DGB lediglich, dass die tatsächliche Lage der Arbeitszeit an die des Kundenbetriebes angepasst wird und dass Beginn und Ende der täglichen Arbeitszeit einschließlich der Pausen und die Verteilung der Arbeitszeit auf die einzelnen Wochentage sich nach den im jeweiligen Kundenbetrieb gültigen Regelungen bzw. Anforderungen des Kundenbetriebes richten. Mit dieser Regelung benennt somit der MTV BAP/DGB nicht konkret eine tägliche (Mindest-) Arbeitszeit, sondern verweist lediglich pauschal auf die jeweils geltenden Kundenanforderungen bzw. -regelungen.

§ 4.1 MTV BAP/DGB genügt damit dem Erfordernis der Bestimmung der täglichen Arbeitszeit i. S. v. § 12 Abs. 3 Satz 1 TzBfG für Teilzeitarbeitnehmer nicht, denn hieraus ist für den Leiharbeitnehmer bei Abschluss des Leiharbeitsvertrages nicht erkennbar, für wie viele Stunden er täglich mindestens, zusammenhängend oder für mehrere Zeitabschnitte abgerufen werden kann. Dies ergibt sich für ihn erst anlässlich des konkreten Abrufs im Einzelfall. Demgegenüber wäre es den Tarifvertragsparteien ohne Weiteres möglich gewesen, zumindest eine Mindestarbeitszeit je Einsatztag zu bestimmen, welche je nach Kundenbetrieb hätte erhöht werden können. Aus dem MTV BAP/DGB ergibt sich daher für die Vereinbarung der täglichen (Mindest-) Arbeitszeitdauer und einen zusammenhängenden oder geteilten täglichen Einsatz i. S. v. § 12 Abs. 3 Satz 1 TzBfG weder eine Erleichterung noch eine Einschränkung.

Allerdings trifft § 4.1 MTV BAP/DGB überhaupt eine Bestimmung zur Verteilung der Arbeitszeit i. S. v. §§ 3 Abs. 1 Nr. 3 Satz 2, 9 Nr. 2 Halbs. 3 AÜG (Verteilung anhand der Kundenanforderungen), sodass für eine Anwendung des Gleichbehandlungsgebots gemäß §§ 3 Abs. 1 Nr. 3 Satz 1 Halbs. 1, 9 Nr. 2 Halbs. 1 AÜG kein Raum ist. Hiernach müssten anderenfalls die wesentlichen Arbeitsbedingungen für vergleichbare Stammarbeitnehmer des Entleihers angewandt werden.[657]

Wenn somit weder der MTV BAP/DGB noch mangels Anwendbarkeit der Gleichbehandlungsgrundsatz eine konkrete tägliche, ggf. zusammenhängende, Arbeitszeit vorgeben, muss anhand einer Auslegung[658] des MTV BAP/DGB die Frage beantwortet werden, ob eine Regelung nunmehr nach den allgemeinen Grundsätzen im jeweiligen Leiharbeitsvertrag getroffen werden darf oder ob die gesetzliche Auffangregelung des § 12 Abs. 1 Satz 4 TzBfG – mindestens drei aufeinander folgende Stunden täglich – gilt.

Für Teilzeitarbeitsverhältnisse liegt nahe, dass die gesetzliche Auffangregelung eingreift, denn die Tarifvertragsparteien haben den Umfang und die Verteilung der Arbeitszeit im MTV BAP/DGB nahezu umfassend geregelt. Einer ausdrücklichen Regelung der täglichen, ggf. zusammenhängenden Arbeitszeit bedurfte es für Teilzeitarbeitsverhältnisse nicht, da ohne Festlegung ohnehin die gesetzliche

657 Siehe § 4 B III.
658 Siehe § 4 B II 2.

Auffangregelung gilt. Hätten die Tarifvertragsparteien den Arbeitsvertragsparteien diesbezüglich eine Regelungsbefugnis einräumen wollen, hätte es nahe gelegen, dies in den tarifvertraglichen Regelungen ausdrücklich zu bestimmen. Dass solche Regelungsbefugnisse grundsätzlich in Betracht kommen, belegt § 2 Abs. 2 MTV BAP/DGB, der die Vereinbarung einer höheren Arbeitszeit für den Fall einer dauerhaft längeren Wochenarbeitszeit beim Entleiher gestattet. Auch sieht § 3 MTV BAP/DGB einen eigenen Abschnitt für Teilzeitarbeitnehmer vor, ohne hierbei Regelungen zur täglichen, ggf. zusammenhängenden Arbeitszeit zu treffen. Gemäß gesetzlicher Auffangregelung beträgt die tägliche Mindestarbeitszeit für Teilzeitarbeitsverhältnisse nach § 12 Abs. 1 Satz 4 TzBfG mindestens drei aufeinander folgende Stunden.

Für Vollzeitarbeitnehmer besteht demgegenüber keine gesetzliche Auffangregelung, von welcher die Arbeitsvertragsparteien abweichen könnten und auf welche die Tarifvertragsparteien anstelle einer eigenen tarifvertraglichen Regelung verweisen könnten. Es gibt auch keinen greifbaren Anhaltspunkt im MTV BAP/DGB, wonach die Tarifvertragsparteien die grundsätzlich im Vollzeitarbeitsverhältnis gemäß § 307 Abs. 1 Satz 2 BGB erforderliche Festlegung der täglichen, ggf. zusammenhängenden Arbeitszeit[659] für entbehrlich hielten. Der MTV BAP/DGB schränkt daher eine arbeitsvertragliche Vereinbarung der täglichen, ggf. zusammenhängenden, Arbeitszeit nach den allgemeinen Grundsätzen für Vollzeitarbeitnehmer nicht ein. Soweit hierin dennoch eine Abweichung von dem MTV BAP/DGB gesehen würde, handelt es sich hierbei jedoch um eine i. S. v. § 4 Abs. 3 TVG günstigere und damit zulässige Regelung, denn sie schafft für den Vollzeitarbeitnehmer die notwendige Transparenz für den täglichen Einsatz.

e) Keine Umgehung durch regelmäßige „Überstunden"

§§ 4.2, 4.3, 6 MTV BAP/DGB erlauben ein Ansammeln von grundsätzlich bis zu 200 Plusstunden, die eigentlich gemäß § 4.4 Abs. 1 MTV BAP/DGB innerhalb von zwölf Monaten über das Arbeitszeitkonto auszugleichen sind, wobei die Plusstundengrenze durch Auszahlung gemäß § 4.4 Abs. 3 Satz 2 MTV BAP/DGB (Auszahlung aufgrund nicht möglichen Zeitausgleichs aus betrieblichen Gründen) und § 4.5 e) MTV BAP/DGB (Auszahlung auf Verlangen des Leiharbeitnehmers für Stunden über Plusstundenstundengrenze) erweitert werden kann.[660]

Überstunden, die an einem Tag oder in einer Woche aufgrund eines zusätzlichen unvorhergesehenen Arbeitsbedarfs gemessen an der beim Entleiher betriebsüblichen Arbeitszeit entstehen, werden ggf. im Hinblick auf die monatliche Arbeitszeit bereits ausgeglichen, wenn etwa im gleichen Monat auch verleihfreie Zeiten angefallen sind. Ist aber die individuelle regelmäßige monatliche Arbeitszeit aufgrund der Überstunden erhöht, liegen gemäß § 4.3 Abs. 1 Satz 1 MTV BAP/DGB Plusstunden vor, ggf. auch gemäß § 6, § 7.1 zuschlagspflichtige Mehrarbeitsstunden, sodass auch für Überstunden die vorstehenden tarifvertraglichen Grenzen gelten. Diese

659 Siehe § 3 B II 5.
660 Siehe hierzu bereits § 4 B II 2 a).

Grenzen stellen sicher, dass der Verleiher die Anordnung weiterer Stunden nicht zur Umgehung der bestimmt festgelegten Arbeitszeit nutzen kann.

f) Ankündigungsfrist

Der MTV BAP/DGB enthält keine Regelung zu einer Ankündigungsfrist für einen Abruf i. S. v. § 12 Abs. 3 TzBfG und im Rahmen einer Auslegung[661] des MTV BAP/DGB auch keine Anhaltspunkte für oder gegen eine Verlängerung oder eine Verkürzung der Ankündigungsfrist.

Für Teilzeitarbeitnehmer bleibt es daher bei der nach allgemeinen Grundsätzen geltenden viertägigen Ankündigungsfrist gemäß § 12 Abs. 2 TzBfG.[662] Für Vollzeitarbeitnehmer ist die Ankündigungsfrist nach § 12 Abs. 2 TzBfG nicht anwendbar, sondern eine solche muss mangels gesetzlicher Regelung im Vollzeitarbeitsverhältnis grundsätzlich bestimmt werden.[663] Eine solche Bestimmung findet sich jedoch im MTV BAP/DGB gerade nicht und ebenso keine Beschränkungen für eine Regelung durch die Arbeitsvertragsparteien. Die Ankündigungsfrist kann sich daher nur aus einer Vereinbarung der Arbeitsvertragsparteien unter Beachtung der §§ 307 ff. BGB ergeben, wonach ein Einsatz mindestens einen Tag im Voraus angekündigt werden muss.[664] Soweit hierin eine Abweichung von dem MTV BAP/DGB gesehen würde, handelt es sich hierbei aber um eine i. S. v. § 4 Abs. 3 TVG günstigere und damit zulässige Regelung, denn die Ankündigungsfrist gilt gerade dem Schutz des Vollzeitarbeitnehmers.

g) Änderung eines Abrufs

Hinsichtlich der Änderung eines Abrufs enthält der MTV BAP/DGB keine Regelungen. Insbesondere kann aus der Regelung des § 4.1 Satz 1 MTV BAP/DGB, wonach die tatsächliche Lage der Arbeitszeit an die des Kundenbetriebes angepasst wird, keine über die allgemeinen Grundsätze hinausgehende Änderungsbefugnis für den Fall abgeleitet werden, dass sich die Einsatzzeit nach Abruf beim Kunden geändert hat. Es bleibt daher insoweit bei den allgemeinen Grundsätzen im Leiharbeitsverhältnis, wonach eine Änderung nur hinsichtlich eines hinausgeschobenen bzw. verlängerten Einsatzes, nicht bei einem abgesagten bzw. verkürzten Einsatz in Betracht kommt.[665]

h) Übertragung von Arbeitsstunden

§ 4.4 Abs. 2 MTV BAP/DGB erlaubt eine Übertragung von Stunden, welche im zwölfmonatigen Ausgleichszeitraum nicht ausgeglichen werden konnten, um diese

661 Siehe § 4 B II 2.
662 Siehe § 3 A IV 1.
663 Siehe § 3 B III 1.
664 Siehe § 3 B III 2.
665 Siehe § 4 B I 7.

nach Maßgabe einer Vereinbarung innerhalb der drei ersten Monate des Folgeausgleichszeitraums auszugleichen. § 4.4 Abs. 3 MTV BAP/DGB lässt aus betrieblichen Gründen ausnahmsweise eine weitere Übertragung von bis zu 150 Stunden in den nächsten Ausgleichszeitraum zu. Allerdings stellt § 4.4 Abs. 4 MTV BAP/DGB klar, dass es sich bei den übertragenen Stunden um ein „Zeitguthaben" handelt. Im Zusammenhang mit § 4.3 Abs. 4 Satz 1 MTV BAP/DGB, der mit einem Guthaben eine Ansammlung von Plusstunden benennt, ergibt sich somit, dass gemäß § 4.4 Abs. 2, Abs. 3 MTV BAP/DGB nur Plusstunden übertragen werden können.

Die gemäß § 4.4 Abs. 2 Satz 2 MTV BAP/DGB für den Zeitausgleich nach Ablauf des Ausgleichszeitraum erforderliche Vereinbarung zwischen den Arbeitsvertragsparteien hat mit dem Ziel zu erfolgen, einen vollständigen Zeitausgleich vorzunehmen. Eine Vereinbarung hierzu bereits im Leiharbeitsvertrag wird regelmäßig ausscheiden, da zur Zeit des Vertragsschlusses noch nicht absehbar sein wird, wie viele Stunden in dem Ausgleichszeitraum nicht ausgeglichen werden können. Nahe liegender erscheint, dass er eine konkrete Vereinbarung im Einzelfall unter Berücksichtigung der jeweiligen Stunden vorzieht. Diese muss gemäß § 4.4 Abs. 2 Satz 2 MTV BAP/DGB „spätestens nach Ablauf der zwölf Monate" getroffen werden.

Da für die Übertragung der Stunden mithin bereits tarifvertragliche Regelungen bzw. Begrenzungen gelten und der Manteltarifvertrag gemäß § 310 Abs. 4 Satz 1 BGB keiner Inhaltskontrolle gemäß §§ 307 ff. BGB unterliegt, sind die weiteren für eine Übertragung nach den allgemeinen Grundsätzen zu beachtenden Einschränkungen nicht zu beachten.[666]

Die Übertragung von Minusstunden ist hingegen von § 4.4 MTV BAP/DGB nicht umfasst. Dies folgt auch aus dem tarifvertraglich nicht abdingbaren § 11 Abs. 4 Satz 2 AÜG, wonach ein Abruf von Stunden zur Vermeidung eines Annahmeverzugslohnanspruchs nicht auf einen späteren Ausgleichszeitraum verschoben werden kann.[667]

i) Geringfügige Beschäftigung

Für geringfügig Beschäftigte enthält der MTV BAP/DGB keine Besonderheiten gegenüber nicht geringfügig beschäftigten Teilzeitarbeitnehmern. Insbesondere enthält der MTV BAP/DGB keine Mindeststundenanzahl für Teilzeitarbeitnehmer, welche einer geringfügigen Beschäftigung entgegen stehen könnten.

Es wird allerdings davon auszugehen sein, dass die Bestimmungen des MTV BAP/DGB zum Arbeitszeitkonto nicht in erster Linie eine spätere Freistellung des Leiharbeitnehmers, z. B. für Kindererziehungs- oder Pflegezeiten, sondern das Ziel einer flexiblen Gestaltung der Arbeitszeit bzw. den Ausgleich betrieblicher Produktions- und Arbeitszeitzyklen i. S. v. § 7b Nr. 2 SGB IV verfolgen. Mithin würde ein Zeitguthaben auf dem Arbeitszeitkonto kein sog. Wertguthaben gemäß § 7b SGB IV darstellen. Kann aufgrund der Arbeitszeitkontoregelungen des MTV BAP/DGB

---

666 Siehe § 3 A VII 4 a).
667 Siehe § 4 B I 8.

kein Wertguthaben aufgebaut werden, kann z. B. die Privilegierung des § 7 Abs. 1a SGB IV nicht genutzt werden.[668]

j) Ergebnis

Der MTV BAP/DGB schränkt die Abrufarbeit im Leiharbeitsverhältnis insoweit ein, als zwar eine durchschnittlich in einem einjährigen Ausgleichszeitraum zu erbringende Monats-, jedoch keine Jahresarbeitszeit vereinbart werden darf und für die flexible Verteilung von Arbeitsstunden die Grenzen für Plusstunden sowie ab einer bestimmten Stundengrenze eine Zuschlagspflicht zu beachten sind. Für eine Mindestarbeitszeit und deren Kombination mit der durchschnittlich in einem einjährigen Ausgleichszeitraum zu erbringenden Monatsarbeitszeit gelten allein die Plusstundengrenzen (ggf. erhöht durch Auszahlungsmöglichkeiten) und ggf. die Zuschlagspflicht. Weitergehende Einschränkungen nach §§ 307 ff. BGB sind aufgrund der tarifvertraglichen Regelungen nicht geboten.

Die tägliche Arbeitszeit sowie die Frage des zusammenhängenden Abrufs müssen für Vollzeitarbeitsverhältnisse unter Beachtung der §§ 307 ff. BGB im Arbeitsvertrag geregelt werden, während für Teilzeitarbeitsverhältnisse insoweit § 12 Abs. 1 Satz 4 TzBfG greift, mithin eine mindestens dreistündige zusammenhängende Arbeitszeit je Tag abzurufen ist.

Einer arbeitsvertraglichen Einschränkung, wonach Überstunden nur im Falle eines unvorhergesehenen zusätzlichen Arbeitsbedarfs angeordnet werden dürfen, bedarf es unter Anwendung des MTV BAP/DGB nicht zwingend. Insoweit wird die Umgehung der bestimmt festgelegten Arbeitszeit bereits durch die tarifvertraglichen Regelungen zu Plusstunden und deren Ausgleich vorgebeugt. Hierdurch erübrigt sich indes nicht die Pflicht zur Offenlegung, dass es sich um die Anordnung von Überstunden handelt, damit der Leiharbeitnehmer diese von dem Abruf zusätzlicher Stunden unter Nichteinhaltung der Ankündigungsfrist unterscheiden kann.

Für Teilzeitarbeitnehmer gilt die viertägige Ankündigungsfrist gemäß § 12 Abs. 2 TzBfG. Für Vollzeitarbeitnehmer ist die Ankündigungsfrist unter Beachtung der §§ 307 ff. BGB im Arbeitsvertrag nach den allgemeinen Grundsätzen festzulegen. Hiernach muss ein Einsatz mindestens einen Tag im Voraus angekündigt werden.

Die Übertragung nicht abgerufener Stunden ist auch nach dem MTV BAP/DGB ausgeschlossen. Für die Übertragung eines Arbeitszeitguthabens sieht der MTV BAP/DGB eigene Bestimmungen vor. Aufgrund dieser tarifvertraglichen Regelungen, die gemäß § 310 Abs. 4 BGB nicht der Inhaltskontrolle gemäß §§ 307 ff. BGB unterliegen, sind die nach allgemeinen Grundsätzen entwickelten Übertragungsbeschränkungen vorliegend nicht zu beachten.

---

668 Siehe § 3 A VIII 1 c) (2).

III. Gleichbehandlungsgebot

Wird in einem Leiharbeitsvertrag kein Tarifwerk in Bezug genommen und gilt auch unmittelbar kein Tarifvertrag zwischen den Arbeitsvertragsparteien, sind diese an das Gleichbehandlungsgebot gemäß §§ 3 Abs. 1 Nr. 3 Satz 1 Halbs. 1, 9 Nr. 2 Halbs. 1 AÜG gebunden. Hiernach müssen für die Dauer der Überlassung die wesentlichen Arbeitsbedingungen vergleichbarer Arbeitnehmer des Entleihers angewendet werden.[669]

Zu den wesentlichen Arbeitsbedingungen gemäß §§ 3 Abs. 1 Nr. 3 Satz 1 Halbs. 1, 9 Nr. 2 Halbs. 1 AÜG gehört auch die Arbeitszeit vergleichbarer Arbeitnehmer des Entleihers.[670] Die Gesetzesbegründung zu § 3 Abs. 1 Nr. 3 Satz 1 Halbs. 1 AÜG sowie die GA AÜG der Bundesagentur für Arbeit nennen insoweit die Dauer, nicht jedoch die Lage der Arbeitszeit.[671] Da es sich jeweils um beispielhafte Aufzählungen handelt, ist fraglich, ob sich auch die – bei der Abrufarbeit unregelmäßige – Lage der Arbeitszeit nach den Entleiherregelungen bemessen müsste.

Leisten auch die vergleichbaren Arbeitnehmer des Entleihers Abrufarbeit, würde die Anwendung des Gleichbehandlungsgebots keine Schwierigkeiten bereiten. Hier könnten regelmäßig die entsprechenden Regelungen auch für den Leiharbeitnehmer angewandt werden, soweit sie, wie etwa die tägliche Mindestbeschäftigungsdauer, die Zeit der Überlassung betreffen.

Besteht demgegenüber mit eigentlich vergleichbaren Arbeitnehmern des Entleihers keine Vereinbarung über Abrufarbeit, wird es regelmäßig insoweit an einer Vergleichbarkeit mit dem auf Abruf beschäftigtem Leiharbeitnehmer fehlen. Bei Fehlen vergleichbarer Arbeitnehmer des Entleihers sind die maßgeblichen wesentlichen Arbeitsbedingungen im Entleiherbetrieb auf der Grundlage einer hypothetischen Betrachtung zu ermitteln, was gelten würde, wenn der Leiharbeitnehmer im Zeitpunkt der jeweiligen Überlassung direkt beim Entleiher eingestellt worden wäre.[672] Die fehlende Abrufregelung im Entleiherbetrieb führt anders herum jedoch nicht dazu, dass eine Beschäftigung des Leiharbeitnehmers auf Abruf im Entleiherbetrieb grundsätzlich ausgeschlossen wäre.[673] Zudem bleibt es dabei, dass das Gleichbehandlungsgebot aufgrund der nahezu ausnahmslosen Inbezugnahme von Tarifverträgen regelmäßig nur eine sehr geringe Bedeutung hat und das Gleichbehandlungsgebot auch nur während der Einsatzzeiten, nicht jedoch während verleihfreier Zeiten (in welchen z. B. der Abruf zur Arbeitsleistung erfolgt) gilt.[674]

---

669 Siehe § 2 E.

670 Zeitarbeit-Hennig, Rn. 641; Schneider, Zeitarbeit, Rn. 83.

671 Begründung zum Gesetzentwurf v. 5.11.2002, BT-Drucks. 15/25, S. 38; Ziff. 3.1.5 (2) GA AÜG zu § 3 AÜG.

672 Siehe nur Boemke/Lembke, AÜG § 9 Rn. 110 f. m. w. N.

673 Weitergehend: Lembke, BB 2003, 98, 101, der bezweifelt, ob die Lage der Arbeitszeit überhaupt zu den wesentlichen Arbeitsbedingungen i. S. v. §§ 3 Abs. 1 Nr. 3 Satz 1 Halbs. 1, 9 Nr. 2 Halbs. 1 AÜG gehört.

674 Siehe § 2 F; näher zum Gleichbehandlungsgebot und verleihfreien Zeiten: Boemke/Lembke, AÜG § 11 Rn. 118 f.

C. Modell Leiharbeitnehmerpool

Hamann nimmt den Gedanken der Abrufarbeit im Leiharbeitsverhältnis auf und entwickelt ihn fort. So schlägt er einen sog. Leiharbeitnehmerpool mit Selbstbedienungsrecht des Entleihers vor.[675]

Hintergrund des von Hamann vorgeschlagenen Modells ist eine betriebsverfassungsrechtliche Problematik. So hat das BAG mit Beschluss vom 23.1.2008 entschieden, dass die Aufnahme von Leiharbeitnehmern in einen Stellenpool keine mitbestimmungspflichtige Übernahme nach § 14 Abs. 3 Satz 1 AÜG, § 99 BetrVG darstellt. Die Mitbestimmungspflicht greift erst ein, wenn der Verleiher auf Anforderung des Entleihers einen Leiharbeitnehmer aus dem Stellenpool für den tatsächlichen Einzeleinsatz im Entleiherbetrieb auswählt, sei dieser Einsatz auch noch so kurz, denn erst zu diesem Zeitpunkt erfolgt eine Eingliederung in den Entleiherbetrieb.[676] In Fällen eines dringenden, ggf. nur kurze Zeit andauernden, zusätzlichen Personalbedarfs kann dieses Mitbestimmungserfordernis für jeden Einzeleinsatz eines Leiharbeitnehmers dazu führen, dass der Bedarf sich erledigt hat, bevor die erforderliche Zustimmung des Betriebsrats eingegangen ist. In einem solchen Fall könnte der Entleiher zwar versuchen, den Einsatz gemäß § 100 BetrVG vorläufig ohne Beteiligung des Betriebsrats durchzusetzen. Hamann weist jedoch zu Recht darauf hin, dass hiermit nicht selten Konflikte zwischen den Betriebsparteien einhergehen. Um dies zu vermeiden und dennoch einen rechtzeitigen Einsatz zu ermöglichen, schlägt Hamann einen Stellenpool aus namentlich benannten Abruf-Leiharbeitnehmern vor. Diesen Stellenpool würde der Verleiher auf der Grundlage eines Arbeitnehmerüberlassungsvertrages zur Verfügung stellen und dem Entleiher die Befugnis einräumen, hieraus den jeweiligen Leiharbeitnehmer für den konkreten Einsatz selbst abzurufen.[677]

Bei diesem Modell nimmt der Verleiher die ihm nach dem Arbeitnehmerüberlassungsvertrag obliegende Pflicht, einen geeigneten Leiharbeitnehmer auszuwählen und bereitzustellen,[678] bereits dadurch wahr, dass er den Stellenpool zusammenstellt. Lediglich das Recht zum konkreten Abruf wird dem Entleiher überlassen. Der Abruf erfolgt indes auf der Grundlage des arbeitgeberseitigen Direktionsrechts[679], dessen Übertragung der Verleiher dem Entleiher ebenfalls nach dem Arbeitnehmerüberlassungsvertrag schuldet.[680]

Der Vorteil dieser Gestaltung liegt nach Hamann darin begründet, dass nur die erstmalige Einführung der Abrufarbeit im Entleiherbetrieb, die Zurverfügungstellung des Stellenpools sowie etwaige nachträgliche Änderungen der Poolbesetzung,

675 Hamann, NZA 2008, 1042 ff.
676 BAG v. 28.1.2008 – 1 ABR 74/06, DB 2008, 822, 823.
677 Hamann, NZA 2008, 1042, 1042 f.
678 Siehe § 2 C I.
679 Siehe § 3 A VI 1 b).
680 Siehe § 2 C I.

nicht hingegen der einzelne Abruf, gemäß §§ 87 Abs. 1 Nr. 2, 99 BetrVG mitbestimmungspflichtig sind.[681]

Entgegen Hamann[682] befreit dieses Modell jedoch nicht zugleich auch von dem Schriftformerfordernis des § 12 Abs. 1 Satz 1 AÜG. Vielmehr bedarf der jeweils abgerufene Einzeleinsatz stets der Schriftform, unabhängig davon, ob das Recht zum konkreten Abruf dem Verleiher oder dem Entleiher eingeräumt ist.

Hamann ist zwar zuzustimmen, dass der konkrete Abruf zur Arbeitsleistung eine Ausübung des Direktionsrechts darstellt, das dem Entleiher durch den Arbeitnehmerüberlassungsvertrag übertragen wurde, und dass die bloße Ausübung des Direktionsrechts nicht der Schriftform unterliegt.[683] Hierfür spricht auch, dass der Abruf nach dem Vorschlag Hamanns in dem Verhältnis zwischen Entleiher und Leiharbeitnehmer erfolgt, auf das § 12 AÜG bereits nach seinem Wortlaut keine Anwendung findet.

Allerdings wird durch den Abruf auch die konkrete Überlassungsdauer für den einzelnen Leiharbeitnehmer festgelegt. Diese ist noch nicht Gegenstand des schriftlichen Arbeitnehmerüberlassungsvertrages, mit welchem der Stellenpool und die Möglichkeit zum Abruf nur rahmenmäßig zur Verfügung gestellt werden. Es gehört jedoch zu den formbedürftigen Hauptleistungspflichten des Verleihers, dass er einen geeigneten Leiharbeitnehmer für die gesamte Überlassungsdauer bereitstellt.[684] Das Schriftformerfordernis gilt daher nicht nur für den (Rahmen-) Arbeitnehmerüberlassungsvertrag in Bezug auf den Stellenpool, sondern auch in Bezug auf den jeweiligen Einzeleinsatz.[685]

Die Anwendbarkeit des Schriftformerfordernisses für den einzelnen Einsatz ergibt sich aus dem Sinn und Zweck von § 12 Abs. 1 Satz 1 AÜG. Könnte der Entleiher den jeweiligen Leiharbeitnehmer formlos einsetzen, wäre weder für den Verleiher noch für die zuständige Aufsichtsbehörde nach § 17 AÜG erkennbar, in welchem Zeitraum die Überlassung an den Entleiher tatsächlich erfolgt ist. Eine Prüfung von Arbeitsschutzbestimmungen, wie insbesondere Verstöße gegen das ArbZG, könnten nicht nachgehalten werden, da es an einer entsprechenden Dokumentation fehlen würde. Der Verleiher hätte keine Kenntnis darüber, wann der einzelne Leiharbeitnehmer konkret im Entleiherbetrieb tätig ist und ggf. Gefährdungen ausgesetzt ist, für welche er nach § 11 Abs. 6 AÜG die Verantwortung trägt.[686] Auch die subsidiäre Haftung des Entleihers für nicht abgeführte Sozialversicherungsbeiträge gemäß § 28e Abs. 2 Satz 1 SGB IV[687] ginge ins Leere, wenn sich nicht anhand anderer

681 Hamann, NZA 2008, 1042, 1043 ff.; betriebsverfassungsrechtliche Fragen der Abrufarbeit sind nicht Gegenstand dieser Arbeit, siehe 0.

682 Hamann, NZA 2008, 1042, 1045 f.

683 Hamann, NZA 2008, 1042, 1045 f.

684 Thüsing-Thüsing, AÜG § 12 Rn. 7, 23, 26.

685 Böhm, DB 2008, 2026, 2027; Boemke/Lembke, AÜG § 12 Rn. 7; vgl. Thüsing-Thüsing, AÜG § 12 Rn. 10.

686 Siehe § 2 C I.

687 Siehe § 2 C I.

Umstände (z. B. detaillierte Abrechnungen) nachprüfen ließe, für welche Zeiten der Entleiher die Arbeitsleistung eines bestimmten Leiharbeitnehmers konkret entgegen genommen hat. Das Schriftformerfordernis hat jedoch gerade zum Ziel, die Überwachungsmöglichkeit insoweit sicherzustellen.[688]

Das von Hamann angedachte Modell mag daher vom Mitbestimmungserfordernis des § 99 BetrVG, jedoch nicht vom Schriftformerfordernis des § 12 Abs. 1 Satz 1 AÜG befreien. Allerdings ist hierbei der konkrete Abruf gegenüber dem Leiharbeitnehmer weiterhin formlos möglich. Entscheidend ist nur, dass vor der tatsächlichen Überlassung der schriftliche Arbeitnehmerüberlassungsvertrag für die abgerufene Überlassungsdauer abgeschlossen wird. Dies erscheint innerhalb der ohnehin einzuhaltenden Ankündigungsfrist zwischen Abruf und Einsatzbeginn auch praktisch möglich.

D. Ergebnis

Arbeit auf Abruf im Leiharbeitsverhältnis ist möglich. Die Ausgestaltung einer solchen Abrufarbeit mit Leiharbeitnehmern unterliegt allerdings aufgrund des Prinzips der Garantievergütung gemäß § 11 Abs. 4 Satz 2 AÜG sowie der in der Leiharbeitsbranche vorherrschenden tarifvertraglichen Vorschriften – zur Vermeidung des Gleichbehandlungsgebots gemäß § 3 Abs. 1 Nr. 3 Satz 2 und 3, § 9 Nr. 2 Halbs. 2 und 3 AÜG – verschiedenen Einschränkungen.

688 Schüren-Brors, AÜG § 12 Rn. 3; Boemke/Lembke, AÜG § 12 Rn. 2; Thüsing-Thüsing, AÜG § 12 Rn. 2.

§ 5. Zusammenfassung der Ergebnisse für Arbeit auf Abruf im Leiharbeitsverhältnis

Arbeit auf Abruf ist in einem Leiharbeitsverhältnis zulässig, sowohl mit Teilzeit- als auch mit Vollzeit-Leiharbeitnehmern. Sie ermöglicht einen unregelmäßigen Einsatz des Leiharbeitnehmers, der nach Bedarf aus der unbezahlten Freizeit abgerufen werden kann. Soweit nicht einschlägige tarifvertragliche Vorschriften oder die Anwendung des Gleichbehandlungsgebot etwas anderes gebieten, gelten allerdings folgende Einschränkungen:

Das Prinzip der Garantievergütung gemäß § 11 Abs. 4 Satz 2 AÜG verbietet im Leiharbeitsverhältnis die Vereinbarung einer Höchstarbeitszeit und eines Arbeitszeitkorridors. Eine Mindestarbeitszeit kann vereinbart werden, wenn die Erhöhung der Arbeitszeit nur nach vorheriger Festlegung und Eintritt eines sachlichen Grundes oder bei Zahlung eines Zuschlages in Höhe von 25 % erfolgt.

Es kann für Teilzeit-Leiharbeitnehmer eine wöchentliche Durchschnittsarbeitszeit mit bis zu einjährigem Bezugszeitraum, für Vollzeit-Leiharbeitnehmer neben einer Wochenarbeitszeit auch eine Monats- oder Jahresarbeitszeit festgelegt werden. Bei einem einjährigen Bezugszeitraum oder bei einer Jahresarbeitszeit muss der Leiharbeitnehmer eine verstetigte Vergütung und einen Nachweis über die erbrachten und vergüteten Stunden erhalten.

Auch die Kombination einer Durchschnittsarbeitszeit bzw. einer jährlichen Arbeitszeit mit einer Mindestarbeitszeit ist möglich. Hierzu können neben erforderlicher Festlegung und Eintritt eines sachlichen Grundes bzw. Zuschlagspflicht zusätzliche Stunden nur im letzten Quartal in Höhe von 6,25 % abgerufen werden. Zudem muss der Verleiher eindeutig erklären, ob er Stunden im Rahmen der flexiblen Verteilung oder zusätzliche Stunden abruft.

Es muss eine tägliche Dauer der (Mindest-) Arbeitszeit je Einsatztag vorab festgelegt sein. Der Abruf einer kürzeren Arbeitszeit kann weder vorab im Arbeitsvertrag noch im konkreten Einzelfall vereinbart werden. Auch muss im Arbeitsvertrag vereinbart werden, wenn die tägliche Arbeitszeit auf mehr als einen Zeitabschnitt aufgeteilt werden darf.

Die vereinbarte Arbeitszeit darf nicht durch die Anordnung regelmäßiger Überstunden umgangen werden. Eine Klarstellung zu den Anforderungen an Überstunden im Arbeitsvertrag sowie eine Erklärung des Verleihers beim Abruf, ob er zusätzliche Stunden im Rahmen des vereinbarten Arbeitszeitkontingents (nur unter Einhaltung der Ankündigungsfrist) oder Überstunden abruft, erscheint erforderlich.

Die Arbeitsleistung muss einem Leiharbeitnehmer in Teilzeit, insbesondere im Falle einer Mindestarbeitszeit, die bis zur Arbeitszeit eines Vollzeitarbeitnehmers erhöht werden kann, vier Tage im Voraus angekündigt werden. Vollzeitarbeitnehmern gegenüber muss eine Ankündigung einen Tag im Voraus erfolgen. Hierbei zählen für die Fristberechnung der Tag der Ankündigung und der eigentliche Einsatztag nicht mit. Eine Verkürzung der Frist ist nur durch Tarifvertrag, nicht durch den Arbeitsvertrag möglich. Hierbei darf auch ein Tarifvertrag keinen gänzlichen Verzicht auf die Frist vorsehen. Der Leiharbeitnehmer kann allerdings auf die Einhaltung der Ankündigungsfrist im konkreten Einzelfall verzichten. Dies gilt jedoch nicht gegen Ende eines Bezugszeitraums, wenn der Verleiher die Arbeitsleistung ohne den Verzicht nach den Regeln des Annahmeverzugs zu vergüten hätte.

Die Änderung eines bereits abgerufenen Einsatzes in Gestalt einer Verkürzung oder Absage des Einsatzes ist, unabhängig von der Einhaltung der Ankündigungsfrist, weder einseitig noch einvernehmlich möglich. Das Verlängern bzw. Hinausschieben eines Einsatzes ist im Wege einer einseitigen oder im Arbeitsvertrag vorbehaltenen Änderung möglich, wenn hinsichtlich der neuen Lage die Ankündigungsfrist gewahrt ist. Ohne Einhaltung der Ankündigungsfrist kann eine solche Änderung nur anlässlich eines konkreten Einzelfalles vereinbart werden.

Eine Übertragung von Arbeitsstunden auf einen Folgebezugszeitraum bzw. auf einen Folgemonat oder ein Folgejahr kann weder anlässlich eines konkreten Einzelfalles noch durch arbeitsvertragliche Vereinbarung wirksam erfolgen. Ein Vorziehen von Stunden aus dem Folgebezugszeitraum bzw. Folgemonat oder Folgejahr ist demgegenüber mit dem Prinzip der Garantievergütung vereinbar.

Ein Vorziehen von Stunden aus einem Folgebezugszeitraum in den laufenden Bezugszeitraum kann anlässlich eines konkreten Einzelfalles vereinbart werden. Soll die Vereinbarung bereits im Arbeitsvertrag erfolgen, können nur bis zu 20 %, bei einem jährlichen Bezugszeitraum bzw. einer Jahresarbeitszeit abgeschichtet in den letzten beiden Quartalen vorgezogen werden, während nach dem Verstreichen des dritten Quartals nur noch bis zu 10 %, nach dem Verstreichen des vierten Quartals keine Stunden mehr vorgezogen werden können. Die Übertragung erfolgt nicht automatisch, sondern bedarf jeweils einer Erklärung des Verleihers.

Werden eine Mindestarbeitszeit und eine Durchschnitts- oder Jahresarbeitszeit mit Übertragungsmöglichkeit kombiniert, müssen die Grenzwerte entsprechend reduziert werden. Zudem dürfen nur 6,25 % zusätzlicher Arbeitszeit im letzten Quartal abgerufen werden.

Ein Leiharbeitsverhältnis kann als geringfügiges Beschäftigungsverhältnis auf Abruf vereinbart werden. Hierbei kommen sowohl ein entgeltgeringfügiges als auch ein zeitgeringfügiges Beschäftigungsverhältnis in Betracht. Soll bei einer entgeltgeringfügigen Beschäftigung (oder bei einer berufsmäßig ausgeübten zeitgeringfügigen Beschäftigung) allerdings ein Arbeitszeitkonto geführt werden, ohne dass dieses als Entgeltguthaben geführt wird, darf monatlich kein höherer Entgeltanspruch als 450,00 € entstehen. Zudem kann lediglich ein verstetigtes Nettogehalt ausgezahlt werden, während etwaige Sozialversicherungsbeiträge monatlich abzuführen sind.

Vereinbaren die Arbeitsvertragsparteien die Anwendung eines Tarifvertrages, können sich aus den tarifvertraglichen Regelungen eine Unzulässigkeit der Abrufarbeit oder anderweitige Beschränkungen bzw. Gestaltungen ergeben. Insbesondere die tarifvertraglichen Arbeitszeitregelungen enthalten regelmäßig abweichende Bestimmungen für die Ausgestaltung des Abrufarbeitsverhältnisses.

Findet kein Tarifvertrag auf das Leiharbeitsverhältnis Anwendung, sind ggf. abweichende Vorgaben aufgrund des Gleichbehandlungsgebots zu beachten. Leisten z. B. die vergleichbaren Arbeitnehmer des Entleihers ebenfalls Abrufarbeit, müssen die entsprechenden Regelungen auch für den Leiharbeitnehmer angewandt werden, soweit sie, wie etwa die tägliche Mindestbeschäftigungsdauer, die Zeit der Überlassung betreffen.

§ 6. Eigene Musterklauseln

Die vorstehend in § 3 und § 4 gewonnen Erkenntnisse sollen nachfolgend an selbst entworfenen Musterklauseln zur Einfügung in ein Arbeitsvertragsmuster verdeutlicht werden. Hierbei werden jeweils nur die arbeitszeitrechtlichen Regelungen abgebildet. Die Musterklauseln für Leiharbeitsverhältnisse ohne Eingreifen des Gleichbehandlungsgrundsatzes und ohne Anwendung eines Tarifvertrages werden praktisch kaum von Relevanz sein, sollen aber die vorstehend erläuterten AÜG-spezifischen Grenzen verdeutlichen und können ggf. als zu erweiternde Ausgangsbasis für einen Arbeitsvertrag unter Anwendung eines anderen Tarifvertrages als des MTV BAP/DGB dienen. Vor einer Verwendung der individuell gewählten Musterklauseln kann es sich ggf. anbieten, diese der Bundesagentur für Arbeit zur Stellungnahme vorzulegen, um zu vermeiden, dass diese etwaige Bedenken gegen die darin enthaltene Flexibilisierung erst im Rahmen einer Prüfung der Geschäftstätigkeit im Nachhinein anbringt.[689]

A. Teilzeit auf Abruf

(1) Die Parteien vereinbaren, dass der Arbeitnehmer seine Arbeitsleistung entsprechend dem Arbeitsanfall zu erbringen hat (Arbeit auf Abruf).

(2) Der Arbeitnehmer wird in Teilzeit tätig.

- *(Feste Wochenarbeitszeit)* Die Arbeitszeit beträgt wöchentlich XXX Stunden.
- *(Mindestarbeitszeit)* Die Arbeitszeit beträgt wöchentlich XXX Stunden. Der Arbeitgeber ist berechtigt, die wöchentliche Arbeitszeit um bis zu 25 %, mithin um bis zu XXX Stunden, zu erhöhen bei entsprechender Erhöhung der Vergütung. Soweit der Arbeitgeber von dem Recht zur Erhöhung der Arbeitszeit gemäß Satz 3 für eine Woche keinen Gebrauch macht, erlischt dieses Recht mit Ablauf der jeweiligen Woche.[690]
- *(Höchstarbeitszeit)* Die Arbeitszeit beträgt wöchentlich XXX Stunden. Der Arbeitgeber ist berechtigt, die wöchentliche Arbeitszeit um bis zu 20 %, mithin um bis zu XXX Stunden, zu reduzieren bei entsprechender Reduzierung der Vergütung. Soweit der Arbeitgeber von dem Recht zur Reduzierung der Arbeitszeit

689 Siehe § 2 B; dies gilt insbesondere im Hinblick auf die Vereinbarung einer Mindestarbeitszeit im Leiharbeitsverhältnis vor dem Hintergrund der E-Mail der Bundesagentur für Arbeit (SP III 11 – Recht Aktive Arbeitsförderung im Geschäftsbereich Spezifische Produkte und Programme SGB III) v. 17.8.2009, zitiert nach und abgedruckt bei Klapproth, Anhang, siehe Fn. 590.

690 Siehe § 3 A III 1 b).

gemäß Satz 3 für eine Woche keinen Gebrauch macht, erlischt dieses Recht mit Ablauf der jeweiligen Woche.[691]

- *(Arbeitszeitkorridor)* Die Arbeitszeit beträgt wöchentlich XXX Stunden. Der Arbeitgeber ist berechtigt, die wöchentliche Arbeitszeit um bis zu 10 %, mithin um bis zu XXX Stunden, zu erhöhen bei entsprechender Erhöhung der Vergütung sowie um bis zu 10 %, mithin um bis zu XXX Stunden, zu reduzieren bei entsprechender Reduzierung der Vergütung. Soweit der Arbeitgeber von dem Recht zur Erhöhung oder Reduzierung der Arbeitszeit gemäß Satz 3 für eine Woche keinen Gebrauch macht, erlischt dieses Recht mit Ablauf der jeweiligen Woche. [692]

- *(Durchschnittsarbeitszeit mit jährlichem Bezugszeitraum)* Die Arbeitszeit beträgt wöchentlich XXX Stunden, welche im Durchschnitt eines jährlichen Bezugszeitraums, gerechnet ab Beginn des Arbeitsverhältnisses, erreicht werden muss, mithin umgerechnet jährlich XXX Stunden. Die wöchentliche Arbeitszeit gemäß Satz 2 ist Grundlage für die Berechnung der monatlich verstetigten Vergütung gemäß § X dieses Arbeitsvertrages. Die geleisteten und die vergüteten Arbeitsstunden eines Monats werden dem Arbeitnehmer jeweils einmal monatlich, entweder mit der monatlichen Entgeltabrechnung oder einem vergleichbaren Dokument mitgeteilt.[693]

- *(Durchschnittsarbeitszeit mit jährlichem Bezugszeitraum und Übertragungsmöglichkeit)* Die Arbeitszeit beträgt wöchentlich XXX Stunden, welche im Durchschnitt eines jährlichen Bezugszeitraums, gerechnet ab Beginn des Arbeitsverhältnisses, erreicht werden muss, mithin umgerechnet jährlich XXX Stunden. Die wöchentliche Arbeitszeit gemäß Satz 2 ist Grundlage für die Berechnung der monatlich verstetigten Vergütung gemäß § X dieses Arbeitsvertrages. Die geleisteten und die vergüteten Arbeitsstunden eines Monats werden dem Arbeitnehmer jeweils einmal monatlich, entweder mit der monatlichen Entgeltabrechnung oder einem vergleichbaren Dokument mitgeteilt.

  Der Arbeitgeber ist berechtigt, bis zu 20 % der jährlich abzuleistenden Stunden in einem laufenden Bezugszeitraum nicht abzurufen, sondern diese durch einseitige Erklärung auf den folgenden Bezugszeitraum zu übertragen, um diese dort innerhalb des ersten Quartals abzurufen. Gleichfalls ist der Arbeitgeber berechtigt, bis zu 20 % der jährlich abzuleistenden Stunden aus einem folgenden Bezugszeitraum in den laufenden Bezugszeitraum zu übertragen. Eine Übertragung darf nur in Höhe von bis zu 10 % der jährlich abzuleistenden Stunden erfolgen, wenn die ersten drei Quartale des laufenden Bezugszeitraums bereits abgelaufen sind, und ist gänzlich ausgeschlossen, wenn der Bezugszeitraum

691 Siehe § 3 A III 1 b).
692 Siehe § 3 A III 1 c) (9).
693 Siehe § 3 A III 2b), c) (2).

abgelaufen ist. Eine Übertragung darf nicht dazu führen, dass die jährlich abzuleistenden Stunden in einem Bezugszeitraum um mehr als 25 % überschritten oder um mehr als 20 % unterschritten werden, mithin mehr als XXX Stunden oder weniger als XXX Stunden von dem Arbeitnehmer abzuleisten wären. Durch eine Übertragung bleibt der Anspruch auf Auszahlung der monatlich verstetigten Vergütung gemäß § X dieses Arbeitsvertrages unberührt.[694]

- *(Mindestarbeitszeit und Durchschnittsarbeitszeit mit jährlichem Bezugszeitraum)* Die Arbeitszeit beträgt wöchentlich XXX Stunden, welche im Durchschnitt eines jährlichen Bezugszeitraums, gerechnet ab Beginn des Arbeitsverhältnisses, erreicht werden muss, mithin umgerechnet jährlich XXX Stunden sowie umgerechnet je Quartal XXX Stunden. Die wöchentliche Arbeitszeit gemäß Satz 2 ist Grundlage für die Berechnung der monatlich verstetigten Vergütung gemäß § X dieses Arbeitsvertrages. Die geleisteten und die vergüteten Arbeitsstunden eines Monats werden dem Arbeitnehmer jeweils einmal monatlich, entweder mit der monatlichen Entgeltabrechnung oder einem vergleichbaren Dokument mitgeteilt.

  Der Arbeitgeber ist berechtigt, durch einseitige Erklärung die Arbeitszeit in jedem Quartal des jährlichen Bezugszeitraums um bis zu 6,25 % der jährlich abzuleistenden Stunden, mithin um bis zu XXX Stunden, zu erhöhen bei entsprechender Erhöhung der Vergütung. Soweit der Arbeitgeber von dem Recht zur Erhöhung der Arbeitszeit gemäß Satz 1 für ein Quartal keinen Gebrauch macht, erlischt dieses Recht mit Ablauf des jeweiligen Quartals.[695]

- *(Mindestarbeitszeit und Durchschnittsarbeitszeit mit jährlichem Bezugszeitraum und Übertragungsmöglichkeit)* Die Arbeitszeit beträgt wöchentlich XXX Stunden, welche im Durchschnitt eines jährlichen Bezugszeitraums, gerechnet ab Beginn des Arbeitsverhältnisses, erreicht werden muss, mithin umgerechnet jährlich XXX Stunden sowie umgerechnet je Quartal XXX Stunden. Die wöchentliche Arbeitszeit gemäß Satz 2 ist Grundlage für die Berechnung der monatlich verstetigten Vergütung gemäß § X dieses Arbeitsvertrages. Die geleisteten und die vergüteten Arbeitsstunden eines Monats werden dem Arbeitnehmer jeweils einmal monatlich, entweder mit der monatlichen Entgeltabrechnung oder einem vergleichbaren Dokument mitgeteilt.

  Der Arbeitgeber ist berechtigt, durch einseitige Erklärung die Arbeitszeit in jedem Quartal des jährlichen Bezugszeitraums um bis zu 2,5 % der jährlich abzuleistenden Stunden, mithin um bis zu XXX Stunden, zu erhöhen bei entsprechender Erhöhung der Vergütung. Soweit der Arbeitgeber von dem Recht zur Erhöhung der Arbeitszeit gemäß Satz 1 für ein Quartal keinen Gebrauch macht, erlischt dieses Recht mit Ablauf des jeweiligen Quartals.

694 Siehe § 3 A VII 4.
695 Siehe § 3 A III 3 a) (2).

Der Arbeitgeber ist berechtigt, bis zu 10 % der jährlich abzuleistenden Stunden in einem laufenden Bezugszeitraum nicht abzurufen, sondern diese durch einseitige Erklärung auf den folgenden Bezugszeitraum zu übertragen, um diese dort innerhalb des ersten Quartals abzurufen. Gleichfalls ist der Arbeitgeber berechtigt, bis zu 10 % der jährlich abzuleistenden Stunden aus einem folgenden Bezugszeitraum in den laufenden Bezugszeitraum zu übertragen. Eine Übertragung darf nur in Höhe von bis zu 5 % der jährlich abzuleistenden Stunden erfolgen, wenn die ersten drei Quartale des laufenden Bezugszeitraums bereits abgelaufen sind, und ist gänzlich ausgeschlossen, wenn der Bezugszeitraum abgelaufen ist.

Die Erhöhung der Arbeitszeit gemäß Unterabs. 2 und die Übertragung gemäß Unterabs. 3 dürfen nicht dazu führen, dass die jährlich abzuleistenden Stunden in einem Bezugszeitraum um mehr als 25 % überschritten oder um mehr als 20 % unterschritten werden, mithin mehr als XXX Stunden oder weniger als XXX Stunden von dem Arbeitnehmer abzuleisten wären. Eine Erhöhung der Arbeitszeit, nicht hingegen eine Übertragung, führt zu einer entsprechenden Erhöhung der monatlich verstetigten Vergütung gemäß § X dieses Arbeitsvertrages.[696]

(3) Die tägliche Mindestarbeitszeit beträgt XXX Stunden. Der Arbeitgeber ist unter Beachtung des Arbeitszeitgesetzes berechtigt, täglich eine höhere als die Arbeitszeit gemäß Satz 1 abzurufen. Die Arbeitszeit gemäß Satz 1 kann auf bis zu XXX Zeitabschnitte mit jeweils mindestens XXX aufeinander folgenden Stunden je Tag verteilt werden, die zusammengerechnet die Arbeitszeit gemäß Satz 1 nicht unterschreiten dürfen.[697]

(4) Der Arbeitnehmer ist nur zur Arbeitsleistung verpflichtet, wenn der Arbeitgeber ihm die Lage seiner Arbeitszeit jeweils mindestens vier Tage im Voraus mitteilt.[698]

(5) Der Arbeitgeber ist berechtigt, einen erfolgten Abruf zu ändern, wenn die Änderung sowohl hinsichtlich der ursprünglich vorgesehenen Arbeitszeitlage als auch hinsichtlich der neuen Arbeitszeitlage unter Einhaltung der Ankündigungsfrist gemäß Abs. 4 erfolgt.[699]

(6) Unter Beachtung des Arbeitszeitgesetzes verpflichtet sich der Arbeitnehmer, auf Anforderung des Arbeitgebers Samstags-, Sonn- und Feiertagsarbeit zu erbringen sowie im Falle eines unvorhergesehenen zusätzlichen Arbeitsbedarfs über die abgerufene Arbeitszeit hinaus Überstunden ohne Rücksicht auf die Ankündigungsfrist

---

696 Siehe § 3 A VII 4 b).
697 Siehe § 3 A III 4 a), b), d).
698 Siehe § 3 A IV.
699 Siehe § 3 A VI.

gemäß Abs. 4 abzuleisten, soweit der Arbeitgeber solche Überstunden ausdrücklich entsprechend anordnet.[700]

(7) Der Arbeitgeber hat bei jedem Abruf der Arbeitsleistung sowie bei der Anordnung von Überstunden die Grundsätze billigen Ermessens zu beachten.[701]

B. Vollzeit auf Abruf (jährliche Arbeitszeit)

(1) Die Parteien vereinbaren, dass der Arbeitnehmer seine Arbeitsleistung entsprechend dem Arbeitsanfall zu erbringen hat (Arbeit auf Abruf).

(2) Der Arbeitnehmer wird in Vollzeit tätig.

- *(Feste Arbeitszeit)* Die Arbeitszeit beträgt jährlich XXX Stunden; dies entspricht rechnerisch XXX Stunden monatlich. Die rechnerische monatliche Arbeitszeit gemäß Satz 2 ist Grundlage für die Berechnung der monatlich verstetigten Vergütung gemäß § X dieses Arbeitsvertrages. Die geleisteten und die vergüteten Arbeitsstunden eines Monats werden dem Arbeitnehmer jeweils einmal monatlich, entweder mit der monatlichen Entgeltabrechnung oder einem vergleichbaren Dokument mitgeteilt.[702]

- *(Mindestarbeitszeit)* Die Arbeitszeit beträgt jährlich XXX Stunden; dies entspricht rechnerisch XXX Stunden monatlich und XXX Stunden je Quartal. Die rechnerische monatliche Arbeitszeit gemäß Satz 2 ist Grundlage für die Berechnung der monatlich verstetigten Vergütung gemäß § X dieses Arbeitsvertrages. Die geleisteten und die vergüteten Arbeitsstunden eines Monats werden dem Arbeitnehmer jeweils einmal monatlich, entweder mit der monatlichen Entgeltabrechnung oder einem vergleichbaren Dokument mitgeteilt.

  Der Arbeitgeber ist berechtigt, durch einseitige Erklärung die Arbeitszeit in jedem Quartal des Jahres um bis zu 6,25 % der jährlich abzuleistenden Stunden, mithin um bis zu XXX Stunden, zu erhöhen bei entsprechender Erhöhung der Vergütung. Soweit der Arbeitgeber von dem Recht zur Erhöhung der Arbeitszeit gemäß Satz 1 für ein Quartal keinen Gebrauch macht, erlischt dieses Recht mit Ablauf des jeweiligen Quartals.

- *(Feste Arbeitszeit und Übertragungsmöglichkeit)* Die Arbeitszeit beträgt jährlich XXX Stunden; dies entspricht rechnerisch XXX Stunden monatlich. Die rechnerische monatliche Arbeitszeit gemäß Satz 2 ist Grundlage für die Berechnung der monatlich verstetigten Vergütung gemäß § X dieses Arbeitsvertrages. Die geleisteten und die vergüteten Arbeitsstunden eines Monats werden dem

700 Siehe § 3 A II 1, III 5.
701 Siehe § 3 A II 1, V.
702 Siehe § 3 B II 3.

Arbeitnehmer jeweils einmal monatlich, entweder mit der monatlichen Entgeltabrechnung oder einem vergleichbaren Dokument mitgeteilt.

Der Arbeitgeber ist berechtigt, bis zu 20 % der jährlich abzuleistenden Stunden in einem laufenden Jahr nicht abzurufen, sondern diese durch einseitige Erklärung auf das folgende Jahr zu übertragen, um diese dort innerhalb des ersten Quartals abzurufen. Gleichfalls ist der Arbeitgeber berechtigt, bis zu 20 % der jährlich abzuleistenden Stunden aus einem folgenden Jahr in das laufende Jahr zu übertragen. Eine Übertragung darf nur in Höhe von bis zu 10 % der jährlich abzuleistenden Stunden erfolgen, wenn die ersten drei Quartale des laufenden Jahres bereits abgelaufen sind, und ist gänzlich ausgeschlossen, wenn das Jahr abgelaufen ist. Eine Übertragung darf nicht dazu führen, dass die jährlich abzuleistenden Stunden in einem Jahr um mehr als 25 % überschritten oder um mehr als 20 % unterschritten werden, mithin mehr als XXX Stunden oder weniger als XXX Stunden von dem Arbeitnehmer abzuleisten wären. Durch eine Übertragung bleibt der Anspruch auf Auszahlung der monatlich verstetigten Vergütung gemäß § X dieses Arbeitsvertrages unberührt.

- *(Mindestarbeitszeit mit Übertragungsmöglichkeit)* Die Arbeitszeit beträgt jährlich XXX Stunden; dies entspricht rechnerisch XXX Stunden monatlich und XXX Stunden je Quartal. Die rechnerische monatliche Arbeitszeit gemäß Satz 2 ist Grundlage für die Berechnung der monatlich verstetigten Vergütung gemäß § X dieses Arbeitsvertrages. Die geleisteten und die vergüteten Arbeitsstunden eines Monats werden dem Arbeitnehmer jeweils einmal monatlich, entweder mit der monatlichen Entgeltabrechnung oder einem vergleichbaren Dokument mitgeteilt.

  Der Arbeitgeber ist berechtigt, durch einseitige Erklärung die Arbeitszeit in jedem Quartal des Jahres um bis zu 2,5 % der jährlich abzuleistenden Stunden, mithin um bis zu XXX Stunden, zu erhöhen bei entsprechender Erhöhung der Vergütung. Soweit der Arbeitgeber von dem Recht zur Erhöhung der Arbeitszeit gemäß Satz 1 für ein Quartal keinen Gebrauch macht, erlischt dieses Recht mit Ablauf des jeweiligen Quartals.

  Der Arbeitgeber ist berechtigt, bis zu 10 % der jährlich abzuleistenden Stunden in einem laufenden Jahr nicht abzurufen, sondern diese durch einseitige Erklärung auf das folgende Jahr zu übertragen, um diese dort innerhalb des ersten Quartals abzurufen. Gleichfalls ist der Arbeitgeber berechtigt, bis zu 10 % der jährlich abzuleistenden Stunden aus einem folgenden Jahr in das laufende Jahr zu übertragen. Eine Übertragung darf nur in Höhe von bis zu 5 % der jährlich abzuleistenden Stunden erfolgen, wenn die ersten drei Quartale des laufenden Jahres bereits abgelaufen sind, und ist gänzlich ausgeschlossen, wenn das Jahr abgelaufen ist.

  Die Erhöhung der Arbeitszeit gemäß Unterabs. 2 und die Übertragung gemäß Unterabs. 3 dürfen nicht dazu führen, dass die jährlich abzuleistenden Stunden in einem Jahr um mehr als 25 % überschritten oder um mehr als 20 % unterschritten werden, mithin mehr als XXX Stunden oder weniger als XXX Stunden von dem Arbeitnehmer abzuleisten wären. Eine Erhöhung der Arbeitszeit, nicht hingegen eine Übertragung, führt zu einer entsprechenden Erhöhung der monatlich verstetigten Vergütung gemäß § X dieses Arbeitsvertrages.

(3) Die tägliche Mindestarbeitszeit beträgt XXX Stunden. Der Arbeitgeber ist unter Beachtung des Arbeitszeitgesetzes berechtigt, täglich eine höhere als die Arbeitszeit gemäß Satz 1 abzurufen. Die Arbeitszeit gemäß Satz 1 kann auf bis zu XXX Zeitabschnitte mit jeweils mindestens XXX aufeinander folgenden Stunden je Tag verteilt werden, die zusammengerechnet die Arbeitszeit gemäß Satz 1 nicht unterschreiten dürfen.[703]

(4) Der Arbeitnehmer ist nur zur Arbeitsleistung verpflichtet, wenn der Arbeitgeber ihm die Lage seiner Arbeitszeit jeweils mindestens einen Tag im Voraus mitteilt.[704]

(5) Der Arbeitgeber ist berechtigt, einen erfolgten Abruf zu ändern, wenn die Änderung sowohl hinsichtlich der ursprünglich vorgesehenen Arbeitszeitlage als auch hinsichtlich der neuen Arbeitszeitlage unter Einhaltung der Ankündigungsfrist gemäß Abs. 4 erfolgt.

(6) Unter Beachtung des Arbeitszeitgesetzes verpflichtet sich der Arbeitnehmer, auf Anforderung des Arbeitgebers Samstags-, Sonn- und Feiertagsarbeit zu erbringen sowie im Falle eines unvorhergesehenen zusätzlichen Arbeitsbedarfs über die abgerufene Arbeitszeit hinaus Überstunden ohne Rücksicht auf die Ankündigungsfrist gemäß Abs. 4 abzuleisten, soweit der Arbeitgeber solche Überstunden ausdrücklich entsprechend anordnet.

(7) Der Arbeitgeber hat bei jedem Abruf der Arbeitsleistung sowie bei der Anordnung von Überstunden die Grundsätze billigen Ermessens zu beachten.

C. Teilzeit auf Abruf im Leiharbeitsverhältnis ohne Eingreifen des Gleichbehandlungsgebots und ohne Anwendung eines Tarifvertrages

(1) Die Parteien vereinbaren, dass der Arbeitnehmer seine Arbeitsleistung entsprechend dem Arbeitsanfall zu erbringen hat (Arbeit auf Abruf).

(2) Der Arbeitnehmer wird in Teilzeit tätig.

- *(Feste Arbeitszeit)* Die Arbeitszeit beträgt wöchentlich XXX Stunden.

---

703 Siehe § 3 B II 5.
704 Siehe § 3 B III 2.

- *(Mindestarbeitszeit)* Die Arbeitszeit beträgt wöchentlich XXX Stunden. Der Arbeitgeber ist berechtigt, die wöchentliche Arbeitszeit um bis zu 25 %, mithin um bis zu XXX Stunden, zu erhöhen bei entsprechender Erhöhung der Vergütung,

  (Alt. 1) soweit die betriebsübliche Wochenarbeitszeit bei dem Kunden des Arbeitgebers die Wochenarbeitszeit gemäß Satz 2 überschreitet.

  (Alt. 2) wenn er für jede zusätzliche Stunde einen Zuschlag in Höhe von 25 % des auf eine Stunde entfallenden Entgelts zahlt.

  Soweit der Arbeitgeber von dem Recht zur Erhöhung der Arbeitszeit gemäß Satz 3 für eine Woche keinen Gebrauch macht, erlischt dieses Recht mit Ablauf der jeweiligen Woche.[705]

- *(Durchschnittsarbeitszeit mit jährlichem Bezugszeitraum)* Die Arbeitszeit beträgt wöchentlich XXX Stunden, welche im Durchschnitt eines jährlichen Bezugszeitraums, gerechnet ab Beginn des Arbeitsverhältnisses, erreicht werden muss, mithin umgerechnet jährlich XXX Stunden. Die wöchentliche Arbeitszeit gemäß Satz 2 ist Grundlage für die Berechnung der monatlich verstetigten Vergütung gemäß § X dieses Arbeitsvertrages. Die geleisteten und die vergüteten Arbeitsstunden eines Monats werden dem Arbeitnehmer jeweils einmal monatlich, entweder mit der monatlichen Entgeltabrechnung oder einem vergleichbaren Dokument mitgeteilt.

- *(Durchschnittsarbeitszeit mit jährlichem Bezugszeitraum und Übertragungsmöglichkeit)* Die Arbeitszeit beträgt wöchentlich XXX Stunden, welche im Durchschnitt eines jährlichen Bezugszeitraums, gerechnet ab Beginn des Arbeitsverhältnisses, erreicht werden muss, mithin umgerechnet jährlich XXX Stunden. Die wöchentliche Arbeitszeit gemäß Satz 2 ist Grundlage für die Berechnung der monatlich verstetigten Vergütung gemäß § X dieses Arbeitsvertrages. Die geleisteten und die vergüteten Arbeitsstunden eines Monats werden dem Arbeitnehmer jeweils einmal monatlich, entweder mit der monatlichen Entgeltabrechnung oder einem vergleichbaren Dokument mitgeteilt.

  Der Arbeitgeber ist berechtigt, bis zu 20 % der jährlich abzuleistenden Stunden aus einem folgenden Bezugszeitraum in den laufenden Bezugszeitraum zu übertragen. Eine Übertragung darf nur in Höhe von bis zu 10 % der jährlich abzuleistenden Stunden erfolgen, wenn die ersten drei Quartale des laufenden Bezugszeitraums bereits abgelaufen sind, und ist gänzlich ausgeschlossen, wenn der Bezugszeitraum abgelaufen ist. Durch eine Übertragung bleibt der Anspruch auf Auszahlung der monatlich verstetigten Vergütung gemäß § X dieses Arbeitsvertrages unberührt.[706]

---

705 Siehe § 4 B I 1 b).
706 Siehe § 4 B I 8.

- *(Mindestarbeitszeit und Durchschnittsarbeitszeit mit jährlichem Bezugszeitraum)* Die Arbeitszeit beträgt wöchentlich XXX Stunden, welche im Durchschnitt eines jährlichen Bezugszeitraums, gerechnet ab Beginn des Arbeitsverhältnisses, erreicht werden muss, mithin umgerechnet jährlich XXX Stunden sowie umgerechnet je Quartal XXX Stunden. Die wöchentliche Arbeitszeit gemäß Satz 2 ist Grundlage für die Berechnung der monatlich verstetigten Vergütung gemäß § X dieses Arbeitsvertrages. Die geleisteten und die vergüteten Arbeitsstunden eines Monats werden dem Arbeitnehmer jeweils einmal monatlich, entweder mit der monatlichen Entgeltabrechnung oder einem vergleichbaren Dokument mitgeteilt.

  Der Arbeitgeber ist berechtigt, durch einseitige Erklärung die Arbeitszeit im letzten Quartal des jährlichen Bezugszeitraums um bis zu 6,25 % der jährlich abzuleistenden Stunden, mithin um bis zu XXX Stunden, zu erhöhen bei entsprechender Erhöhung der Vergütung,

  (Alt. 1) soweit anderenfalls der Arbeitnehmer den Einsatz bei dem Kunden des Arbeitgebers nicht für die gewünschte Dauer besetzen könnte.

  (Alt. 2) wenn er für jede zusätzliche Stunde einen Zuschlag in Höhe von 25 % des auf eine Stunde entfallenden Entgelts zahlt.

  Soweit der Arbeitgeber von dem Recht zur Erhöhung der Arbeitszeit gemäß Satz 1 für ein letztes Quartal keinen Gebrauch macht, erlischt dieses Recht mit Ablauf des jeweiligen Quartals.[707]

- *(Mindestarbeitszeit, Durchschnittsarbeitszeit mit jährlichem Bezugszeitraum und Übertragungsmöglichkeit)* Die Arbeitszeit beträgt wöchentlich XXX Stunden, welche im Durchschnitt eines jährlichen Bezugszeitraums, gerechnet ab Beginn des Arbeitsverhältnisses, erreicht werden muss, mithin umgerechnet jährlich XXX Stunden sowie umgerechnet je Quartal XXX Stunden. Die wöchentliche Arbeitszeit gemäß Satz 2 ist Grundlage für die Berechnung der monatlich verstetigten Vergütung gemäß § X dieses Arbeitsvertrages. Die geleisteten und die vergüteten Arbeitsstunden eines Monats werden dem Arbeitnehmer jeweils einmal monatlich, entweder mit der monatlichen Entgeltabrechnung oder einem vergleichbaren Dokument mitgeteilt.

  Der Arbeitgeber ist berechtigt, durch einseitige Erklärung die Arbeitszeit im letzten Quartal des jährlichen Bezugszeitraums um bis zu 2,5 % der jährlich abzuleistenden Stunden, mithin um bis zu XXX Stunden, zu erhöhen bei entsprechender Erhöhung der Vergütung,

  (Alt. 1) soweit anderenfalls der Arbeitnehmer den Einsatz bei dem Kunden des Arbeitgebers nicht für die gewünschte Dauer besetzen könnte.

---

707 Siehe § 4 B I 3.

(Alt. 2) wenn er für jede zusätzliche Stunde einen Zuschlag in Höhe von 25 % des auf eine Stunde entfallenden Entgelts zahlt.

Soweit der Arbeitgeber von dem Recht zur Erhöhung der Arbeitszeit gemäß Satz 1 für ein letztes Quartal keinen Gebrauch macht, erlischt dieses Recht mit Ablauf des jeweiligen Quartals.

Der Arbeitgeber ist berechtigt, bis zu 10 % der jährlich abzuleistenden Stunden aus einem folgenden Bezugszeitraum in den laufenden Bezugszeitraum zu übertragen. Eine Übertragung darf nur in Höhe von bis zu 5 % der jährlich abzuleistenden Stunden erfolgen, wenn die ersten drei Quartale des laufenden Bezugszeitraums bereits abgelaufen sind, und ist gänzlich ausgeschlossen, wenn der Bezugszeitraum abgelaufen ist.

Eine Erhöhung der Arbeitszeit, nicht hingegen eine Übertragung, führt zu einer entsprechenden Erhöhung der monatlich verstetigten Vergütung gemäß § X dieses Arbeitsvertrages.

(3) Die tägliche Mindestarbeitszeit beträgt XXX Stunden. Der Arbeitgeber ist unter Beachtung des Arbeitszeitgesetzes berechtigt, täglich eine höhere als die Arbeitszeit gemäß Satz 1 abzurufen. Die Arbeitszeit gemäß Satz 1 kann auf bis zu XXX Zeitabschnitte mit jeweils mindestens XXX aufeinander folgenden Stunden je Tag verteilt werden, die zusammengerechnet die Arbeitszeit gemäß Satz 1 nicht unterschreiten dürfen.

(4) Der Arbeitnehmer ist nur zur Arbeitsleistung verpflichtet, wenn der Arbeitgeber ihm die Lage seiner Arbeitszeit jeweils mindestens vier Tage im Voraus mitteilt.

(5) Durch einen erfolgten Abruf bleibt das Recht des Arbeitgebers unberührt, den abgerufenen Einsatz unter Einhaltung der Ankündigungsfrist gemäß Abs. 4 zu verlängern oder für einen späteren Zeitpunkt erneut abzurufen.[708]

(6) Unter Beachtung des Arbeitszeitgesetzes verpflichtet sich der Arbeitnehmer, auf Anforderung des Arbeitgebers Samstags-, Sonn- und Feiertagsarbeit zu erbringen sowie im Falle eines unvorhergesehenen zusätzlichen Arbeitsbedarfs über die abgerufene Arbeitszeit hinaus Überstunden ohne Rücksicht auf die Ankündigungsfrist gemäß Abs. 4 abzuleisten, soweit der Arbeitgeber oder der Kunde des Arbeitgebers solche Überstunden ausdrücklich entsprechend anordnet.[709]

(7) Der Arbeitgeber hat bei jedem Abruf der Arbeitsleistung sowie bei der Anordnung von Überstunden die Grundsätze billigen Ermessens zu beachten.

708 Siehe § 4 B I 7.
709 Siehe § 4 B I 5.

D. Vollzeit auf Abruf (jährliche Arbeitszeit) im Leiharbeitsverhältnis ohne Eingreifen des Gleichbehandlungsgebots und ohne Anwendung eines Tarifvertrages

(1) Die Parteien vereinbaren, dass der Arbeitnehmer seine Arbeitsleistung entsprechend dem Arbeitsanfall zu erbringen hat (Arbeit auf Abruf).

(2) Der Arbeitnehmer wird in Vollzeit tätig.

- *(Feste Arbeitszeit)* Die Arbeitszeit beträgt jährlich XXX Stunden; dies entspricht rechnerisch XXX Stunden monatlich. Die rechnerische monatliche Arbeitszeit gemäß Satz 2 ist Grundlage für die Berechnung der monatlich verstetigten Vergütung gemäß § X dieses Arbeitsvertrages. Die geleisteten und die vergüteten Arbeitsstunden eines Monats werden dem Arbeitnehmer jeweils einmal monatlich, entweder mit der monatlichen Entgeltabrechnung oder einem vergleichbaren Dokument mitgeteilt.

- *(Mindestarbeitszeit)* Die Arbeitszeit beträgt jährlich XXX Stunden; dies entspricht rechnerisch XXX Stunden monatlich und XXX Stunden je Quartal. Die rechnerische monatliche Arbeitszeit gemäß Satz 2 ist Grundlage für die Berechnung der monatlich verstetigten Vergütung gemäß § X dieses Arbeitsvertrages. Die geleisteten und die vergüteten Arbeitsstunden eines Monats werden dem Arbeitnehmer jeweils einmal monatlich, entweder mit der monatlichen Entgeltabrechnung oder einem vergleichbaren Dokument mitgeteilt.

  Der Arbeitgeber ist berechtigt, durch einseitige Erklärung die Arbeitszeit im letzten Quartal des Jahres um bis zu 6,25 % der jährlich abzuleistenden Stunden, mithin um bis zu XXX Stunden, zu erhöhen bei entsprechender Erhöhung der Vergütung,

  (Alt. 1) soweit anderenfalls der Arbeitnehmer den Einsatz bei dem Kunden des Arbeitgebers nicht für die gewünschte Dauer besetzen könnte.

  (Alt. 2) wenn er für jede zusätzliche Stunde einen Zuschlag in Höhe von 25 % des auf eine Stunde entfallenden Entgelts zahlt.

  Soweit der Arbeitgeber von dem Recht zur Erhöhung der Arbeitszeit gemäß Satz 1 für ein letztes Quartal keinen Gebrauch macht, erlischt dieses Recht mit Ablauf des jeweiligen Quartals.

- *(Feste Arbeitszeit und Übertragungsmöglichkeit)* Die Arbeitszeit beträgt jährlich XXX Stunden; dies entspricht rechnerisch XXX Stunden monatlich. Die rechnerische monatliche Arbeitszeit gemäß Satz 2 ist Grundlage für die Berechnung der monatlich verstetigten Vergütung gemäß § X dieses Arbeitsvertrages. Die geleisteten und die vergüteten Arbeitsstunden eines Monats werden dem

Arbeitnehmer jeweils einmal monatlich, entweder mit der monatlichen Entgeltabrechnung oder einem vergleichbaren Dokument mitgeteilt.

Der Arbeitgeber ist berechtigt, bis zu 20 % der jährlich abzuleistenden Stunden aus einem folgenden Jahr in das laufende Jahr zu übertragen. Eine Übertragung darf nur in Höhe von bis zu 10 % der jährlich abzuleistenden Stunden erfolgen, wenn die ersten drei Quartale des laufenden Jahres bereits abgelaufen sind, und ist gänzlich ausgeschlossen, wenn das Jahr abgelaufen ist. Durch eine Übertragung bleibt der Anspruch auf Auszahlung der monatlich verstetigten Vergütung gemäß § X dieses Arbeitsvertrages unberührt.

- *(Mindestarbeitszeit mit Übertragungsmöglichkeit)* Die Arbeitszeit beträgt jährlich XXX Stunden; dies entspricht rechnerisch XXX Stunden monatlich und XXX Stunden je Quartal. Die rechnerische monatliche Arbeitszeit gemäß Satz 2 ist Grundlage für die Berechnung der monatlich verstetigten Vergütung gemäß § X dieses Arbeitsvertrages. Die geleisteten und die vergüteten Arbeitsstunden eines Monats werden dem Arbeitnehmer jeweils einmal monatlich, entweder mit der monatlichen Entgeltabrechnung oder einem vergleichbaren Dokument mitgeteilt.

  Der Arbeitgeber ist berechtigt, durch einseitige Erklärung die Arbeitszeit im letzten Quartal des Jahres um bis zu 2,5 % der jährlich abzuleistenden Stunden, mithin um bis zu XXX Stunden, zu erhöhen bei entsprechender Erhöhung der Vergütung,

  (Alt. 1) soweit anderenfalls der Arbeitnehmer den Einsatz bei dem Kunden des Arbeitgebers nicht für die gewünschte Dauer besetzen könnte.

  (Alt. 2) wenn er für jede zusätzliche Stunde einen Zuschlag in Höhe von 25 % des auf eine Stunde entfallenden Entgelts zahlt.

  Soweit der Arbeitgeber von dem Recht zur Erhöhung der Arbeitszeit gemäß Satz 1 für ein letztes Quartal keinen Gebrauch macht, erlischt dieses Recht mit Ablauf des jeweiligen Quartals.

  Der Arbeitgeber ist berechtigt, bis zu 10 % der jährlich abzuleistenden Stunden aus einem folgenden Jahr in das laufende Jahr zu übertragen. Eine Übertragung darf nur in Höhe von bis zu 5 % der jährlich abzuleistenden Stunden erfolgen, wenn die ersten drei Quartale des laufenden Jahres bereits abgelaufen sind, und ist gänzlich ausgeschlossen, wenn das Jahr abgelaufen ist.

  Eine Anpassung der Arbeitszeit, nicht hingegen eine Übertragung, führt zu einer entsprechenden Anpassung der monatlich verstetigten Vergütung gemäß § X dieses Arbeitsvertrages.

(3) Die tägliche Mindestarbeitszeit beträgt XXX Stunden. Der Arbeitgeber ist unter Beachtung des Arbeitszeitgesetzes berechtigt, täglich eine höhere als die Arbeitszeit gemäß Satz 1 abzurufen. Die Arbeitszeit gemäß Satz 1 kann auf bis zu XXX

Zeitabschnitte mit jeweils mindestens XXX aufeinander folgenden Stunden je Tag verteilt werden, die zusammengerechnet die Arbeitszeit gemäß Satz 1 nicht unterschreiten dürfen.

(4) Der Arbeitnehmer ist nur zur Arbeitsleistung verpflichtet, wenn der Arbeitgeber ihm die Lage seiner Arbeitszeit jeweils mindestens einen Tag im Voraus mitteilt.

(5) Durch einen erfolgten Abruf bleibt das Recht des Arbeitgebers unberührt, den abgerufenen Einsatz unter Einhaltung der Ankündigungsfrist gemäß Abs. 4 zu verlängern oder für einen späteren Zeitpunkt erneut abzurufen.

(6) Unter Beachtung des Arbeitszeitgesetzes verpflichtet sich der Arbeitnehmer, auf Anforderung des Arbeitgebers Samstags-, Sonn- und Feiertagsarbeit zu erbringen sowie im Falle eines unvorhergesehenen zusätzlichen Arbeitsbedarfs über die abgerufene Arbeitszeit hinaus Überstunden ohne Rücksicht auf die Ankündigungsfrist gemäß Abs. 4 abzuleisten, soweit der Arbeitgeber oder der Kunde des Arbeitgebers solche Überstunden ausdrücklich entsprechend anordnet.

(7) Der Arbeitgeber hat bei jedem Abruf der Arbeitsleistung sowie bei der Anordnung von Überstunden die Grundsätze billigen Ermessens zu beachten.

E. Teilzeit auf Abruf im Leiharbeitsverhältnis mit Anwendung des MTV BAP/DGB

(1) Die Parteien vereinbaren, dass der Arbeitnehmer seine Arbeitsleistung entsprechend dem Arbeitsanfall zu erbringen hat (Arbeit auf Abruf).

(2) Der Arbeitnehmer wird in Teilzeit tätig.

- *(Durchschnittsarbeitszeit mit jährlichem Bezugszeitraum)* Die Arbeitszeit beträgt monatlich XXX Stunden, mithin durchschnittlich XXX Stunden wöchentlich, wenn und soweit nicht der in § X genannte Manteltarifvertrag zukünftig zwingend eine andere Arbeitszeitdauer vorschreibt. Soweit die in Satz 2 genannte Arbeitszeit in einem einzelnen Monat überschritten oder nicht erreicht wird, werden die hierdurch entstehenden Plus- bzw. Minusstunden zu einem Arbeitszeitkonto notiert, für dessen Handhabung die Regelungen des in § X genannten Manteltarifvertrages gelten. Hiernach ist das Arbeitszeitkonto insbesondere grundsätzlich spätestens nach zwölf Monaten auszugleichen (Ausgleichszeitraum). Die geleisteten und die vergüteten Arbeitsstunden eines Monats werden dem Arbeitnehmer jeweils einmal monatlich, entweder mit der monatlichen Entgeltabrechnung oder einem vergleichbaren Dokument mitgeteilt.[710]
- *(Mindestarbeitszeit und Durchschnittsarbeitszeit mit jährlichem Bezugszeitraum)* Die Arbeitszeit beträgt monatlich XXX Stunden, mithin durchschnittlich XXX

710 Siehe § 4 B II 2 b).

Stunden wöchentlich, wenn und soweit nicht der in § X genannte Manteltarifvertrag zukünftig zwingend eine andere Arbeitszeitdauer vorschreibt. Soweit die in Satz 2 genannte Arbeitszeit in einem einzelnen Monat überschritten oder nicht erreicht wird, werden die hierdurch entstehenden Plus- bzw. Minusstunden zu einem Arbeitszeitkonto notiert, für dessen Handhabung die Regelungen des in § X genannten Manteltarifvertrages gelten. Hiernach ist das Arbeitszeitkonto insbesondere grundsätzlich spätestens nach zwölf Monaten auszugleichen (Ausgleichszeitraum). Die geleisteten und die vergüteten Arbeitsstunden eines Monats werden dem Arbeitnehmer jeweils einmal monatlich, entweder mit der monatlichen Entgeltabrechnung oder einem vergleichbaren Dokument mitgeteilt.

Die Parteien vereinbaren, dass der Arbeitgeber berechtigt ist, im Ausgleichszeitraum bis zu 70 Plusstunden aus dem Arbeitszeitkonto nicht in Freizeit, sondern in Geld auszugleichen, wenn und soweit der in § X genannte Manteltarifvertrag dies zulässt.[711]

(3) Die tägliche Mindestarbeitszeit beträgt drei aufeinander folgende Stunden. Der Arbeitgeber ist unter Beachtung des Arbeitszeitgesetzes sowie der in § X genannten tarifvertraglichen Regelungen berechtigt, täglich eine höhere als die Arbeitszeit gemäß Satz 1 abzurufen.[712]

(4) Der Arbeitnehmer ist nur zur Arbeitsleistung verpflichtet, wenn der Arbeitgeber ihm die Lage seiner Arbeitszeit jeweils mindestens vier Tage im Voraus mitteilt.[713]

(5) Durch einen erfolgten Abruf bleibt das Recht des Arbeitgebers unberührt, den abgerufenen Einsatz unter Einhaltung der Ankündigungsfrist gemäß Abs. 4 zu verlängern oder für einen späteren Zeitpunkt erneut abzurufen.

(6) Unter Beachtung des Arbeitszeitgesetzes sowie der in § X genannten tarifvertraglichen Regelungen verpflichtet sich der Arbeitnehmer, auf Anforderung des Arbeitgebers Samstags-, Sonn- und Feiertagsarbeit zu erbringen sowie im Falle eines unvorhergesehenen zusätzlichen Arbeitsbedarfs über die abgerufene Arbeitszeit hinaus Überstunden ohne Rücksicht auf die Ankündigungsfrist gemäß Abs. 4 abzuleisten, soweit der Arbeitgeber oder der Kunde des Arbeitgebers solche Überstunden ausdrücklich entsprechend anordnet.

(7) Der Arbeitgeber hat bei jedem Abruf der Arbeitsleistung sowie bei der Anordnung von Überstunden die Grundsätze billigen Ermessens zu beachten.

---

711 Siehe § 4 B II 2 a).
712 Siehe § 4 B II 2 d).
713 Siehe § 4 B II 2 f).

F. Vollzeit auf Abruf (jährliche Arbeitszeit) im Leiharbeitsverhältnis mit Anwendung des MTV BAP/DGB

(1) Die Parteien vereinbaren, dass der Arbeitnehmer seine Arbeitsleistung entsprechend dem Arbeitsanfall zu erbringen hat (Arbeit auf Abruf).

(2) Der Arbeitnehmer wird in Vollzeit tätig.

- *(Durchschnittsarbeitszeit mit jährlichem Bezugszeitraum)* Die Arbeitszeit beträgt monatlich XXX Stunden, wenn und soweit nicht der in § X genannte Manteltarifvertrag zukünftig zwingend eine andere Arbeitszeitdauer vorschreibt. Soweit die in Satz 2 genannte Arbeitszeit in einem einzelnen Monat überschritten oder nicht erreicht wird, werden die hierdurch entstehenden Plus- bzw. Minusstunden zu einem Arbeitszeitkonto notiert, für dessen Handhabung die Regelungen des in § X genannten Manteltarifvertrages gelten. Hiernach ist das Arbeitszeitkonto insbesondere grundsätzlich spätestens nach zwölf Monaten auszugleichen (Ausgleichszeitraum). Die geleisteten und die vergüteten Arbeitsstunden eines Monats werden dem Arbeitnehmer jeweils einmal monatlich, entweder mit der monatlichen Entgeltabrechnung oder einem vergleichbaren Dokument mitgeteilt.

- *(Mindestarbeitszeit und Durchschnittsarbeitszeit mit jährlichem Bezugszeitraum)* Die Arbeitszeit beträgt monatlich XXX Stunden, wenn und soweit nicht der in § X genannte Manteltarifvertrag zukünftig zwingend eine andere Arbeitszeitdauer vorschreibt. Soweit die in Satz 2 genannte Arbeitszeit in einem einzelnen Monat überschritten oder nicht erreicht wird, werden die hierdurch entstehenden Plus- bzw. Minusstunden zu einem Arbeitszeitkonto notiert, für dessen Handhabung die Regelungen des in § X genannten Manteltarifvertrages gelten. Hiernach ist das Arbeitszeitkonto insbesondere grundsätzlich spätestens nach zwölf Monaten auszugleichen (Ausgleichszeitraum). Die geleisteten und die vergüteten Arbeitsstunden eines Monats werden dem Arbeitnehmer jeweils einmal monatlich, entweder mit der monatlichen Entgeltabrechnung oder einem vergleichbaren Dokument mitgeteilt.

  Die Parteien vereinbaren, dass der Arbeitgeber berechtigt ist, im Ausgleichszeitraum bis zu 70 Plusstunden aus dem Arbeitszeitkonto nicht in Freizeit, sondern in Geld auszugleichen, wenn und soweit der in § X genannte Manteltarifvertrag dies zulässt.

(3) Die tägliche Mindestarbeitszeit beträgt XXX Stunden. Der Arbeitgeber ist unter Beachtung des Arbeitszeitgesetzes sowie der in § X genannten tarifvertraglichen Regelungen berechtigt, täglich eine höhere als die Arbeitszeit gemäß Satz 1 abzurufen. Die Arbeitszeit gemäß Satz 1 kann auf bis zu XXX Zeitabschnitte mit

jeweils mindestens XXX aufeinander folgenden Stunden je Tag verteilt werden, die zusammengerechnet die Arbeitszeit gemäß Satz 1 nicht unterschreiten dürfen.[714]

(4) Der Arbeitnehmer ist nur zur Arbeitsleistung verpflichtet, wenn der Arbeitgeber ihm die Lage seiner Arbeitszeit jeweils mindestens einen Tag im Voraus mitteilt.

(5) Durch einen erfolgten Abruf bleibt das Recht des Arbeitgebers unberührt, den abgerufenen Einsatz unter Einhaltung der Ankündigungsfrist gemäß Abs. 4 zu verlängern oder für einen späteren Zeitpunkt erneut abzurufen.

(6) Unter Beachtung des Arbeitszeitgesetzes sowie der in § X genannten tarifvertraglichen Regelungen verpflichtet sich der Arbeitnehmer, auf Anforderung des Arbeitgebers Samstags-, Sonn- und Feiertagsarbeit zu erbringen sowie im Falle eines unvorhergesehenen zusätzlichen Arbeitsbedarfs über die abgerufene Arbeitszeit hinaus Überstunden ohne Rücksicht auf die Ankündigungsfrist gemäß Abs. 4 abzuleisten, soweit der Arbeitgeber oder der Kunde des Arbeitgebers solche Überstunden ausdrücklich entsprechend anordnet.

(7) Der Arbeitgeber hat bei jedem Abruf der Arbeitsleistung sowie bei der Anordnung von Überstunden die Grundsätze billigen Ermessens zu beachten.

G. Entgeltgeringfügige Teilzeit auf Abruf

(1) Die Parteien vereinbaren, dass der Arbeitnehmer seine Arbeitsleistung entsprechend dem Arbeitsanfall zu erbringen hat (Arbeit auf Abruf).

(2) Der Arbeitnehmer wird in Teilzeit im Rahmen eines geringfügigen Beschäftigungsverhältnisses gemäß § 8 SGB IV tätig.

- *(Feste Arbeitszeit)* Die Arbeitszeit beträgt wöchentlich XXX Stunden.
- *(Mindestarbeitszeit)* Die Arbeitszeit beträgt wöchentlich XXX Stunden. Der Arbeitgeber ist berechtigt, die wöchentliche Arbeitszeit um bis zu 25 %, mithin um bis zu XXX Stunden, zu erhöhen bei entsprechender Erhöhung der Vergütung. Soweit der Arbeitgeber von dem Recht zur Erhöhung der Arbeitszeit gemäß Satz 3 für eine Woche keinen Gebrauch macht, erlischt dieses Recht mit Ablauf der jeweiligen Woche. Es darf in keinem Monat eine Stundenanzahl, einschließlich etwaiger Überstunden gemäß Abs. 6, abgerufen werden, die einen Entgeltanspruch entstehen lässt, der über die für eine geringfügige Beschäftigung maßgeblichen Entgeltgrenze, derzeit 450,00 €, hinausgeht.[715]
- *(Höchstarbeitszeit)* Die Arbeitszeit beträgt wöchentlich XXX Stunden. Der Arbeitgeber ist berechtigt, die wöchentliche Arbeitszeit um bis zu 20 %, mithin

714 Siehe § 4 B II 2 d).
715 Siehe § 3 VIII 1 a), d).

um bis zu XXX Stunden, zu reduzieren bei entsprechender Reduzierung der Vergütung. Soweit der Arbeitgeber von dem Recht zur Reduzierung der Arbeitszeit gemäß Satz 3 für eine Woche keinen Gebrauch macht, erlischt dieses Recht mit Ablauf der jeweiligen Woche. Es darf in keinem Monat eine Stundenanzahl, einschließlich etwaiger Überstunden gemäß Abs. 6, abgerufen werden, die einen Entgeltanspruch entstehen lässt, der über die für eine geringfügige Beschäftigung maßgeblichen Entgeltgrenze, derzeit 450,00 €, hinausgeht.

- *(Arbeitszeitkorridor)* Die Arbeitszeit beträgt wöchentlich XXX Stunden. Der Arbeitgeber ist berechtigt, die wöchentliche Arbeitszeit um bis zu 10 %, mithin um bis zu XXX Stunden, zu erhöhen bei entsprechender Erhöhung der Vergütung sowie um bis zu 10 %, mithin um bis zu XXX Stunden, zu reduzieren bei entsprechender Reduzierung der Vergütung. Soweit der Arbeitgeber von dem Recht zur Erhöhung oder Reduzierung der Arbeitszeit gemäß Satz 3 für eine Woche keinen Gebrauch macht, erlischt dieses Recht mit Ablauf der jeweiligen Woche. Es darf in keinem Monat eine Stundenanzahl, einschließlich etwaiger Überstunden gemäß Abs. 6, abgerufen werden, die einen Entgeltanspruch entstehen lässt, der über die für eine geringfügige Beschäftigung maßgeblichen Entgeltgrenze, derzeit 450,00 €, hinausgeht.

- *(Durchschnittsarbeitszeit mit jährlichem Bezugszeitraum)* Die Arbeitszeit beträgt wöchentlich XXX Stunden, welche im Durchschnitt eines jährlichen Bezugszeitraums, gerechnet ab Beginn des Arbeitsverhältnisses, erreicht werden muss, mithin umgerechnet jährlich XXX Stunden. Die wöchentliche Arbeitszeit gemäß Satz 2 ist Grundlage für die Berechnung der monatlich verstetigten Nettovergütung und die Abführung der hierauf entfallenden Steuern gemäß § X dieses Arbeitsvertrages, während sich die Abführung der Sozialversicherungsabgaben nach den tatsächlich monatlich geleisteten Arbeitsstunden bemisst. Die geleisteten und die vergüteten Arbeitsstunden eines Monats werden dem Arbeitnehmer jeweils einmal monatlich, entweder mit der monatlichen Entgeltabrechnung oder einem vergleichbaren Dokument mitgeteilt. Es darf in keinem Monat eine Stundenanzahl, einschließlich etwaiger Überstunden gemäß Abs. 6, abgerufen werden, die einen Entgeltanspruch entstehen lässt, der über die für eine geringfügige Beschäftigung maßgeblichen Entgeltgrenze, derzeit 450,00 €, hinausgeht.[716]

- *(Durchschnittsarbeitszeit mit jährlichem Bezugszeitraum und Übertragungsmöglichkeit)* Die Arbeitszeit beträgt wöchentlich XXX Stunden, welche im Durchschnitt eines jährlichen Bezugszeitraums, gerechnet ab Beginn des Arbeitsverhältnisses, erreicht werden muss, mithin umgerechnet jährlich XXX Stunden. Die wöchentliche Arbeitszeit gemäß Satz 2 ist Grundlage für die Berechnung der monatlich verstetigten Nettovergütung und die Abführung der hierauf entfallenden Steuern gemäß § X dieses Arbeitsvertrages, während sich

716 Siehe § 3 VIII 1 a), d).

die Abführung der Sozialversicherungsabgaben nach den tatsächlich monatlich geleisteten Arbeitsstunden bemisst. Die geleisteten und die vergüteten Arbeitsstunden eines Monats werden dem Arbeitnehmer jeweils einmal monatlich, entweder mit der monatlichen Entgeltabrechnung oder einem vergleichbaren Dokument mitgeteilt.

Der Arbeitgeber ist berechtigt, bis zu 20 % der jährlich abzuleistenden Stunden in einem laufenden Bezugszeitraum nicht abzurufen, sondern diese durch einseitige Erklärung auf den folgenden Bezugszeitraum zu übertragen, um diese dort innerhalb des ersten Quartals abzurufen. Gleichfalls ist der Arbeitgeber berechtigt, bis zu 20 % der jährlich abzuleistenden Stunden aus einem folgenden Bezugszeitraum in den laufenden Bezugszeitraum zu übertragen. Eine Übertragung darf nur in Höhe von bis zu 10 % der jährlich abzuleistenden Stunden erfolgen, wenn die ersten drei Quartale des laufenden Bezugszeitraums bereits abgelaufen sind, und ist gänzlich ausgeschlossen, wenn der Bezugszeitraum abgelaufen ist. Eine Übertragung darf nicht dazu führen, dass die jährlich abzuleistenden Stunden in einem Bezugszeitraum um mehr als 25 % überschritten oder um mehr als 20 % unterschritten werden, mithin mehr als XXX Stunden oder weniger als XXX Stunden von dem Arbeitnehmer abzuleisten wären. Durch eine Übertragung bleiben der Anspruch auf Auszahlung der monatlich verstetigten Nettovergütung und die Abführung der hierauf entfallenden Steuern gemäß § X dieses Arbeitsvertrages unberührt.

Es darf in keinem Monat eine Stundenanzahl, einschließlich etwaiger Überstunden gemäß Abs. 6, abgerufen werden, die einen Entgeltanspruch entstehen lässt, der über die für eine geringfügige Beschäftigung maßgeblichen Entgeltgrenze, derzeit 450,00 €, hinausgeht.

- *(Mindestarbeitszeit und Durchschnittsarbeitszeit mit jährlichem Bezugszeitraum)* Die Arbeitszeit beträgt wöchentlich XXX Stunden, welche im Durchschnitt eines jährlichen Bezugszeitraums, gerechnet ab Beginn des Arbeitsverhältnisses, erreicht werden muss, mithin umgerechnet jährlich XXX Stunden sowie umgerechnet je Quartal XXX Stunden. Die wöchentliche Arbeitszeit gemäß Satz 2 ist Grundlage für die Berechnung der monatlich verstetigten Nettovergütung und die Abführung der hierauf entfallenden Steuern gemäß § X dieses Arbeitsvertrages, während sich die Abführung der Sozialversicherungsabgaben nach den tatsächlich monatlich geleisteten Arbeitsstunden bemisst. Die geleisteten und die vergüteten Arbeitsstunden eines Monats werden dem Arbeitnehmer jeweils einmal monatlich, entweder mit der monatlichen Entgeltabrechnung oder einem vergleichbaren Dokument mitgeteilt.

  Der Arbeitgeber ist berechtigt, durch einseitige Erklärung die Arbeitszeit in jedem Quartal des jährlichen Bezugszeitraums um bis zu 6,25 % der jährlich abzuleistenden Stunden, mithin um bis zu XXX Stunden, zu erhöhen bei entsprechender Erhöhung der Vergütung. Soweit der Arbeitgeber von dem Recht zur Erhöhung der Arbeitszeit gemäß Satz 1 für ein Quartal keinen Gebrauch macht, erlischt dieses Recht mit Ablauf des jeweiligen Quartals.

Es darf in keinem Monat eine Stundenanzahl, einschließlich etwaiger Überstunden gemäß Abs. 6, abgerufen werden, die einen Entgeltanspruch entstehen lässt, der über die für eine geringfügige Beschäftigung maßgeblichen Entgeltgrenze, derzeit 450,00 €, hinausgeht.

- *(Mindestarbeitszeit, Durchschnittsarbeitszeit mit jährlichem Bezugszeitraum und Übertragungsmöglichkeit)* Die Arbeitszeit beträgt wöchentlich XXX Stunden, welche im Durchschnitt eines jährlichen Bezugszeitraums, gerechnet ab Beginn des Arbeitsverhältnisses, erreicht werden muss, mithin umgerechnet jährlich XXX Stunden sowie umgerechnet je Quartal XXX Stunden. Die wöchentliche Arbeitszeit gemäß Satz 2 ist Grundlage für die Berechnung der monatlich verstetigten Nettovergütung und die Abführung der hierauf entfallenden Steuern gemäß § X dieses Arbeitsvertrages, während sich die Abführung der Sozialversicherungsabgaben nach den tatsächlich monatlich geleisteten Arbeitsstunden bemisst. Die geleisteten und die vergüteten Arbeitsstunden eines Monats werden dem Arbeitnehmer jeweils einmal monatlich, entweder mit der monatlichen Entgeltabrechnung oder einem vergleichbaren Dokument mitgeteilt.

Der Arbeitgeber ist berechtigt, durch einseitige Erklärung die Arbeitszeit in jedem Quartal des jährlichen Bezugszeitraums um bis zu 2,5 % der jährlich abzuleistenden Stunden, mithin um bis zu XXX Stunden, zu erhöhen bei entsprechender Erhöhung der Vergütung. Soweit der Arbeitgeber von dem Recht zur Erhöhung der Arbeitszeit gemäß Satz 1 für ein Quartal keinen Gebrauch macht, erlischt dieses Recht mit Ablauf des jeweiligen Quartals.

Der Arbeitgeber ist berechtigt, bis zu 10 % der jährlich abzuleistenden Stunden in einem laufenden Bezugszeitraum nicht abzurufen, sondern diese durch einseitige Erklärung auf den folgenden Bezugszeitraum zu übertragen, um diese dort innerhalb des ersten Quartals abzurufen. Gleichfalls ist der Arbeitgeber berechtigt, bis zu 10 % der jährlich abzuleistenden Stunden aus einem folgenden Bezugszeitraum in den laufenden Bezugszeitraum zu übertragen. Eine Übertragung darf nur in Höhe von bis zu 5 % der jährlich abzuleistenden Stunden erfolgen, wenn die ersten drei Quartale des Bezugszeitraums bereits abgelaufen sind, und ist gänzlich ausgeschlossen, wenn der Bezugszeitraum abgelaufen ist.

Die Erhöhung der Arbeitszeit gemäß Unterabs. 2 und die Übertragung gemäß Unterabs. 3 dürfen nicht dazu führen, dass die jährlich abzuleistenden Stunden in einem Bezugszeitraum um mehr als 25 % überschritten oder um mehr als 20 % unterschritten werden, mithin mehr als XXX Stunden oder weniger als XXX Stunden von dem Arbeitnehmer abzuleisten wären. Eine Erhöhung der Arbeitszeit, nicht hingegen eine Übertragung, führt zu einer entsprechenden Anpassung der monatlich verstetigten Nettovergütung und der hierauf entfallenden Steuern gemäß § X dieses Arbeitsvertrages.

Es darf in keinem Monat eine Stundenanzahl, einschließlich etwaiger Überstunden gemäß Abs. 6, abgerufen werden, die einen Entgeltanspruch entstehen lässt, der über die für eine geringfügige Beschäftigung maßgeblichen Entgeltgrenze, derzeit 450,00 €, hinausgeht.

(3) Die tägliche Mindestarbeitszeit beträgt XXX Stunden. Der Arbeitgeber ist unter Beachtung des Arbeitszeitgesetzes berechtigt, täglich eine höhere als die Arbeitszeit gemäß Satz 1 abzurufen. Die Arbeitszeit gemäß Satz 1 kann auf bis zu XXX Zeitabschnitte mit jeweils mindestens XXX aufeinander folgenden Stunden je Tag verteilt werden, die zusammengerechnet die Arbeitszeit gemäß Satz 1 nicht unterschreiten dürfen.

(4) Der Arbeitnehmer ist nur zur Arbeitsleistung verpflichtet, wenn der Arbeitgeber ihm die Lage seiner Arbeitszeit jeweils mindestens vier Tage im Voraus mitteilt.

(5) Der Arbeitgeber ist berechtigt, einen erfolgten Abruf zu ändern, wenn die Änderung sowohl hinsichtlich der ursprünglich vorgesehenen Arbeitszeitlage als auch hinsichtlich der neuen Arbeitszeitlage unter Einhaltung der Ankündigungsfrist gemäß Abs. 4 erfolgt.

(6) Unter Beachtung des Arbeitszeitgesetzes verpflichtet sich der Arbeitnehmer, auf Anforderung des Arbeitgebers Samstags-, Sonn- und Feiertagsarbeit zu erbringen sowie im Falle eines unvorhergesehenen zusätzlichen Arbeitsbedarfs über die abgerufene Arbeitszeit hinaus Überstunden ohne Rücksicht auf die Ankündigungsfrist gemäß Abs. 4 abzuleisten, soweit der Arbeitgeber solche Überstunden ausdrücklich entsprechend anordnet.

(7) Der Arbeitgeber hat bei jedem Abruf der Arbeitsleistung sowie bei der Anordnung von Überstunden die Grundsätze billigen Ermessens zu beachten.

H. Entgeltgeringfügige Teilzeit auf Abruf im Leiharbeitsverhältnis ohne Eingreifen des Gleichbehandlungsgebots und ohne Anwendung eines Tarifvertrages

(1) Die Parteien vereinbaren, dass der Arbeitnehmer seine Arbeitsleistung entsprechend dem Arbeitsanfall zu erbringen hat (Arbeit auf Abruf).

(2) Der Arbeitnehmer wird in Teilzeit im Rahmen eines geringfügigen Beschäftigungsverhältnisses gemäß § 8 SGB IV tätig.

- *(Feste Arbeitszeit)* Die Arbeitszeit beträgt wöchentlich XXX Stunden.
- *(Mindestarbeitszeit)* Die Arbeitszeit beträgt wöchentlich XXX Stunden. Der Arbeitgeber ist berechtigt, die wöchentliche Arbeitszeit um bis zu 25 %, mithin um bis zu XXX Stunden, bei entsprechender Erhöhung der Vergütung zu erhöhen,

(Alt. 1) soweit die betriebsübliche Wochenarbeitszeit bei dem Kunden des Arbeitgebers die Wochenarbeitszeit gemäß Satz 2 überschreitet.

(Alt. 2) wenn er für jede zusätzliche Stunde einen Zuschlag in Höhe von 25 % des auf eine Stunde entfallenden Entgelts zahlt.

Soweit der Arbeitgeber von dem Recht zur Erhöhung der Arbeitszeit gemäß Satz 3 für eine Woche keinen Gebrauch macht, erlischt dieses Recht mit Ablauf der jeweiligen Woche. Es darf in keinem Monat eine Stundenanzahl, einschließlich etwaiger Überstunden gemäß Abs. 6, abgerufen werden, die einen Entgeltanspruch entstehen lässt, der über die für eine geringfügige Beschäftigung maßgeblichen Entgeltgrenze, derzeit 450,00 €, hinausgeht.

- *(Durchschnittsarbeitszeit mit jährlichem Bezugszeitraum)* Die Arbeitszeit beträgt wöchentlich XXX Stunden, welche im Durchschnitt eines jährlichen Bezugszeitraums, gerechnet ab Beginn des Arbeitsverhältnisses, erreicht werden muss, mithin umgerechnet jährlich XXX Stunden. Die wöchentliche Arbeitszeit gemäß Satz 2 ist Grundlage für die Berechnung der monatlich verstetigten Nettovergütung und die Abführung der hierauf entfallenden Steuern gemäß § X dieses Arbeitsvertrages, während sich die Abführung der Sozialversicherungsabgaben nach den tatsächlich monatlich geleisteten Arbeitsstunden bemisst. Die geleisteten und die vergüteten Arbeitsstunden eines Monats werden dem Arbeitnehmer jeweils einmal monatlich, entweder mit der monatlichen Entgeltabrechnung oder einem vergleichbaren Dokument mitgeteilt. Es darf in keinem Monat eine Stundenanzahl, einschließlich etwaiger Überstunden gemäß Abs. 6, abgerufen werden, die einen Entgeltanspruch entstehen lässt, der über die für eine geringfügige Beschäftigung maßgeblichen Entgeltgrenze, derzeit 450,00 €, hinausgeht.
- *(Durchschnittsarbeitszeit mit jährlichem Bezugszeitraum und Übertragungsmöglichkeit)* Die Arbeitszeit beträgt wöchentlich XXX Stunden, welche im Durchschnitt eines jährlichen Bezugszeitraums, gerechnet ab Beginn des Arbeitsverhältnisses, erreicht werden muss, mithin umgerechnet jährlich XXX Stunden. Die wöchentliche Arbeitszeit gemäß Satz 2 ist Grundlage für die Berechnung der monatlich verstetigten Nettovergütung und die Abführung der hierauf entfallenden Steuern gemäß § X dieses Arbeitsvertrages, während sich die Abführung der Sozialversicherungsabgaben nach den tatsächlich monatlich geleisteten Arbeitsstunden bemisst. Die geleisteten und die vergüteten Arbeitsstunden eines Monats werden dem Arbeitnehmer jeweils einmal monatlich, entweder mit der monatlichen Entgeltabrechnung oder einem vergleichbaren Dokument mitgeteilt.

Der Arbeitgeber ist berechtigt, bis zu 20 % der jährlich abzuleistenden Stunden aus einem folgenden Bezugszeitraum in den laufenden Bezugszeitraum zu übertragen. Eine Übertragung darf nur in Höhe von bis zu 10 % der jährlich abzuleistenden Stunden erfolgen, wenn die ersten drei Quartale des laufenden

Bezugszeitraums bereits abgelaufen sind, und ist gänzlich ausgeschlossen, wenn der Bezugszeitraum abgelaufen ist. Durch die Übertragung bleiben der Anspruch auf Auszahlung der monatlich verstetigten Nettovergütung und die Abführung der hierauf entfallenden Steuern gemäß § X dieses Arbeitsvertrages unberührt.

Es darf in keinem Monat eine Stundenanzahl, einschließlich etwaiger Überstunden gemäß Abs. 6, abgerufen werden, die einen Entgeltanspruch entstehen lässt, der über die für eine geringfügige Beschäftigung maßgeblichen Entgeltgrenze, derzeit 450,00 €, hinausgeht.

- *(Mindestarbeitszeit und Durchschnittsarbeitszeit mit jährlichem Bezugszeitraum)* Die Arbeitszeit beträgt wöchentlich XXX Stunden, welche im Durchschnitt eines jährlichen Bezugszeitraums, gerechnet ab Beginn des Arbeitsverhältnisses, erreicht werden muss, mithin umgerechnet jährlich XXX Stunden sowie umgerechnet je Quartal XXX Stunden. Die wöchentliche Arbeitszeit gemäß Satz 2 ist Grundlage für die Berechnung der monatlich verstetigten Nettovergütung und die Abführung der hierauf entfallenden Steuern gemäß § X dieses Arbeitsvertrages, während sich die Abführung der Sozialversicherungsabgaben nach den tatsächlich monatlich geleisteten Arbeitsstunden bemisst. Die geleisteten und die vergüteten Arbeitsstunden eines Monats werden dem Arbeitnehmer jeweils einmal monatlich, entweder mit der monatlichen Entgeltabrechnung oder einem vergleichbaren Dokument mitgeteilt.

  Der Arbeitgeber ist berechtigt, durch einseitige Erklärung die Arbeitszeit im letzten Quartal des jährlichen Bezugszeitraums um bis zu 6,25 % der jährlich abzuleistenden Stunden, mithin um bis zu XXX Stunden, zu erhöhen bei entsprechender Erhöhung der Vergütung,

  (Alt. 1) soweit anderenfalls der Arbeitnehmer den Einsatz bei dem Kunden des Arbeitgebers nicht für die gewünschte Dauer besetzen könnte.

  (Alt. 2) wenn er für jede zusätzliche Stunde einen Zuschlag in Höhe von 25 % des auf eine Stunde entfallenden Entgelts zahlt.

  Soweit der Arbeitgeber von dem Recht zur Erhöhung der Arbeitszeit gemäß Satz 1 für ein letztes Quartal keinen Gebrauch macht, erlischt dieses Recht mit Ablauf des jeweiligen Quartals.

  Es darf in keinem Monat eine Stundenanzahl, einschließlich etwaiger Überstunden gemäß Abs. 6, abgerufen werden, die einen Entgeltanspruch entstehen lässt, der über die für eine geringfügige Beschäftigung maßgeblichen Entgeltgrenze, derzeit 450,00 €, hinausgeht.

- *(Mindestarbeitszeit, Durchschnittsarbeitszeit mit jährlichem Bezugszeitraum und Übertragungsmöglichkeit)* Die Arbeitszeit beträgt wöchentlich XXX Stunden, welche im Durchschnitt eines jährlichen Bezugszeitraums, gerechnet ab Beginn des Arbeitsverhältnisses, erreicht werden muss, mithin umgerechnet jährlich XXX Stunden sowie umgerechnet je Quartal XXX Stunden. Die wöchentliche Arbeitszeit gemäß Satz 2 ist Grundlage für die Berechnung der monatlich verstetigten Nettovergütung und die Abführung der hierauf entfallenden Steuern gemäß § X dieses Arbeitsvertrages, während sich die Abführung der Sozialversicherungsabgaben nach den tatsächlich monatlich geleisteten Arbeitsstunden bemisst. Die geleisteten und die vergüteten Arbeitsstunden eines Monats werden dem Arbeitnehmer jeweils einmal monatlich, entweder mit der monatlichen Entgeltabrechnung oder einem vergleichbaren Dokument mitgeteilt.

Der Arbeitgeber ist berechtigt, durch einseitige Erklärung die Arbeitszeit im letzten Quartal des jährlichen Bezugszeitraums um bis zu 2,5 % der jährlich abzuleistenden Stunden, mithin um bis zu XXX Stunden, zu erhöhen bei entsprechender Erhöhung der Vergütung,

(Alt. 1) soweit anderenfalls der Arbeitnehmer den Einsatz bei dem Kunden des Arbeitgebers nicht für die gewünschte Dauer besetzen könnte.

(Alt. 2) wenn er für jede zusätzliche Stunde einen Zuschlag in Höhe von 25 % des auf eine Stunde entfallenden Entgelts zahlt.

Soweit der Arbeitgeber von dem Recht zur Erhöhung der Arbeitszeit gemäß Satz 1 für ein letztes Quartal keinen Gebrauch macht, erlischt dieses Recht mit Ablauf des jeweiligen Quartals.

Der Arbeitgeber ist berechtigt, bis zu 10 % der jährlich abzuleistenden Stunden aus einem folgenden Bezugszeitraum in den laufenden Bezugszeitraum zu übertragen. Eine Übertragung darf nur in Höhe von bis zu 5 % der jährlich abzuleistenden Stunden erfolgen, wenn die ersten drei Quartale des laufenden Bezugszeitraums bereits abgelaufen sind, und ist gänzlich ausgeschlossen, wenn der Bezugszeitraum abgelaufen ist.

Eine Erhöhung der Arbeitszeit, nicht hingegen eine Übertragung, führt zu einer entsprechenden Anpassung der monatlich verstetigten Nettovergütung und der hierauf entfallenden Steuern gemäß § X dieses Arbeitsvertrages.

Es darf in keinem Monat eine Stundenanzahl, einschließlich etwaiger Überstunden gemäß Abs. 6, abgerufen werden, die einen Entgeltanspruch entstehen lässt, der über die für eine geringfügige Beschäftigung maßgeblichen Entgeltgrenze, derzeit 450,00 €, hinausgeht.

(3) Die tägliche Mindestarbeitszeit beträgt XXX Stunden. Der Arbeitgeber ist unter Beachtung des Arbeitszeitgesetzes berechtigt, täglich eine höhere als die Arbeitszeit gemäß Satz 1 abzurufen. Die Arbeitszeit gemäß Satz 1 kann auf bis zu XXX Zeitabschnitte mit jeweils mindestens XXX aufeinander folgenden Stunden je Tag verteilt werden, die zusammengerechnet die Arbeitszeit gemäß Satz 1 nicht unterschreiten dürfen.

(4) Der Arbeitnehmer ist nur zur Arbeitsleistung verpflichtet, wenn der Arbeitgeber ihm die Lage seiner Arbeitszeit jeweils mindestens vier Tage im Voraus mitteilt.

(5) Durch einen erfolgten Abruf bleibt das Recht des Arbeitgebers unberührt, den abgerufenen Einsatz unter Einhaltung der Ankündigungsfrist gemäß Abs. 4 zu verlängern oder für einen späteren Zeitpunkt erneut abzurufen.

(6) Unter Beachtung des Arbeitszeitgesetzes verpflichtet sich der Arbeitnehmer, auf Anforderung des Arbeitgebers Samstags-, Sonn- und Feiertagsarbeit zu erbringen sowie im Falle eines unvorhergesehenen zusätzlichen Arbeitsbedarfs über die abgerufene Arbeitszeit hinaus Überstunden ohne Rücksicht auf die Ankündigungsfrist gemäß Abs. 4 abzuleisten, soweit der Arbeitgeber oder der Kunde des Arbeitgebers solche Überstunden ausdrücklich entsprechend anordnet.

(7) Der Arbeitgeber hat bei jedem Abruf der Arbeitsleistung sowie bei der Anordnung von Überstunden die Grundsätze billigen Ermessens zu beachten.

I. Entgeltgeringfügige Teilzeit auf Abruf im Leiharbeitsverhältnis mit Anwendung des MTV BAP/DGB

(1) Die Parteien vereinbaren, dass der Arbeitnehmer seine Arbeitsleistung entsprechend dem Arbeitsanfall zu erbringen hat (Arbeit auf Abruf).

(2) Der Arbeitnehmer wird in Teilzeit im Rahmen eines geringfügigen Beschäftigungsverhältnisses gemäß § 8 SGB IV tätig.

- *(Durchschnittsarbeitszeit mit jährlichem Bezugszeitraum)* Die Arbeitszeit beträgt monatlich XXX Stunden, mithin durchschnittlich XXX Stunden wöchentlich, wenn und soweit nicht der in § X genannte Manteltarifvertrag zukünftig zwingend eine andere Arbeitszeitdauer vorschreibt. Soweit die in Satz 2 genannte Arbeitszeit in einem einzelnen Monat überschritten oder nicht erreicht wird, werden die hierdurch entstehenden Plus- bzw. Minusstunden zu einem Arbeitszeitkonto notiert, für dessen Handhabung die Regelungen des in § X genannten Manteltarifvertrages gelten. Hiernach ist das Arbeitszeitkonto insbesondere grundsätzlich spätestens nach zwölf Monaten auszugleichen (Ausgleichszeitraum). Die durchschnittliche wöchentliche Arbeitszeit gemäß Satz 2 ist Grundlage für die Berechnung der monatlich verstetigten Nettovergütung und die Abführung der hierauf entfallenden Steuern gemäß § X dieses Arbeitsvertrages, während sich die Abführung der Sozialversicherungsabgaben nach den tatsächlich monatlich geleisteten Arbeitsstunden bemisst. Die geleisteten und die vergüteten Arbeitsstunden eines Monats werden dem Arbeitnehmer jeweils einmal monatlich, entweder mit der monatlichen Entgeltabrechnung oder einem vergleichbaren Dokument mitgeteilt. Es darf in keinem Monat eine Stundenanzahl, einschließlich etwaiger Überstunden gemäß Abs. 6, abgerufen werden, die einen Entgeltanspruch entstehen lässt, der über die für eine geringfügige Beschäftigung maßgeblichen Entgeltgrenze, derzeit 450,00 €, hinausgeht.

- *(Mindestarbeitszeit und Durchschnittsarbeitszeit mit jährlichem Bezugszeitraum)* Die Arbeitszeit beträgt monatlich XXX Stunden, mithin durchschnittlich XXX Stunden wöchentlich, wenn und soweit nicht der in § X genannte Manteltarifvertrag zukünftig zwingend eine andere Arbeitszeitdauer vorschreibt. Soweit die in Satz 2 genannte Arbeitszeit in einem einzelnen Monat überschritten oder nicht erreicht wird, werden die hierdurch entstehenden Plus- bzw. Minusstunden zu einem Arbeitszeitkonto notiert, für dessen Handhabung die Regelungen des in § X genannten Manteltarifvertrages gelten. Hiernach ist das Arbeitszeitkonto insbesondere grundsätzlich spätestens nach zwölf Monaten auszugleichen (Ausgleichszeitraum). Die durchschnittliche wöchentliche Arbeitszeit gemäß Satz 2 ist Grundlage für die Berechnung der monatlich verstetigten Nettovergütung und die Abführung der hierauf entfallenden Steuern gemäß § X dieses Arbeitsvertrages, während sich die Abführung der Sozialversicherungsabgaben nach den tatsächlich monatlich geleisteten Arbeitsstunden bemisst. Die geleisteten und die vergüteten Arbeitsstunden eines Monats werden dem Arbeitnehmer jeweils einmal monatlich, entweder mit der monatlichen Entgeltabrechnung oder einem vergleichbaren Dokument mitgeteilt. Es darf in keinem Monat eine Stundenanzahl, einschließlich etwaiger Überstunden gemäß Abs. 6, abgerufen werden, die einen Entgeltanspruch entstehen lässt, der über die für eine geringfügige Beschäftigung maßgeblichen Entgeltgrenze, derzeit 450,00 €, hinausgeht.

  Die Parteien vereinbaren, dass der Arbeitgeber berechtigt ist, im Ausgleichszeitraum bis zu 70 Plusstunden aus dem Arbeitszeitkonto nicht in Freizeit, sondern in Geld auszugleichen, wenn und soweit der in § X genannte Manteltarifvertrag dies zulässt.

(3) Die tägliche Mindestarbeitszeit beträgt drei aufeinander folgende Stunden. Der Arbeitgeber ist unter Beachtung des Arbeitszeitgesetzes sowie der in § X genannten tarifvertraglichen Regelungen berechtigt, täglich eine höhere als die Arbeitszeit gemäß Satz 1 abzurufen.

(4) Der Arbeitnehmer ist nur zur Arbeitsleistung verpflichtet, wenn der Arbeitgeber ihm die Lage seiner Arbeitszeit jeweils mindestens vier Tage im Voraus mitteilt.

(5) Durch einen erfolgten Abruf bleibt das Recht des Arbeitgebers unberührt, den abgerufenen Einsatz unter Einhaltung der Ankündigungsfrist gemäß Abs. 4 zu verlängern oder für einen späteren Zeitpunkt erneut abzurufen.

(6) Unter Beachtung des Arbeitszeitgesetzes sowie der in § X genannten tarifvertraglichen Regelungen verpflichtet sich der Arbeitnehmer, auf Anforderung des Arbeitgebers Samstags-, Sonn- und Feiertagsarbeit zu erbringen sowie im Falle eines unvorhergesehenen zusätzlichen Arbeitsbedarfs über die abgerufene Arbeitszeit hinaus Überstunden ohne Rücksicht auf die Ankündigungsfrist gemäß

Abs. 4 abzuleisten, soweit der Arbeitgeber oder der Kunde des Arbeitgebers solche Überstunden ausdrücklich entsprechend anordnet.

(7) Der Arbeitgeber hat bei jedem Abruf der Arbeitsleistung sowie bei der Anordnung von Überstunden die Grundsätze billigen Ermessens zu beachten.

J. Zeitgeringfügige (nicht zugleich entgeltgeringfügige) Teilzeit auf Abruf mit Jahresarbeitszeit

(1) Die Parteien vereinbaren, dass der Arbeitnehmer seine Arbeitsleistung während der Dauer des gemäß § X befristeten Arbeitsvertrages (Vertragslaufzeit) entsprechend dem Arbeitsanfall zu erbringen hat (Arbeit auf Abruf).[717]

(2) Der Arbeitnehmer wird in Teilzeit im Rahmen eines geringfügigen Beschäftigungsverhältnisses gemäß § 8 SGB IV tätig.

- *(Durchschnittsarbeitszeit mit jährlichem Bezugszeitraum)* Die Arbeitszeit beträgt wöchentlich XXX Stunden, welche im Durchschnitt eines jährlichen Bezugszeitraums, gerechnet ab Beginn des Arbeitsverhältnisses, erreicht werden muss, mithin umgerechnet jährlich XXX Stunden. Die wöchentliche Arbeitszeit gemäß Satz 2 ist Grundlage für die Berechnung der monatlich verstetigten Vergütung gemäß § X dieses Arbeitsvertrages. Die geleisteten und die vergüteten Arbeitsstunden eines Monats werden dem Arbeitnehmer jeweils einmal monatlich, entweder mit der monatlichen Entgeltabrechnung oder einem vergleichbaren Dokument mitgeteilt. Die Arbeitszeit darf je Kalenderjahr nur auf bis zu 50 Arbeitstage verteilt werden.[718]

- *(Mindestarbeitszeit und Durchschnittsarbeitszeit mit jährlichem Bezugszeitraum)* Die Arbeitszeit beträgt wöchentlich XXX Stunden, welche im Durchschnitt eines jährlichen Bezugszeitraums, gerechnet ab Beginn des Arbeitsverhältnisses, erreicht werden muss, mithin umgerechnet jährlich XXX Stunden sowie umgerechnet je Quartal XXX Stunden. Die wöchentliche Arbeitszeit gemäß Satz 2 ist Grundlage für die Berechnung der monatlich verstetigten Vergütung gemäß § X dieses Arbeitsvertrages. Die geleisteten und die vergüteten Arbeitsstunden eines Monats werden dem Arbeitnehmer jeweils einmal monatlich, entweder mit der monatlichen Entgeltabrechnung oder einem vergleichbaren Dokument mitgeteilt. Die Arbeitszeit darf je Kalenderjahr nur auf bis zu 50 Arbeitstage verteilt werden.

  Der Arbeitgeber ist berechtigt, durch einseitige Erklärung die Arbeitszeit in jedem Quartal des jährlichen Bezugszeitraums um bis zu 6,25 % der jährlich abzuleistenden Stunden, mithin um bis zu XXX Stunden, zu erhöhen bei entsprechender Erhöhung der Vergütung. Soweit der Arbeitgeber von dem Recht

---

717 Siehe § 3 VIII 2 b).
718 Siehe § 3 VIII 2 a).

zur Erhöhung der Arbeitszeit gemäß Satz 1 für ein Quartal keinen Gebrauch macht, erlischt dieses Recht mit Ablauf des jeweiligen Quartals.

(3) Die tägliche Mindestarbeitszeit beträgt XXX Stunden. Der Arbeitgeber ist unter Beachtung des Arbeitszeitgesetzes berechtigt, täglich eine höhere als die Arbeitszeit gemäß Satz 1 abzurufen. Die Arbeitszeit gemäß Satz 1 kann auf bis zu XXX Zeitabschnitte mit mindestens XXX aufeinander folgenden Stunden je Tag verteilt werden, die zusammengerechnet die Arbeitszeit gemäß Satz 1 nicht unterschreiten dürfen.

(4) Der Arbeitnehmer ist nur zur Arbeitsleistung verpflichtet, wenn der Arbeitgeber ihm die Lage seiner Arbeitszeit jeweils mindestens vier Tage im Voraus mitteilt.

(5) Der Arbeitgeber ist berechtigt, einen erfolgten Abruf zu ändern, wenn die Änderung sowohl hinsichtlich der ursprünglich vorgesehenen Arbeitszeitlage als auch hinsichtlich der neuen Arbeitszeitlage unter Einhaltung der Ankündigungsfrist gemäß Abs. 4 erfolgt.

(6) Unter Beachtung des Arbeitszeitgesetzes verpflichtet sich der Arbeitnehmer, auf Anforderung des Arbeitgebers Samstags-, Sonn- und Feiertagsarbeit zu erbringen sowie im Falle eines unvorhergesehenen zusätzlichen Arbeitsbedarfs über die abgerufene Arbeitszeit hinaus Überstunden ohne Rücksicht auf die Ankündigungsfrist gemäß Abs. 4 abzuleisten, soweit der Arbeitgeber solche Überstunden ausdrücklich entsprechend anordnet.

(7) Der Arbeitgeber hat bei jedem Abruf der Arbeitsleistung sowie bei der Anordnung von Überstunden die Grundsätze billigen Ermessens zu beachten.

K. Zeitgeringfügige (nicht zugleich entgeltgeringfügige) Teilzeit auf Abruf mit Jahresarbeitszeit im Leiharbeitsverhältnis ohne Eingreifen des Gleichbehandlungsgebots und ohne Anwendung eines Tarifvertrages

(1) Die Parteien vereinbaren, dass der Arbeitnehmer seine Arbeitsleistung während der Dauer des gemäß § X befristeten Arbeitsvertrages (Vertragslaufzeit) entsprechend dem Arbeitsanfall zu erbringen hat (Arbeit auf Abruf).

(2) Der Arbeitnehmer wird in Teilzeit im Rahmen eines geringfügigen Beschäftigungsverhältnisses gemäß § 8 SGB IV tätig.

- *(Durchschnittsarbeitszeit mit jährlichem Bezugszeitraum)* Die Arbeitszeit beträgt wöchentlich XXX Stunden, welche im Durchschnitt eines jährlichen Bezugszeitraums, gerechnet ab Beginn des Arbeitsverhältnisses, erreicht werden muss, mithin umgerechnet jährlich XXX Stunden. Die wöchentliche Arbeitszeit gemäß Satz 2 ist Grundlage für die Berechnung der monatlich verstetigten

Vergütung gemäß § X dieses Arbeitsvertrages. Die geleisteten und die vergüteten Arbeitsstunden eines Monats werden dem Arbeitnehmer jeweils einmal monatlich, entweder mit der monatlichen Entgeltabrechnung oder einem vergleichbaren Dokument mitgeteilt. Die Arbeitszeit darf je Kalenderjahr nur auf bis zu 50 Arbeitstage verteilt werden.

- *(Mindestarbeitszeit und Durchschnittsarbeitszeit mit jährlichem Bezugszeitraum)* Die Arbeitszeit beträgt wöchentlich XXX Stunden, welche im Durchschnitt eines jährlichen Bezugszeitraums, gerechnet ab Beginn des Arbeitsverhältnisses, erreicht werden muss, mithin umgerechnet jährlich XXX Stunden sowie umgerechnet je Quartal XXX Stunden. Die wöchentliche Arbeitszeit gemäß Satz 2 ist Grundlage für die Berechnung der monatlich verstetigten Vergütung gemäß § X dieses Arbeitsvertrages. Die geleisteten und die vergüteten Arbeitsstunden eines Monats werden dem Arbeitnehmer jeweils einmal monatlich, entweder mit der monatlichen Entgeltabrechnung oder einem vergleichbaren Dokument mitgeteilt. Die Arbeitszeit darf je Kalenderjahr nur auf bis zu 50 Arbeitstage verteilt werden.

Der Arbeitgeber ist berechtigt, durch einseitige Erklärung die Arbeitszeit im letzten Quartal des jährlichen Bezugszeitraums um bis zu 6,25 % der jährlich abzuleistenden Stunden, mithin um bis zu XXX Stunden, zu erhöhen bei entsprechender Erhöhung der Vergütung,

(Alt. 1) soweit anderenfalls der Arbeitnehmer den Einsatz bei dem Kunden des Arbeitgebers nicht für die gewünschte Dauer besetzen könnte.

(Alt. 2) wenn er für jede zusätzliche Stunde einen Zuschlag in Höhe von 25 % des auf eine Stunde entfallenden Entgelts zahlt.

Soweit der Arbeitgeber von dem Recht zur Erhöhung der Arbeitszeit gemäß Satz 1 für ein letztes Quartal keinen Gebrauch macht, erlischt dieses Recht mit Ablauf des jeweiligen Quartals.

(3) Die tägliche Mindestarbeitszeit beträgt XXX Stunden. Der Arbeitgeber ist unter Beachtung des Arbeitszeitgesetzes berechtigt, täglich eine höhere als die Arbeitszeit gemäß Satz 1 abzurufen. Die Arbeitszeit gemäß Satz 1 kann auf bis zu XXX Zeitabschnitte mit mindestens XXX aufeinander folgenden Stunden je Tag verteilt werden, die zusammengerechnet die Arbeitszeit gemäß Satz 1 nicht unterschreiten dürfen.

(4) Der Arbeitnehmer ist nur zur Arbeitsleistung verpflichtet, wenn der Arbeitgeber ihm die Lage seiner Arbeitszeit jeweils mindestens vier Tage im Voraus mitteilt.

(5) Durch einen erfolgten Abruf bleibt das Recht des Arbeitgebers unberührt, den abgerufenen Einsatz unter Einhaltung der Ankündigungsfrist gemäß Abs. 4 zu verlängern oder für einen späteren Zeitpunkt erneut abzurufen.

(6) Unter Beachtung des Arbeitszeitgesetzes verpflichtet sich der Arbeitnehmer, auf Anforderung des Arbeitgebers Samstags-, Sonn- und Feiertagsarbeit zu erbringen sowie im Falle eines unvorhergesehenen zusätzlichen Arbeitsbedarfs über die abgerufene Arbeitszeit hinaus Überstunden ohne Rücksicht auf die Ankündigungsfrist gemäß Abs. 4 abzuleisten, soweit der Arbeitgeber oder der Kunde des Arbeitgebers solche Überstunden ausdrücklich entsprechend anordnet.

(7) Der Arbeitgeber hat bei jedem Abruf der Arbeitsleistung sowie bei der Anordnung von Überstunden die Grundsätze billigen Ermessens zu beachten.

L. Zeitgeringfügige (nicht zugleich entgeltgeringfügige) Teilzeit auf Abruf mit Jahresarbeitszeit im Leiharbeitsverhältnis mit Anwendung des MTV BAP/DGB

(1) Die Parteien vereinbaren, dass der Arbeitnehmer seine Arbeitsleistung während der Dauer des gemäß § X befristeten Arbeitsvertrages (Vertragslaufzeit) entsprechend dem Arbeitsanfall zu erbringen hat (Arbeit auf Abruf).

(2) Der Arbeitnehmer wird in Teilzeit im Rahmen eines geringfügigen Beschäftigungsverhältnisses gemäß § 8 SGB IV tätig.

- *(Durchschnittsarbeitszeit mit jährlichem Bezugszeitraum)* Die Arbeitszeit beträgt monatlich XXX Stunden, mithin durchschnittlich XXX Stunden wöchentlich, wenn und soweit nicht der in § X genannte Manteltarifvertrag zukünftig zwingend eine andere Arbeitszeitdauer vorschreibt. Soweit die in Satz 2 genannte Arbeitszeit in einem einzelnen Monat überschritten oder nicht erreicht wird, werden die hierdurch entstehenden Plus- bzw. Minusstunden zu einem Arbeitszeitkonto notiert, für dessen Handhabung die Regelungen des in § X genannten Manteltarifvertrages gelten. Hiernach ist das Arbeitszeitkonto insbesondere grundsätzlich spätestens nach zwölf Monaten, bei kürzerer Vertragslaufzeit entsprechend früher, auszugleichen (Ausgleichszeitraum). Die geleisteten und die vergüteten Arbeitsstunden eines Monats werden dem Arbeitnehmer jeweils einmal monatlich, entweder mit der monatlichen Entgeltabrechnung oder einem vergleichbaren Dokument mitgeteilt. Die Arbeitszeit darf je Kalenderjahr nur auf bis zu 50 Arbeitstage verteilt werden.
- *(Mindestarbeitszeit und Durchschnittsarbeitszeit mit jährlichem Bezugszeitraum)* Die Arbeitszeit beträgt monatlich XXX Stunden, mithin durchschnittlich XXX Stunden wöchentlich, wenn und soweit nicht der in § X genannte Manteltarifvertrag zukünftig zwingend eine andere Arbeitszeitdauer vorschreibt. Soweit die in Satz 2 genannte Arbeitszeit in einem einzelnen Monat überschritten oder nicht erreicht wird, werden die hierdurch entstehenden Plus- bzw. Minusstunden zu einem Arbeitszeitkonto notiert, für dessen Handhabung die Regelungen

des in § X genannten Manteltarifvertrages gelten. Hiernach ist das Arbeitszeitkonto insbesondere grundsätzlich spätestens nach zwölf Monaten, bei kürzerer Vertragslaufzeit entsprechend früher, auszugleichen (Ausgleichszeitraum). Die geleisteten und die vergüteten Arbeitsstunden eines Monats werden dem Arbeitnehmer jeweils einmal monatlich, entweder mit der monatlichen Entgeltabrechnung oder einem vergleichbaren Dokument mitgeteilt. Die Arbeitszeit darf je Kalenderjahr nur auf bis zu 50 Arbeitstage verteilt werden.

Die Parteien vereinbaren, dass der Arbeitgeber berechtigt ist, im Ausgleichszeitraum bis zu 70 Plusstunden aus dem Arbeitszeitkonto nicht in Freizeit, sondern in Geld auszugleichen, wenn und soweit der in § X genannte Manteltarifvertrag dies zulässt.

(3) Die tägliche Mindestarbeitszeit beträgt drei aufeinander folgende Stunden. Der Arbeitgeber ist unter Beachtung des Arbeitszeitgesetzes sowie der in § X genannten tarifvertraglichen Regelungen berechtigt, täglich eine höhere als die Arbeitszeit gemäß Satz 1 abzurufen.

(4) Der Arbeitnehmer ist nur zur Arbeitsleistung verpflichtet, wenn der Arbeitgeber ihm die Lage seiner Arbeitszeit jeweils mindestens vier Tage im Voraus mitteilt.

(5) Durch einen erfolgten Abruf bleibt das Recht des Arbeitgebers unberührt, den abgerufenen Einsatz unter Einhaltung der Ankündigungsfrist gemäß Abs. 4 zu verlängern oder für einen späteren Zeitpunkt erneut abzurufen.

(6) Unter Beachtung des Arbeitszeitgesetzes sowie der in § X genannten tarifvertraglichen Regelungen verpflichtet sich der Arbeitnehmer, auf Anforderung des Arbeitgebers Samstags-, Sonn- und Feiertagsarbeit zu erbringen sowie im Falle eines unvorhergesehenen zusätzlichen Arbeitsbedarfs über die abgerufene Arbeitszeit hinaus Überstunden ohne Rücksicht auf die Ankündigungsfrist gemäß Abs. 4 abzuleisten, soweit der Arbeitgeber oder der Kunde des Arbeitgebers solche Überstunden ausdrücklich entsprechend anordnet.

(7) Der Arbeitgeber hat bei jedem Abruf der Arbeitsleistung sowie bei der Anordnung von Überstunden die Grundsätze billigen Ermessens zu beachten.

www.ingramcontent.com/pod-product-compliance
Ingram Content Group UK Ltd.
Pitfield, Milton Keynes, MK11 3LW, UK
UKHW021235031026
15588UKWH00001B/88

9 783631 671481